KB233388

중국 상업관행의 근현대적 전개

본 도서는 한국연구재단(NRF-2010-413-B00029)의
지원으로 이루어졌다.

현대중국
연구총서

03

중국 상업관행의 근현대적 전개

박기수 외 지음

KSI 한국학술정보㈜

현대중국연구 총서를 내면서……

성균관대학교 현대중국연구소는 2009년도에 20회 생일을 맞이했다! 1989년 11월에 현대중국연구소를 창립하였던 초대소장 양재혁 교수님(현, 동양철학과 명예교수)은 작년 2009년 10월에 열린 현대중국연구소 20주년 기념 학술대회에 직접 축사까지 해 주셨다. 성균관대학교 내에 현대중국연구소를 설립하였던 동기는 중국의 '현대'를 연구하는 기관이 한국에 필요하였기 때문이라 하셨다. 이때 '현대'라 함은 마오쩌둥의 중국공산당이 1949년에 중국을 통일한 이후라고 정의하신 바 있다.

1949년 중국 공산당이 중국을 통일한 이후 2010년 현재에 이르기까지 중국은 상전벽해의 변화를 겪었다. 물론 성균관대학교 중국연구소도 그러하였다. 초기 중국 현대의 문사철(文史哲) 중심의 연구소 모습은 1997년 11월 경영대학 교수인 김용준이 연구소장으로 부임하면서 현대중국연구소의 연구방향을 문사철에서, 경제·경영학적 탐구로 전환시켰다. '현대'의 개념도 좀 더 협의해 1978년 개혁·개방 이후로 새롭게 규정하였다. 그 후로 약 10년 동안 중국 특유의 시장경제 사회주의를 표방하는 중국의 시장문화를 경영학적 관점에서 연구해 왔다.

그러나 중국의 시장문화인 중국 소비문화와 기업문화를 심층적으로 연구할수록, 이에 대한 역사적 전통인 중국 전통 상업문화에 대한 이해와 탐구의 갈증은 더욱 강해져 갔다. 마침내 이 학문적 갈증을 해소해 줄 기회가 찾아왔다! 이는 2007년 11월에 한국연구재단의 중점연구소로 선정됨으로써, 3년씩 3단계에 걸쳐서 9년 동안 '중국 전통 상업문화와 중국 현대 시장문화'를 연구할 수 있도록 터전이 생긴 것이다. 간절히 원하면 이루어지나 보다! 특히 중국 전통 상업문화의 국내 최고 연구자이신 성균관대학교 사학과 박기수 교수님과의 만남은 현대중국연구소가 비로소 다른 한쪽 날개를 장착하는 감격스러운 순간이기도 하였다. 이 선정을 계기로 해서, 2008년 이후 8명의 대학교수와 6명의 전임 박사급 연구원이 뭉쳤다. 인문학 중심의 제1연구팀과 경제·경영 중심의 제2연구팀은 2008년 10월 중국 황산에서, 자물쇠를 특별히 구입하여 두 연구팀의 학제 간 연구 결약식을 맺었다. 그 자물쇠의 열쇠는 황산의 깊은 계곡의 안개 위로 던져졌다.

그 후 현대중국연구소는 세 번의 국제학술대회, 약 30여 편의 논문과 한 권의 연구저서를 발표·출판하였다. 매월 월례 세미나와 연구팀별특별 연구회는 각각 중국 전통 상업문화와 중국 현대 시장문화를 학습·토론·연구하였다. 특별히 박기수 교수 책임하에 역사학 중심의 제1연구팀과 김용준 교수 책임하에 경영학 중심의 제2연구팀, 이 두 팀의 교류와 소통은 '전통과 현대'라는 단절의 역사를 넘는 구름다리를 건너는 것과 같은 즐거움을 가져다주었다. 다행히 두 연구팀의 14명의 박사급 연구자들의 공통된 비전과 인내심은 조금씩 소통과 겸손을 통하여 학제적 연구의 새로운 모습을 만들어 내는 중이다. 이러한 통섭의 산출물이 "현대중국연구 총서"이다. 2010년에 연구개시 3년차를 맞이하여 현대중국연구 총서 제1권『중국 전통상인과 근현대적 전개』와 제2권『중국 현대 소비문화와 시장문화』를 순차적으로 출판하게 되니 가슴이 벅차오르고 머리가 시원해진다.

현대중국연구 총서 제1권에서는 10편의 논문이 중국전통상인의 현대적 전개에 관하여 역사학적·언어학적 관점에서 조명되고 새로운 연구의 가능성과 방향성이 제시되었다. 제2권에서는 10편의 논문이 중국 현대 소비문화와 시장문화에 대한 경영학적·경제학적·법학적 탐구와 실증연구를 통하여 새로운 사회과학 통찰을 제시하고 있다. 성균관대학교 현대중국연구소가 한국연구재단의 중점연구소로서 학제 간 연구를 해 왔던 결과물인 이 총서가 중국현대의 '미래의 기억'으로서 중국 전통이 연구되고, 중국 전통의 '과거의 상상'으로서 중국 현대가 연구되는 초석이 되리라 소망해 본다.

아직은 거친 원석(原石)이지만 앞으로 중국 전통과 중국 현대를 연결하는 다이아몬드와 같은 연구총서를 출간하기 위하여 다시 한 번 옷매무새를 다듬으며 독자들에게 예의를 올린다. 제1연구팀 책임연구자이시자 현대중국연구소 부소장이신 박기수 교수님께 다시 한 번

존경의 배를 올린다. 이 총서를 기획하고 만들어낸 현대중국연구소의 김주원 박사, 김지훈 박사, 강용중 박사, 홍성화 박사, 최준환 박사, 최정석 박사께 감사를 표한다. 또한 이 총서를 출판해주신 한국학술정보㈜께도 감사드린다. 마지막으로 이러한 연구기회와 연구총서를 낼 수 있도록 지원해 주시는 한국연구재단께 큰절을 올린다.

2010년 7월
성균관대학교 현대중국연구소장
김용준 교수

총론: 중국 상업관행의 근현대적 전개

박기수(성균관대 사학과)

1.

어느 글에서 보았는지 어디서 들었는지 정확히 기억이 나지 않지만, "생각은 행동을 낳고, 행동은 습관을 낳으며, 습관은 운명을 낳는다."는 말이 있다. 결국 사람의 의식이나 생각이 그 사람으로 하여금 어떤 행동을 하도록 이끌고, 그러한 행동이 반복되다 보면 하나의 습관으로 정착되며, 그러한 굳어진 습관이 그 사람의 일생과 운명을 좌우하게 된다는 의미일 것이다. 그런데 이런 논리는 단지 일 개인에게만 적용되는 것 같지 않다. 어느 사회나 집단 같은 유기체에게도 마찬가지로 그러한 논리가 적용될 수 있다고 생각된다. 조직폭력배들은 눈앞의 문제를 폭력으로 해결하려는 단순한 생각을 하게 되고 그것이 쉽사리 폭력행동을 낳으며, 이러한 폭력행위를 일상적이고 반복적으로 자행하여 문제를 해결하다 보면 그들의 폭력성이 체질화되게 마련이다. 그러한 폭력집단은 마침내 법의 심판을 받아 처형되거나 감옥에 갇히는 운명에 처하게 될 것이다. 상인의 경우도 마찬가지일 것이다. 눈앞의 이익에만 집착하는 상인이 그러한 생각에 사로잡혀 모리배적 행위를 일삼다가 소비자의 신용을 잃고 오히려 파산하거나 큰 이익을 보지 못하는 반면, 질 좋고 값싼 상품을 제공하는 것이 상인의 본분이라 여기는 양심적인 상인이 소비자에게서 신용을 얻어 대상인으로 성장하는 경우도 있을 것이다. 『史記』「화식열전」에서 말하는 "탐욕스런 상인은 3할의 이윤을 얻을 수 있고, 정직한 상인은 5할의 이윤을 얻을 수 있다."[1]라는 표현도 이를 말함이 아니겠는가?

어떤 慣行은 그 어떠한 행위와 관련된 여러 사람들에게 공통적으로 인정되고 반복적으로 시행됨으로써 형성된다고 하겠다. 정치적 관행, 사회적 관행, 경제적 관행 등 여러 가지 표현이 가능할 것이다. 본서에서 주제로 삼은 상업관행의 경우도 상업행위(예컨대 상품과 서비스의 교환, 운송공급, 소비) 과정에서 관련자들 사이에 인정되고 또한 반복적으로 실행됨으로써 형성되는 것이라 하겠다. 여기에는 사람들의 생각이나 의식이 투영되어 있다. 그리고 그것이 관련자들에 의해 공통적으로 인정된다는 점에서 당시 상업계에서의 일정한 합리성이나 공감적 성격을 담고 있다고 하겠다. 일단 관행이 형성되면 그 관행을 만들어낸 사회적 조건이나 배경이 바뀌지 않는 한 지속되는 측면이 있으며 해당 상업계에서는 일종의 규칙이나 준거로 작용·기능하기도 한다. 이런 점에서 관행은 해당 사회의 제도나 법률과 유사한 기능을 하게 된다. 경우에 따라서는 그러한 관행이 제도나 법률로 승격·정착하기도 한다. 그러나 많은 경우 관행은 아직 제도나 법률로 진화·정착되지 못한 예비적 제도·법률이라고 할 수 있다. 급격한 사회 변화, 사회관념의 변화 속에서 관행이 그러한 변화를 따라가지 못하

---

1) 『史記』卷129 「貨殖列傳」, 中華書局本, 3274쪽. "貪賈三之, 廉賈五之" 이에 대한 해석은 박기수 · 이경룡 · 하원수 · 김경호 譯註, 『사료로 읽는 중국 고대 사회경제사』-『史記』「平準書」·「貨殖列傳」, 『漢書』「食貨志」譯註-, 서울, 청어람미디어, 2005, 258-261쪽 참고.

거나, 관련자들 내부에서 공통으로 인정되는 관행이 그 세계 외부의 사회·집단으로부터 승인받지 못할 경우 그 관행은 제도나 법률로 진화하는 데 실패할 수도 있을 것이다. 이러한 점에서 관행과 제도·법률은 같기도 하고 다르기도 한 것이다.

2.

2007년 12월 성균관대학교 현대중국연구소는 한국학술진흥재단 (현재의 한국연구재단)의 지원 하에 '중국의 전통 상업문화와 중국현대 시장문화,라는 9년짜리 중점연구소 연구과제의 연구에 착수하였다. 이제 3년간의 제1단계 연구과정을 종료하고 제2단계 3년간의 연구에 진입하였다. 제2단계에서 우리가 설정한 주제는「중국의 상업관행과 현대기업문화의 변화」이다. 제2단계에서도 제1단계와 마찬가지로 역사·어학을 중심으로 한 제1세부과제와 경영학·경제학을 중심으로 한 제2세부과제로 나누어 연구를 진행하고 있다. 제1세부과제에서는 '중국의 상업관행과 근현대적 전개'라는 주제 하에 전통 상업과 현대기업의 연결고리로서의 금융업을 탐구하기 위하여 전통 중국의 고리대업과 전통은행의 형식에 대해서 검토하고 산서상인의 전통은행인 표호의 자본 집적과 네트워크를 살펴보며 근현대 중국의 전통은행과 금융기관들의 변모를 검토할 것이다. 그리고 1단계의 연장선상에서 상인문화, 상업어휘 등의 연구를 통한 전통 상업 문화의 구체적 실상을 체계적으로 살펴볼 것이다.

작년 2010년 7월에는 제1단계의 연구를 정리하여 사회와 소통한다는 의미에서 제1, 제2 세부과제 팀이 각기 중심이 되어 각각 연구총서를 간행하였다. 우리 제1세부과제팀에서는 『중국 전통상인과 근현대적 전개』라는 서명으로 파주에 소재한 한국학술정보(주)에서 연구총서 제1권을 간행한 바 있다. 이제 제2단계 1차 연도를 맞이하여 연구총서를 계속하여 출간하기로 하였고 제1세부과제 관련 연구자의 연구를 모아『중국 상업관행의 근현대적 전개』라는 서명으로 연구총서를 간행하고자 한다. 작년에 출간한 연구총서 제1권에서 밝혔듯이 전통은 주로 명청시대에 형성된 것들에 대한 개념규정이고, 우리의 연구관심은 전통시대(명청시대)에 고정되어 있는 것이 아니라 전통시대의 것이 근현대라는 시점을 통하여 어떻게 현재 중국에 계승되고 단절되었는가에 있다. 따라서 우리의 연구는 명청시대에만 고정되어 있지 않고 근현대적 전개과정에 눈을 돌리려는 것이다.[2]

　　본 연구총서에 실린 글들은 두 가지 범주로 나누어 볼 수 있다. 하나는 중점연구소 과제를 수행하면서 개최한 제16차 성균관대학교 현대중국연구소 국제학술회의(2010년 6월 11~12일)에서 발표된 학술논문들이다. 이 국제학술회의에서는 「중국의 전통 상업문화와 현대 시장문화-중국 상업문화의 지역적 변화와 상관습의 진화」라는 주제 하에 주잉(朱英) 중국화중사범대학 중국근대사연구소 소장, 구로다 아키노부(黑田明伸) 일본동경대학 동양문화연구소 교수, 치우펑성(邱澎生) 대만중앙연구원 역사언어연구소 연구원, 김태경 금융감독원 저축은행서비스국 저축은행 총괄팀장이 각각 논문을 발표하였고 이에 대한 토론이 진행되었다. 이 국제학술회의는 중국의 전통 상업문화가 현대 중국의 기업문화에 어떻게 접목되었는지를 이해하려는 목적을 달성하기 위해 기획된 것이었다. 아울러 중국의 전통상업 문화와 현

---

2) 박기수, 「총론: 중국의 전통상인의 형성과 근현대적 전개」, 박기수 외 지음, 『중국전통상인과 근현대적 전개』, 파주: 한국학술정보, 2010, 14-15쪽.

대시장문화를 이해하기 위한 인문학과 사회과학의 학제간 연구를 도모하기도 하였다. 본서에서는 사정상 주잉(朱英) 교수의 「淸末民初 商會의 지역적 발전 및 변화」와 치우펑성(邱澎生) 연구원의 「청대 상업소송 중 다원적 법률」 두 논문을 수록할 수 있었다.3) 둘째는 중점연구소 제1세부과제(연구책임자 성균관대 사학과 朴基水 교수)의 공동연구원 3명(朴基水외에 李和承 서울디지털대학 교수, 鄭惠仲 이화여대 사학과 교수)과 전임연구인력 3명(金志勳 연구원, 姜勇仲 연구원, 洪成和 연구원)의 제1세부과제와 관련된 연구 성과물이다.

3.

본서에는 모두 8편의 논문이 실려 있는데 내용의 상관성에 따라 3부로 나누어 구성·편제하였다. 제1부는 '명청시대 상업관행'에 관하여 분석한 논문들로 구성되어 있는데, 전통시기 상업관행의 기본 성격을 밝힌 연구들이다. 제2부는 '근현대시기 상업관행의 변화'에 대하여 고찰한 논문들을 엮었다. 상업관행의 의미를 다소 확대 해석하여 이같은 제2부의 제목을 붙였다. 제3부는 '상업관행의 사료와 어휘'에 대하여 해설하고 탐구한 논문을 모았다. 이하 본서에 수록된 논문의 내용에 대하여 약술하여 본서의 성격과 구조를 설명하고자 한다.

제1부에 실린 논문은 3편으로 중국 전통시기인 明代後期의 商業慣行을 본격적으로 다룬 글, 명청시기 行業神으로서 關公신앙과 山陜商

---

3) 구로다 아키노부(黑田明伸) 교수는 「신용은 화폐를 대체할 수 있는가?: 산업화 이전 통화, 지역신용, 화폐 계량의 중·일·영 비교사 ("Can credit substitute currency?: a comparison of currencies, local credits and monetary accounts between China, Japan, and England in preindustrial era")를 발표하였고, 김태경 팀장은 「中國 商事仲裁制度의 主要特徵 – 仲裁에 대한 司法監督을 중심으로」를 발표하였는데, 구로다 교수의 연구는 개인사정으로, 김태경 팀장의 주제는 오히려 제2세부과제에 적합하므로 본서에 싣지 못하였다. 이 자리를 빌려 아쉬운 마음을 표한다.

人의 발전을 관련시켜 분석한 글, 그리고 청대 상업소송에서의 법률과 관행의 문제를 언급한 글로 구성되어 있다. 행업신인 관공에 대한 신앙행위가 반복되고 습관화되면 이것도 하나의 관행이라 할 수 있을 것이다. 송대 이래 명청시기까지의 관공신앙의 확대발전과정은 관행의 심화라고 평가할 수 있다.

첫 번째 글은 洪成和 연구원의 「明代後期 商業慣行 속에서의 情報와 信用」이다.[4] 그는 2007년 일본 동경대학에서 「청대중국의 민간도량형문제와 사회질서」란 제목으로 박사학위를 받은 이후 명청시대 시장에서의 도량형을 둘러싼 상업관행과 상업분쟁에 대한 여러 전문적 연구를 진행한 바 있다.[5] 그가 이 글을 쓰게 된 문제의식은 다음과 같다. 경제학자 조지 애컬커로프(George A. Akerlof)는 1970년 그의 기념비적인 논문인 「레몬시장」 속에서 '정보의 비대칭성'이라는 개념을 처음으로 제시하였다. 복잡한 수식을 사용하기도 하였지만, 일상적인 비유를 들고 있는 이 논문은 현대 경제학에 커다란 영향을 미치고 있다. 그가 말하는 '레몬(Lemon)'이란 과일을 의미하는 것이 아니라, 겉이 멀쩡하지만 속이 엉망인 중고차를 비유하는 속어라고 한다. 애커로프는 중고차 시장을 비유로 들면서, 거래자 상호간에 상품에 대한 정보가 과연 동일한가를 묻고 있다. 낯선 경제학 용어들

---

4) 洪成和 연구원의 「明代後期 商業慣行속에서의 情報와 信用」이라는 논문은 『中國學報』 59, 2009에 수록되었다.

5) 홍성화 연구원의 최근 이와 관련된 논문 몇 편을 소개하면 다음과 같다. 홍성화, 「청대 민사재판의 성격에 관한 논쟁 - 필립 황과 시가 슈우조의 연구를 중심으로-」, 『史林』 제28호, 2007. / 洪成和, 「청대 江南都市의 상공업행회와 도량형문제」, 『中國史硏究』 제 50집, 2007. / 홍성화, 「淸代度量衡硏究史」, 『中國史硏究』(중국사학회) 54, 2008. / 洪成和, 「明代後期 商業書를 통해서 본 客商의 윤리의식」, 『中國史硏究』 제56집, 2008. / 洪成和, 「淸代後期 巴縣地域의 度量衡 사용실태와 紛糾解決」, 『明淸史硏究』 제31집, 2009. / 홍성화, 「청대 호광지역의 도량형과 시장구조」, 『대동문화연구』 70, 2010. / 홍성화, 「분쟁과 조정: 청대 후기 重慶사회의 商事재판」, 『중국학보』 61, 2010.

때문에 꽤 복잡하다고 여길지 모르지만, 실제로 이 논문이 굉장한 영향력을 갖게 된 것은 누구나 일상적으로 겪는 일을 고찰 대상으로 했기 때문일 것이다. 예를 들면 어떤 제품을 구매할 경우를 상정해 보도록 하자. 매일 매일 반복해서 하나도 신기할 것이 없는 구매라는 행위를 조금만 의식적으로 살펴보면, 실로 여기에는 '정보'와 그에 대한 판단이 항상 중요한 요소로 작용하고 있다는 것을 알 수 있다.

이 논문은 明末이라는 시점에 다수 출판된 이른바 '商業書'를 기본 소재로 하고 商業書 이외에도 당시에 쓰여졌던 小說과 地方志, 族譜 등을 이용하여, 어떻게 상인들이 거래를 하였는가라는 일상적 상업관행을 고찰한 글이다. 필자의 논리를 따라가 보자. 실제로 明末의 상업서를 보는 한, 가격을 둘러싼 정보는 극히 비대칭적이었다. 애커로프의 설명에서 알 수 있듯이, 이처럼 거래자 간에 정보가 비대칭적인 경우라면, 이를 틈타서 제품을 교묘히 속여서 파는 행위, 즉 '도덕적 해이(moral hazard)'가 더욱 쉽사리 만연하기 마련이다. 아마도 이러한 배경을 바탕으로 하여 『杜騙新書』와 같은 소설이 나타났을 것이다.

이 지점에서 필자는 문제를 다음과 같이 풀어간다. 즉 상인들은 이에 대해서 어떠한 방법으로 대처하였는가라는 문제를 살핀다. 상업서의 분석을 통해서 客商과 牙行관계를 유지시키는 것은 계약 등의 제도적인 것이 아니라, 충후함이라든지 인격적인 신용도, 情誼的 요소가 훨씬 더 중요했다는 점을 알 수 있다. 馮夢龍이 지은 「施潤澤灘闕遇友」을 보면 비단 생산자 施福과 牙行 간에 중요한 점은 비단 자체의 품질보다는 사람 사이의 '충후'함이었다. 이 점은 단지 施福－牙行과의 거래에서 그쳤던 것이 아니라, 마찬가지로 客商－牙行과의 관계에서도 동일하게 반복되었다. 즉 牙行의 자본금이나 법적 계약 등이 중요한 것이 아니라, 인격적인 신용도가 가장 중요한 요소였다. 따라서 서로의 인격적인 신용도를 높이기 위하여 어려울 때 도와주는 이타적인 행동을 필요로 하였던 것이다. 요컨대 인간관계의 신뢰도를 높임으로써, 거래자 간에 존재한 높은 '정보의 비대칭성'을 점차로 줄여나갔다는 것을 알 수 있다. 또한 명청시기에 商品 가격은 과연 어떻게 나타나고 있었을까. 일단 현대사회의 그것과 비교할 때 두드러지는 측면은 가격 혹은 물가는 시기별, 지역별로 상당한 차이를 나타내고 있다는 점이다. 또한 거의 대부분 농산품 혹은 농산품을 원료로 한 수공업제품이기 때문에 가격의 변동 폭이 상당히 컸다. 지역별 풍흉에 기인한 가격변동이 있었기 때문임은 말할 나위도 없다. 이러한 사회에서 살아가는 사람들에게 고정적인 상품 가격이라는 관념이 성립하기는 매우 어려운 상황이었다고 할 수 있다. 그렇다면 이러한 사회 속에서 살아가는 사람들의 입장에서 똑같은 A라는 상품에 대한 느낌은 계절별로 지역별로 크게 다를 수밖에 없을 것이다. 이른바 A라는 상품에 대한 정보의 비대칭폭이 상당히 컸다고 할 수 있다. 그것은 그 당시 상업관행에 어떠한 영향을 주었던 것일까.

이러한 정보의 비대칭성을 해결하는 방법으로서 법이나 제도적인 보증보다는 거래자 간의 개별적인 신용을 두텁게 하는 쪽으로 점차 발전해 나갔다. 즉 중국 명청시대의 거래자들은 시장의 모든 사람들을 무차별적으로 신뢰하였던 것이 아니라, 자신이 오랫동안 알고 있었던 친숙한 사람들 가운데 신뢰할 수 있는 거래 상대를 선택하는 경향이 강했던 것이다. 또한 신뢰할 수 있는 상대와 오랫동안 거래하기 위하여 추가적 비용을 기꺼이 지불하였던 것이다. 그리고 이것은 다시 거래자 간의 신뢰와 협동을 강화하는 방향으로 작용하였다. 그런 의미에서 중국 명청시대의 시장은 인간관계, 즉 네트워크에 대한 의존도가 비교적 높았던 곳이라고 평가할 수 있지 않을까. 이상이 필자의 결론이다. 전통시대의 상업관행을 매우 독창적인 방법으로 풀어나가는 논리의 구축이 매우 신선하다. 전통시대 상업관행을 해석하는 논리를 새롭게 제공할 수 있는 하나의 가능성을 제기하였다고 하겠다.

두 번째 논문은 이화승 교수의 「關公信仰과 산섬상인의 발전」이라는 글이다.[6] 이 교수는 중국 명청시대 상업사와 상인에 대하여 이미 많은 연구업적을 축적하고 있는 명청시대 상인 전문가라 하겠다.[7] 이 총서에 실린 이 교수의 글은 민간신앙과 상인의 관계를 다룬 것이다. 인간은 위기 속에서 위안과 보호를 갈구하고 이를 해결해줄 신앙 대상을 찾기 마련이다. 상인들 역시 자신의 상행위를 보호해줄 신앙 대상을 찾게 되는데 그 대표적 신앙 대상의 하나가 삼국 시대의 민간 영웅 關羽이다. 본고의 목표는 역대 왕조에서 관공신앙이 형성되는 과정과 의미, 그리고 상업문화와의 상관관계, 특히 명청시대 山陝商人이 성장하는 과정에서의 關公信仰의 역할을 밝히는 것이다.

중국 민간에서는 다양한 대상을 신앙으로 숭배하는 오랜 역사적

---

6) 이화승, 「關公信仰과 산섬상인의 발전」, 『동양사학연구』, 제112집, 2010.

7) 이화승 교수는 『중국의 고리대금업』(서울: 책세상, 2000)라는 저술을 펴낸 이외에도 여러 권의 학술적으로 중요한 저술을 번역하였다. 그 대표적인 것을 들면 하오옌핑(郝延平) 지음, 이화승 역, 『중국의 상업 혁명-19세기 중·서 상업 자본주의의 전개』(소나무, 2001) / 하오옌핑 지음, 이화승 옮김, 『동양과 서양, 전통과 근대를 잇는 상인 매판』, 씨앗을 뿌리는 사람, 2002. / 리보중 지음, 이화승 옮김, 『중국경제사 연구의 새로운 모색』, 서울:책세상, 2006. / 李國榮 편저, 이화승 역, 『제국의 상점 : 중화주의와 중상주의가 함께 꾼 동상이몽 廣州 十三行』, 소나무, 2008 등이 있다. 아울러 명청시대 상인과 상업에 대한 전문적 연구를 진행하였는데 대표적인 것은 다음과 같다. 李和承, 「明淸時代 中國傳統商人의 區域化現象硏究」, 『中國史硏究』 제8집, 2000. / 李和承, 「淸代 東北地域의 商店組織에 관한 硏究」, 『明淸史硏究』 12, 2000. / 李和承, 「明淸 傳統商人과 民間信仰」, 『明淸史硏究』 15, 2001. / 이화승, 「19세기 상해의 경제사상: 상전」, 『현대중국연구』 4, 2002. / 이화승, 「명청시기 상업의 발전과 상인세력의 성장」, 『중국학논총』(한국중국문화학회), 2004. / 이화승, 「19세기 상해 회심공해의 탄생과 중서 상업분쟁」, 『中國史硏究』 44, 2006. / 이화승, 「전주 화교사회를 통해 본 한국 화교의 고찰」, 『成大史林』(수선사학회) 26, 2006. / 李和承, 「청말 經元善을 통해본 상인의 사회참여」, 『東洋史學硏究』 101집, 2007. / 이화승, 「중국 전통상인의 정체성연구 - 타인의 시각에서 주인공으로 -」, 『중국학보』 62, 2010.

전통이 있었다. 신화, 전설, 역사, 문학작품 중의 인물은 언제라도 신이 되고 백성들의 광범위한 지지를 받았지만 통치자들은 대부분 음사로 규정하고 제한을 가해왔다. 따라서 송대 이전 민간신앙의 문제는 주로 국가권력과의 대칭성문제로 인식되었다. 이러한 민간신앙의 여러 인물 중 관우는 매우 특이하고 예외적인 인물이다. 역사상 수많은 무장들이 있었지만 오직 유일하게 사후 역대 왕조의 추앙을 받아 公, 王을 거쳐 帝의 자리까지 올랐고, 유교·불교·도교는 물론 한족, 이민족을 불문하고 각 왕조마다 향불이 그치지 않았으며 결국 공자와 더불어 성인으로 추대된 것만 보아도 신앙의 영향력이 심대했음을 알 수 있다. 역사상 모든 신격화의 완성은 정부과 민간의 상호작용에 의해 결정되었다. 송대 이후 영험성을 인정받은 관우는 청대까지 조정이 주도하는 수차례 봉작과 함께 神, 鬼, 人 삼계를 관장하는 명실상부한 '神'이 되어서 '신을 통해 교화한다'는 정책으로 현실적 난국을 타개하고 민의에 순응하며, 제사를 이용하여 백성들을 회유하거나 호의를 베푸는 좋은 매개체가 되었다. 이민족도 관우를 중원 지배의 중요 수단으로 이용하기 위해 關廟를 재정비하고 관심을 쏟다보니 그 신력의 존재여부와는 별개로 시간과 환경의 변화에 따라 영험함은 더욱 쌓여갔다. 여기에 사대부들은 관우의 이름으로 각종 善書를 대량으로 제작하자 관우는 거의 만능의 신이 되어 과거 합격이나 관직의 승진은 물론 모반이나 오랑캐의 진압, 충정과 정의의 구현 나아가 자연재해나 질병 퇴치, 정절과 효도의 고취 등 일상생활에 필요한 다양한 직능을 수행하는 해결사라는 존재가 되었다. 황제부터 일개 필부까지 누가 영험한 신령의 보호를 마다하겠는가. 비록 신앙에 대한 인식이 다르고 기원하는 내용은 달랐을지라도 관공신앙은 백성들의 생활에 깊숙이 자리잡게 되었다.

그러나 정작 관공신앙의 실천적 확산은 상업계에서 빛을 발하였다. 상업계에서는 동일한 지역의 정서를 응집할 수 있는 향토신이나 동일한 업종의 이익과 단결을 도모하기 위한 행업신, 그리고 상인 일반의 이윤추구라는 보편적 정서 하에서 財神에 대한 신앙이 일찍부터 전개되어 왔었기 때문이었다. 전국적인 시장의 형성과 상업의 발전, 山陝商人의 성장, 백성들의 재신에 대한 갈망 등은 관우정신이 회관과 관묘를 중심으로 보편적 신앙으로 성장하는 데 결정적인 동력이 되었다. 관우가 더 이상 관념세계의 虛辭로 머무르지 않고 현실세계의 영험한 존재로, 또 '예와 귀신(明有禮樂, 幽有鬼神)'의 주인공으로, 일상생활과 행위에 지접 영향을 미치게 되었다. 항상 비극적인 인물일수록 후세에 더욱 넓은 상상과 활용의 공간을 제공한다. 사회적 약자로 거친 환경에서 생존하고 어렵게 모은 부를 다양한 사회변화 속에서 유지해야 하는 상인에게 관우는 더할 나위 없이 넓은 공간을 제공해주었다. 유가의 인, 의, 예, 지, 신과 관우가 보여준 충, 의, 성, 신의 교합점은 상인들이 자신을 독려하고 보호하는 등불이었으며 상업활동에서 고객의 신뢰를 얻는 데 꼭 필요한 상업광고가 되었다. 또 나아가 상인이 사회와 소통하는 중요한 공간이기도 했다. 그에 대한 경외와 경건함의 정도가 바로 사업 성공의 관건으로 인식되자 관공신앙은 지역, 행업 신앙의 경계를 넘어 중국 상업문화의 중요한 축으로 발전했던 것이다. 따라서 관공신앙은 조정과 민간, 사회 주류 언론과 상업계, 산섬상인과 기타 지역상인, 수많은 타 민간신앙과의 중간지대에서 전통사회의 중요 가치개념을 실천하며 사회교훈적인 의미를 이끌어가는 역할을 수행함으로써 천하의 광범위한 지지를 얻을 수 있었다. 특히 관공신앙은 산섬상인들에게 단순한 보호의 차원에서 나아가 상인으로서 정체성을 확립하고 사회 참여를 통해 자신의 위치를 제고할 수 있는 가장 중요한 힘이었다. 자신들의 상업행위가 유생의 공담보다 더 실질적이어서 경세제민의 실천으로 승화되었던 것이다.

이 논문은 중국민간신앙이 어떠한 배경 속에서 만연하게 되고 특히 상업계, 상인집단 속에서 숭배대상의 신격화가 어떤 배경에서 이루어졌는지를 잘 설명하고 있다. 특히 산섬상인이 숭배하게 된 關公信仰이 산섬상인을 넘어 전체 상인집단 내에서 어떻게 財神으로 승격하게 되었는지를 잘 보여 주고 있다. 경제적 이윤을 추구하는 집단이 결여하기 쉬운 상업윤리를 관공신앙을 통해 극복해 가는 측면도 잘 분석하고 있다.

세 번째 논문은 臺灣中央研究院의 邱彭生 연구원의 「청대 상업소송 중 다원적 법률」이라는 글이다. 앞에서 말했듯이 2010년 6월 11~12일 개최된 제16차 성균관대학교 현대중국연구소 국제 학술회의에서 발표된 학술논문이다. 현재 명청사회경제사 연구에서 새로운 조류 가운데 하나는 사회경제사를 둘러싼 제도적 변화를 중시하는 입장이라고 할 수 있다. 이를 대표하는 연구 조류의 하나로서 邱彭生 선생의 일련의 연구업적8)을 들 수 있을 것이다. 치우펑성 선생의 논문은 명청시대를 통하여 줄곧 선진지역이었던 蘇州地域을 사례로 하여 상업분규를 둘러싸고 官府와 민간부분이 어떻게 제도적인 대응을 이루어

---

8) 이와 관련된 대표적 저서로는 邱澎生, 『當法律遇上經濟 : 明淸中國的商業法律』 (臺北 : 五南圖書出版公司, 2008) 이 있고 이와 관련되 중요 논문으로는 「由市廛律例演變看明淸政府對市場的法律規範」, 『史學 : 傳承與變遷學術硏討會論文集』 (臺北 : 國立臺灣大學歷史系, 1998) /「由放料到工廠？淸代前期蘇州棉布字號的經濟與法律分析」, 『歷史硏究』 (北京) 2002年第1期/「市場´ 法律與人情 : 明淸蘇州商人團體提供「交易服務」的制度與變遷」, 中國史學會編, 『中國の歷史世界──統合のシステムと多元的發展』(東京 : 東京都立大學出版會, 2002) /「國法與幫規 : 淸代前期重慶城的船運糾紛解決機制」, 邱澎生´ 陳熙遠編, 『明淸法律運作中的權力與文化』(臺北 : 聯經出版事業公司, 2009.4) 등이 있다.

나갔는가를 탐구하고 있다. 흥미로운 점은 이를 분석함에 있어서 '독주(獨奏)'와 '합주(合奏)'라는 오케스트라가 음악을 연주하는 모습으로 비유하여 설명하고 있다는 점이다.

이 논문에서 주로 다루고 있는 것은 다양한 상인들 간의 채무 관련 소송인데 일단 官府의 법률 조문부터 살펴보면, 18세기 이후 청조 중앙정부는 상인과 아행의 채무분규 문제와 관련한 입법 작업에 상당히 적극적인 태도를 취하였다고 지적하고 있다. 이러한 주장의 중요한 사례로서 "農忙停訟(農繁期에는 訟事를 금한다)"과 관련한 규정의 변화를 들고 있다. 즉 원래 전통 중국의 소송관행으로 볼 때 음력 4월부터 7월까지는 농번기이므로 '戶口, 婚姻, 田土'에 관한 細事는 관아에서 소송을 수리하지 않았다. 그러나 건륭 4년(1739)부터 상업관련 채무소송을 細事에서 제외시켜, 농번기에도 이에 관련된 소송을 수리하도록 한 것이다. 뿐만 아니라 채무관련 기타 입법 활동도 활발히 진행되었다고 서술하고 있다.

邱彭生 선생은 이를 官府의 '獨奏'라고 비유하고 있는데, 이뿐만 아니라 민간부분의 '合奏'도 진행되었다고 서술하고 있다. 이를 살펴보면, 18세기 이전에는 소주지역에 진출한 타지 출신 객상이 현지 출신들인 아행들과 금전거래를 할 때, 아행들은 원래 객상들에게 지불해야 할 대금을 고의로 착복하는 경우가 많았다. 이는 본지인인 아행이 타지 출신인 객상보다도, 같은 지방출신인 胥吏 등을 통해서 지방관부와 훨씬 더 밀접한 인적 관계를 맺고 있었기 때문에 가능한 것이었다. 그러나 18세기 이후 객상들 역시 蘇州地域에서 회관이나 공소를 조직하여 자신들의 단결을 강화하였으며, 자신들에게 유리하게 판결된 판결문을 會館 앞에 碑文으로 새겨서 이를 훗날의 증명으로 삼

고자 하였다. 판결문으로 훗날의 법적 분쟁이 있을 경우에 대비한 것인데, 이는 판결문을 법적 효력을 갖춘 '관습법'으로 만드는 중요한 계기가 되었다. 邱彭生 선생은 상업분쟁에서 訟師가 개입하는 것을 주목하고 있는데, 상인과 아행의 채무소송에 대해 정부가 입법을 진행하는 것을 官府의 '獨奏'로 비유한다면, 각종 상업소송과정에 상인 단체와 민간 訟師가 개입하는 것은 모종의 民間 '合奏'라 할 수 있을 것이라고 하고 있다.

邱彭生 선생은 이 논문의 서두에서 더글라스 노스의 '제도론'을 인용하고 있다. 17~18세기 중국과 유럽의 역사를 비교할 때, 이러한 제도에 입각한 관점에서 본다면, 흔히 중국은 유럽에 비해서 상업과 경제발전에 관한 정부와 민간의 제도적 보증이 미흡하거나 결여되었다고 보는 것이 대체적인 학계의 시각이라고 할 수 있다. 그렇지만 이와는 달리 청정부나 민간에서 그 나름대로 상업채무나 상표권 분쟁 등에서 제도적인 보증을 하려고 노력하였다는 점을 밝힌 것이 본고의 커다란 특징이자 의의가 아닐까 생각된다. 그리고 본고를 읽는 독자들 역시 이 점에 대해서 수긍할 수 있으리라 생각된다. 다만 전체 청대 상업거래에서 이러한 제도적인 보증이 얼마나 이루어졌는가, 그리고 얼마나 효과를 거두었는가는 의문이 들 수밖에 없다. 즉 다시 말해서 전체 상업 거래 중에서 매우 이례적이고 부분적인 사례를 지나치게 부각시키는 것이 아닐까 하는 의문이 드는 것이 솔직한 심정이다. 이 점에 관해서 앞으로 邱彭生 선생을 비롯한 학계의 다양한 연구가 기대된다 하겠다.

제2부에 실린 논문은 역시 3편으로 전통시기의 상인조직 會館을 대신하여 근대시기에 출현한 근대적 상인 조직 商會를 탐구한 글, 20

세기 초 山西 票號의 근대적 은행으로의 변신 시도에 관한 논문, 중화인민공화국 수립시기 경제정책을 입안한 재정경제위원회의 구성에 관한 논문 등이다. 과거의 전통 상인들이 회관이라는 자신들의 조직을 건설하는 관행이 있었다면 19세기 말 20세기 초의 상인들은 근대적 조직 商會를 건설하려는 관행을 이룩하려고 노력하였다고 볼 수 있다. 아울러 이 시기 전통적 방법, 전통적 관행을 통한 금융기구로서의 票號가 역사적 운명을 다하고, 그에 대신하여 근대적 방법, 근대적 관행에 기초한 은행이 등장하는 시기이기도 하다. 이렇게 보자면 상회의 설립이나 은행의 조직 시도는 새로운 관행을 만들려는 상인들의 노력의 일환이었다고 볼 수 있을 것이다.

첫 번째 논문은 주잉(朱英) 교수의 「淸末民初 商會의 지역적 발전 및 변화」라는 글이다.[9] 주잉 교수는 중국화중사범대학 중국근대사연구소 소장이기도 한데, 신해혁명을 전후한 시기 중국 사회경제사 특히 자본가계급과 상인, 상인조직인 상회 등에 대한 전문가이다. 20여 권의 저서와 170여 편에 달하는 논문 등 방대한 연구 성과를 낸 중국의 대표적 경제사학자라 할 것이다.[10] 앞에서 본 邱彭生 선생의 논문

---

9) 朱英, 「淸末民初 商會의 지역적 발전 및 변화 -上海·蘇州·天津 商會의 사례-」, 『사림』 제37호, 2010. 이 글은 2010년 6월 11-12일 개최된 제16차 성균관대학교 현대중국연구소 국제 학술회의에서 발표된 학술논문인데 번역되어 『사림』 제37호에 게재되었다.

10) 대표적 저서를 몇 권 꼽으면 다음과 같다. 朱英, 『辛亥革命時期新式商人社團硏究』, 中國人民大學出版社, 1991. / 朱英, 『商業革命中的文化變遷—近代上海商人與海派文化』, 華中理工大學出版社, 1996. / 『近代中國商人與社會』, 湖北敎育出版社, 2001. / 『中國近代民族資産階級硏究』, 華中師范大學出版社, 2000. / 『商會與近代中國』, 華中師范大學出版社,, 2005 등이 있다. 연구논문으로는 朱英, 「辛亥革命時期的蘇州商團」, 『近代史硏究』 1986年第5期. / 「從淸末商會的誕生看資産階級的初步形成」, 『江漢論壇』 1987年第8期. / 「晩淸蘇州商會與行會的區別及其聯系」, 『中國經濟史硏究』 1988年第3期. / 「晩淸新式商人社團的興起及其影響」, 『中國經濟史硏究』 1989年第4期. / 「淸末蘇州商會的歷史特點」, 『歷史硏究』 1990年第1期. / 「淸末商會的成立與官商關系的發展演變」, 『社會科學戰線』 1990年第2期. / 「論淸末商會的性質」, 『辛亥革命史叢刊』 第8輯, 中華書局, 1991/ 「商人與辛亥革命」, 『香港中國近代史學會會刊』 1993年第7輯. / 「五四運動期間的天津總商會」, 『華中師范大學學報』 1997年第6期. / 「論近代上海商人文化的特徵」, 『社會科學硏究』 1998年第5期. / 「近代中國商人與社會變革」, 『天津社會科學』 2000年第5期. / ""在商言商""與近代中國商人的政治參與」, 『江蘇社會科學』 2000年第5期.

이 전통시기인 淸代 소주지역의 상인관계를 다루었다면 朱英 선생의 이 논문은 근대 시기 上海, 蘇州, 天津地域을 중심으로 새롭게 만들어진 '商會'를 다루고 있다. 더 나아가서 이 논문은 각 지역에서 생겨난 商會 조직이 각각 어떠한 차이가 있는가를 여러 측면에서 비교해 보고 있다는 점이 특징이라고 할 수 있다.

1904년 1월, 淸政府 商部는 「商會簡明章程」을 제정·공포하고, 各省 상인들에게 현지의 사정에 맞추어 章程을 제정하고 商會를 설립하도록 권유하였다. 이를 계기로 근대적인 특성을 지닌 상인단체 즉 상회가 20세기 초 중국에서 출현하기 시작했다. 商會의 설립배경에 대해서 盛宣懷는 다음과 같이 설명한 바 있다. "서양 상인들의 총회는 수풀처럼 많고 아침저녁으로 모여 연구·토론하며 온 힘을 다하고 있는 데 비해, 중국 상인들은 함께 모여 회의할 장소도 없고 각 幇의 董事가 있다 해도 상호 경계를 긋고 서로 흩어져 뭉치지 않으니, 서양 상인들과 거래할 때마다 항시 제대로 대적할 수 없다"는 것이다. 요컨대 전통적인 상공업자의 조직인 회관이나 공소는 각 개별단체의 응집력은 높지만, 각 단체 간의 관련성이 낮았기 때문에, 서구인들의 단결력에는 미치지 못했고, 이를 보완하기 위하여 자발적으로 생겨난 각 상공업단체를 인위적으로 조직하는 과정에서 생겨난 것이 '상회'라고 할 수 있다. 그렇지만 같은 '상회'라고 하더라도 지역마다 특징이 달랐는데, 이 논문에서는 이 점을 집중적으로 다루고 있다.

모든 상회가 청정부의 지도에 의해서 설립된 것이 사실이지만, 지역마다 그 설립요인은 상이하였다. 우선 上海에서는 영미권 국가들과 통상조약을 체결한 일을 계기로 상회가 설립되었고, 天津商務總會의 前身인 天津商務公所는 8국 연합군 약탈 후의 시장 혼란을 타개하기 위해 새로 부임한 直隷總督·北洋大臣 袁世凱의 지원 하에 直隷 官府와 상인들이 설립한 것이다. 마지막으로 1905년 蘇州商務總會 설립의 촉매제는 그해에 폭발한 美貨 배척운동이었다.

조직체계라는 점에서 볼 때, 각 지역의 상회는 일단 총회－분회－분소라는 공통적인 체계로 구성되었다. 그렇지만 외곽 단체를 보유하였는가라는 점에서 볼 때, 蘇州商會는 商團·市民公社 등 2개의 외연 조직을 직접 거느렸으며 그 영향력도 매우 현저했다. 그에 비해 上海와 天津의 상회는 그렇지 않았다는 특징을 지니고 있었다. 구성원의 측면에서도 차이를 드러내고 있다. 기본적으로 商會는 상공업자의 조직이지만, 외국 상인의 중개인 역할을 하였던 買辦이 어느 정도 참여하고 있느냐에 따라 지역적인 차이를 보였다. 상해와 같이 외국인 상인과 거래가 많았던 지역에는 買辦이 다수 상회에 참여하였고, 상해만큼은 아니지만 天津도 역시 매판이 많이 참여하고 있었다. 그렇지만 청일전쟁 이후 개항장이 되었던 蘇州의 경우, 개항이 늦었던 만큼 매판의 참여는 상당히 낮은 편이었다. 선거제도도 역시 차이점을 보였는데, 상해와 소주는 투표에 의해서 총리·협리·회동과 같은 지도부를 선출하였고, 이들의 임기 및 연임횟수에 대한 제한을 두었다는 특징이 있었다. 그러나 天津商會는 公擧制를 채택하고 있다는 점에서 다른 지역의 상회와 차이점이 있었다.

전체적으로 위와 같은 지역적인 차이점은 있었을 지라도, 상회의 전반적인 취지는 민족자본주의 상공업의 발전을 촉진하는 것이었다. 주요 활동내용은 상공업계 내부의 연락, 시장 조사, 상학 진흥, 시장 유지, 상사분쟁의 접수, 납세 협조, 치안 및 기업의 등록사무 지원 등이었다. 이들 측면에서 상회는 대규모 상공업자들의 이익을 대변하고

官·商 연락의 매개자라는 특수한 기능과 작용을 십분 발휘했으며 매우 적극적인 영향력을 발휘하여 상공업자들의 환영을 받았다고 결론을 맺고 있다.

이 논문은 전통적 상인조직을 대신하여 근대적 상인조직의 흥성을 다룬 것으로 각 지역의 상황의 차이에 따라서 상회의 설립요인, 조직체계, 매판의 참여정도, 상회지도부의 선출방식에 있어 각기 상이한 모습을 보였다. 한편 이러한 차이점에도 불구하고 당시 시대에 부응하는 공통적 특성도 지니고 있었다. 이러한 제 측면이 이 논고를 통해 여실히 드러났다고 하겠다.

두 번째 논문은 정혜중 교수의 「20세기 초 北京 金融界와 李宏齡의 山西票號 개혁론」이라는 글이다.11) 종래 대표적 산서상인의 한 부류로서 票號의 경영, 국가권력과의 관계, 다른 상인자본과의 관계12) 등 제 측면을 연구해온 정혜중 교수는 이제 그 표호에 대한 연구영역을 근대금융기구로의 변신 시도라는 측면에까지 확장하고 있다. 이 논문은 20세기 전후 근 30여 년간 표호 경리로 북경에서 활약하면서 "표호개혁"을 주장하였던 李宏齡의 문집인 『同舟忠告』와 『山西票商成敗記』을 통해 20세기 초 중국 금융기구 변화의 한 측면을 고찰한 것이다. 신해혁명 직전 북경 금융계의 움직임을 염두에 두면서 이굉령이 근무한 蔚豊厚 票號에 초점을 맞추어 금융계의 변화를 정리하

---

11) 정혜중, 「20세기 초 北京 金融界와 李宏齡의 山西票號 개혁론」, 『중국사연구』 67, 2010년.

12) 鄭惠仲, 「山西票號와 淸朝」 이화여자대학교대학원사학과 석사학위논문, 1993. / 鄭惠仲, 「中國近代經濟史에서의 山西票號의 硏究」, 『中國史硏究』 제8집, 2000. / 鄭惠仲, 「山西票號의 帳簿에 나타난 지점경영의 특징 -1906년 日昇昌山西票號 지점장부의 분석을 중심으로-」, 『東洋史學硏究』 77, 2002. / 鄭惠仲, 「淸末 大豆流通과 山西票號의 投資活動」, 『明淸史硏究』 18, 2003. / 鄭惠仲, 「辛亥革命 이전 天津에서 산서표호와 천진은호의 금융활동」, 『明淸史硏究』 24집, 2005. / 정혜중, 「1906년 日昇昌票號帳簿에 나타난 記帳法과 지점거래」, 『中國史硏究』 34, 2005.

였고, 이러한 변화에 대해 표호 내부에서는 어떻게 대처하였는지 李宏齡의 은행개혁론을 통해 분석하고 있다. 이 글의 목적은 근대 중국을 대표하는 금융기구인 표호와 전장이 신해혁명과 오사운동을 겪으면서 각각 다른 운명을 맞게 되는 원인을 규명하고, 표호 개혁론에 대한 고찰을 통해 근대로의 전변 과정 중에 보이는 상인집단 특히 표호의 특징과 그 성쇠의 원인을 밝히는 데 있다.

논문은 두 개의 장으로 구성되어 있다. 먼저 둘째 장 "北京 금융기구와 蔚豊厚 山西票號"의 1절 "신해혁명 전 북경의 금융상황"에서는 북경의 금융이 지역 네트워크로 묶어 송금을 담당하는 票號, 전표를 통해 상인에게 편리를 제공해 주면서 자금 대출을 통해 이자를 챙기는 錢莊, 동전과 은량 교환을 주요 업무로 하는 錢舖, 은량의 주조가 주요 업무인 爐房으로 구분되는 아주 복잡한 상황임을 지적하고 있다. 일견 복잡해 보이는 이들의 관계는 서로의 역할 구분이 엄격하였는데, 각 기관이 송금과 상품구입을 위한 전표발행, 은과 동전 교환, 은주조와 함께 거래자와 예금, 대출을 함께 할 수 밖에 없는 자금 순환구조가 커다란 문제였다. 즉 상거래에서 자금수요에 대한 공급이 원활하지 못하였고 또 각 지방마다 서로 다른 화폐구조였기 때문에 노방과 같은 금융기구에서도 장부결제를 활성화시키는 방법으로 화폐유통을 활성화시키면서 은행과 같은 구실을 해 나갔던 것이다. 이로 인해 1908년 청정부가 은행장정을 만들어 가게 되는 과정에서 이상의 전근대 금융기구마저도 모두 은행의 범주에 포함시키는 결과를 초래하였다고 한다. 2절 "蔚豊厚 山西票號와 李宏齡"에서는 표호 경리를 맡았던 이굉령의 성장 배경을 살펴보면서 그가 근무하였던 울풍후의 발전을 고찰하고 있다. 이굉령이 근무하였던 울풍후 표호는

哈爾濱, 包頭, 西安, 三原, 迪化, 蘭州, 凉州, 肅州 등 동북쪽의 哈爾濱
과 서북의 蘭州, 凉州, 肅州에 지점영업을 하고 있어 동북과 서북에
걸친 영업망을 형성하고 있는 것이 특징이었다. 20세기 초기의 사회
경제의 불안은 이와 같은 광범위한 영업지역을 갖는 울풍후 표호의
중심영업지인 북경에서 보다 빨리 느낄 수 있었고 이러한 상황 하에
서 그는 정치적 변화에 따라 신정 개혁에 적극 동참하고자 하는 의지
를 보이게 되었다고 한다.

　셋째 장 "李宏齡의 표호 개혁론"의 1절 "은행으로의 개혁 시도와
좌절"에서는 청정부가 은행의 개념규정 및 각 조례들을 만들어가는
1908년을 기점으로 이굉령이 적극적으로 상업은행의 설립을 위해 노
력하는 과정을 살펴보고 있다. 영업이 효과적이지는 않았지만 이미
많은 은행들이 세워지고 있는 상태에서 표호 송금량의 감소는 이굉
령을 움직이기에 충분한 조건이었고 1907년 營口에서 발생한 東盛和
의 도산과 그로 인한 시장의 불안은 이굉령을 은행개혁으로 움직이
게 하는 배경이었다. 그러나 그의 건의는 山西의 자본가들에게 받아
들여지지 않아 좌절되고 말았다. 이굉령의 건의와는 달리 자본가들
및 본점의 총경리들은 기존의 표호 운영방식을 고수하였고 표호의
은행참여를 받아들이지 않았던 것이다. 2절 "蔚豊商業銀行으로 개조"
에서는 산서표호를 중심으로 은행을 조직하려는 이굉령의 기도가 무
산되었지만 그의 영향으로 蔚字五聯號의 侯家가 중심이 된 '蔚豊商
業銀行'의 성립을 고찰해 보았다. 이에 이굉령도 발기인으로 참여하
였다. 당시 은행 운영 내용은 자세하지는 않지만 그가 죽고 곧 은행
도 도산하였다는 점에서 산서표호의 은행으로의 개조는 성공적이지
못하였다고 평가하고 있다.

표호의 가장 큰 특징은 담보를 받지 않고 신용에 근거하여 대출을 해주는 점이었다. 표호는 신용이 강조된 금융기구였기 때문에 도산시에는 막대한 손실을 입을 수밖에 없는 구도였다. 시장전체가 흔들리는 공황, 국가존폐의 위기가 지나면 적은 자본으로도 쉽게 재기가 가능한 말단 금융기관이었다. 하지만 다른 한편 표호는 다양한 지연 관계의 네트워크에 의존하는 거대한 금융집단이기도 하였다. 상업적 유동성에 바탕을 두면서도 이 유동성에 기생하는 왕조 말기 국가와의 관계 및 고객을 우선시하는 신용관념으로 말미암아 국가붕괴에 따라 정치적 신용이 보장되지 않는 경우에 손실은 회생 불가능할 정도로 막대한 것이었다. 이를 간파한 이굉령은 일찍이 은행으로 개조를 요구하였지만 번번히 좌절되는 상황 하에서 표호는 쇠락의 길을 걷게 되었다는 것이 이 논문의 결론이다. 그 근대적 금융기구로의 변신은 좌절되었지만, 표호의 다양한 성격의 일면을 보여주는 귀중한 연구라고 판단된다.

세 번째 논문은 김지훈 연구원의 「1949년 중국 정무원 재정경제위원회의 인적구성」이라는 글이다.[13] 김지훈 연구원은 종래 중국공산당의 경제정책이나 중화인민공화국의 경제정책에 대해 연구를 집중하여 왔다.[14] 본고는 중화인민공화국 수립 직후 활동한 정무원 재정

---

13) 김지훈, 「1949년 중국 정무원 재정경제위원회의 인적구성」, 『중국사연구』 61집, 2009년.

14) 金志勳, 「1930年代 中央소비에트區의 農業互助合作運動과 農業生産」, 『中國現代史硏究』 11, 2001. / 金志勳, 「中央소비에트區의 勞動政策과 勞動者」, 『中國近現代史硏究』 20, 2003. / 金志勳, 「1930年代 中央소비에트區의 對外交易」, 『中國史硏究』 18, 2002. / 金志勳, 「1930年代 中央소비에트區의 金融政策과 通貨膨脹」, 『中國近現代史硏究』 16, 2002. / 金志勳, 「1930年代 中央소비에트區의 財政收入」, 『東洋史學硏究』 86, 2004. / 金志勳, 「中央소비에트區의 土地分配와 農民生活의 變化」, 『中國史硏究』 30, 2004. / 金志勳, 「中日戰爭期 中國共産黨의 韓國認識」, 『歷史學報』 184, 2004. / 김지훈, 「중일전쟁기 해방일보의 한국인식」, 『사림』 25, 2006. / 김지훈, 「1930년대 중앙소비에트구의 소비합작사와 양식조제국」, 『中國近現代史硏究』 30, 2006. / 김지훈, 「1950년 경기침체와 중국정부의 사영상공업 조정정책」, 『中國近現代史硏究』 39, 2008.

경제위원회의 인적 구성의 특징을 통하여 중화인민공화국 수립 초기 표방한 신민주주의경제의 실상을 이해하고, 나아가 중화인민공화국 정권의 성격과 경제정책 변화의 배경을 탐색하기 위하여 집필되었다. 필자의 연구결과는 다음과 같다. 중화인민공화국이 수립된 직후 중국 정부는 경제문제를 총괄적으로 다루기 위한 기구로 정무원 재정경제 위원회를 설립하였다. 이 위원회는 1949년 설립되어 1954년 해체될 때까지 중국의 초기 경제정책 수립과 집행에 커다란 영향력을 행사했다. 이 위원회의 위원 구성은 毛澤東의 신민주주의론과 연합정부론에 입각하여 구성되었다고 할 수 있다. 1949년 당시 정무원 재정경제 위원회는 주임 陳雲과 부주임 薄一波, 馬寅初 등 53명으로 구성되었다. 이 위원회 구성은 2명의 위원이 후에 추가되었지만 1954년까지 대체로 큰 변화 없이 유지되었다. 정무원 재정경제위원회의 위원을 연령 별로 보면 30대가 2명(3.7%), 40대가 24명(45.28%), 50대가 17명 (32%), 60대가 7명(13.2%), 70대가 3명(5.6%)으로 40대가 가장 많았고 그 다음이 50대였다. 40대와 50대를 합하면 41명으로 77%를 차지하고 있었다.

정무원 재정경제위원회의 성원 가운데 공산당원과 중앙인민정부 政務院의 관료는 주임인 陳雲 등 29명으로 전체의 54.7%를 차지하고 있었고, 지방 대군구의 재정경제위원회를 대표해서 동북재경위원회의 부주임 李富春, 서북재경위원회 주임 賈拓夫, 화중재경위원회 주임 鄧子灰, 화동재경위원회 부주임 曾山 등이 참여하여 중앙과 지방의 관료를 합하면 32명으로 전체의 60%를 차지하고 있었다. 정무원 재정경제 위원회에는 14명의 기업가가 참여하여 26.4%를 차지하고 있었다. 이 외에 국민정부 자원위원회에서 활동했던 錢昌照 등과 馬寅初, 千家駒

등의 대학교수 등 다수의 민주당파 인사들이 참여하고 있었다.

53명의 위원을 당파별로 분류해보면, 中國共産黨員은 26명으로 49%를 차지하고 있었다. 정무원 재정경제위원회 성원의 절반 정도인 비공산계열 위원 가운데 가장 많은 수를 차지하는 당파는 민주건국회로 11명, 20.7%를 차지하고 있었다. 재정경제위원회에 참여한 기업가들 가운데 다수가 민주건국회에서 활동하고 있었기 때문이었다. 이 외에 중국국민당혁명위원회 3명, 구국회 2명, 구삼학사 1명, 농공민주당 1명, 중국국민당민주촉진회 1명, 기타 7명 등이다. 이러한 구성을 보면 정무원 재정경제위원회는 공산당원이 반 정도를 차지하고 있고 민주건국회 등 민주당파와 무당파 인사들이 나머지를 차지하고 있음을 알 수 있다.

당시 중국정부는 산업이 집중되어 있던 상해 등의 대도시를 접수하게 되었고 신속한 경제 회복을 위해서는 국민당지역에서 활동하던 기업인의 도움이 필요했다. 또한 중국공산당은 도시를 통치해 본 경험이 부족했기 때문에 초기에 이들의 도움이 중요했다. 이에 따라 재정경제위원회는 경제 전문가로 전 국민정부 자원위원회 위원 錢昌照, 미국 콜럼비아대학 경제학박사인 馬寅初와 대학교수 千家駒를 위원으로 임명했고, 임업 전문가인 梁希, 화학자이며 기업가인 候德榜 등 각 분야의 전문가를 초빙했다. 이러한 위원 임명은 중국공산당의 부족한 경험을 보완하고 재정경제위원회의 전문성을 높여 주었다고 할 수 있다.

정무원 재정경제위원회 위원 가운데 60%는 1949년 9월 개최된 중국인민정치협상회의 제1차 회의에 참석한 인물들이었다. 또한 정무원 재정경제위원회에는 공산당 인사와 비 공산당계 인사들이 비슷한 숫자로 참여하고 있었다는 것을 알 수 있다. 이러한 조직구성은 중일 전쟁시기 中國共産黨의 항일근거지에서 실시한 3·3제의 유산으로 볼 수 있다. 결국 중국공산당의 중앙과 지방 경제관료 위주로 구성되었던 중앙재정경제위원회가 1949년 건국 이후 정무원 재정경제위원회로 변화하면서 주로 중국인민정치협상회의에 참여했던 민주당파와 기업인 등이 합류했다고 할 수 있다.

그러나 정무원 재정경제위원회의 구성이 공산당과 민주당파, 무당파를 포괄하고 있었지만 공산당의 통제에서 벗어난 것은 아니었다. 1949년 9월 「중국인민정치협상회의공동강령」에는 공산당의 지도가 명문화되지는 않았지만 신민주주의체제에서도 국가기구와 사회에 대한 통제가 강화되고 있었다. 공산당이 국가의 정치원칙과 방향을 실질적으로 결정하고 있었고, 당 간부가 재정경제위원회의 중요 직책을 차지하고 있었기 때문이다. 공산당은 교육과 지도를 통해서 국가기관과 사회에 당의 방침을 관철시킬 수 있었다. 이에 따라 정무원 재정경제위원회의 결정도 중공중앙의 비준을 거쳐야 했으며 점차 공산당의 지도가 강화되어 갔다. 이러한 공산당의 지도는 정책의 추진력을 높이는 등의 장점도 있었지만 여러 당파의 전문가들이 수립한 정책에 과도하게 개입하여 경제의 현실을 도외시한 정책이 추진될 수 있는 가능성을 열어 놓았다. 1950년대 후반 중국의 경제정책이 비교적 온건한 신민주주의에서 급진적인 사회주의화로 변화하게 된 것은 공산당의 지도 속에서 경제의 현실을 중시하는 경제 관료의 입지가 줄어든 것과도 일정한 관계가 있다고 할 수 있다.

이 논문은 중화인민공화국 수립 초기의 경제정책—신민주주의경제 정책을 입안한 정무원 재정경제위원회의 인적 구성을 다각도로 분석하고 있고 이를 통해 중화인민공화국의 초기 경제정책의 실상에 접근할 수 있는 자료를 제공하였다. 아울러 신민주주의 경제가 후일 사회주의 경제로의 급진적 변화를 이룬 배경을 이해할 수 있는 실마리를 던져 준다 하겠다.

제3부에 실린 논문은 두 편으로 중국 근대 대외무역사 자료의 편찬방식을 소개한 글과 중국 역대 상업어휘의 연구방법에 관한 글이다. 중국 근대 대외무역의 자료를 편찬한 중국해관은 1859년부터 1948년까지 여러 차례 대외무역 통계자료의 편찬 방식을 개량하고 진보시켰다. 이러한 편찬방식의 변화는 대외무역의 통계를 처리하는 중국해관의 인식과 방법이 바뀐 것이다. 무역자료를 편찬하는 관행이 여러 계기에 따라 변화·발전한 것이라고 할 수 있다. 이러한 사료의 편찬방식의 변화에 대한 인식은 중국대외무역 관행의 변화를 인식하는 단초가 되기도 한다. 중국어에 있어서 상업과 관련한 어휘의 연구방법은 순수하게 어학사의 범주에 국한되는 것은 아니다. 어휘는 사람들의 관념이 언어로 표현되는 과정에서 습관적으로 사용함으로써 하나의 고정관념으로 정착된 것이다. 상업어휘는 사람들의 상행위에 대한 표현이 반복적 사용을 통하여 경제용어로 고착된 것이다. 이 역시 상행위에서의 관행이 용어로서 어휘로서 정착되었기 때문에 가능한 것이다.

첫 번째 논문은 박기수 교수의 「근대 중국의 海關과 『中國舊海關史料(1859-1948)』」이다.[15] 박기수 교수는 다년간 중국 명청시대 광동지역의 사회경제사에 대한 연구를 집중하여왔다. 연구범위는 청대 광

---

15) 박기수, 「근대 중국의 海關과 『中國舊海關史料(1859-1948)』」, 『史林』 제37호, 2010.

동의 상인, 수공업, 도시, 수공업과 상업 조직, 시장, 대외무역 등 여러 방면에 걸치고 있다.[16] 한국에서 중국근대무역사에 대한 연구 성과가 출현하기 시작한 것은 놀랍게도 2000년 이후의 일이다. 한국의 근대중국 대외무역사 연구가 이처럼 늦게 출현한 것은 아무래도 대외무역 관련 자료의 구득이 어려웠기 때문이다. 당시 「해관십년보고(Decennial Reports)」는 한두 대학에, 그것도 일부만이 소장되어 있었고, 중국해관이 간행한 무역통계와 무역보고는 거의 갖추어져 있지 않았다. 다행히, 2001년 中國第二歷史檔案館과 中國海關總署辦公廳이 각종 무역통계자료를 수집하여『中國舊海關史料(1859-1948)』170책을 영인·출판하였다. 이 자료는 1859년에서 1948년까지 중국 舊海關의 각 分關과 海關總稅務司造冊處 그리고 만주국 재정부·경제부가 편집한 각종 무역관계 자료와 보고서를 모아서 출판한 대형 사료집이었다. 본고는 중국근대무역사 연구에서 빈번히 이용되는『중국구해관사료』에 대하여 전반적인 소개와 그 편찬 내용의 특징을 분석할 목적에서 서술되었다.

淸朝는 대외무역과 조공무역을 관리하기 위하여 海關을 설립하였다. 康熙帝는 南明·鄭氏 세력을 진압한 후인 1684년 廣州 등 네 지역에 해관을 설치하였다. 1853년 9월 上海小刀會가 봉기를 일으키고 상해 현성을 점령하자 상해 해관(江海關)의 기능은 정지되었다. 蘇松太

---

16) 박기수교수의 주요 광동지역 사회경제사 연구를 꼽으면 다음과 같다. 「淸 中葉 廣西商業과 廣東商人」, 『京畿大學校 論文集』第33輯, 1993. / 「淸代 廣東의 對外貿易과 廣東商人」, 『明淸史硏究』第9輯, 1998. / 「최근 中國에서의 明淸時代 地域史硏究 - 淸代 廣東地域 經濟史硏究를 중심으로 -」, 『中國學報』第39輯, 1999. / 「淸代 佛山의 手工業·商業 발전과 市鎭의 擴大」, 『東洋史學硏究』第69輯, 2000. / 「淸代 廣東 廣州府의 經濟作物 栽培와 農村市場의 發展」, 『明淸史硏究』第13輯, 2000. / 「淸代 佛山의 都市發展과 手工業·商業 行會」, 『中國歷代 都市構造와 社會變化』, 서울대학교 동아문화연구소 편, 서울대학교출판부, 2003. / 「明淸時期廣東墟市的設立主體初探」, 『明淸史硏究』第20輯, 2004.2 / 「淸末 廣州의 生絲·비단 제품 수출에 대한 기초적 연구」, 『明淸史硏究』第30輯, 2008. / 「淸末 廣州港에서 生絲·비단 수출무역의 위상과 특징」, 『東洋史學硏究』第107輯, 2009.

兵備道兼管江海關 吳健彰은 이의 회복을 위해 영국, 미국, 프랑스 영사와 협의한 끝에 1854년 7월 각국 영사가 추천한 세무사로 하여금 강해관세무관리위원회를 조직하게 하였다. 이것이 중국해관에 서양인을 임용한 첫 사례였다. 이로부터 중국 해관의 행정 관리권은 외국인에게 넘어갔다. 1858년 11월 영·미·불과 체결한「通商章程善後條約: 海關稅則」에 따라 해관에서 외국인을 임용하는 방법은 각 항구에서 획일적으로 시행하게 되어 상해에서 시행하던 외국인 세무사제도가 전중국 해관으로 확대되었다. 1859년 5월 영국인 레이는 상해해관의 총세무사에 임명되었고 그는 상해 해관의 업무를 처리하기 위해 영국인 데이비스를 강해관세무사로 선임하였다. 이후 각 항구의 세무사는 총세무사에 의해 선임되는 관례가 형성되었다. 1859년 10월 24에는 월해관이 정식 설립되었고 피츠 로이가 세무사에 취임하여 서양인 세무사가 여타 해관에도 선임되는 체제가 확대되기에 이른다. 아울러 1863년 11월 로버트 하트가 총세무사에 임명되면서 중국 신해관은 정비되기 시작하였다고 한다. 또한 필자는 중국 근대시기 (1840~1936년까지) 외국과 체결한 각종 조약 등에 의해 개항된 항구와 해관(85개 개항장과 57개 해관)을 도표를 사용하여 제시하고 있어 근대 중국의 해관 성립에 대한 개괄적 이해를 돕고 있다.

　필자에 따르면 중국 근대 해관에서는 6종의 출판물을 간행하였는데 그 중 Statistical Series(통계집)이 가장 방대하고 중요한 출판물이었다. 그리고 이 통계집 중에서 무역통계와 무역보고가 핵심적 내용을 이루는 부분이고, 그것이『중국구해관사료』에 수록되어 영인·출판됨으로써 중국근대 무역사 연구에 획기적인 조건과 기회를 제공하게 되었다. 그런데 이러한 무역통계와 무역보고는 시기에 따라 편찬방식에 차이가 있는데 본고에서는 그 편찬방식과 통계자료의 특성을 6개 단계로 나누어 그 발전·변화과정을 추적하였다. ① 1859~1863년: 외국인 세무사가 1859년 상해의 강해관, 광주의 월해관에 배치되기 시작함으로써 해관자료도 1859년부터 작성·정리되기 시작하였다. 1863년 11월 로버트 하트는 총세무사로 부임한 이후 해관업무를 정돈하려고 노력하였다. 이후 무역통계의 편성방법이나 기록에 획기적인 변화가 나타났다. 예컨대 국내무역과 대외무역을 분리하여 통계를 작성한다거나, 1년 단위로 통계집을 작성하기 시작하였다. ② 1864~1881년: 1865년부터는 각 해관의 무역보고도 간행하기 시작하였고, 1867년부터는 전국통계가 작성되기 시작하였다. 아울러 1875~1876년경 통계를 작성할 때 海關兩으로 화폐단위를 통일하게 되었다. ③ 1882~1904년: 1882년부터는 무역통계와 무역보고를 합병하여 함께 출간하였고, Returns of Trade(무역통계)와 Reports of Trade(무역보고)를 중문으로 번역하였는데 전자는 1875년부터, 후자는 1889년부터 간행하였다. 1885년부터 1893년까지 해관자료에는 조선3관(인천, 부산, 원산)의 대외무역 통계자료가 수록되었다. 조선근대 무역사의 상세한 자료로서 매우 의미 있는 부분이다. 한편 1887년 4월 이후 청 정부는 홍콩과 마카오에 근접한 九龍과 拱北에 해관을 설치하고 중국 非통 상항구와 홍콩·마카오 간의 범선무역도 관할하기 시작하였다. 1902년 이후에는 常關貿易이 해관에 의해 관리됨으로써 상관무역의 자료도 해관통계에 포함되었다. ④ 1905~1919년: 1905년 이후 중국해관의 무역통계가 새로운 단계로 진입하였다. 그것은 세 가지 변화에 기인한다. 첫째, 앞 시기 범선무역과 상관무역 통계가 포함됨으로써 통계범위가 확대되었고, 동북 諸關이 대폭 개설되어 근대중국의 무역통계 범위가 보다 완정해졌다. 둘째, 1904년 이후 통계가격상 離岸價格 (F.O.B.)과 到岸價格(C.I.F.)을 채용하여 수출입무역액이 더욱 정확해졌다. 결과적으로 1904년 이전의 무역액의 실상을 알려면, 수입액은 14.5%를 축소시키고, 수출액은 13% 증가시켜야 하므로 중국의 대외 무역 수지가 종래의 계산과는 달리 적자가 감소되거나 흑자로 평가될 가능성이 생겼다. 셋째, 통계책의 개편으로 인해 더욱 계통적으로 되었다. 한편 1904년에 시작된 郵政事務通報가 1910년까지 수록되어 청말 우정사에 대한 기초적 자료를 제공한다. 아울러 1913년부터는 별도의 중문 번역이 사라지고 통계책 전체가 영문과 중문이 공존하는 양식(소위 華英合璧, 中英合璧)으로 바뀌게 되었다. 영어를 전혀 모르는 사람도 해관년간 전체 내용을 열람할 수 있게 되었다. ⑤ 1920～1931년: 1920년부터 해관년간의 명칭이 바뀌고 3권에서 2권으로 분량이 줄었다. 1920년부터 각해관의 무역보고와 통계를 수록하지 않게 되었기 때문이다. 1921년 이후에는 各冊에 기계제 洋式貨物의 수출통계가 부록으로 수록되었다. 이를 통하여 중국의 공업제품 수출의 증감상황을 알 수 있고 나아가 중국 공업화 정도를 추정할 수 있게 되었다. ⑥ 1932～1948년: 1932년 이후 해관무역통계의 최대의 진보는 수출입품의 발송지와 도착지의 개정이다. 무역통계가 보다 정확하고 엄밀해졌지만, 여전히 문제가 남아 있었다. 예컨대 밀수의 문제가 큰 두통거리였다. 만주국 설립이후 일본이 고의적으로 밀수품을 증가시켰기 때문이다. 게다가 1940년대에는 중일전쟁에 의하여 일본이 중국의 주요지역을 점령하였기 때문에, 해관무역통계가 정상적으로 간행되지 못하였다.

　『중국구해관사료』에 수록된 자료 중 「해관십년보고」는 보고 대상

기간의 길이가 가장 긴 해관보고의 일종이다. 해관소재지를 중심으로 그 지역과 주변지역의 정치·사회·문화 발전상황을 서술하였다. 모두 5기가 간행되었는데 제1기는 1882~1891년, 제2기는 1892~1901년, 제3기는 1902~1911년, 제4기는 1912~1921년, 제5기는 1922~1931년의 내용을 다루고 있다. 제1, 2기에는 총세무사의 요구에 따라 26개 항목의 주제를 각 해관에서 조사·정리하여 해관십년보고에 수록하였고, 제3, 4기에는 21개 항목을, 제5기에는 17개 항목을 각 해관의 세무사가 조사·정리하여 해관십년보고를 편찬하였다. 따라서 우리는 해관십년보고를 통하여 1882년부터 1931년 사이의 개항장을 중심으로 한 중국의 각 지역의 정치, 사회, 경제, 문화 각 방면을 총괄적으로 이해할 수 있게 되었다고 한다.

상기 논문을 통해 우리는 근대 중국의 해관 성립과정에 대한 개괄적 이해를 할 수 있으며, 대외무역사료로서의 『중국구해관사료』를 이용할 때의 주의사항과 그 자료의 시기별 특성을 간파할 수 있게 되었다.

두 번째 논문은 강용중 연구원의 「어휘계통 연구와 중국 역대 상업어휘」이다.[17] 강용중 연구원은 2006년 북경대학에서 「주자어류 어휘연구」라는 제목으로 박사학위를 받았다. 그 후 성균관대학교 현대중국연구소의 중점연구소 연구사업에 참여하여 명청시대 상업어휘에 관한 연구를 집중적으로 진행하여 왔다.[18] 이 논문은 역대 중국 상업어휘를 연구하기 위한 방법적 전제로, 기존에 행해졌던 고대중국

---

17) 이 글의 원제목은 「어휘계통 연구와 중국 역대 상업어휘 연구방법」(『중국문학연구』, 36집, 2008)이다.

18) 이와 관련된 강용중 연구원의 주요 연구는 다음과 같다. 강용중, 「어휘계통 연구와 중국 역대 상업어휘 연구방법」, 『중국문학연구』 36집, 2008. / 강용중, 「朝鮮時代 類解類 譯學書 商業語彙 收錄 樣相과 對比」, 『중국언어연구』, 30집, 2009. / 강용중, 「조선시대 역학서를 통해 본 중국어 분류어휘 교육의 의의 -『老乞大』와 유해류 역학서의 상업어휘를 중심으로」, 『중국어교육과 연구』 12집, 2010. / 강용중, 「역어유해 賣買門 상업어휘의 분류와 풀이」, 『중국문학연구』 41집, 2010.

어 어휘연구의 제 방면을 소개하고 이를 평가하여 합리적이고도 적실한 연구모델을 모색하는 것을 목표로 설정하였다. 기존에 행해진 방대하고 수많은 연구 성과에도 불구하고, 중국 고대 어휘연구에서 어휘계통에 대한 인식은 여전히 한계적 상황에 처해 있다. 따라서 고대 중국어 어휘연구에서 적용 가능한 어휘 계통론을 제시할 필요가 있다. 이를 위해 이 문장에서는 기존의 연구 중에서 가장 근접해 있는 모델을 소개하고 변형 또는 확장의 여지가 있는지를 살펴보고 있다. 특정 텍스트 연구 방법도 고대 상업어휘 연구에 적용할 수 있는 바, 明淸 時期의 商業書를 소개하고 각 텍스트의 특성을 활용한 연구 방법을 제시하였다. 그리고 기존의 전문용어 연구에서 볼 수 없는 종합적인 방법으로 최근 50여 년간 행해진 口語 중심의 어휘연구 성과를 기초로 상업어휘를 추출하는 방법에 대해서도 소개하고 있다. 논문의 내용을 전개하면서 가능한 범위 내에서 기존의 연구 성과나 방법을 소개하고 이를 대비하면서 논의를 진행하여, 현재의 성과를 객관적으로 평가할 수 있을 뿐만 아니라, 그에 근거해 어떤 한계를 극복해야 하는지와 나아가 무엇을 더 할 수 있을지를 파악할 수 있게 했다.

기존 연구의 검토를 통해 우선 연구의 과정에서 복음절어와 단음절어를 분명한 근거 없이 나누어 연구하는 경향이 존재한다는 점, 둘째 특정 텍스트 어휘연구에서 드러난 대로 방법적 반성이나 원칙이 없어 많은 연구 성과를 내었음에도 불구하고, 그 성과들을 하나의 체계로 통합하여 '각 단계의 어휘계통 연구'나 '어휘 발전사의 연구'에 바로 적용할 수 있는 가능성을 제한하였다는 점, 셋째 이상의 두 가지 한계를 초래한 근본적인 원인이 바로 고대 중국어 어휘연구의 총괄적 구상에서 다소간의 문제가 있었다는 것 등을 지적하였다. 이러한 연구의 제한성을 하나씩 극복해야만이 어휘의 계통성에 입각하여 의미 있는 연구를 진행할 수 있다는 것이다.

다음으로 이 논문의 핵심적 방법이라고 할 수 있는 어휘계통론에 입각한 상업어휘의 분석을 시도하였다. 여기에서는 몇몇 특정 텍스트 어휘연구 성과와 類義語 사전 및 개념사전을 활용하였으며, 그러한 사례의 하나로 상업어휘 중 기본적인 개념인 “팔다(賣)”라는 의미를 표시하는 어휘를 분석하였다. 先秦부터 현대에 이르는 언어재료[19]에 나타난 “팔다”류 어휘는 공시적으로 하나의 계통을 이룬다고 볼 수 있다. 이러한 대비를 통해서 알 수 있는 사실은 다음과 같다. 첫째, 각 자료들에 보이는 어휘는 모두 “팔다”라는 의미를 나타내며, 시간(通時)적으로 先秦 兩漢 現代 중국어가 망라되어 있다. 그중 『同義詞詞林』에 보이는 것들은 현대 중국어의 거의 모든 어휘라고 볼 수 있다. 왜냐하면 현대 중국어의 경우 共時 평면에 존재하는 것이므로 누락되는 예는 매우 드물기 때문이다. 만약 魏晋, 唐宋 그리고 元明淸의 것들도 밝혀진다면 그야말로 중국어 전체 역사의 “팔다”라는 의미의 語彙系統이 드러나는 결과가 될 것이다. 본고에서 지속적으로 지적하고 있는 어휘계통의 문제는 바로 이렇듯 하나의 의미나 개념에 해당하는 어휘를 계통적으로 보아야만 어휘학에서 말하는 계통성이 보장되는 사실과 관련되어 있다. 둘째, “팔다”라는 의미의 어휘들을 계통

---

19) 사용한 자료는 다음과 같다.
　　趙學淸, 『〈韓非子〉 同義詞硏究』, 中國社會科學出版社, 2004.
　　池昌海, 『〈史記〉 同義詞硏究』, 上海古籍出版社, 2002.
　　徐正考, 『〈論衡〉 同義詞硏究』, 中國社會科學出版社, 2004.
　　王鳳陽, 『古辭辨』, 吉林文史出版社, 1993.
　　王洪涌, 『先秦兩漢商業詞彙 語義系統研究』, 華中師範大學 博士論文, 2006.
　　梅家駒 等 編, 「同義詞詞林」, 上海辭書出版社, 1983.

적으로 구성할 수 있다면, 다른 의미나 개념을 나타내는 어휘 또한 동일하게 구성할 수 있다. 그렇게 된다면 앞에서 언급한 '각 단계의 어휘계통'이나 '어휘 발전사'도 본격적으로 연구할 수 있다. 셋째, 앞의 대비를 통해서 각 시대의 어휘가 다르게 나타남을 알 수 있다. 이는 언어(구체적으로는 어휘 단계)의 역동적인 변화 양상을 직접 目睹하게 해 준다. 현대 중국어의 단음절어는 이미 兩漢 時期까지 출현했던 것들이며, 그 사이(魏晉에서 淸代까지)에 다른 단음절어는 출현하지 않았다. 복음절어는 先秦 時期에 이미 출현했으며(鬻賣), 현대 중국어의 대다수의 복음절어는 "出"이나 "發"과 같은 접두어가 개입된 것을 제외하고는 이전에 출현했던 단음절어에 근거해 만들어졌다. 넷째, 『<韓非子>同義詞研究』, 『<史記>同義詞研究』와 『古辭辨』에서는 단음절어를 분석 대상으로 삼았는데 이는 방법적으로 잘못되었다고 할 수 있다. 의미 또는 개념과 음절은 아무런 절대적 관련이 없다. 그리고 어휘의 계통적 측면에서 본다면 단음절어만 다루는 것은 성립할 수 없는 방법이다. 다섯째, 의미나 개념의 분류방식도 체계적으로 할 필요가 있다. 어떤 연구는 품사별로 나누었고 어떤 경우는 개념으로 구분했다. 언어는 인간의 사고와 의사전달의 기본적인 도구이나 그 자체는 개념에 의해 구성된 것이므로 개념에 따른 분류가 더 적합하다. 이상의 논의를 종합하면, 기존의 연구가 비록 여러 가지 한계를 노정하고 있지만, 어휘계통의 방법적 기초가 있다면 이들을 잘 활용할 수 있을 뿐만 아니라, 우리가 조사하고 싶은 어떠한 의미나 개념도 계통적으로 구성할 수 있다는 것이다. 그리고 이러한 방법에 의해서 그간 밝혀지지 않았던 중국어 어휘사의 새로운 내용도 찾아낼 수 있다고 한다.

이 논문의 성과는 다음과 같이 정리할 수 있다. 상업어휘는 어휘학적 관점에서 전문술어 또는 文化詞로 분류할 수 있다. 중국 역사상 상업은 지속적으로 확장되어온 활동 영역이다. 중국의 경제적 지위향상이나 중국적 상업관행이 날로 주목받고 있는 현시점에서 고대 중국어의 상업어휘를 연구하는 것은 일정한 의의가 있다. 중국어 어휘학에서 기존의 연구는 양적 우세에도 불구하고 어휘의 계통적 속성을 전면적으로 사고하거나 다루지 못해 부분적인 문제가 존재한다. 그러므로 고대 중국어의 상업어휘를 연구할 때 이 점을 충분히 고려하여 적절한 연구방법을 마련할 필요성이 있다. 이에 본고는 기존의 연구방법을 반성적으로 검토하고 어휘의 계통적 속성에 기반한 방법을 기존 연구의 검토 과정에서 도출했으며, 다시 이것을 의미(詞義)계통과 결합하여 두 영역이 하나의 평면에서 규정되고 비교될 수 있는 방법을 제시했다. 물론 이 방법은 향후의 연구에서 더 보충할 필요가 있지만 기존 연구와의 소통을 위해 잠정적으로 기본적 패러다임으로 활용할 수 있다. 그 밖에도 어휘학 연구의 일반적 방법을 어떻게 상업어휘 연구에 접목할지에 대해서 기술했으며, 조선시대 譯學書를 활용하는 방안과 기존의 中古 및 近代 중국어의 어휘자료를 활용하는 방법에 대해서도 언급한 점은 매우 유의미한 작업 성과이다. 이 글은 중국어 어휘학의 방법과 전문용어 연구를 결합한 이론적 논문이다. 향후 중국 상업사 관련 연구의 이론적 기초를 다질 수 있을 뿐만 아니라 우리나라 중국어 어휘학 연구에도 일정한 기여를 할 수 있다고 본다. 이후의 연구에서 더 많은 어휘계통 범주에서 상업 제반의 어휘로 확장해야 하는 것이 실천적인 방향이 될 것이며, 각 어휘 계통 내부의 개별어휘에 대해서도 구체적인 보조연구가 수반되어야 할 것이다. 한편 중국어 어휘학의 입장에서도 좀 더 정련된 논의를 전개하여 여기에 제시된 방법들이 검정되기를 기대해 본다.

이번 현대중국연구총서를 준비하는 과정에서, 본 연구소가 작년 2010년에 상재한 연구총서 1권『중국 전통상인과 근현대적전개』가 올해 2011년 대한민국 학술원 우수학술도서(사회과학부분)로 선정되었다는 소식을 접하였다. 중국 상업사연구에 관한 우리 연구소의 고군분투가 헛되지 않았다는 안도감과 함께, 이를 계기로 우리연구소의 연구성과가 좀 더 널리 알려질 수 있으리라 생각되어 기쁜 마음을 감출 수 없었다.

마지막으로 이 연구총서가 출긴되기까지 여러 가지 구체적 도움을 준 성대 사학과 동양사 대학원생이자 현대중국연구소 보조연구원인 이강은 꼼꼼한 교정을 통하여 이 책의 가독성을 높이는 데 크게 기여하였고, 박사과정의 김종성은 본서의 체제나 편집에 대해 번거로운 수고를 아끼지 않았다. 아울러 이 책의 기획이나 총괄적 추진은 처음부터 홍성화 연구원의 노력에 의하여 진행되었다. 이러한 성과가 나오게 된 것은 그의 노심초사의 결과라 해도 과언이 아니다. 이 자리를 빌려 고마움을 표하는 바이다. 또한 이러한 학술서적을 간행함에 있어 출판사의 흔쾌한 결정에 대하여 언급하지 않을 수 없다. 한국학술정보(주)에서는 순수 학술서적의 출판을 기피하는 풍토 속에서 우리의 공동연구 성과를 독자들에게 선보이도록 기회를 제공하여 주었다. 아무리 뛰어난 성과라 하더라도 독자와 만날 수 없다면 그림의 떡에 불과한 것이 아닌가. 역시 이 자리를 빌려 감사의 마음을 한국학술정보(주)의 모든 관계자들에게 전하고자 한다.

차례

제1부

명청시대 상업관행

明代後期 商業慣行 속에서의 情報와 信用

洪 成 和

序論
Ⅰ. '討價還價'의 世界   Ⅲ. 상업 네크워크의 성립과정
Ⅱ. 情報의 非對稱性과 商人關係   結論

序論

최근 중국 경제사 분야에서 점차 '정보'의 중요성에 대한 주목이 조금씩 늘어 가고 있고, 시론적인 논문이 얼마간 나와 있는 상태이다.[1] 이는 구매와 판매라는 상행위 속에서 '정보'와 그 정보에 대한 '판단'이 얼마나 중요한가를 점차 인식하기 시작했기 때문이라고 생각된다. 실로 매일매일 이루어지고 있는 경제활동 그 자체 역시 정보에 대한 판단 없이는 성립하기 어려울 것이다. 예를 들면 어떤 제품

---

1) 古田和子, 「經濟史における情報と制度ー中國商人と情報」『社會經濟史學』69－4, 2003; 同, 「中國における市場・仲介・情報」三浦徹・岸本美緒・關本照夫, 『比較史のアジア: 所有・契約・市場・公正』(東京大學出版會, 2004) 참조.

을 구매할 경우를 상정해 보도록 하자. 늘 반복해서 이루어지기 때문에 하나도 신기할 것이 없는 구매라는 행위를 조금만 의식적으로 살펴보면, 실로 여기에는 '정보'와 그에 대한 판단이 항상 중요한 요소로 작용하고 있다는 것을 알 수 있다. 예를 들어, A라는 책을 온라인으로 산다면, 누구나 그 책에 대한 평판, 내용 등을 인터넷 서점 사이트에서 면밀히 알아보고 구매할 것이고, 직접 서점에 가서 눈으로 확인한 다음에 사는 알뜰한 구매자도 존재할 것이다. 이처럼 거래라는 행위 그 자체에는 단순히 상품과 화폐의 교환행위뿐만 아니라, 상품에 대한 여러 가지 정보가 개입되어 있고, 그 정보를 판단하는 행위역시 포함하고 있는 것이다.

경제학자 조지 애커로프(美, George Akerlof, 1940~)는 1970년 그의 기념비적인 논문인 「레몬시장」[2] 속에서 '정보의 非대칭성'이라는 개념을 처음으로 제시하였다. 복잡한 수식을 사용하기도 하였지만, 일상적인 비유를 들고 있는 이 연구는 현대 경제학에 커다란 영향을 미치고 있다. 그가 말하는 '레몬'이란 결코 과일을 의미하는 것이 아니라, 겉이 멀쩡하지만 속이 엉망인 중고차, 즉 맛있게 보이지만 한 입 깨물어 보면 맛이 시큼한 레몬의 이미지를 빌려서 겉은 멀쩡한데 내용은 형편없는 상품을 비유하는 속어라고 한다. 애커로프는 중고차 시장을 비유로 들면서, 거래자 상호 간에 상품에 대해서 다른 정보를 가지고 있다는 것이 과연 경제학적으로 어떠한 의미를 지니고 있는가를 묻고 있는 것이다.

---

2) Akerlof, George. "The Market for Lemons: Quality Uncertainty and the Market Mechanism", *Quarterly Journal of Economics*, 84–3, 1970. 애커로프의 논의에 대해서는 많은 저작에서 소개가 이루어지고 있지만, 일단 유동운, 『신제도주의 경제학』(선학사, 1999); 참조. 그 밖에도 藪下史郞, 『非對稱情報の經濟學』(光文社, 2002) 참조.

오늘날, 제품번호가 같은 상품이 공장에서 막 출하된 상태라면 대체로 그 상품의 질은 균등하다고 여겨질 것이다. 그렇지만 누군가 이미 한 번 사용한 상품들 즉, 중고품들은 여러 가지 결함이나 손상 내지 마모 등이 있기 마련이기 때문에 이미 제품의 질은 균등하다고는 할 수 없다. 더구나 그 상품의 질에 대해서는 이미 사용한 사람 이외에는 다른 사람들은 알기 어렵기 마련이다. 즉 A라는 상품에 대한 정보는 상품을 내놓은 사람과 상품을 구매하려는 사람들 간에는 적지 않은 차이가 있을 수밖에 없는 것이다. 이를 애커로프는 '정보의 非대칭성(asymmetric information)'이라고 부르고 있다. 간단히 말하자면 상품에 대한 정보가 구매자와 판매자 간에 균일하지 않거나, 서로 다르다는 의미가 될 것이다.

이렇게 정보가 균일하지 않은 상황에서 이를 틈타 하자가 있는 제품을 교묘히 속여서 파는 행위를 지칭하여서, 新제도주의 경제학(New Institutional Economics)3)에서는 '도덕적 해이(moral hazard)'4)라고 부르고 있고, 또한 구매자 측에서는 A라는 상품에 대해서 판단할 정보가 적기 때문에 품질이 낮은 상품을 높은 가격에 구입하는 가격 왜곡 현상, 즉 왜곡된 구매행위를 '逆선택(adverse selection)'5)이라고 부르고 있다.

낯선 경제학 용어들 때문에 꽤나 복잡하다고 여길지 모르지만, 실제로 이 한 편의 논문이 굉장한 영향력을 갖게 된 것은 누구나 일상적으로 겪는 일을 고찰 대상으로 했기 때문일 것이다. 이처럼 현대인은 인터넷이나 신문 등으로 다양한 정보를 접하면서 구매를 하지만,

---

3) 공유식 외, 『신경제사회학의 이해』(역사비평사, 1994) 제1장 「경제사학회가의 전개와 새로운 패러다임」 참조.

4) 유동운, 1999, p.183. 참조.

5) Coase, Ronald. "The Nature of Firm", *Economica*, 4, 1937. 참조.

과연 明末이라는 시기에서 중국 상인들은 과연 무엇을 바탕으로 해서 혹은 어떤 정보를 바탕으로 해서 거래를 행하였을까. 단순히 상업사적인 지식의 차원에서뿐만 아니라 중국의 사회질서를 고찰하는 데에도 매우 흥미진진한 소재가 되지 않을까 생각된다. 明淸時代 商業史에 관한 수많은 연구가 있지만, 이 점에 주목한 연구는 그다지 없었다고 생각된다. 이제까지 나온 명청시대 상업 속에서 정보에 관한 논문도 시론적인 성격일 뿐, 구체적인 사료를 통하여 시장에서 상인들이 어떻게 정보를 획득하였는가, 그리고 이 정보의 성격은 어떠하였는가에 대해서는 실증적으로 논하지는 않았다고 생각된다. 본고에서는 明末이라는 시점에 다수 출판된 이른바 商業書,6) 小說,7) 地方志, 族譜 등을 이용하여 어떻게 상인들이 거래과정에서 정보를 획득하였으며, 어떻게 신용을 쌓아 갔는가 등의 상업관행을 고찰하려 한다.

I. '討價還價'의 世界

상업관행에서 가장 기본적인 부분이라고 할 수 있는 부분, 즉 교역을 어떻게 하고 가격을 어떻게 정하였는가에 대해서 우선 살펴보기

---

6) 명말 상업서의 출판과 각 성격에 대해서는 일단, 洪成和, 「明代 後期 商業書를 통해서 본 客商의 倫理意識—『士商類要』·『客商一覽醒迷』를 중심으로」『中國史研究』 56, 2008, pp.132~140. 참조. 본고에서는 주로 『客商一覽醒迷』와 『士商類要』를 기본적인 텍스트로 활용하였다. 이 텍스트는 모두 楊正泰 校注,『天下水陸路程·天下路程圖引·客商一覽醒迷』, (山西人民出版社, 1992), 同,『明代驛站考—一統路程圖記·士商類要』(上海古籍出版社, 1994)를 따랐다. 특히『客商一覽醒迷』의 경우는 校注를 한 楊正泰의 분류에 따랐다.

7) 『三言』 등의 明末 小說 속에서 商業관행을 재구성한 研究로서는 일단, 傅衣凌『明淸時代商人及商業資本』 人民出版社, 1956; 黃仁宇 「從『三言』看晚明商人」『香港中文大學中國文化研究所學報』 7-1, 1974. 참고. 특히『杜騙新書』에 대해서는 足立啓二, 「明末の流通構造:「『杜騙新書』の世界」, 熊本大學『文學部論叢』 41, 1993; 同, 「阿寄と西門慶: 明淸小說にみる商業の自由と分散」 45, 1994. 참조.

로 하자. 明中期 이래, 본격적으로 銀經濟에 편입되면서 원격지 무역
이 눈부시게 성장하였고, 그 무역의 주역으로 등장하였던 이들이 바
로 客商들이었다.8) 이들은 현금을 지닌 채 생산지로 가서, 그 지역의
牙行9)의 집에 머물면서 牙行을 중개인으로 두고 하여 현지의 생산물
을 사들였다. 사들인 상품을 다시 높은 이윤이 보장되는 지역으로 운
송하여 이를 다시 그 지역의 牙行이 중개하여 판매하는 형태를 대체
로 취하고 있었다. 이를 도식으로 나타내자면 다음과 같다.

즉 한 지역에 터를 잡고 장사를 하는 坐賈 등과는 달리, 장기간 타
지로 떠돌면서 장사를 할 수밖에 없기 때문에 많은 부를 축적할 수

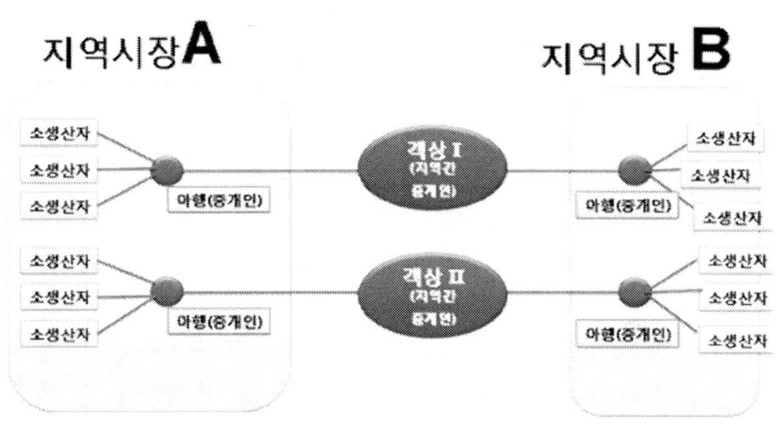

明淸時代 地域市場과 客商, 그리고 牙行

---

8) 傅衣凌, 『明代江南經濟試探』(中華書局, 2007(原刊, 1957)) pp.211~232.

9) 明淸時代 牙行에 대해서는 李允碩, 「明淸時代 江南에서의 商品流通과 牙行」, 『서울大 東洋史學科論集
』19, 劉重日·左雲鵬, 「對"牙人", "牙行"的初步探討」, 『明淸資本主義萌芽論文集』, 上海人民出版社,
1981; 韓大成, 「明代牙行淺論」, 『社會科學戰線』, 1986－2(『複印報刊資料 經濟史』 1986－6); 梁其民,
「賣買中間商"牙人"·"牙行"的歷史變遷－兼論新發現的『嘉靖牙帖』」, 『史林』 1994－4(『複印報刊資料
經濟史』 1995－1), 山本進, 「淸代江南の牙行」 『東洋學報』 74－1·2, 1993; 足立啓二 「牙行経營の構造
」 熊本大學 『文學部論叢』 73, 2001. 참조.

있다고는 하나 많은 고초를 겪을 수밖에 없었다.10) 明末 다수 출간된
商業書는 바로 이 객상들이 現地에서 겪는 어려움을 덜어 주기 위한
가이드였던 것이다.

그렇다면 이들 商業書에서 객상들이 거래를 할 때, 그 요령을 어떻
게 설명하고 있는지에 대해서 살펴보기로 하자.

> 물건이 목적지에 도착하면 반드시 (물건을) 팔려고 하는데, (사려는
> 사람이 내놓은) 만약 現銀을 보고 (욕심이 생겨서) 가격을 억지로
> 높이고 지나치게 고집을 부리거나 혹은 옆 사람의 부추김에 넘어
> 가서 경우 (물건을 팔 수 있는) 기회를 잃어버리게 되는 경우가 있
> 다. 그래서 사는 사람은 오지 않고 물건은 창고에 적체되게 마련이
> 니 (이때가 되면) 후회해도 이미 소용이 없다.11)

이 사료에서 보듯이, 상품의 가격은 말할 나위도 없이, 어떤 공식
적인 규정 등에서 의해서 정해진 것이 아니라, 시장에서 마주 보고
있는 수많은 거래자 간의 흥정('討價還價')에 의해서 정해졌고, 따라
서 각각의 흥정에 따라서 상품의 가격은 크게 유동적이었다. 그리고
『閱世編』의 서술에 따르는 한 明末淸初 시기에는 이러한 유동성이
더욱 강했다는 점도 알 수 있다.12) 『士商類要』에서도 "물건에는 성쇠
가 있으며, 가격에는 定例가 없다"13)라고 할 정도였다. 또한 아래와
같은 구절을 보면, 흥정이 끝난 뒤에도 다시 이를 번복하는 사례가
잦았다는 점도 주목할 만한 점이다.

---

10) 馮夢龍『喩世明言』卷18「楊八老越國奇逢」"人生最苦爲行商, 抛妻棄子離家鄕, 餐風宿水多勞役, 披
　　星載月時奔忙".

11) 『客商一覽醒迷』「商賈醒迷」.

12) 葉夢珠『閱世編』卷7「食貨一」(中華書局, 2007, p.174) "物價之不齊也, 自古而然. 不意三十餘年來,
　　一物而價或至于倍蓰什佰, 且貴而賤, 自賤而貴, 輾轉不測, 不知何時而始".

13) 『士商類要』「經營說」.

물건을 사려는 사람이 이미 거래가 끝난 뒤에 물건 가격을 깎고자
하는 경우가 있다. 물건을 파는 사람에게 이미 (거래를) 응낙하고
나서 물건이 (상점의) 문 밖에 나온 뒤에야 값을 깎아 주지 않으면
안 산다고 하면서, (거래를 중개하는) 牙行 쪽에 대해서도 무언가
덤으로 내놓길 바라는 경우가 있다. 이는 이랬다저랬다 하는 小人
의 태도이며 정정당당하고 공평한 君子의 모습은 결코 아니다.14)

실제로 이미 가격이 정해지고 거래가 끝난 뒤에, 가격이 싸다고 생
각하여 팔지 않는다고 하거나, 主家(＝牙行)가 더 가격을 올려 줄 것
을 요구하는 것이 실제로 많았다는 것을 알 수 있다. 이러한 점에서
상업 거래에서 구두 계약이 지닌 구속력은 상당히 낮았다고 평가할
수 있을 것이다. 따라서 흥정 시에 상당한 분쟁이 수반되었고, 이때
상당히 주익를 요한다는 서술을 商業書 속에서 자주 발견할 수 있다.

처음에 牙行의 집에 가서, (牙行이 내놓은) 물건의 가격을 물었을
때 (牙行이) 즉시 대답을 하면 (原價와 牙行이 제시한 가격이) 서로
그다지 차이가 없는 것이다. 만약 말하는 것이 늦고 대답이 우물쭈
물하면서 분명하지 않다면 반드시 (가격을) 속일 마음을 품고 있는
것이다.15)

물건을 사러 와서 (이쪽에서 제시한 가격을) 깎지 않고 바로 응낙
하는 것은 반드시 외상으로 사려고 하기 때문이다. 아마도 줄곧 돈
을 내려 하지 않아서 결국 받지 못할 것이다. (설령) 銀兩으로 지불
하더라도 (銀兩의) 품위가 떨어지는 것일 것이니, 이처럼 낚시질하
는 것에 대해서 대비를 하고 있어야 한다. 이는 모두 나를 낚으려
고 하는 것이다.16)

---

14) 『客商一覽醒迷』 「商賈醒迷」.

15) 『士商類要』 「賣買機關」.

16) 『客商一覽醒迷』 「商賈醒迷」.

이 두 가지 구절을 보면, 가격을 흥정할 때 그 태도가 상당히 중요하다는 것을 알 수 있다. 牙行에게 물건 가격을 제시할 때, 가격을 즉시 제시하지 않으면 牙行은 객상이 자신을 속인다고 의심을 하게 된다는 것, 반면 『客商一覽醒迷』에서는 거래자가 가격을 전혀 흥정하지 않으면 그것은 외상을 할 속셈이거나 거래하는 화폐를 속일 수 있다고 충고하고 있다. 이런 의미에서 보면, 상인의 입장에서는 도리어 흥정을 하지 않는 손님 쪽을 더 수상하게 여겼던 것이다. 즉 가격의 흥정은 번거롭기 때문에 서로 삼가야 할 그 무엇이 아니라, 반드시 상거래 과정에서 필요한 것이었고, 도리어 흥정하지 않았을 때에 객상들은 혹시나 외상 등을 요구할지도 모른다고 염려했다는 것을 알 수 있다.

전체적으로 商業書에서 보이는 가격이라는 존재는 흥정에 따라서 얼마든지 변할 수 있는 것이고, 가격을 정하는 데 어떤 특정한 지표나 지침을 참고하는 표현은 商業書에서는 찾을 길이 없다.[17) 다만 商業書에서 물건의 가치를 헤아릴 때, 판단을 어떻게 할 것인가에 대한 서술을 보면 다음과 같다.

> 물건을 사고팔 때에는 자신의 생각을 스스로 세워야 하며 옆에 사람이 참견하는 말을 귀담아 들어서는 안 된다. (참견하는 사람들은) 모두 함께 가격을 낮춰서 교역을 성사시키도록 하는 것이고, 물건을 내 손에서 떠나게끔 하려고 하는 것이다. 그러므로 자신이 스스로 헤아려야만 한다.[18)
> 물건을 사고팔 때는 다른 사람들의 말을 들을 필요가 없다. 물건을 살 때에는 사람들과 함께 보아야 한다. 물건을 팔고 돈을 지불하며,

---

17) 明淸時代 사료에서 찾아볼 수 있는 物價에 대한 사료는 대체로 縣城을 기준으로 해서 작성되었다(이에 대해서는 黑田明伸 「20世紀初期太原縣にみる地域經濟の原基」 『東洋史硏究』 54 - 4, 1996. 참조). 그렇지만 물가 자체가 매우 유동적이었기 때문에 縣城의 물가가 모든 縣城內의 거래에서 표준으로 기능하지 않았다.

18) 『客商一覽醒迷』 「商賈醒迷」.

구매할 물건을 살피는 것에는 한 사람의 식견에는 한계가 있기 마련이다. 때문에 여러 사람들과 함께 물건을 계산해 보고 헤아려 보아야 하며, 그렇게 해야만 제대로 (교역이) 이루어질 것이다.[19]

일단 같은 문단에서 실제로는 상반된 서술을 하고 있다는 점이 흥미롭다. 자신이 분명한 주견을 세워야 된다는 점과 다른 사람들의 평가를 참고해야 된다는 이 두 가지 서술이 병립되어 있다는 점은 상품을 판별한다는 것이 얼마나 어려운가를 단적으로 증명한다고 생각된다.

그렇기 때문에 가격을 잘 파악하기 위해서는 무엇보다도 안목과 풍부한 경험이 요구되었다.[20] 또한 장물도 다수 있었기 때문에 이를 분별하는 능력 역시 요구되기도 하였다.[21] 따라서 경험이 많은 상인과 그렇지 못한 상인에 대해서 호칭을 달리하고 있었다는 점도 주목된다. 예를 들어서 『杜騙新書』 一類 脫剝騙 「先寄銀而後拐逃」를 읽어 보면, 경험이 일천한 상인과 경험이 풍부한 상인을 각각 ‘鄒客’과 ‘老客’으로 구분하여 지칭하고 있다. 때문에 객상들은 대체로 장사에 필요한 경험을 축적하기 위하여 일정한 기간 동안 徒弟生活을 거쳤다.[22]

뿐만 아니라, 어떤 상인이 상품 가격의 변동을 잘 파악함으로써 致富하였다는 서술은 明淸時代의 族譜나 地方志에서 자주 찾아볼 수 있다.[23] 물론 앞서 살펴보았던 대로 상품 가격의 변동을 파악한다는

---

19) 『客商一覽醒迷』 「商賈醒迷」.

20) 『客商一覽醒迷』 「商賈醒迷」 "作牙作客, 能料貨之行與不行, 逆知價之長跌, 而預有定見, 是爲眞老成也".

21) 『客商一覽醒迷』 「商賈醒迷」 "物件眞正者, 要買須先付定銀, 然後求取, 似爲難得之物. 若廉價遷就, 若價廉遷就, 物非低假, 恐來歷不明, 衣非殯衣卽盜貝藏也. 爲牙者當止客買, 免貽後患" 이 구절 역시 거래되는 물건 가운데 장물이 많았다는 반증이라고 할 수 있다. 이러한 것은 『杜騙新書』 등의 서술에서도 확인되고 있다.

22) 『商賈便覽』 「工商切要」 참조.

23) 翕縣 『竦塘黃氏宗譜』 卷5 「處事樂齋黃公行狀」 "乃挾貨治醝淮陽間, 善察盈縮, 與時低昂, 以累寄嬴

것이 말처럼 쉬운 일은 아님이 분명하다.24) 이러한 가격의 유동성 그
자체가 상인들이 이익을 거둘 수 있는 가장 중요한 원천이었다는 점
에서 상거래 행위에서는 어느 정도 필수불가결한 요소였긴 하지만, 그
러한 유동성이 예상치를 웃돌 정도로 격심했다면, 이 역시 상인들로서
는 결코 바람직하다고는 할 수 없는 상황에 직면하기도 하였다. 유동
성을 증대시키는 요소는 결코 가격 변동뿐만이 아니었기 때문이다.

『杜騙新書』九類「謀財騙」,「高擡重價反失利」등의 서술을 보면
상품의 가격 변동이 극심했다는 것을 잘 나타내 주고 있다. 그러나
가격 측정이라는 과정을 더욱 어렵게 만들었던 것은 비단 흥정 과정
뿐만이 아니었다. 다음과 같은 구절을 보도록 하자.

> 저울이 (가벼워서 중량이) 모자라다고 하더라도 다투지 않고, (받은 銀
> 兩의 품질이 떨어져도 거래자에게) 銀兩을 더 달라고 하지 않는다.25)

> 銀水(銀兩의 비중－인용자)가 떨어지거나, 天平이 (규정보다) 가벼
> 웠다.26)

이 두 가지 구절을 보면 상품의 가격뿐만 아니라, 상품의 가치를
측정하는 방법(秤量), 나아가서는 이를 지불하는 수단 그 자체(貨幣)
도 변동 가능하였던 것이다.27) 이렇게 볼 때, 전체적으로 중국근세라
는 시기에서 '가격'이란 ① 각 지역 간의 생산물의 多少와 豊凶의 변

致裕餘".

24) 翕縣 『濟陽姜氏族譜』 卷9「請候選州司馬明生公原傳」"邗故東南大都會, 四方大商輻輳, 征貴征賤,
變動不測".

25) 『客商一覽醒迷』「商賈醒迷」.

26) 『客商一覽醒迷』「商賈醒迷」.

27) 객상들에게는 당시의 복잡한 銀兩 단위를 식별하는 안목 역시 필수적으로 요구되었다. 『杜騙新書』十四
類「假銀騙」,「曹州接着漂白�」참조.

동, ② 지역적인 습속 차이,28) ③ 생산물의 가치를 측정하는 도량형,29) ④ 거래자 간의 흥정의 과정, 최종적으로는 ⑤ 가격을 지불하는 銅錢30)과 銀兩 등 화폐단위31)의 변동이라는 각각 4가지 요소의 조합에 따라 변동되었다고 할 수 있다.

그리고 가격 자체에 대한 '정보' 역시 거래자의 지역 출신에 따라서 非대칭적일 수밖에 없었다. 예를 들어서 A라는 지역에서 거래되는 B라는 상품에 대해서 A지역 출신의 상인들은 B에 대한 가격 변동에 대한 정보를 잘 알고 있었지만, C라는 타지에서 온 객상의 경우 물론 본지 상인들보다 B의 가격에 대한 정보량은 보다 적을 수밖에 없었다.32)

그러므로 동일상품에 대해 객상─아행 간에는 동일 상품에 대한 정보 공유 정도는 매우 낮을 수밖에 없었고,33) '非대칭적'이었던 것

---

28) 『客商一覽醒迷』 「商賈醒迷」 "履不售於越地, 海巴用於雲南, 衣帽尙時, 玩器尙古, 非物之偏, 乃習俗之不同也" 객상들 역시 각 지역마다 습속이 크게 다르다는 점을 중시하고 있다는 것을 알 수 있다.

29) 『三臺萬用正宗』 卷 21 「商旅門」 가운데 「秤錘」, 「天平」, 「斛斗」 등의 서술 참조.

30) 明末淸初時期 江南地域에서 유통되었던 다양한 銅錢과 私鑄錢 慣行에 대해서는, 葉夢珠 『閱世編』 卷 7 「錢法」 참조.

31) 시대는 다르지만, 19세기 중국을 여행한 비숍(1831~1904)의 견문록에는 중국인의 화폐 사용 관행에 대한 생생한 묘사가 수록되어 있다. "돈 때문에 겪어야 되는 불편은 그 후로도 완전히 해결된 적이 없었다. ……내가 출발할 때 소지한 현금 18실링은 약 32.6킬로그램에 해당되었으며 이를 내 여행 전체를 책임지고 있는 짐꾼과 이들의 우두머리인 부두(負頭)에게 분배해야 했다. 하지만 현금을 사고파는 상점은 도무지 믿을 수가 없었다. 함량이 부족한 동전도 있었고 크기가 정상보다 작은 동전, 가짜 동전도 있기 때문에 환전하거나 돈을 지불할 때마다 동전을 전부 다시 세야만 했고, 이 일로 한 시간 이상 허비해야 하는 경우도 있었다. 그럼에도 불구하고 백 개짜리 한 꾸러미 가운데 몇 개는 꼭 불량으로 판정이 났고 꾸러미마다 크기가 작은 동전이 한두 개씩 끼어 있었기 때문에 서로 옥신각신하며 다시 세다 보면 귀중한 아침 시간이 그냥 지나가 버리기 일쑤였다. ……또한 작은 마을에서는 크기가 작은 동전만 받는 한편 다른 마을들에선 작은 동전을 일체 받지 않았기 때문에 동전의 통용에 있어서 종종 낭패를 당할 수밖에 없었다. 은화(銀子의 오역인 듯─인용자)는 동전보다 더 골칫거리였다. (중략)" 이사벨라 버드 비숍, 김태성·박종숙 역, 『양자강 저 너머』(지구촌, 2001), pp.253~254.

32) 훗날 객상의 현지화가 가속화되었던 淸中期 이후에는 객상─아행 간의 '정보의 非대칭성'은 明末의 단계보다 훨씬 완화되었으리라고 생각된다. 淸中期 객상의 현지화에 대해서는 臼井佐知子, 정혜중 역, 「중국 상인의 경영형태와 상업윤리─徽州商人을 중심으로」 『사림』 32, 2008. 참조.

33) 黃仁宇, 1974. 참조. 黃仁宇는 이러한 정보소통의 부족에 의한 사례로서, 『皇明經世編』 卷 368 「上吳自湖翁大司馬書」에 근거하여, 16세기 말 廣東地域의 鐵貨가 江南 各省으로 판매되어서, 浙江, 直隷, 湖廣地域 상인들이 梅嶺을 넘어 廣東으로 오는 자들이 수십만이었으나, 惠州와 潮州의 鐵鑛에서 생산이 중단되었고, 용문의 철산은 채굴이 아직 허가가 나지 않는 상황에 빠졌다. 따라서 객상들이 鐵貨를 사기

이다. 또한 이러한 정보의 非대칭성 때문에 어떤 재화를 구입하기 위해 지불할 용의가 있는 '유보가격(reservation price)' 역시 달라질 수밖에 없다. 기본적으로 객상은 서로 다른 유보가격을 매개함으로써 이익을 거두는 존재였다.34)

이러한 유동성은 상인들로서는 한편으로는 기회이기도 하였다. 가격의 유동성은 단지 상인들 간의 흥정 탓만이 아니라, 당시 사회가 농업생산품을 기반으로 하였기 때문에, 상품의 종류35)가 극히 다양하였을 뿐만 아니라, 계절적인 수요의 진폭이 컸고, 풍흉에 따라서 역시 그 변동폭이 격심했기 때문이기도 하였다.36) 객상이 수익을 얻는 것은 이러한 변동폭을 적절히 이용하는 것이었다.37) 특히 상인의 상행위를 묘사하는 표현에 "操奇計贏"이라는 표현이 자주 등장하는데, 이러한 객상의 입장을 단적으로 보여 준다고 할 수 있다. 실제로 객상들은 상당히 많은 수익을 거둘 수가 있었던 것도 사실이었다.

> 徽州와 浙江地域을 (왕복하면서) 장사를 하였는데 (장사에 대한) 예측이 여러 차례 적중하였기 때문에, 10년이 채 못 되어서 마침내 家勢가 번창하게 되었다.38)

이러한 서술을 보면 객상들은 실제로 단기간의 이익으로도 커다란

어려워져서, 애써 광동까지 온 상인들은 헛수고를 할 수밖에 없었다는 사례를 들고 있다.

34) 足立啓二, 1993 참조.

35) 『三臺萬用正宗』 卷 21 「商旅門」 가운데 「穀米」, 「大小麥」, 「黃黑豆」, 「雜糧食」, 「芝麻菜子」, 「田本」, 「棉花」, 「棉夏布」, 「紗羅叚匹」 등의 서술 참조.

36) 黑田明伸, 정혜중 역, 『화폐시스템의 세계사 – 비대칭성을 읽는다』(논형, 2005) pp.213~222. 참조.

37) 王世貞, 『弇州山人四部稿』 卷61 「贈程君五十敍」(四庫全書存目叢書編纂委員會 編. 別集類, 115) "君爲相度土宜, 趣物候, 人人受計不爽也. 數奇則寬之, 以務究其材, 饒羨則廉取之而歸贏".

38) 績溪 『西關章氏族譜』 卷26 「國子監生章公緒毓墓表」.

재산을 모을 수 있었다는 것을 알 수 있다. 어떤 경우에는 1년간의 수입으로도 '上家'에 해당하는 수입을 얻는 경우도 있었다.39) 특히 객상들이 참여한 수많은 업종 중에서 가장 이윤이 많은 경우는 鹽業40)이었다고 한다.

반면, 徽州地域의 족보를 보는 한 정보의 非대칭성이 높은 상황에서 여러 가지 운이 따르거나, 상품에 대한 정보가 부족하거나 객상이 경험 부족으로 인해서 상품을 고르는 안목이 없는 경우, 바로 몰락하는 경우도 적지 않게 발견할 수 있다.41) 그렇기 때문에 장삿길에 나선다는 것은 "天下之事, 得之甚難, 失之甚易"42)라고 할 정도로 흥망성쇠가 무척 심했다는 것을 알 수 있다. 즉 상품 가격에 대한 '정보의 非대칭성'은 객상들로서는 이윤의 원천이기도 하지만, 실제로는 언제든지 경영 그 자체를 심각하게 위협할 수 있는 양날의 칼이었던 것이다. 그렇다면 상인들은 어떻게 이러한 정보의 非대칭성을 가급적이면 줄이고 안정적으로 상업을 영위하려고 하였던 것일까. 이하 2절에서는 객상의 조직과 牙行과의 관계를 고찰함으로써, 이에 대해서 살펴보기로 하자.

---

39) 康熙 『徽州府志』 卷2 「風俗」 "徽之山, 大抵居十之五, 民鮮田疇, 以貨殖爲恒産, …… 有數歲一歸者. 上賈之所入, 當上家之産, 中賈之所入, 當中家之産, 小賈之所入, 當下賈之所入, 當下家之産"; 汪道昆 『太函集』 卷54 「明故處士溪陽吳長公墓志銘」 "吾鄉賈者首魚鹽, 次布帛, 販繒中賈耳".

40) 魏禧 『魏叔子文集』 「三原申翁墓表」 "翁諱文彩…… 旣抵揚州, 業鹽筴, 得廉賈五利之術" 또한 『天下郡國利病書』 第5冊 耿橘 「平洋策」 "耿橘平洋策曰…… 吳中風俗, 農事之獲利倍而勞最, 愚懦之民爲之, 工之獲利二而勞多, 彫巧之民爲之, 商賈之獲利三而勞輕, 心計之民爲之, 販鹽之獲利五而無勞, 豪猾之民爲之".

41) 『士商類要』 「賣買機關」 "貨物眞假未必全識, 價値低昂難以逆料, 以致傾覆財本, 大有不可量也"; 紀昀 『閱微草堂筆記』 卷23 "一二十載不得歸, 甚或金盡裘敝, 恥還鄉里, 萍飄蓬轉, 不通音問者, 亦往往有之".

42) 『客商一覽醒迷』 「商賈醒迷」 이처럼 당시 사회를 흥망성쇠가 무상한 곳으로 바라보는 시각은 비단 商人層만은 아니었다. 예를 들어서 다음과 같은 구절도 참조. 張履祥, 『楊園先生全集』 卷49 「補農書」上 "每看市井富室, 易興易敗, 端爲子孫享逸思淫, 現錢易耗耳."

Ⅱ. 情報의 非對稱性과 商人關係

앞서 1절에서 살펴보았듯이, 가격을 둘러싼 정보는 매우 유동적이었고, 특히 객상과 牙行 간에는 극히 非대칭적이었다. 앞서 서문 애커로프의 설명에서 알 수 있듯이, 이처럼 거래자 간에 정보가 非대칭적인 경우라면, 이를 틈타서 제품을 교묘히 속여서 파는 행위, 즉 '도덕적 해이(moral hazard)'가 더욱 만연하기 쉬워지기 마련이다. 아마도 이러한 배경을 바탕으로 하여 속임수를 다룬 『杜騙新書』와 같은 소설이 나타났을 것이다. 그렇다면 상인들은 이에 대해서 어떠한 방법으로 대처하였는가. 이 2절에서는 상업조직이라는 측면을 통하여, 이 점에 대해서 살펴보기로 하자.

商業書나 소설 등에서 나타나는 객상들의 특성 가운데 하나는 많은 현금을 직접 지니고 다닌다는 점이었다.[43] 따라서 쉽게 범죄의 표적이 될 수밖에 없었고, 이 점이 객상들에게 커다란 어려움이었던 것은 확실하다.[44] 그렇지만 治安에 대한 제도적인 대비가 미비한 당시의 현실 때문에 이에 대한 해결책은 역시 제도적인 정비나 관부에 대한 호소 했던 것이 아니라, 오로지 개인적인 차원에서 조심하는 것뿐이었다는 것을 알 수 있다.[45] 『杜騙新書』의 서술을 읽으면 숙련된 객상은 도적을 막기 위하여 천천히 움직이고, 일찍 숙소에 든다고 하고

---

43) 『杜騙新書』 八類 「露財騙」, 「炫耀衣裝啓盜心」 "遊天生, 徽州府人…… 携本銀五百餘兩"; 楮華 『滬城備考』 "萬曆癸未, 邑有新安布商, 持銀六百兩" 明末 상인자본의 규모에 대해서는 黃仁宇, 1974. 참조.

44) 『客商一覽醒迷』 「商賈醒迷」 "作事規模鄙小, 不務彰大門面, 其中畢竟充實"; 『客商一覽醒迷』 「商賈醒迷」 "同船搭船之人, 或人物衣冠整齊, 無甚行李, 蹤跡可疑之者, 非拐子卽掏才莫吊剪之類. 或自相賭戲以煽誘, 或置毒餠果以迷人, 或共夥黨而前後登舟, 或充正載而邀吾入夥者, 不識其奸, 財本遭搶'.

45) 『士商類要』 「爲客十要」 "鋪設不可華麗, 誠恐動人眼前. 此爲謹愼小心"; 『士商類要』 「賣買機關」 "有物不可離房, 無事切宜戒步. 鼠竊之徒, 有心窺探, 或暗通己僕, 結爲內應, 伺主他出, 卽潛入盜偸, 故房門常宜鎖錮, 出往宜早回也" 이 점에 관해서는 洪成和, 2008. 참조.

있다.46) 그렇다면 객상들은 과연 어떻게 어떤 단위로 움직이고 있었던 것일까. 실제로 商業書에서 묘사된 객상들은 커다란 인원 단위로 움직이지 않았고, 從者들도 많지 않았던 듯하다.

> 여행 가운데 고독하고 고생스러우며 옆에서 시종을 드는 사람도 없으니, 사시사철 내내 옷을 두껍게 입어서 몸을 따뜻하게 해야만 질병이 적을 것이다.47)

물론 이러한 서술에서 모든 객상들이 홀로 다녔다고 단정하기에는 역시 무리가 따른다. 顧炎武의 서술48)을 따르는 한, 실제 明末淸初의 객상들은 자본규모에 따라서 여러 가지 레벨이 있었던 듯하다. 이렇게 본다면, 商業書에서 묘사된 객상은 大賈 정도가 아니었을까 생각된다. 한편, 객상들은 合夥 등 방법을 통해서 다른 객상들과 협력을 얻기도 하였다.49) 전체적으로 明末이라는 시점에서 객상들은 복잡한 조직을 이루거나 내부적으로 엄격한 직능 분화를 이룬 것도 아니며, 그리고 대체로 많은 從者를 거느린 것도 아니었다는 것을 알 수 있다. 이처럼 개별적인 성격이 강하였던 명말 상인의 이미지는 청대 이후 점차 회관과 공소를 통하여 조직화를 이루어 나갔던 모습과는 거리가 있는 양상이라고 할 수 있다. 따라서 회관과 공소를 통해서 네트워크를 만들어서 정보를 공유하던 것에 비해서,50) 明末의 단계에서 개별

---

46) 『杜騙新書』八類「露財騙」,「詐稱公子盜商銀」 “見棟乃老鍊慣客, 每遲行早宿, 關防嚴密, 難以動手”.

47) 『客商一覽醒迷』「商賈醒迷」.

48) 顧炎武, 『肇域志』「江南十一」,「徽州府」 “大賈輒數十萬, 則有副手, 以助耳目者數人. 其人皆銖兩不私, 故能以身得行于大賈以無擬. …… 有賈無副, 則賈不行”.

49) 『客商一覽醒迷』「商賈醒迷」 “一行若有數人合夥, 客當擇其殷厚者托之本, 能事者託之鶩, 他日分夥相投亦如是也” 명청시대 상인들의 合夥에 대해서는, 정지호「명청시대 합과의 경영형태 및 그 특질-중국의 전통적 기업경영에 관한-고찰-」『明淸史硏究』15, 2001; 同,「명청시대 합과의 사회적 고찰」『明淸史硏究』26, 2006. 참조.

상인들이 집적할 수 있는 그 정보량은 훨씬 더 적었음에 틀림없다.

그렇다면 객상과 牙行과의 관계는 어떠하였을까. 우선 商業書에서 묘사된 牙行의 기능은 다음과 같다.

> 물건을 살 때 牙行이 없다면 저울은 가벼워질 것이고 물건은 가짜가 될 것이다. 물건을 팔 때 牙行이 없다면 (받은) 銀兩은 (중량과 비율이 엉망인 것을 받아서) 속게 될 것이며, 가격에 대해서도 어둡게 될 것이다. 이른바 '牙行'이란 (물건의) 가격을 헤아리고 (상품의) 좋고 나쁨을 분별하며, 중량을 저울질하고, 거짓과 사기를 없애는 역할을 하는 것이다.[51]

기본적으로 객상의 입장에서 볼 때에는, 牙行이란 상품의 가치를 헤아리고, 제대로 측량하는 것이 가장 긴요한 기능이었다고 할 수 있다. 즉 객상에게 牙行이란 '정보의 非대칭성'을 줄이는 존재였다고 할 수 있다. 牙行은 현지인이었기 때문에, 외지인인 객상으로서는 알 수 없는 현지인만이 알 수 있는 여러 가지 정보를 이미 파악하고 있었다. 그러나 牙行의 기능은 단순히 중개업무 이외에도 다양한 영역에 걸쳐 있었다. 『杜騙新書』 등을 보면, 객상과 牙行 간에는 여러 가지 채무관계를 맺고 있는 경우도 자주 있었다.[52]

다음으로는 객상과 牙行의 관계를 잘 보여 주는 사례를 들어 보기로 하자.

---

50) 王日根 『鄕土之鏈—明淸會館與社會變遷』 天津人民出版社, 1996. 參照.

51) 『客商一覽醒迷』 「商賈醒迷」 "買貨無牙, 秤輕物假. 賣貨無牙, 銀僞價盲. 所謂牙者, 權貴賤, 別精粗, 衡重輕, 革僞妄也".

52) 『杜騙新書』 六類 「狡牙脫紙以女償」 "施守訓, 福建大安人, 家貲殷富, 常造紙賣客. ……累積前客債甚多".

前朝(＝明代)에는 '標布'라는 면포가 유행하여서 (다른 지역에서
온) 巨商富賈가 많은 자금을 가지고 와서 (標布를) 구매하였다. (그
들의 자금은) 白銀으로 따지자면 걸핏하면 數萬兩의 단위로 헤아
렸고, 많은 경우에는 數十萬兩을 단위로 하였으며, 적은 경우에도
萬兩을 단위로 하였다. 때문에 牙行들은 布商을 王侯와 같이 대접
하였고, 布商을 (모시기 위해) 다투는 것이 마치 전쟁하는 것과 같
았다. (布商과 거래하기 위해서 다른 牙行과의 경쟁이 매우 치열했
기 때문에) 牙行 역시 勢要家에 의지하지 않고서는 영업을 할 수
없었다.[53]

목적지에 도착하여서 牙行의 집에 투숙을 하게 될 때에는 (牙行을)
가려서 선택해야만 하고, 호객 행위하는 말을 들어서는 안 된다.
그 용모와 말투, 그리고 행동을 잘 살펴야만 한다.[54]

이 두 구절을 함께 살펴보면, 牙行은 牙行 나름대로 객상들과 거래
하기 위하여 자신들 간에 치열한 경쟁을 벌였다는 것을 알 수 있고,
반면 객상 쪽에서는 牙行들의 "邀接之言"에 현혹되지 않고 그들의 언
행을 보고 신중하게 판단하여야 했다는 것을 알 수 있다. 객상들이
牙行을 신중하게 선택해야 되는 이유는 과연 어디에 있었던 것일까.
徽州地域의 족보에서는 객상에 대해서 "然出納, 平征, 逐廉, 毫無市儈
態"[55]라고 표현하고 있는 경우가 있다. 역으로 이야기하자면, '市儈
態'라는 것이 상당히 안 좋은 의미로 쓰였다는 점을 알 수 있고, 사회
적으로도 객상에 비해서 여러 가지 측면에서 그 지위는 낮았다고 생
각된다.

이와 같은 牙行의 낮은 사회적인 지위는 물론 객상에 비해서 자본
규모가 적었다는 점도 한몫을 했을 터이지만, 불량배['俠棍']와 비견

---

53) 葉夢珠, 『閱世編』 卷7 「食貨」.

54) 『士商類要』 「士商規略」.

55) 『休寧西門汪氏宗譜』 卷6 「明光祿寺署丞鄕大賓嚴福公曁配金孺人墓志銘」.

될 정도로,56) 신용도가 낮았다는 점도 한 이유가 되었다. 牙行들의 신뢰도가 낮았던 것은 그 나름대로 연유가 있었는데, 『杜騙新書』를 보면 江西商人 陳慶과 牙行을 사칭한 사기꾼['騙子'] 두 사람이 40兩이나 되는 白馬를 흥정하려는 장면이 나오는데,57) 그때 陳慶은 그에게 牙帖 등을 제시하라는 요구를 전혀 하지 않고 오로지 비단을 사는 시늉을 보고 그가 부자['富人']라고 판단을 내리고 있을 따름이다. 뿐만 아니라 『杜騙新書』 등을 보는 한, 牙行의 사기 행위 대부분은 명확히 신원을 판단할 근거가 없기 때문에 발생하는 것이 상당수에 달했다. 그렇기 때문에 파트너십을 맺을 때에는, 사람을 판단할 때에는 재산이 아니라 사람 됨됨이나 행동거지에 대한 것을 가장 중요한 기준으로 평가하였다.58)

그렇지만 항상 일방적으로 牙行 쪽만이 신용도가 낮았던가 하면 반드시 그런 것은 아니었다. 이 점은 객상들도 마찬가지였다.

> 客商이 만약 牙錢을 억지로 수탈하여 물건 가격에 보태려고 하거나, 銀兩의 품위를 떨어뜨리거나 天平을 무겁게 하거나 하는 방법 등을 쓰고 있는데, 이런 방법들은 모두 각박하기 그지없는 행위라 하겠다.59)

牙行이 객상을 속이는 일도 물론 빈번히 있었지만, 반대로 객상이 牙行들에게 牙錢(중개수수료)을 제대로 주지 않거나, 銀兩의 품위를

---

56) 『杜騙新書』 一類 「脫剝騙」 "脫騙之害, 首俠棍, 次狡儈".

57) 『杜騙新書』 六類 「牙行騙」, 「狡牙脫紙以女償」.

58) 『客商一覽醒迷』 「商賈醒迷」 "財托親友, 貨投牙儈一, 不在論其家計, 惟在察其誠信, 老實則付之無虞. 彼好勝繁華之徒, 雖介物至輕, 不宜投托".

59) 『客商一覽醒迷』 「商賈醒迷」.

속이거나 저울눈금을 늘이는 일 등도 역시 일어나고 있었다는 점을 알 수 있다. 牙行 쪽이 신용도가 낮았다고 하더라도, 객상들 역시 이 점에서는 예외가 아니었다.

앞서 살펴보았듯이 객상을 유치하려는 牙行들이 다수 있었고, 객상은 牙行을 선택하는 입장이었다는 점, 그리고 거래가 이루어지는 과정에서 분쟁이 발생할 소지가 항상 존재하고 있었기 때문에 분쟁이 있은 뒤에는 항상 왕래 내지는 거래가 끊기는 것도 자주 일어났었다고 생각된다. 마치 숙박객이 묵던 호텔에서 불친절한 대우를 받았을 때, 다시는 그 호텔을 이용하지 않는 것과 마찬가지라고 할 수 있다. 따라서 客商—牙行과의 관계를 '일회성'으로 파악하는 물론 시각도 존재하긴 하지만,[60] 이러한 일회성을 지나치게 강조하는 것은 객상과 牙行과의 관계를 다각적으로 파악한 관점이라고는 결코 할 수 없을 것이다. 다음 절에서는 상인 간의 네트워크가 어떤 과정을 통해서 성립되었는가를 살펴보기로 하자.

Ⅲ. 상업 네트워크의 성립과정

다음으로는 위에서 본 상인 간의 거래 관계가 어떻게 성립했는가에 대해서 살펴보기로 하자. 우선 客商과 牙行의 관계를 잘 나타내고 있는 楮華의 『木棉譜』를 살펴보면 다음과 같다.

---

60) 足立啓二, 1993 참조.

明末 從六世祖이신 贈長史公이 계셨는데, 장사에 정통하시었다. 山
西와 陝西地域의 면포상인들('晉秦布商')이 (松江府에 찾아 왔을
때) 집에 머물게 하며 牙行 노릇을 하셨다. 집에는 항상 客商들이
수십 명씩 머물고 있었는데, 그들을 위하여 점포를 열어서 면포를
사들였다. 그들이 짐을 꾸려서 (山陝地域으로) 돌아가려고 하였을
때, 비로소 (그들이 준) 銀兩을 헤아려서 면포를 (그들에게) 주었고,
그들은 이를 (수레에) 묶어서 싣고 돌아갔다. 그 (중개) 이익이 매
우 많았기 때문에 이로써 한 縣에서 가장 부자가 되셨을 정도였다.
淸初에 이르기까지도 역시 이러하였다.[61]

이를 보면, 楮華의 六世祖 從祖父는 松江府의 牙行이었는데, 면포
를 구매하러 온 秦晉地域의 객상, 즉 山陝商人들을 주로 상대하였다
는 것, 그리고 山陝商人들이 松江府에 머물 때, 항상 그의 집에 머물
렀다는 것을 알 수 있다. 여기에서 구체적으로 명시하지 않았지만, 장
기간 머물렀다는 점에서 旅館業도 같이 겸하고 있었다는 것을 알 수
있다. 楮華의 『木棉譜』 속에서 묘사된 牙行의 모습은 明末淸初時期에
서 상당히 전형적인 형태가 아닐까 생각된다. 이처럼 牙行이 숙박업
까지 겸하였기 때문에 商業書 등에서는 자주 객상을 '客'으로, 牙行을
'主'로 지칭하였던 것이다.

『木棉譜』의 서술을 따르는 한, 牙行이 상업거래를 성공적으로 유
지하였을 때 얻을 수 있는 이익이 매우 높았다는 점도 알 수 있다. 또
한 주목해야 할 것은 江南地域에 면포를 수매하러 遠方에서 찾아오
는 객상들이 비단 山陝商人뿐만 아니라, 수많은 지역 출신들이 몰려
왔는데도,[62] 여기에서는 오로지 秦晉地域 客商만이 명시되어 있다는
점이다. 아마도 楮華의 先代 집안은 오로지 秦晉地域 출신 客商만을

---

61) 楮華, 『木棉譜』.

62) 『平望志』 卷12 「生業」 "吾里南北通衢, 商賈輻輳".

상대하지 않았을까 생각된다. 다른 한 가지 주목해야 할 것으로서 客商과 牙行과의 관계가 상당한 기간 동안 계속 지속되었다는 점이다. 즉 반드시 客商－牙行의 관계가 일회적인 것만은 아니라는 점을 여기에서도 확인할 수 있다. 客商－牙行의 관계가 유동성이 풍부하였다고는 할 수 있지만, 반드시 일회적이었다고는 할 수 없을 것이다. 商業書에서는 이 문제에 대해서 다음과 같이 충고하고 있다.

> 좋은 客商은 빈번히 牙行을 바꾸지 않고, 좋은 牙行이라면 (客商에 대해서) 어찌 初心을 쉽게 저버릴 수 있겠는가. 교분이 오래되면 情이 도타와지는 것이 군자이다. 아침의 은혜를 저녁에 원수로 갚은 것이 바로 소인이다.[63]

이처럼 『客商一覽醒迷』 등에서는 '主', 즉 牙行을 자주 바꾸는 것이 바람직하지 않다는 것 등을 설파하고 있다. 물론 이러한 서술은 客商－牙行關係가 유동적이었다는 점을 말해 준다고도 볼 수 있으나, 반면 이러한 비고정적인 결코 바람직하지 않다는 것을 분명히 인식하고 있었다는 점 역시 기억되어야 할 것이다. 또한 이러한 객상－아행의 관계 강화를 위해서 제시되었던 방법은 契約이나 재판 등의 방법이 아니라, 어디까지나 '情'이라는 情誼的인 수단을 통해서 도모되었다는 점 역시 商業書에서 계속 반복해서 나타나고 있다.[64]

주지하다시피, 明末과 같은 유동성이 풍부한 사회[65]에서는 흥망성

---

63) 『客商一覽醒迷』「商賈醒迷」.

64) 『士商類要』「醒迷論」"夫人常情…… 非畏法, 卽畏理也"; 『客商一覽醒迷』「商賈醒迷」愛身須守法, 保有在安常. 要求辱不加身, 凡事依理守法. 欲保不失所有, 切戒妄想貪求. 이상의 구절에서도 상인들 속에서 중요하게 작용하고 있던 것은 國法보다는 민간질서(상인들의 질서원리)가 훨씬 더 중요하였다는 점을 알 수 있다.

65) 明末社會의 '流動性'에 대해서는, 岸本美緒, 「明末淸初の地方社會と「世論」」, 『歷史學研究』573, 1987 (同, 『明淸交替と江南社會』(東京大學出版會, 1999). 참조.

쇠가 항상 반복되었다. 누군가가 계약이나 법령 준수를 외친다면, 매번 계약을 새로이 갱신하고, 위반사항이 있을 때는 매번 官衙에 제소할 수밖에 없다. 법과 계약을 지킨다는 점에서는 이쪽이 합리적일지도 모르지만, 한편으로는 계약－제소를 반복하는 것도 결코 양자에게 항상 이로울 것이라고는 생각할 수 없다. 계약을 그때마다 작성하고 또한 위반이 있을 때에 제소하는 일도 '거래비용(transaction cost)'[66]이 증가하는 것을 의미하기 때문이다. 그보다는 서로 간에 신뢰를 구축하고 단기간의 이익과 손해를 일일이 계산하지 않는 상태에서 최종적으로 서로 거래자 간에 이익과 손해의 균형을 도모하는 情誼的인 네트워크를 구축하는 편이 유동적인 사회에서는 계약에 의한 거래비용을 줄일 수 있었던 것이다.

전체적으로 楮華의 『木棉譜』의 서술을 통해서, 牙行의 임무란 객상을 대신하여 면포를 수매하고, 다시 이를 객상에게 넘기는 중개업에 종사하였다는 것을 알 수 있다. 상업 거래 모습을 明末 소설인 馮夢龍의 『醒世恒言』 속에서 매우 상세하게 묘사되고 있다.

> 施復(施潤澤)은 예전부터 잘 알고 있는('相熟') 전문가에게 가서 비단을 팔려 하였는데, 보아 하니 점포에는 비단을 팔러 온 많은 사람들이 있었고, 안에는 서너 명의 객상이 앉아 있었다. 주인은 계산대에 서서 비단을 펼쳐 보고, 견적을 내어 큰 소리로 가격을 외치고 있었다. 施復은 비단 팔러 온 사람들을 헤치고 들어가서, 주인에게 자신의 비단을 건네주었다. 주인은 비단을 받아 든 다음, 보자기를 펼쳐서, 비단을 하나하나 뒤집어서 살펴본 뒤에, 저울로 하나하나 재어서 가격을 부른 뒤에, 客商에게 "이 施一官(施復에 대한 존칭)은 매우 忠厚한 사람입니다. 그에게 질 좋은 銀子를 주

---

66) '거래비용'의 개념에 대해서는, Coase, Ronald, "The Problem of Social Cost", *Journal of Law and Ecomomics*, 3, 1960; 공유식, 1994, 제4장 「거래비용과 사회학」 참조.

심이 좋을 것 같습니다"라고 말하였다. 그 客商은 細絲(＝紋銀)를 골라서 정확히 잰 다음에 施復에게 주었다. 施復 쪽도 等子(작은 저울)를 꺼내어 (細絲를) 재어 보았는데, 여전히 銀이 가볍다고 느껴서 한두 푼 더 달라고 하였으나, 곧바로 (흥정을) 그만두었다. 종이 한 장 달라고 하여, 銀子는 싸서 바지 주머니에 넣고, 等子(작은 저울)는 보자기에 넣은 뒤에 주인에게 예를 취하면서 "수고 하셨습니다"라고 인사한 뒤에 떠나갔다.[67]

馮夢龍의 소설이 지닌 특징으로는 여타 다른 소설보다 상인에 대한 묘사가 많은 비중을 차지하고 있다는 점,[68] 그리고 지극히 디테일한 묘사까지 이루어지고 있다는 점을 들 수 있을 것이다. 「施潤澤灘闕遇友」에서 '主人'이라 함은 牙行을 지칭하는 것인데, 客商이 施復의 비단을 직접 검사하고 질을 평가하였던 것이 아니라, 牙行을 매개로 하여 이러한 거래가 이루어졌다는 점이 주목된다. 牙行의 임무는 일단 상품에 대한 평가를 내리고, 가격을 정하는 것이었다. 그 뒤에 이를 다시 客商에게 문의하였는데, 직접 돈을 지불하는 것은 객상이었다는 것을 알 수 있다. 그런 만큼 최종 결정은 객상이 하였지만, 牙行의 의견이 충분히 반영되었다는 점을 알 수 있다. 요컨대 상품이 거래되는 흐름을 보면, ① 施復(현지 생산자) → ② 牙行(현지 중개인) → ③ 客商(원격지 상인)의 순서였다는 점을 알 수 있다.

그런데 왜 직접 객상이 비단을 평가하고 지불하지 않았을까라는 의문이 떠오르기 마련이다. 위의 사료에 입각하여 몇 가지 추측을 내리자면, 施復이 인사를 하였던 사람은 銀兩을 직접 지불한 객상이 아니라, 牙行이었다는 점 그리고 牙行의 역할 가운데 중요한 점은 거래

---

67) 馮夢龍, 『醒世恒言』 卷18 「施潤澤灘闕遇友」.

68) 大木康, 『明末のはぐれ知識人: 馮夢龍と蘇州文化』(講談社, 1995), p.39.

자['施復']에 대한 신용도를 숙지하고 있다는 점이었다. 후자의 측면에 초점을 맞추어 보면, 생산된 비단의 품질에 대한 평가나 가격 측정은 객상도 얼마든지 할 수 있었으리라. 그러나 거래자에 대한 개별적인 신용도는 현지인이 아닌 객상으로서는 도저히 파악하기 어려운 것이었다는 점이다. 지금 당장 눈에 보이는 상품의 품질은 판단할 수 있을지 모르나, 시간이 흐른 뒤의 내구성이나 제조 과정에서 속임수가 있었는가는 그 현장에서 바로 판단할 수 있는 것은 아니었고, 오랜 시일이 지나서야 비로소 확인 가능한 것이다. 그렇기 때문에 오랫동안 施復과 같은 현지생산자와 오랫동안 거래를 해 왔던 牙行과 같은 현지인만이 그 비단을 생산한 사람에 대해서 판단을 내릴 수 있었던 것이다. 즉 施復에 대한 정보 자체가 현지인과 타지인이라는 출신지역 구분에 의해서 牙行과 객상 사이에서 '非대칭적'으로 형성될 수밖에 없었던 것이다.

만약 施復이 그 牙行을 모른 상태에서 아무 牙行에게 물건을 팔려했다면 결코 더 많은 銀子를 받지 못했다는 것도 알 수 있다. 그런데 그 충후함을 '안다'는 것은 실제로 장기간의 교류가 있어야만 비로소 가능하다고 할 수 있다. 그런 점에서 施復이 잘 알고 있는('相熟')의 가게를 고른 것은 바로 이러한 점에서 연유한다고 할 수 있다. 그런 면에서 볼 때, 흥정의 주도권은 돈을 지불하는 객상 쪽에 있었다기보다도 오히려 牙行 쪽에 있었다고 볼 수 있다. 이러한 점은 왜 施復이 점포를 나서면서 돈을 지불한 객상이 아니라, 오로지 牙行에게만 인사를 했는지도 비로소 명확하게 이해될 수 있다. 施復은 牙行을 실제로 비단의 가격은 오로지 施復－牙行 사이의 네트워크에 의해서 결정되었던 것이다.[69]

그런데 「施潤澤灘闕遇友」에서 흥미로운 부분 가운데 하나는 생산자의 '忠厚'함을 알았기 때문에, 비단의 가격이 달라졌다는 점이다. 물론 원문에는 금액을 증가시키는 것이 아니라, "질 좋은 銀子를 준[把些好銀子與他]"다고 되어 있지만, 銀子의 품질에 따라 가치가 증가하기 때문에, 더 많은 금액을 준 것이라고 봐도 무방할 것이다. 이를 알기 쉽게 표로 정리하면 다음과 같다.

① 원래 가격	② 추가된 부분	최종적으로 施复이 牙行에게서 받은 금액
牙行이 施復을 몰랐을 때 상정할 수 있는 가격	牙行이 施復의 忠厚함을 알았기 때문에 추가된 부분	①+②

이처럼 추가비용이 지불된 것은 어떤 이유에서였을까. 그것은 같은 지역 출신이라는 동향의 정리 때문이었을까? 아니면 위의 문장 그대로 忠厚한 사람이기 때문에 牙行이 이를 가상하게 여겨서 주는 '비경제적인 요인(non-economic factors)'[70)]에 의한 보너스였을까. 이에 대한 필자의 대답은 '결코 아니다'이다. 만약 施復-牙行 간의 양자 거래였다면 어떨지 모르겠으나, 외지인인 客商과 施復과의 관계는 순수한 경제적인 관계였고, 객상이 施復에게 추가비용을 지불하는 것은 이윤을 추구하는 상거래 과정의 일부였다. 따라서 이 추가비용도 '이윤(profit)'이라는 관점에서 해석되지 않으면 안 된다.

---

69) 일본 에도(江戶)시대, 18세기 중반 에도(江戶)의 포목점 에치고야(三越)에서는 아는 사람이든 모르는 사람이든 같은 가격으로 팔아야 된다는 관행이 성립되었다고 한다(로버트 빌라, 박영신 역, 『도쿠가와 종교 -일본 근대화와 종교윤리』(현상과 인식, 1994) p.43). 이 점은 근세 중국의 상업관행과는 크게 다른 점이라고 할 수 있다.

70) 陳春聲은 明淸時代 市場機制의 특징을 "整體市場活動的非經濟導向性"이라고 하면서, 西歐와의 차이를 분석하고 있다. 陳春聲, 『市場機制與社會變遷』, 中山大學出版社, 1992, pp.270~275 참조.

언급했던 대로 생산된 비단의 가치를 거래되는 그 자리에서 모두 파악할 수는 없다. 아마도 施復은 요령을 피우거나 양심을 속이지 않고 성심성의껏 비단을 짰을 터이고,71) 이는 결국 오랜 시간 동안 좋은 품질을 유지하는 비단이었다는 것을 의미한다. 牙行이 施復에 대해서 '忠厚'하다고 평가했던 것은 생산자의 인격에서 그치는 것이 아니라 최종적으로 그가 생산한 비단의 품질이 '忠厚'하다는 것을 의미하는 것이며, 이런 이유에서 牙行과 객상도 기꺼이 추가비용을 지불했던 것이다.

또한 객상으로서는 추가비용을 지불함으로써 앞으로도 施復과 지속적인 관계를 맺을 수 있게 되며, 좋은 품질의 비단을 지속적으로 수매할 수 있게 되기 때문에 추가비용을 지불한다고 하더라도 결코 그에게는 손해가 아닌 셈이다. 또한 앞으로도 施復과 같은 '忠厚'한 생산자들을 다수 확보함으로써, 불량상품을 선택할 수 있는 가능성을 줄여 나갈 수 있게 되는 셈이다. 즉 객상이 施復에게 좀 더 많은 돈을 지불한 것은 바로 높은 '정보의 非대칭성' 속에서 왜곡된 구매행위('逆선택')를 하지 않기 위한 '추가비용'이었다고 할 수 있다.

다음으로는 客商과 牙行관계를 유지시키는 원동력은 어디에 있었던 것일까. 그 해답을 상업서를 뒤적여 가면서 찾아보기로 하자. 일단 엄격한 법집행으로 인한 단속은 결코 아니었던 것은 분명하다.72) 상업서에서는 대체로 법에 대한 호소에 대해서 부정적인 입장을 견지하고 있다.

---

71) 「施潤澤灘闕遇友」에서는 施復이 牙行과 거래를 한 뒤에 우연히 銀子 6兩을 주었으나 이를 주인에게 되돌려 주는 모습이 그려지고 있다.

72) 『客商一覽醒迷』 「商賈醒迷」 "及稱善于詞訟者, 此皆欲張己威而使彼畏懾矣".

> 손님(客商)과 주인(牙行)은 마땅히 정(情)과 의리를 지켜야 하며, 만
> 약 주인이나 손님 가운데 곤궁에 처하게 된다면, 마땅히 이를 도와
> 주어야 할 것이다.73)

이 구절을 통해서 보면, 客商과 牙行의 바림직한 관계는 서로 경제
적 타산이 맞지 않으면 버리는 관계였던 것이 아니라, 어려울 때 서
로 도와야 되는 관계로 상정하였던 것이다. 明末이라는 유동적인 사
회에서는 특히나 상거래상에서 홍망성쇠가 늘 반복되었다. 그런데 파
트너의 영업이 곤란하다는 이유로 매번 새로운 파트너를 찾으려 한
다면, 그 역시 결코 용이한 일은 아니었다. 유동성이 풍부하고 '정보
의 非대칭성'이 높은 사회에서 신용도가 높은 새로운 파트너를 찾는
일이란 일종의 모험에 가까운 일이기 때뮤이다. 그보다는 차라리 계
속 거래하던 파트너가 일시적으로 경제적 곤란함을 겪고 있다고 할
지라도 계속 유지하면서, 파트너에게 도움을 주어서 거래관계를 안정
시키는 편이 긴 안목에서는 장사에 보다 유리했던 것이다. 이 점은
다음과 같은 族譜 속의 서술에서도 잘 나타나고 있다.

> 章尙輝, 字는 炳南이고 績溪人이다. 皇上의 총애를 입은 바 있는데
> 성격이 겸허하고 화목하며, 公正하고 廉潔하여 貿易을 하는 데 공
> 평하였고, 牙行을 바꾸지 않았다.74)
> 재간이 있고, 재산이 심히 많았는데 사람들의 믿음에 의거하여 20
> 여 년간 장사를 하였다. 이제까지 牙行을 바꾼 적이 없었다. 이로
> 서 집안이 점차 일어나기 시작했다.75)

---

73) 『客商一覽醒迷』 「商賈醒迷」 "賓主當以情義共守. 若主賓薄, 宜宥恤之".

74) 績溪 『西關章氏族譜』.

75) 『歙縣新館鮑氏著存堂宗譜』 卷2 「例授奉直大夫同銜加二級鳴岐再從叔行狀」.

즉 이들 객상들은 牙行과 항상적인 관계를 유지함으로써, 안정적으로 상업을 영위할 수 있었고, 이로 인해 많은 이익을 얻을 수 있었던 것이다. 이러한 의미에서 商業書 속에 나오는 '情'과 '義' 역시 면밀히 경제적인 관점이 고려되었다고 보아야 할 것이다.

또한 客商과 牙行 관계를 유지시키는 것은 계약 등의 제도적인 것이 아니라, 충후함이라든지 인격적인 신용도, 그리고 양자 간의 情誼的 요소가 훨씬 더 중요했다는 점도 계속 확인된다. 앞서 인용문에서 施復과 牙行 간에 중요한 점은 비단 자체의 품질보다는 '충후'함이었다는 점은 단지 施復－牙行과의 거래에서 그쳤던 것이 아니라, 마찬가지로 客商－牙行과의 관계에서도 동일하게 반복되었다. 즉 牙行의 자본금이나 법적 계약 등이 중요한 것이 아니라, 인격적인 신용도가 가장 중요한 요소였다. 따라서 서로의 인격적인 신용도를 높이기 위하여 어려울 때 도와주는 이타적인 행동을 필요로 하였던 것이다.[76] 요컨대 인간관계를 신뢰도를 높임으로써, 거래자 간에 높은 '정보의 非대칭성'을 점차로 줄여 나갔다는 것을 알 수 있다.

이러한 인간관계가 성립되는 모습을 다음과 같은 구절에서도 확인할 수 있다. 馮夢龍의 『醒世恒言』 가운데 「賣油郎獨占花魁」라는 短篇 속에서 기름(油)을 거래하는 모습을 다음과 같이 묘사하고 있다.

> (기생집의 王九媽는 기름장수 秦重에게 기생집으로－인용자) 기름을 지고 들어와서 기름 한 병을 달아 보라고 하였다. (기름이) 다섯 근이 넘었는데 (王九媽는) 公道에 따라서 셈을 치렀다['公道還錢']. 秦重은 결코 (가격을) 따지지 않았다['幷不爭論'].[77]

---

76) 이러한 明末 客商層의 윤리의식에 관해서는 洪成和, 2008 참조.

77) 馮夢龍, 『醒世恒言』 卷 「賣油郎獨占花魁」.

여기에서 주목할 점은 王九媽와 秦重이라는 두 사람 간의 거래임
에도 불구하고 '公道'라는 표현이 등장하였다는 점이다. 즉 두 사람이
맺어진 거래가 공고화되면서 '公道'가 성립되었고, 바꾸어 말하자면
좁은 양자 간의 관계 속에서도 '公道'가 성립될 수 있다는 것을 말해
준다. 또한 이 '公道'는 가격을 시가대로 엄격하게 치르는 것이 아니
라, 적절하게 가감해서 변동시키는 것이었다는 점도 알 수 있다. 이
장면만 보면 두 사람 간의 거래는 '公道'라는 구절과는 달리 기름장
수 秦重에게 불공정한 거래였다고 생각될지 모른다. 그러나 훗날 王
九媽가 기름장수인 秦重에게 호의를 베푸는 장면을 읽는다면, 실제로
양자 간의 거래는 처음 단기간에서는 어느 한쪽에는 이익이, 다른 한
쪽에는 손해가 있었을지 모르지만, 나중에 거래가 계속 반복되면서
최종적으로는 양자 모두가 손해와 이익의 균형이 도모되었다는 점을
알 수 있을 것이다.

소설 속에서 나타난 이러한 情誼的인 네트워크는 실제 상거래상에
서 어느 정도 기능하고 있었던 것일까. 물론 객상－아행 간의 관계가
비고정적이고 제도적인 보증이 이루어지지 않았기 때문에, 높은 '거
래비용(transaction cost)'이 필요한 비효율적인 상업관계라는 설도 존
재하는 것이 사실이다.[78] 그러나 앞서 1절에서 보았듯이, 가격에 대
한 정보의 非대칭성은 높았음에도 불구하고, 상거래 행위는 상인조직
의 단결력에 의해서 상당 부분 안정적으로 작동했다고 생각된다. 그
러한 의미에서 '인간적인 신뢰'는 마치 모래알처럼 산산이 흩어질 수
있는 정보의 非대칭성의 바다에서, 거래자들을 굳게 연결시켜 주는

---

78) 足立啓二, 1993 참조.

콘크리트와 같은 존재였다고 할 수 있다.

明末 商業書나 소설에서는 아직까지 會館이라든지 公所 등과 같은 명확한 상업조직은 등장하고 있지 않고 있다. 이 시점에서는 객상들의 조직화가 완성되었던 것이 아니라, 점차 조직화를 이루어 가던 중이었다고 생각된다.[79] 그렇다고 하더라도 이 시점에서 객상을 비롯한 상인층이 항상 개별적으로 활동하였던 것도 결코 아니었다. 예를 들어, 상인들이 출발부터 宗族에게 자본을 대여받아서 장사를 시작하는 경우도 상당수에 달하였다.[80]

이러한 혈연뿐만 아니라, 地緣 역시 상인들을 단결시키는 중요한 요소로 작용하였다. 『杜騙新書』에서는 外地에서 만난 두 상인이 “二人同府異縣, 沛一相見, 鄕語相同, 認爲梓里”[81]하였다는 구절을 찾아볼 수 있다. 徽州地域에 대한 서술속에서 그 지역의 독자성을 부각시킴으로써 상인 간의 단결을 보여 주는 경우도 곧잘 찾아볼 수 있다.[82] 商業書에서는 다른 동업자에 대해서 ‘거울’과 같은 존재들이라고 표현할 정도로 끈끈한 단결력을 표현하고 있다.[83] 이와는 반대로 서로 같은 지역 출신이 아니라는 것을 알았을 때 속임수가 빈번히 일어나기도 했다.[84] 이러한 宗族과 상인간의 단결은 앞서 계속 되풀이

---

79) 傅衣凌 『明淸時代商人及商業資本』 中華書局, 2007(原刊, 1956) p.45.

80) 萬承風 『訓導汪廷榜墓志銘』 “夥俗尙貿易, 凡無貨者, 多貸本于大戶家, 以爲事畜計. 每族党子弟告貸于大戶”.

81) 『杜騙新書』 九類 「謀財騙」.

82) 『歙問』 “歙之視 他邑有異地也. 人尙氣節, 民素朴淳, 語音不一”; 『寄園寄所寄』 卷11 “新安各姓聚族而居, 絶無一雜姓攙入者”.

83) 『客商一覽醒迷』 「商賈醒迷」 “朋友者, 夥計者, 不獨通財, 而身家百爾所係. 與其高者吾亦高, 與其底者吾亦底, 如形處鑑.”

84) 『杜騙新書』 四類 「巷門口詐買脫布」 “忽一日, 有一棍在亭坐, 見客負布而來, 認非本城之人, 心知其可哄”.

해서 논의되었던 '정보의 非대칭성'이라는 상황하에서, 자신의 혈연과 지연이라는 네트워크를 통하여 정보를 획득하려고 하였던 노력의 소산에 다름 아닐 것이다.[85]

물론 정보의 非대칭성 때문에 상거래 행위에 많은 어려움이 있었을지라도, 이제까지 필자는, 상업에 대한 완전한 부정적인 인식이라든지, 극단적인 회의론을 연상하게 하는 문구는 한 번도 목도한 일이 없다. 도리어 여러 가지 고난을 익숙히 알고 있으면서도 도리어 자신의 직업에 대한 강한 자긍심과 미래에 대한 강한 긍정을 표현하는 구절을 훨씬 더 빈번하게 찾을 수 있다는 점[86]에서도, 당시의 상인들이 非制度的인 상업네트워크를 만들어 내는 데 성공했다고 평가할 수 있을 것이다.

結 論

오늘날에도 상품에 대한 확신이 들지 않기 때문에, 바꾸어 말하자면 상품을 거래하는 사람이나 제품을 만든 회사에 대해서 신뢰가 가지 않기 때문에, 그 물건을 사지 않는 경우는 일상적으로 너무나 빈번하게 일어나는 일이다. 그렇다면 현대사회는 그만큼 상품에 대한 퀼리티를 믿을 수 없는 사회인가? 반문해 보면 실제로는 결코 그렇지

---

85) 臼井佐知子는 명대 중기 이후 광범위하게 이루어졌던 族譜編纂의 동기를 상업 정보에 대한 획득 수단의 하나로서 파악하고 있다. 臼井佐知子, 2008. 참조.

86) 『客商一覽醒迷』 「商賈醒迷」 "若謂貧富各有天定, 然則坐可致富, 懶可保貧哉? 彼大富固有自來, 吾衣食豊足, 未必不由勤儉. 而得觀彼懶惰遊手之人, 不務生理, 旣無天墮之食, 又無地産之衣, 終日所給, 竟從何來, 若然不受飢寒, 吾不信矣". 이러한 점에 대해서는, 寺田隆信, 『山西商人の研究: 明代における商人および商業資本』 東洋史硏究會, 1972, p.294. 참조.

않다는 점을 쉽게 납득할 수 있다. 우선 가격이 대체로 고정되어 있고, 지역적으로나 연간 물가의 변동폭도 상당히 작은 편이다. 그리고 같은 제품번호가 붙은 것이라면 정해진 규격의 상품이 만들어지고 있다. 또한 너무나 많은 상품이 존재함에도 불구하고, 인터넷 등을 통해서 상품가격과 정보에 대해서 손쉽게 접근하여 많은 정보를 획득할 수 있는 것이 현실이다. 이러한 점에서 오늘날의 상품 자체가 가격과 규격이라는 측면에서 상당히 안정적이라는 점을 쉽게 알 수 있다. 그렇기 때문에 오늘날 우리가 살아가면서 A라는 상품에 대해서 가격이 얼마라는 점은 대체로 어느 정도 일치하고 있다고 간주해도 좋을 것이다. 여기에서는 A라는 상품을 둘러싼 여러 사람들이 지닌 '정보', 여기에는 가격뿐만 아니라 품질 등 모든 측면에서 정보의 非대칭폭이 비교적 적은 편이라고 할 수 있다.

그렇다면 明末이라는 시기에서 상품은 과연 어떻게 존재하고 있었을까. 일단 현대사회와 비교할 때 두드러지는 것은 가격 혹은 물가는 시기별, 지역별로 상당한 차이를 나타내고 있다는 점이다. 또한 거의 대부분 농산품 혹은 농산품을 소재로 한 수공업제품이기 때문에 변동폭이 상당히 격심했다. 지역별 풍흉에 따른 변동이 있었다는 점은 말할 나위가 없다. 이러한 사회에서 살아가는 사람들에게 고정적인 상품 가격이라는 관념을 성립하기는 매우 어려운 상황이었다고 할 수 있다. 그렇다면 이러한 사회 속에서 살아가는 사람들의 입장에서 똑같은 A라는 상품에 대한 느낌은 계절별로, 지역별로 크게 다를 수밖에 없을 것이다. 이른바 A라는 상품에 대한 정보의 非대칭폭이 상당히 컸다고 할 수 있다. 이러한 상황에서 과연 어떻게 판단하였던 것일까. 그것은 그 당시 상업관행에 어떠한 영향을 주었던 것일까.

시대 구분	상품에 대한 정보의 대칭성/ 정보의 공유도	거래의 결정요소	상품에 대한 선택의 폭	인간관계의 중요도	거래의 보증요소
오늘날의 시장	비교적 높음	제품 자체에 대한 신뢰도	비교적 넓음	비교적 낮음	제도
중국 明末의 시장	비교적 낮음	제품보다는 이를 거래하는 거래자에 대한 개별 신뢰도	비교적 좁음	비교적 높음	인격

　이러한 정보의 非대칭성을 해결하는 방법으로서 법이나 제도적인 보증보다는 거래자 간의 개별적인 신용을 두텁게 하는 쪽으로 점차 발전해 나갔다. 즉 중국 근세의 거래자들은 시장의 모든 사람들을 무차별적으로 신뢰하였던 것이 아니라, 자신이 오랫동안 알고 친숙한 사람들 가운데 신뢰할 수 있는 거래 상대를 선택하는 경향이 비교적 두드러졌던 것이고, 또한 신뢰할 수 있는 상대와 오랫동안 거래하기 위하여 추가적 비용을 기꺼이 지불하였던 것이다. 그리고 이것은 다시 거래자 간의 신뢰와 협동을 강화하는 방향으로 작용하였다. 그런 의미에서 明末의 시장사회는 인간관계, 즉 네트워크에 대한 의존도가 비교적 높았다고 할 수 있을 것이다.

　본고에서는 明末의 客商들을 儒教('儒商') 등의 전통을 따르는 존재들일 뿐만 아니라, 명확한 전략을 가지고, 자신이 처한 시장 환경에서 가능한 한 최대한 합리적인 기준을 따라서 행동하는 행위자로서 파악하려 하였다. 그렇지만 개개인의 합리적인 행동이 시장 전체의 합리성으로 귀결될 수 있는지는 아직까지 논의하지 못하였다. 다음 기회를 빌려서, 개인의 합리적인 행동과 시장 전체의 합리성과의 관계에 대해서 논의해 보고자 한다.

關公信仰과 산섬상인의 발전

李 和 承

Ⅰ. 머리말

원시사회의 토템 숭배부터 인간은 특정 동물이나 식물을 자신의 씨족 보호자로 삼아 두려움을 극복하고 현실적 어려움을 해결하곤 했다. 최초의 종교 신앙으로부터 신은 현실세계의 발전과 함께 변화했고 자연적인 힘과 사회적 역량을 갖춘 인격화된 방식으로 많은 허환(虛幻)의 존재를 창조해 왔다. 중국 고서에서는 "하늘에는 신, 땅에는 기[天曰神, 地曰祇]"[1]라 하고 천신의 존재를 이야기했는데,[2] 이는

---

1) 『尙書·微子』, 『十三經注疏』, 臺北藝文人書館, 1979.

2) 『周禮·春官·大司樂』, 『十三經注疏』.

사회 각 방면의 수요에 적응하는 과정을 반영하는 것이다. 시간이 흐를수록 사람들은 새로운 신을 창조해서 신비감을 만들고 조정은 책봉과 가봉 등을 통해 실제적인 권위를 인정해 주면서 현실적인 난제를 풀어 나갔다. 비록 공자는 "아는 것을 안다고 하고 모르는 것은 모른다[知之爲知之, 不知爲不知]"는 전제하에 '괴, 력, 난, 신(怪, 力, 亂, 神)'에 대해서는 언급을 삼가고 "귀신은 존경하되 멀리하라[敬鬼神而遠之]"고 하는 식으로3) 경계의 눈초리를 그치지 않는 등 신의 숭배에 대해서는 일정한 표준에 의하도록 했지만,4) 현실은 그렇지 못했다.

　신에 관한 여론은 천문의 조화, 교묘한 철학적 수사로 인간 윤리 관례를 권선징악이나 탈현실로 이끌었지만 상공업계에서의 반응은 매우 독특하게 나타났다. 상공업계에서는 교리 자체의 합리성보다는 현실생활에서 정신적·육체적 안정과 사업의 번영이라는 측면에서 더욱 활성화되었다. 이런 대표적인 경우가 바로 행업신과 지역신이고 독특하게도 관공신앙은 이 두 영역을 아우르고 초월하는 유일한 신앙으로 "천하에서 제사를 지낸다[祀遍天下]"는 광범위한 지지를 얻었다.5)

　이런 관점에서 관우(關羽)는 매우 특이한 인물이다. 역사상 수많은 무장(武將)이 있었지만 오직 그만이 사후 역대 왕조의 꾸준한 추앙을 받아 후(侯)로부터 시작하여 공(公), 왕(王)을 거쳐 최고자리인 제(帝)

---

3) 『論語 · 爲政篇』, 『十三經注疎』.

4) 『禮記 · 祭法篇』, "夫聖王之制祭祀也, 法施於民則祀之, 以死勤事則祀之, 以勞定國則祀之, 能禦大災則祀之, 能捍大患則祀之", 『十三經注疎』.

5) 행업신에 관한 최근 대표적 연구로는 李喬, 『中國行業神崇拜』(臺北雲龍出版, 民國85)와 『中國行業神』(상 · 하), 지역신앙 연구로는 濱島敦俊, 『總管信仰』(硏文出版, 東京, 2001), 관우 연구는 南懷瑾 主編, 『關帝大傳』(臺北, 老古出版社景印, 1978), 魯愚 等 編, 『關帝文獻匯編』(北京國際文化出版公司, 1995)에 고대 자료가 비교적 집대성되어 있다. 일반연구로는 다수가 있으나 종합적인 것으로는 초기의 黃華節, 『關公的人格與神格』(臺灣商務印書館, 1967)에서부터 최근의 洪淑苓, 『關公民間造型之硏究』(國立臺灣大學出版部, 1995), 盧曉衡, 『關羽, 關公和關聖』(北京社會科學文獻出版, 2002), 顔淸洋, 『關公全傳』(臺灣學生書局, 2002) 등과 많은 단문들이 있다.

의 자리까지 올랐으며 재조야에서 추앙의 향불이 그치지 않았다. 결국 성인으로 추대되어 공자의 문묘와 함께 무묘(武廟)에 추대되었다. 후대로 갈수록 도덕적 덕행과 종교적 영험함은 더욱 빛을 발해 유, 불, 도교 등 종교는 물론 한족, 이민족 왕조를 가리지 않았으며 중국 국내는 물론 해외 화교 사회에까지 깊은 영향력을 미쳤다.6) 이 과정에서 상업계의 역할이 컸음에도 불구하고 체계적인 연구는 많지 않았다.7) 본고에서는 역대 왕조에서 관공신앙이 형성되는 과정과 의미, 그리고 상업문화와의 상관관계, 특히 명청시대 산섬상인이 성장하는 과정에서의 역할을 살펴보기로 한다.

Ⅱ. 관공신앙

1. 관우 생평(160?~219)

진대 태강연간(280~289), 진수(陳壽)는 『삼국지(三國志)』에 관우를 장비, 마초, 황충, 조운과 더불어 역사반열에 이끌어 냈다. 간단한 생평과 더불어 불과 950자의 기록은 매우 단출했고 특별한 찬양도 없었다. 다만 기록 중 몇 가지 일반인들과는 다른 범상치 않은 행동을 서

---

6) (淸)趙翼, 『陔餘叢考』 권35, 「關壯繆」 “南岭極表, 北極寒垣, 凡婦女兒童, 無有不震其威靈者. 香火之盛, 將與天地同不朽”. 관묘에 걸린 對聯에는 “儒稱聖, 釋稱佛, 道稱天尊, 三敎盡皈依;式詹廟貌長新, 無人不肅然起敬. 漢封侯, 宋封王, 明封大帝, 歷朝加尊號; 矧是神功卓著, 眞所謂蕩乎難名.”이라 했다(魯愚 等 編, 『關帝文獻匯編』 2쪽에서 인용). 티머시 브룩지음 박인균 옮김, 『베르메르의 모자』 238쪽, 17세기 필리핀에서 생활하는 중국인들이 관우를 숭배하는 모습이 잘 묘사되어 있다. 추수밭, 2008.

7) 상업문화와의 관계는 단편이나 잡문형식의 문장이 대부분이다. 歐人, 「明淸晉商商業倫理情神探論」 『現代財經』 4, 2001, 宣朝慶, 「關公信仰與商人情神」 『天津社會科學』 3, 2006, 張富春, 「財神關公: 義中求財商業倫理的表征」 『河南師範大學學報』 5, 2008 외에도 적지 않은 문장들이 있다.

술했음에 주의한다.

관우는 하동 해현(河東 解縣) 사람으로 일찍이 탁군(涿郡)에 망명하여 유비, 장비와 도원결의를 한 뒤 유비를 도와 여러 전투를 거쳐 하비성(下丕城)을 지키고 있었다. 건안 5년(200) 조조는 동쪽 정벌에서 관우를 사로잡았지만 그의 능력을 높이 평가하여 편장군(偏將軍)에 임명, 후하게 대접했다. 원소가 대장군 안량(顔良)을 보내 백마를 협공하자 조조는 장료(張遼)와 관우를 보내 막도록 했다. 관우는 만인들이 보는 앞에서 단기필마로 안량을 해치우고 그의 수급을 원소에게 돌려준 뒤 돌아왔다. 관우의 용맹성과 무장으로서의 예절이 돋보이는 장면이었다. 조조는 관우를 한수정후(漢壽亭侯)에 봉했는데 이는 관우가 받은 최초의 작위였다.

조조는 관우를 곁에 두고 등용하려 했다. 장료를 보내 정(情)으로 설득했지만 관우는 유비에 대한 충성[忠]을 이유로 정중히 사양했다. 그리고 조조의 후의에 감사를 표한 뒤, 조조가 보낸 예물은 뜯지도 않고 그대로 돌려보냈다. 이런 행동은 당시에 흔치않은 의로움[義]으로 여겨졌다. 결국 관우는 유비에게로 돌아가자 조조는 "사람마다 주인이 따로 있다[彼各爲其主]"며 용인했다. 관우의 충성과 의리가 예를 통해 양측 모두에게서 존경을 받았음을 알 수 있다.

관우가 전투 중 왼쪽 팔에 화살을 맞았는데 화살촉에 묻은 독이 뼛속으로 들어가 날이 흐리면 통증이 심해 수술이 필요했다. 관우는 한편으로 팔뚝에서 피가 뚝뚝 떨어지는 수술을 받으면서 한편으로는 장수들과 '환담을 나누는(言笑自若)' 기개를 보였다. 마취가 없던 시대에 수술 중 맑은 정신을 유지하며 환담했다는 일은 믿기 어렵지만 정사의 기록이니 불신할 수도 없다. 관우의 의연함이 돋보이는 부분이다.

건안 24년(215), 촉의 세력 확장이 현실적으로 어렵던 상황에서 관우는 부하들의 배신과 손권의 계략에 빠져 오군에 사로잡힌 후, 아들 관평과 함께 임저(臨沮–湖北當陽)에서 처형당했다. 유비가 장무후(壯繆侯)의 시호를 내리는 것으로 관우에 대한 진수의 기록은 끝을 맺는다.8)

손권은 관우를 죽인 뒤, 보복이 두려워 후하게 장례를 치르고 수급을 조조에게 보내 책임을 피하려 했다. 이에 조조는 향목으로 관우의 몸을 만들어 온전한 모습으로 낙양에 묻었다고 한다. "상평에서 태어나 장향에서 죽었으나 혼은 하동에 떠돌고 몸만이 당양에 묻혔다[生常平, 死章鄕(當陽), 魂河東, 體當陽]"라는 전설이 전해지는 것은 바로 이런 연유에서였다.9)

진수는 관우를 특별히 미화하지는 않았지만 그를 품격, 절개, 인내심, 호방함을 가진 인물로 기술했다. 또 장비와의 비교에서 두 사람 모두 "만인의 적을 상대할 정도로 용맹한 신하지만[稱萬人之敵, 爲世虎臣]", 관우는 "부하들에게 잘하고 사대부에게는 굽히지 않았으나[善待卒伍而驕於士大夫]", 장비는 "군주에 잘하고 아랫사람에 대해서는 박했다]愛敬君子而不恤小人]"는 상반된 평가를 내림으로써 간접적으로나마 관우에 대한 그의 관심을 표출했다.10)

---

8) 『三國志』 卷36, 「蜀書六」, 臺北鼎文書局, 民國 69.

9) 魯愚 等 編,『關帝文獻彙編』587쪽, 北京國際文化出版公司, 1995.

10) 『三國志』 卷36, 「蜀書六」.

2. 관공신앙의 형성 – 후, 공, 왕, 제

『삼국지』는 관우 사후 6~70년 후에 편찬되었다. 비록 짧은 기록이
지만 마지막 평가에서 단순한 장군상 외에도 백성과 아픔을 함께했
다는 평가는 이후 백성들이 관우를 숭배하는 단초가 되었다.

수대 개황연간, 관우가 죽임을 당한 호북성 당양현 부근의 옥천산
(玉泉山) 사원에 출현했다는 소문이 돌았다. 이 소문이 입에서 입으로
전해지면서 관우는 민간 영역에서 점차 당시 성행하던 불교와 깊은
인연을 맺게 된다.[11]

당 덕종 정원 18년(802), 대리사 평사 동정(大理寺 評事 董廷)은 「
중거관제묘기(重建關帝廟記)」를 쓰며 관우가 옥천사에 출현했던 것
을 언급하고 최초로 '관제(關帝)', '성제(聖帝)'로 호칭했다.

> (옥천사) 서북쪽 3백 보 되는 곳에 관제묘가 남아 있다. 성제의 공
> 적은 국사에 상세히 적혀 있다. 진 광대연간(567~568), 지기선사(智
> 覬禪師)가 이곳에 내려와 밤마다 성제와 만나곤 했다.[12]

또 관우가 생전에 현명했고 사후에는 영험하여 산 아래 지역의 발
전과 농사 풍흉을 관장했다며 관우의 신통력을 높이 평가했다. 관리
가 '제'의 호칭을 사용하고 조정의 이름으로 묘를 중건하여 그 영험
함의 존재를 인정했으니 관우는 이미 민간의 종교에 국한된 것이 아
니라 정치적 인물이 된 것이었다. 당대 황제들이 도교에 심취하여 도
교가 성하자 도교 인사들도 점차 관우에 관심을 갖게 되었다.[13] 따라

---

11) 洪淑苓, 『關公民間造型之研究』17쪽.

12) (唐)董侹, 「重建關帝廟記」 『關帝聖君彙考』775쪽, 魯愚 等 編, 『關帝文獻彙編』2冊.

서 이 시기의 관우 숭배는 불, 도교의 종교적 측면에서 주도했다고 보는 것이 보다 타당할 것이다.

송대는 민간신앙이 크게 확대된 시기이다.[14] 관우 숭배 역시 정치적 측면에서 한층 격상된 모습을 보인다. 백년의 전란 끝에 정권을 잡은 태조 조광윤(太祖 趙匡胤)은 국가통치 방법에서 전 시대와는 확연히 다른 태도를 취했다. 태조는 건덕 원년(963), 무묘(武廟)인 주대 개국공신 강상(姜尙)을 모신 주 성왕묘를 순시하고 묘의 양쪽 벽에 역대 무장들의 화상을 전시할 것을 명했다. 이에 이부상서 장초 등이 한대의 반초, 당대의 진숙보 등 23명을 선발했지만 관우와 장비는 포함되지 않았다.[15] 당시는 민간신앙이 조정의 봉사(封祠)를 얻기 전에는 모두 음사(淫祠)로 취급되었다. 음사가 합법적 허가를 얻기 위해서는 무엇보다 영험함이 중요했고,[16] 이러한 변화는 신종 때부터 보이기 시작했다.[17] 원풍 4년(1081), 관우 전설의 원천인 옥천사가 중건되고 철종 원우 7년(1092), 해주 지주 장간지(解州 知州 張柬之)는 관우 고향인 해현의 관제묘를 수리했다. 현위 정함(縣尉 鄭咸)이 쓴 수리 배경에서는 관우가 충의의 상징으로 간웅인 조조와는 매우 다르다고 강조했는데 이는 정치적 동기가 있었음을 나타내는 것이다.[18] 4년 후인 철종 소성 3년(1096), 조정은 최초로 옥천사에 '현열묘(顯烈廟)'라는 현판을 하사했고,[19] 휘종 숭녕 원년(1102)에는 관우를 '충혜공(忠

---

13) 朱浤源, 「關公在政治思想的地位」, 『關羽, 關公和關聖』 193쪽, 北京, 社會科學文獻出版社, 2002.

14) 皮慶生, 『宋代民衆祠神信仰硏究』 서론과 6장을 참조할 것, 上海古籍出版社, 2009.

15) (宋)李燾撰, 『續資治通鑑長編』 卷4, 23쪽, 起太祖建德元年盡是年閏十二月, 上海古籍出版社, 1985.

16) 阮元, 『兩浙金石志』 卷12, 『宋代石刻文獻全編』 2冊, 840쪽. 沈宗憲, 『國家祀典與左道妖異－宋代信仰與政治關係之硏究』 68, 83쪽, 臺灣國立師範大學歷史硏究所博士論文, 2000.

17) 『宋史·禮志八』 卷105, "凡祠廟賜額, 封號, 多在熙寧, 元祐, 崇寧, 宣和之時", 臺北鼎文書局, 民國69.

18) (宋)鄭咸, 「宋元佑七年解州知州張柬之重修關帝廟記」, 『關帝大傳』 176~177쪽에서 인용.

惠公)'에 봉했다. 해주 지방관이 치우(蚩尤)가 시기하여 염전이 마른다고 보고하자 재상 여이간(呂吏簡)이 30대 천사(天師) 장계선(張繼先)에게 도움을 청해 장천사가 옥천산에 가서 관우에게 제사를 지내니 염전이 회복되었다 하여 도교에서 '숭녕진군(崇寧眞君)'으로 추대했다.20) 대관 2년(1108)에는 '무안왕(武安王)', 선화 5년(1123)에는 다시 '의용무안왕(義勇武安王)'으로 승격했다. 남송 고종 건염 3년(1129)에는 '장무의용무안왕(壯繆義勇武安王)', 효종 순희 14년(1187)에는 '영제(英濟)' 두 자가 붙어 '장무의용무안영제왕(壯繆義勇武安英濟王)'이라는 긴 봉호를 받았다.21) 송 조정이 이렇듯 관우를 높게 평가했던 것은 당시 처한 대내외적 환경에서 필요한 정치적 목적과 무관하지 않을 것이다. 물론 통속적인 사회 변화도 한몫을 담당했을 것으로 이는 후술할 것이다.

태조 이후 조정은 문민정부를 표방했지만 군사력의 약화를 초래했고 거란이 요나라를 세운 947년 이후에는 직접적으로 큰 위협을 느끼게 되었다. 결국 무장 관우에 대한 숭배심을 통해 애국정신을 고양하여 외환 난국을 타개하려 했다고 보인다. 이런 정치적 필요에 따라 불교와 도교에서도 많은 신화들이 더해져 관우의 종교적 색채는 더욱 강해졌다. 불교에서는 '가람신(伽藍神)' 혹은 '호법자(護法者)'라는 호칭이 더해졌다.22)

---

19) 그러나 이는 정사에는 기록이 없어 사실성에 의문이 있다. 鄭志明, 「明代以來關 聖帝君善書的宗敎思想」, 『中國社會與宗敎 – 通俗思想的硏究』 284쪽, 臺北學生書局, 1986.

20) 『廣見錄』, (청)錢曾, 『讀書敏求記』에도 같은 내용으로 숭녕연간이어서 이 이름을 갖게 되었다는 기록이 나온다.

21) 『關聖帝君聖蹟圖誌全集』 卷3, 魯愚 等 編, 『關帝文獻彙編』 487~489쪽에서 인용. 이 편에서는 이러한 관우의 영험함에 대한 기록을 다수 기록하고 있다.

22) (宋)張商英, 「重建關聖帝廟記」, 『關聖帝君聖蹟圖誌全集』 권4, 魯愚 等 編, 『關帝文獻彙編』 728~732쪽에서 인용. 송대의 다른 민간신앙에 대한 최근 연구로는 皮慶生, 앞의 책을 참조할 것.

그러나 역설적인 것은 송과 적대관계에 있던 이민족 왕조인 금조(1115~1234)도 역시 관우를 숭배했다는 점이다. 당시 관우의 고향인 해현을 포함한 중국 북부를 지배하던 금은 송과 대치상황에서도 관우묘에 정성을 쏟았다. 장종 태화 4년(1204), 해주 관묘를 수리하면서 "충성을 다하면서도 자리에 연연하지 않고, 용감하면서도 의로우니…… 그 공적이 널리 퍼졌다[忠而遠職, 勇而篤義…… 磊磊落落]"라 치하하고, 유비의 세력이 약한데도 "군주를 모심에 흔들림이 없고 금전적 유혹에서도 의리를 잊지 않았다[事君不忘其本, 見利不失其義]"며 지조를 높이 평가했다.23)

이러한 배경에는 당시의 통속문화와도 깊은 관계가 있었다. 송대에는 당대의 성방(城坊)이 무너지면서 상업의 발달과 더불어 새로운 통속문화의 발전이라는 큰 변화를 경험했다. 비교적 큰 도시마다 와자(瓦子)가 있었고 정기적으로 공연이 진행되었다. 이곳에서 활동하는 전문적인 강호 예인들은 '설삼분(設三分)'이라는 형식의 이야기를 통해 삼국시대 이야기를 재미있고 생동감 있게 풀어 갔다. 이 속에서 주류사회에서 소외된 백성들과 유목민들은 몇 가지 점에서 나름대로의 동질감을 찾으며 안식을 느꼈다. 첫째, 관우의 망명으로 시작된 객지 생활과 타향에서 맞았던 비참한 최후였다. 이는 철저한 종법사회 외곽에 존재하는 소외계층에게는 매우 친근한 소재였다. 둘째, 유비와 관우 사이에 존재하는 평등과 충성심이었다. 엄격한 상하관계가 금란과 같은 '의리'로 해석되며 자신들의 조직 내에서 유대의식을 공고히 하는 데 크게 작용했다. 셋째, 사방을 유랑하며 항상 위험에 처

---

23) (金)田特秀,「金嘉泰四年重修關帝廟記」, 南懷瑾主編,『關帝大傳』, 178쪽. 嘉泰는 남송 영종의 연호이므로 당연히 '泰和'로 고쳐야 할 것이다.

해 있는 사람들에게 관우의 처지와 영험함은 정신적으로 큰 안식이 되었다. 강호 예인들이 말하는 '의리'는 정치적 '의'와는 달랐지만 오히려 민간에서 관우를 숭배하는 이른바 관공신앙의 보급이라는 면에서 중요한 계기가 되었다.24)

이러한 측면에서 본다면 몽고족이 세운 원 조정이 관우를 중시했던 것도 이해할 수 있는 점이다. 대학자로 '용하변이(用夏變夷)'를 주장하던 한림원 시독사 학경(郝經)은 순천부 '한의용관제묘(漢義勇關帝廟)' 중건사에서 시종 변함이 없던 유비의 어짊과 관우의 의리가 천하에 영향을 미쳤다며 "영령함과 의리가 천하에 퍼지고, 그 시작이 이곳이다"는 글로 칭송하고 관우의 생일이라 전해지는 5월 13일과 9월 13일 두 차례 성대한 묘회를 개칙했다. 묘회에는 고관대작부터 백성들이 함께 참여하여 성황을 이루었다.25) 세조 지원 7년(1270), 황제는 스승인 帕克斯巴의 제의를 받아들여 매년 2월 15일 호국 불사 활동 때 호위군사 5백 명으로 하여금 관우를 모신 가마를 들고 궁내를 돌게 했다. 황제가 참여한 불사에서 불교 보살 이외에 사람과 신을 막론하고 관우는 최고의 대접을 받는 유일한 대상이었다.26)

관우가 상징하는 정치적 지조와 변하지 않는 충성심은 민족과 계층의 한계를 넘어 모두에게 필요한 개념으로 자리 잡고 구체적인 의식까지 갖춤으로써 관공신앙이라는 형태가 분명해졌다고 할 수 있다.

문학작품 속에 비친 관우 모습도 변화를 보인다. 당대 시인소설(市

---

24) 王學泰, 「關羽崇拜的形成」, 『關羽, 關公和關聖』, 81~83쪽, 北京社會科學文獻出版社, 2002. 조직 내에서 의리를 강조한 부분은 명말청초 결성된 洪門조직에까지 영향을 미쳤고 비밀결사조직이나 黑社會의 조직 강령에도 자주 등장한다. Gustave Schlegal, 薛澄濤 譯, 『天地會研究』, 臺北古亭書屋, 1975.

25) (元)郝經, 「元順天府權帥府苑德重建漢義勇關帝廟記」, 『關帝聖君彙考』 805, 魯愚 等 編, 『關帝文獻彙編』 2冊에서 인용.

26) 『元史 · 祭祀志』 卷6, 臺北鼎文書局, 民國69.

人小說)에는 삼국의 고사가 자주 인용되었지만 관우는 그다지 주목받지 못했다. 송대 화본(話本)과 설삼분에서는 관우가 지극히 평범하고 생기가 없는 인물이거나,27) 아니면 소외된 계층에서 친근하고 정신적 안식을 느끼는 존재 정도로만 묘사되었다. 원대의 희곡에서는 과장된 무공과 함께 맑고 깨끗한 풍모를 가진 '살아 있는 신(活神道)'의 모습으로 또 다른 변신을 시도한다.28)

원말 명초 나관중(羅貫中)이 편찬한 『삼국연의(三國演義)』는 이런 변화의 최정점을 보여 주었다. 나관중은 진수의 『삼국지』에 당시 유행하던 평화, 잡극, 민간 전설, 송대 배송지 주문(裴松之 注文)에 자신의 재간을 더해 흥미진진한 새로운 관우의 모습을 재현했다.29) 이는 그동안 관우 관련 이야기에 존재하던 황당무계하고 비현실적인 부분을 없애고 역사 사료에 문학적 윤색이 더해져,30) 재조야를 막론하고 많은 사람들이 한층 현실적으로 접근할 수 있는 계기가 되었다. 즉 원래의 '충의'를 단순히 군주에 대한 맹목적 충성에서 '옛것을 잊지 않는 의리(不忘故舊)'로 진일보하여 통치자가 백성들에게 일방적으로 요구하는 것이 아니라 이제 사회생활 속에서 서로 간에 필요한 일반적인 '도리'와 '의기'로 폭을 넓혀 해석했던 것이다.31) 한편으로는 관우의 옥천산 출현으로 그의 영험함을 자연스럽게 강조하며 백성들을 자신도 모르는 사이 비이성적인 신앙세계로 인도하며 신격화를

---

27) 鄭振鐸, 『中國文學史』, 189~190쪽, 臺北盤庚出版社, 1978.

28) (元)關漢卿, 『關大王單刀會』, 臺北商務印書館, 1958, 劉靖之, 『關漢卿三國故事雜劇硏究』, 91쪽, 홍콩 三聯書店, 1980.

29) 洪淑苓, 앞의 책, 67쪽.

30) 鄭振鐸, 앞의 책, 719쪽.

31) 洪淑苓, 앞의 책, 73쪽.

가속시켰다.32)

관우의 형상이 정형화된 것도 이 무렵이다. 극 중의 관우는 키가 9척 6촌에 1척 8촌의 긴 수염은 옥으로 만든 혁대를 덮었고, 얼굴은 잘 익은 대추 같았으며 얼굴에는 7개의 점이 있었고 입술은 연지를 바른 듯 붉었다. 눈은 봉황처럼 길게 찢어졌고 누에가 누운 것과 같은 굵은 눈썹을 지니고 있었다.33) (다음 그림 참조)

명대 관우의 위상은 다시 한 번 변화를 맞게 된다. 명 초, 태조 주원장(太祖 朱元璋)은 각 신의 봉호를 정하면서 실제로 백성에게 도움이 안 되거나 과분한 직함은 삭제해서 민간에서의 무분별한 신격화 현상에 제동을 걸었다.34) 실제적인 효과는 크지 않았지만 관우 역시 원레의 '한수정후'와 '장무후'만 유지토록 했다.35) 홍무 21년(1388), 태조가 다시 사회 안전을 위협한다는 이유로 그동안 '무성(武聖)'의 자리를 지켜 온 강상(姜尙)의 제사를 폐지하자 역대 무장들은 자연히 설 자리가 없어져 관우에 대한 숭배도 위축되었다. 본래 하층민 출신인 태조의 이러한 행동은 누구보다도 하층민 사이에 영향력을 가진 관우의 위협을 잘 알기 때문이었을 것이다. 즉 하층민에 대한 진압의 도가 보이는 측면이다.36) 그러나 태조 사후 일부 지방에서는 변화가

---

32) 명대 이후 글을 모르는 사람들도 『삼국연의』를 암송할 정도로 백성들에게 큰 영향을 미쳐 "古今爲小說之一大奇手也"라는 평가를 받았다. 毛宗崗, 金聖嘆「原序」, 『三國演義的政治與謀略論』, 臺北考古文化公司, 1985.

33) 『關聖帝君聖蹟圖誌全集』 卷11,131쪽, 『關帝文獻彙編』, 1冊.

34) 『明實錄 · 太祖高皇帝實錄』 卷35(臺北中央硏究院歷史語言硏究所, 民國 51年刊本蓄編), 184쪽, 京都中文出版社, 1984.

35) 『明會要 · 禮六』.

36) 王學泰, 앞의 문장, 84쪽. 물론 태조는 민간 신앙 제사에 대한 명확한 규정을 정하는 것에 중점을 둔 것으로 『明會典』에 의하면 관우에 대한 祭는 계속되었다. 명대 다른 민간신앙과 국가권력에 관한 연구로는 陳熙遠, 「在民間信仰與國家權力交疊的邊緣」, 『明淸法律運作中的權力與文化』(臺灣中央硏究院叢書, 2009)를 참조할 것.

보이기 시작했다. 혜제 때 방효유(方孝孺)가 자신의 고향에 있는 관제
묘에 쓴 비문을 보면 이미 신격화가 다시 진행되고 있었다.

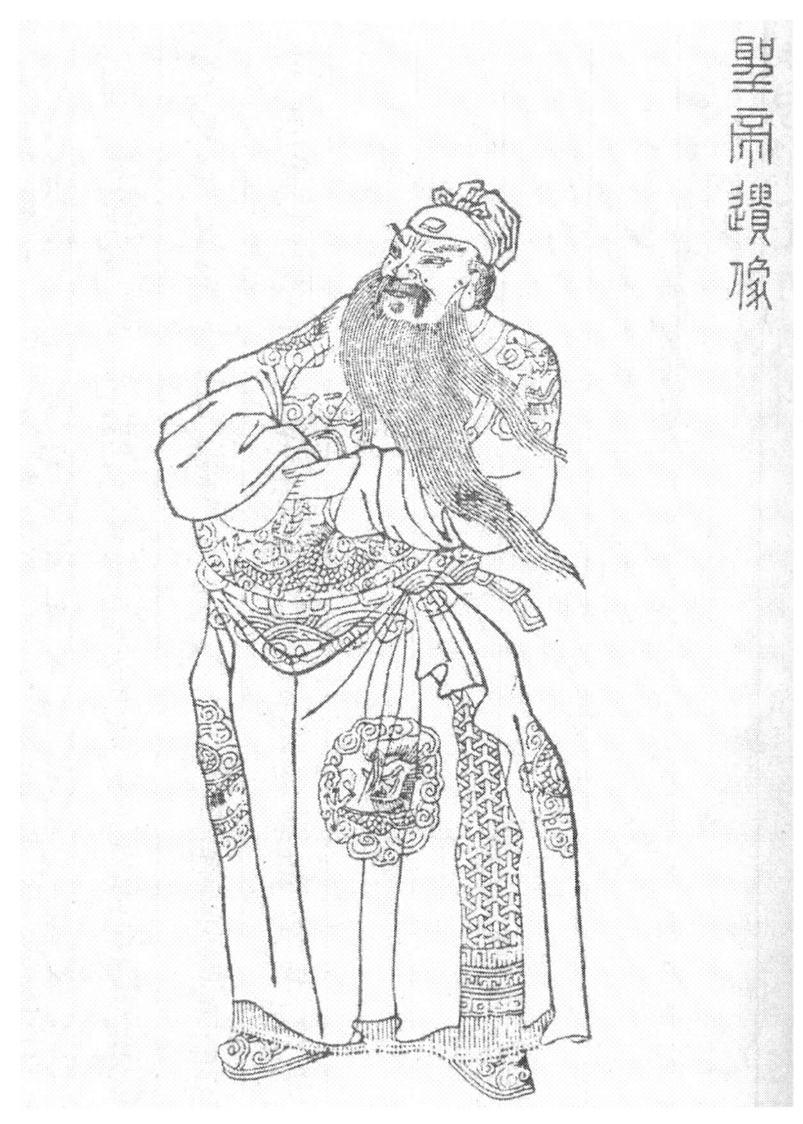

예부터 천하의 사람들에게 제사를 받는다는 것은 모든 사람이 공
감하는 큰 덕을 지니고 있다는 것이다. 즉 한 시대를 풍미했다거나
이름에 전국에 퍼졌을 때 가능한 일이다. 한 관제는 무장으로서 나
라의 통일을 이루지 못하고 죽었다. 이미 천여 년이 지났으나 어린
아이까지도 그 충정을 알고 있다. 그 이름을 존경하고 위엄을 경외
하며 열정을 잊지 않는다. 천지만물을 관장하는 자를 신이라 하는
데 위인은 그 영험함을 얻어 생전에 우주를 관장하고 만물을 정리
하여 당당한 위풍과 기개로 세상을 주시하니 비로소 충효의 업이
시작되었다. 그 밝음이 해, 달과 같고 음양과도 같다. 불행히도 그
뜻을 다 펴지 못하고 갔으나 신명함이 미치지 않는 곳이 없다.[37]

관공신앙은 상당한 지지를 얻고 있었다. 그러나 관우에 대한 보다
큰 관심은 만력연간에 이르러 시작되었다. 사대부들은 관우가 유가의
윤리규범을 실천한 전형적인 인물이라는 점에 의미를 부여하기 시작
했다.

공은 처음에 친구로 현덕을 만났으나 약조를 하고 형제가 되었으
며 훗날 군신의 관계가 되었다. ……필부들이 만나 죽을 때까지 믿
음을 버리지 않고 형제와 군신의 도를 다했으니 그것은 공의 덕이
라 할 수 있다.[38]

그리고 절강 일대 해관에서는 창궐하는 왜구 방어와 하천 범람 등
을 해결하기 위해 관묘 중건을 요구했고, 사관의 이름으로 명문에 신
의 위상을 확인한 것이다.

혁혁한 성제의 영험함이 천하에 미치니 묘를 중건하고 관우 장군
을 숭배하여…… 강남을 보호하고 조정을 빛내소서.[39]

---

37) 方孝孺, 「寧海關帝廟碑記」, 南懷瑾 主編 『關帝大傳』, 182쪽에서 인용.

38) 「山陝會館關聖帝君儀仗記」, 賀官保, 『洛陽文物與古迹』(北京文物出版社, 1987) 80쪽에서 인용.

조정에서는 호국적인 의미가 가득한 '협천호국충의대제(協天護國忠義大帝)'라는 봉호를 내렸다.

만력 22년(1594)에는 도사 장통원(張通元)의 요청에 의해 '영렬묘(英烈廟)'로 바뀌었다. 만력 42년(1614)에는 '삼계복마대제신위원진천존관성제군(三界伏魔大帝神威遠震天尊關聖帝君)'이라는 한껏 위엄이 담긴 긴 책봉을 해서 신과 귀신은 물론 사람까지 포함하는 삼계(神, 鬼, 人)를 관장한다는 의미를 담았다.40) 이러한 분위기로 인해 북경 주변에는 갈수록 많은 관묘가 건립되었다.

> 경기지역에서 관우의 제사를 지내는 종소리가 끊이지 않고 해가
> 갈수록 계속 그 수가 증가하고 있다.41)

만력연간 북경의 대흥현(大興縣)과 완평현(宛平縣) 두 현 중에서, 완평현에만 51개 관묘가 있었다고 하니,42) 두 곳을 합하면 적어도 백여 곳이 있었을 것이다.43) 호북성 당양에서는 백무 땅에 북경 고궁을 모방한 궁정식 묘(廟)가 건립되었다.44)

동남 연해를 떠나 동남아에서 무역에 종사하던 중국인들에게도 관우는 목숨과도 바꿀 수 있는 수호성인으로 자리 잡았다.45) 이 시대

---

39) 錢福, 「東光關帝廟碑記」, 연해 오랑캐뿐 아니라 北京 외곽에서부터 각지의 민란, 각종 재해의 방지까지 관묘에서는 현지의 모든 문제의 해결과 연계하였음을 알 수 있다. 焦竑, 「正陽門關廟碑記」, 唐順之, 「常州新建關帝廟記」, 王世貞, 「太倉州關廟碑記」『關聖帝君聖蹟圖誌全集』卷4, 魯愚 等 編, 『關帝文獻彙編』744~778에서 인용.

40) 趙翼, 『陔餘叢考』 卷35, 臺北華世出版社, 1975.

41) 劉侗, 『帝京景物略』 卷3, 「關帝廟」, 上海古籍出版社, 2001.

42) (明)沈榜, 『宛署雜記』 卷19, 北京古籍出版社, 1983.

43) 郭松義, 「論明淸時期的關羽崇拜」, 『中國史硏究』, 3期, 1990.

44) 朱正明, 『中國關帝文化尋踪』, 38쪽, 北京今日中國出版社, 1996.

45) 티머시 브룩, 앞의 책, 258쪽.

관우에 대한 가봉과 성행은 도사들의 과도한 포장과 무관하지 않다. 심지어 관우의 상반신이 뢰수산(雷首山)에 사는 용의 모습이라고까지 과장했다.46) 이에 영향받은 백성들은 관우를 신이 사람의 몸을 빌려 의혹을 풀어 주고 길흉화복까지를 내린다는 이른바 부란 강계(扶鸞降乩)에 연결시켜 신봉했다. 사대부들도 예외는 아니었다. 명 말 강남의 유명 문인이었던 모양(冒襄, 1611~1693)은 관공 신앙을 통해 사대부의 도덕적 신념, 현실에 대한 관심, 초자연적 신비 등을 경험했다고 했다. 그는 태어나면서부터 관우의 영향을 받았고 일생 동안 경건하게 신봉했으며 인생의 가장 중대한 순간에 결정적인 도움을 받았다고 고백했다.47) 어지러운 정국에서 관우라는 절대적인 힘에 의지하여 상황을 개선하고 싶은 조정과 민간의 안타까움이 있었고 사대부들도 비껴 가지 않았다.

청대에 이르러 관우는 한족 통치 때보다 더 높은 대우를 받았다. 조정은 정치적으로는 '대제(大帝)', 종교적으로는 '신'의 대접을 했는데 이는 역대 어느 왕조보다도 높은 대우였다. 입관 전, 여진족의 지도자들은 먼저 성경(盛京) 후문인 지재문(地載門) 바깥에 관제묘를 세우고 '의고천고(義高千古)'라는 현판을 걸었다. 또한 몽고 여러 부족과 합병하면서 이들의 협조를 이끌어 내기 위해 '도원결의' 고사를 활용하여 스스로를 '유선주(劉先主)', 몽고 가한을 '둘째 아우(二弟)'라 비유하며 명분상으로는 군신, 실제로는 형제간의 맹서로 이용했다.48) 입관 후, 『삼국연의』를 만주어로 번역, 『통감』, 『맹자』와 같이

---

46) 『歷代神仙通鑑』 卷9, 光緖十六年再版本.

47) (淸)冒襄, 『巢民文集』 권4, 『叢書集成三編』에 수록, 臺北新文豐出版公司, 1997.

48) 蔣瑞藻, 『小說考證拾遺』 40쪽, 上海古籍出版社, 1884.

『관서(官書)』로 정해 만주 귀족의 교재로 삼기도 했다. 관우를 만주 정권에 충성하는 신하로 부각시켜 한편으로는 통치 기반을 공고히 하고 다른 한편으로 몽고족에 대한 협조를 표명했던 것이다.49) 이런 정책적인 결정에 따라 몽고족은 물론 장족들도 관우에 대한 숭배는 뒤지지 않았다.50)

순치 9년(1652), 조정은 다시 관우를 '충의신무관성대제(忠義神武 關聖大帝)'로 봉하고, 옹정 3년(1725)에는 각 성에 관제대묘를 세워 봄가을 두 차례에 걸쳐 제사를 지내도록 했다. 5년 뒤에는 관제묘를 무묘로 격상시킴으로써 관우는 지성선사 공자 문묘와 더불어 온 백성이 숭배하는 양대 산맥이 되었다.51)

건륭 33년(1768), 서역 전쟁에서 승리를 거두자 관우의 영험 덕이라는 여론이 있어 '충의신무'에 '영우(靈佑)' 두 글자가 더해져 '충의신무영우관성대제 (忠義神武靈佑關聖大帝)'가 되고 전투에 강한 '전신(戰神)'의 의미가 한층 강해졌다.52)

가경 18년(1813), 관우는 또다시 영험함을 발휘한다. 한밤중 역모를 꾀하던 임청잠(林淸潛) 일당을 추격하다 앞을 분간할 수 없는 상황에서 갑자기 관묘가 스스로 타 올라 소탕에 큰 도움을 주었다는 것이다. 가경제는 이에 다시 '인용(仁勇)' 두 글자를 더해 '충의신무영우인용관성대제(忠義神武靈佑仁勇關聖大帝)'로 추앙했다.53)

---

49) 丘振聲, 『三國演義縱橫談』 43쪽, 臺北曉園出版社, 1991.

50) "蒙人於信仰喇嘛外, 所最尊奉者厥惟關羽" 徐珂 『淸稗類鈔』八冊, 3566, 北京中華書局, 1986, 티벳 라싸주변에도 關廟가 있었다. "鬼怪爲害, 人民不安" "帝君顯聖除之, 人始蕃息, 土民奉祀, 稱尊號曰革塞結波" 『衛藏通志·寺廟』 卷6.

51) 『關聖帝君聖蹟圖誌全集』 卷3, 魯愚 等 編, 앞의 책, 459쪽에서 인용.

52) 『關聖帝君聖蹟圖誌全集』 卷3, 乾隆三十三年三月初三日內閣抄出奉, 魯愚 等 編, 앞의 책, 461쪽에서 인용. 戰神의 의미는 이미 동남아 각지에서 유럽인, 현지인들과 경계상황을 이루고 있던 중국 상인들에게 큰 영향을 미쳤다. 티머시 브룩, 앞의 책, 258쪽.

도광연간 낙양의 관묘는 '관림(關林)'으로 승격되고 성인으로서 완전한 면모를 갖추게 된다.54)

전 시대를 통해 유, 불, 도 삼교는 관우에 대해 일관된 입장을 보여 왔다. 유교는 그의 충의를 받들어 최고의 반열인 무성으로 추앙했고, 불교는 최초로 숭배를 시작하여 호법가람존자의 반열에 올렸으며, 도교는 누구보다도 그 영험함을 공리적이고 적극적으로 이용해서 천존이라는 지엄한 위치를 부여했다.

중국역사에서 모든 신격화의 완성은 정부과 민간의 상호 작용에 의해 결정된다. 이 과정에서 특히 사대부들은 민간신앙의 문화적 생태라는 측면에서 매우 미묘한 역할을 했다.55) 명·청 사대부들이 뒤질세라 관우의 이름으로 각종 선서(善書)를 대량으로 제작하자 관우는 거의 만능의 신이 되어 과거 합격이나 관리들의 승진은 물론 반역도 진압, 정의 구현 나아가 자연재해나 질병 퇴치 등 일상생활에 필요한 다양한 직능을 수행하는 존재로 탈바꿈했다.56) 조정 역시 "신을 통해 교화[以神道說敎]"한다는 종교 정책을 통해 현실적 난국을 타개하고 민의에 순응하며, 제사를 이용하여 백성들을 회유하거나 호의를 베푸는 수단으로 이용했던 것이다.57)

---

53) 『關聖帝君聖蹟圖誌全集』 卷3, 嘉慶十九年正月初五日內閣抄出奉. 魯愚 等 編 앞의 책, 461쪽에서 인용.

54) 朱正明, 앞의 문장, "百姓稱墳, 王侯稱塚, 皇帝稱陵, 聖人稱林"이라 했다. 현재는 山西 運城에 關帝廟, 河南 洛陽에 關林, 湖北 當陽에 關陵이 있다.

55) 李豊楙, 「從聖人之道到成神之道」, 『東方宗敎研究』 4集, 202~203쪽, 臺北, 1994.

56) 汪桂平, 「從關聖大帝返性圖看關帝信仰與道敎之關係」, 『關羽, 關公和關聖』, 95~96쪽.

57) 『周易·觀卦』 "聖人以神道說敎而天下服矣". 이는 神明의 존재 여부와 관계없이 성현은 '神道'를 통해 교화하여 천하 사람들이 복종한다는 뜻이다. 중국 역대 왕조는 이러한 '형식상 정통과 정의'라는 종교 정책으로 백성들의 지지를 얻어 냈다.

〈표 1〉 역대 정부의 관우에 대한 예우 변화

	작호, 시호(爵号, 谥号)	연대(西元)	비 고
1	漢壽亭侯	漢 獻帝 建安5年(200)	
2	壯繆侯	蜀 後主 景耀3年(260)	
3	顯烈廟 액자 하사	北宋 哲宗紹聖3年(1096)	송 최초 책봉이나 정사 기록은 없음
4	忠惠公	北宋 徽宗崇寧元年(1102)	
5	武安王	北宋 徽宗大觀2年(1108)	
6	義勇武安王	北宋 徽宗宣和5年(1123)	姜尙과 동급
7	義勇武安英濟王	南宋 孝宗淳熙14年(1187)	『關聖帝君聖蹟圖誌全集』 卷3, 魯愚 等 編, 『關帝文獻彙編』 452쪽에서 인용
8	義勇武安顯靈英濟王	元 文宗 天歷元年(1328)	
9	漢前將軍壽亭侯	明 太祖 洪武3年(1370)	
10	協天護國忠義大帝	明 神宗 萬曆18年(1590)	최초로 稱帝
11	三界伏魔大帝神威遠 震天尊關聖帝君	明 神宗 萬曆42年(1614) 熹宗 天啓4年 稱祀	『關聖帝君聖蹟圖誌全集』 卷3, 魯愚 等 編, 『關帝文獻彙編』 458쪽 에서 인용
12	忠義神武關聖大帝	淸 世祖 順治9年(1652)	順治元年부터 5월 13일 제사를 지냄
13	관우 三代를 모두 책봉	淸 世宗 雍正3年(1725)	증조부 光昭公, 조부 裕昌公, 부친 成忠公
14	關公의 이름을 함부로 사용치 못하게 함	淸 高宗 乾隆10年(1745)	
15	忠義神武靈佑關聖大帝	淸 高宗 乾隆33年(1768)	
16	封號에서 '敕封'을 삭제	淸 高宗 乾隆60年(1795)	
17	忠義神武靈佑仁勇關聖大帝	淸 仁宗 嘉慶18年(1813)	『淸仁宗實錄』卷282, 嘉慶19년 正月丙寅條
18	忠義神武靈佑仁勇威顯關聖大帝	淸 宣宗 道光8年(1828)	신강 張格爾 亂을 평정
19	忠義神武靈佑仁勇威顯護國關聖大帝	淸 文宗 咸豐2年(1852)	護國을 더함
20	忠義神武靈佑仁勇威顯護國保民關聖大帝	淸 文宗 咸豐4年(1854)	保民을 더함
21	忠義神武靈佑仁勇威顯護國保民翊贊關聖大帝	淸 穆宗 同治9年(1870)	翊贊을 더함
22	忠義神武靈佑神(仁)勇威顯(護國)保民精誠綏靖翊贊宣德關聖大帝	淸 德宗 光緒5年(1879)	光緒『淸會典』 卷35

Ⅲ. 전통문화 속의 상업민간신앙

　　민간신앙은 개인이나 자신이 속한 조직의 이해관계와 연계되어 공리주의적 성격이 짙은 특색을 가지고 있다.58) 따라서 대상의 선택이나 부여하는 의미, 신격화의 방식이 대단히 다양하게 나타난다. 중국사회에 출연했던 민간신앙의 종류는 아주 많지만,59) 상업과 비교적 긴밀한 관련을 맺는 대표적인 것이 향토신과 행업신 그리고 재신이다.

1. 향토신과 행업신

　　전통사회에서는 혈연에 기초를 두고 종족관계를 통해 조상에 대한 제사로 응집력을 다진다. 사람들은 신의 존재와 이야기에 친밀감을 느끼고 의식을 통해 경외를 가지며 서로 간의 감정을 교류한다. 특히 타향에서 거주할 때 특정한 혈연관계가 없을 때는 향토적 배경을 가진 향토 신앙이 동향 인사들을 결집하는 데 중요한 교량이 된다. 사당을 건립하고 고향문화를 즐기며 동향의식을 구체적으로 실천한다.

　　　시작은 동향 사람들끼리 혹은 타향에 근무하는 관리, 상인들이 돈을 모아 명절 때 모여 우의를 다지고 외로움을 달랬다. ……회관에서 향토신의 제사를 지내는 것은 불안한 마음을 달래거나 혹은 사

---

58) 전통 중국사회에서 백성들의 도, 불교 이외의 신앙에 대해 '민간종교', '민간신앙', '대중종교', '민생종교'라는 용어가 사용되었다. 외국학자들도 'folk religion', 'popular religion', 'diffused religion', 'local religion' 등 다른 용어를 사용했다. 王慶德, 「中國民間宗敎史硏究百年回顧」, 『文史哲』 2001, 1期. 본 연구에서는 민간신앙이 비교적 특정 집단과 고유한 가치관념을 공유한다는 의미에서 이를 사용한다.

59) 한 책에서는 107종의 민간신앙을 소개하기도 했다. 潘恩德 編著, 『全像民間信仰諸神譜』, 巴蜀出版社, 2001.

기나 속임으로부터 신명이 보호해 주기를 바라는 마음이 크다.60)

즉 '신을 통해 교화'하는 기능을 발휘해서 정을 나누고 단결하는 효과를 거두었다. 타향에서 활동하는 객상의 경우 심적인 의지와 보호작용이 더욱 특별했음은 당연한 일이다.

도적들의 발호로 마을 사람들이 죽거나 뿔뿔이 흩어져 온 마을이 텅 비었다. 이때 외지 사람들이 몰려들었는데 호광, 광동, 강서, 복건사람들이 태반이었다. 이들은 농사를 짓거나 장사를 했는데 문화가 서로 섞였어도 자신들의 고유한 풍습은 잃지 않고 지키려 노력했다. 귀신을 숭상하는 풍습은 모두 같았다.61)

이러한 풍속은 각지에 회관이 건립되면서 더욱 구체적으로 표현되었다. 회관은 동향인사들이 일상적인 교류를 통해 기복, 오락과 사교를 추구하는 주 장소였기 때문이다. 각지의 상인들은 서로 다른 지역적 특색으로 인해 다른 향토신앙을 형성하였다.

<표 2> 각 지역 상인과 향토신앙

지역상인	향토신앙
광동 불산상인	北帝, 六祖(불교 선종의 6대인)
복건상인	林妃, 天神, 天后(媽祖)
강서상인	許眞君(許眞人)
휘주상인	朱熹(朱文公)
산섬상인	關羽, 劉備, 張飛
호광,사천상인	禹王
절강상인	吳大夫 伍員
운귀상인	南霽雲 黑神

---

60) 民國, 『宣漢縣志』 卷3, 「祠祀志」.

61) 民國, 『蘆州志』 卷30, 「禮志」.

명 중엽 이후 원거리 무역이 성행하면서 전국적인 시장 형성과 함께 상인들이 타향에서 활동하는 경우가 많아지자 향토신앙은 더욱 번성했다. 향토신앙의 번성은 상인들이 신앙을 통해 점차 좁은 의미의 지역적 경계를 허물어 가며 서로 목적과 이익만 부합하면 한 회관에서 여러 신을 숭배하고 또 다른 지역의 신을 숭배하는 중첩되는 현상으로 발전하게 되었다.[62] 이 중 관우는 특정 지역뿐 아니라 타 지역상인들에게도 광범위하게 추앙을 받는 유일한 대상이었다.[63]

행업신은 행업수호신 혹은 행업보호신이라고도 하며 동종업계에 종사하는 사람들이 업종과 관련 있는 신을 공동으로 추앙하여 자신과 업종을 보호하고 이익을 추구하는 것을 말한다. 이러한 행업신은 업종의 탄생, 성격, 발전의 과정과 긴밀한 관계가 있다. 중국사회에 얼마나 많은 업종이 있었는지는 분명치 않다. 일반적으로 삼십육 행, 칠십이 행, 백이십 행, 삼백육십 행 혹은 삼교구류(三敎九流), 구로십팔장(九老十八匠), 칠십이과문(七十二窠門) 등으로 표현하지만 모두 그 다양성을 말할 뿐 정확한 것은 아니다.[64] 좀 더 구체적으로 '금(金), 피(皮), 채(彩), 괘(掛), 평(平), 단(團), 조(調), 유(柳)'[65] 혹은 '경(驚－무속), 피(疲－의약), 표(飄－도박), 책(冊－서적판매), 풍(風－풍수), 화(火－화로), 작(爵－매관매직), 요(要－부랑)'[66] 등 서로 다른

---

62) 「北京會館重修廟宇碑記」, 『明淸以來北京工商會館碑刻選編』, 北京文物出版社, 1990.

63) 상인들은 이러한 복합적 관계를 통해 사회조직으로서의 역할을 강조했다는 시각도 있다. 특히 관우는 이를 통해 전국적 신으로 변화했다는 것이다. 王日根, 『中國會館史』, 393~396쪽, 上海東方出版中心, 2007.

64) (淸)徐珂, 『淸稗類鈔』, 『魯班書』, 이들 책에 나타난 행업 수는 대부분 36의 배수가 많은데 이는 당시의 언어습관과 관계가 있을 것이다.

65) 雲游客, 『江湖叢談.江湖人的舊組織各處長春會的領袖』, 中國曲藝出版社, 1988.

66) 『魯班書』, 이들이 지칭하는 행업은 시공에 따라 차이가 있을 수 있다. 예를 들어 호북지역에서는 18장에 2장을 더해 20장이라고 했다. 『湖北民間故事傳說集.宜昌地區專集』, 1980.

부류를 지칭하기도 했다. 행회 구성원들은 다른 업종 혹은 타 행회와 구별되는 자신들만의 언어인 행화(行話)를 사용하며 엄격한 행규(行規)를 적용했다. 이들에게 행회 참여는 마치 목숨을 담보하는 것과 같이(同行如同命) 중요했다.[67] 행업신은 초인적인 신력이나 덕, 신비적인 색채를 더하여 행업을 주재하거나 보호했다.

> 모든 업종은 각자 신을 섬긴다. ……서리들이 소하, 조삼을 섬기는 것이나 목공들이 노반을 모시는 것도 그 예이다. 신발 만드는 사람들은 손빈, 철공소는 노군을 섬기는데 그 황당함을 탓할 수는 없다. ……삼백육십 행 모두 자신들만의 조사(祖師)가 있다.[68]

행업신은 그 종류의 다양함과 더불어, 전문성을 구비한 절대적 존재이기도 했으나 지나치게 사회적 필요에 따라 허구적인 논리를 펴거나 견강부회하는 모습을 보이고 때로 구성논리가 불분명하여 지역이나 시대에 따라 다른 논리가 출연하는 등 혼란스럽기도 했다. 장원업(醬園業)에서 동한 문인인 채옹(蔡邕)을 숭배하는 것이나, 이발사들이 여동빈(呂洞賓)을 행업신으로 하는 것은 본업과는 아무 관련이 없었다. 또 시계는 북송 때의 박물학자인 소송(蘇頌)이 만들었다고 전해지지만 정작 시계업자들은 노반과 서양 선교사인 마테오 리치를 숭배했다.[69]

행회는 행업신에게 제사를 지낼 묘를 짓고 정기적으로 조사회(祖師會), 새회(賽會)를 개최하여 각 의식의 단계적 차별로 장중함과 더불어 신비함으로 카리스마를 증대시켰다.[70] 이렇듯 행회인들의 행업

---

67) (明)田汝成, 『西湖遊覽志餘』 卷25, 上海古籍出版社, 1980.

68) 紀昀, 『閱微草堂筆記』 卷4, 「灤陽消夏錄」, 上海古籍出版社, 2005.

69) 李喬, 『中國行業神崇拜』 1장, 臺北雲龍出版社, 1996. 마테오 리치를 숭배하는 배경에는 마테오 리치가 북경에 온 뒤, 외국 선교사 추방을 피하기 위해 시계 수리를 명분으로 체류 허가를 받은 것에 기인한다는 설이 있다.

신에 대한 믿음은 일반인들의 유, 불, 도교에 대한 신앙과 조금도 다르지 않았다.

모든 종교에 교주가 있듯 이랑신(二郎神)은 예인들의 교주이다. 마치 유가에서 공자, 불가에서 석가여래불, 도가에서 이노군을 모시는 것과 같다.[71]

행업신의 의미는 행회 내부 단결을 도모하는 데 있었다. 또 다른 의미는 이에 관련된 행사를 통한 사회와의 접촉이었다. 행업신에 대한 경건함과 그 존재가 내포하는 도덕적 역량을 통해 백성들과 친밀감을 높이고 자신들의 사회적 위치를 제고하는 데 이용했던 것이다.[72] 이런 배경 속에서 한 업종별로 대략 한 행업신을 숭배하는 것이 일반적이나 유독 관우는 금도장업, 가죽가방업, 담배, 향촉, 주단, 의복, 조리사, 소금, 장원업, 두부, 도살, 정육, 과자, 이발, 전장, 전당, 무술, 교육, 관상, 주류업 등 무려 23개 행업에서 조사로 숭배받았다.[73] 이는 건축, 소품 등 16개 업종에서 추대를 받아 행업신으로는 가장 광범위한 지지를 받는다는 노반보다도 훨씬 많은 것이었다.[74] 관우를 추앙하는 업종들의 면면을 살펴보면 관우와 관련된 모든 사항과 관계있다는 것을 알 수 있을 만큼 상업계의 관우에 대한 추앙은 대단하였다.

---

70) (淸)讓廉, 「京都風俗志」, 李家瑞, 『北平風俗類征, 歲時』에서 인용, 商務印書館, 1937.

71) (淸)李漁, 『比目漁』, 「入班」.

72) 李和承, 「明·淸 傳統商人과 民間信仰」, 『明淸史硏究』 15집, 16쪽, 2001.

73) 李喬, 앞의 책, 174쪽.

74) 당시 상인들의 모임인 회관, 공소에서도 32곳에서 관우를 숭배하는 등 다른 존재보다도 월등했다. 蔡東川, 文廷海, 『關羽崇拜硏究』, 282~283쪽, 巴蜀書社, 2001.

2. 재신

중국 사회에 사유재산이라는 개념이 도입된 이래 부는 사람들의 생활을 지배하는 중요한 요소가 되었다. 의리(義利), 본말(本末), 자리(自利)로 이어지는 전통적 담론을 거치면서 정당한 부는 사회 발전에 필요하다는 인식이 주류 여론에서 꾸준히 대두되었고,75) 시정에서는 부자는 법으로부터도 자유롭다는 속설까지 유행했다.76) 백성들의 부에 대한 욕망은 다양하게 분출되었고 그 염원이 축약된 것이 재신이다. 재신은 재신야(財神爺), 문재신(文財神), 무재신(武財神 혹은 正財神), 오로재신(五路財神 혹은 偏財神) 등 다양한 형태로 나타났다.77)

먼저 문무재신의 구분은 사회 주류 여론 역시 재신을 통해 민간교화를 이루려는 목적과 사회 환경을 일정 부분 반영하는 것이라 볼 수 있다. 대표적인 문재신으로는 상대 충신 비간(比干)과 재백성군(財帛星君)이 꼽히고 무재신으로는 조공명(趙公明)과 관우가 있었다.

비간은 상나라 마지막 왕인 주왕(紂王)의 숙부였다. 성격이 강직하여 사심 없이 주왕의 과실을 지적하고 충언을 고하다 피살된 후 신으로 추앙되었다.78) 주나라 문왕의 참모였던 강상은 비간에게 마음[心]이 없으니 탐욕도 없을 것이라며 모든 것을 공정하게 판단해야 하는 재신에 봉했다.79) 그렇다면 비간을 추앙하는 사람은 모두 부자가 되

---

75) 侯家駒, 「中國人經濟價値觀的演變 – 從義利之辨, 本末之分到自利之說」, 『中國人的價値觀國際硏討會論文集』, 臺北漢學硏究中心, 民國81.

76) 『史記』, 「貨殖列傳」, "千金之子, 不死於市".

77) 呂宗力, 欒保群, 『中國民間諸神』 下冊, 學生書局, 臺北, 1991. 오로재신에 대해서는 다양한 설이 있다. 이에 대해서는 Richard Von Glahn, "The Sinister Way: The Divine and the Demonic in Chinese Religious Culture", University of California Press, pp.180~265를 참조할 것.

78) 微子, 箕子와 더불어 상 말 삼대 충신이었다. 주왕은 성인들이 모두 심장에 일곱 개의 구멍이 있다는데 비간이 과연 성인인지 확인해 보겠다며 죽였다. 『史記』, 「殷本紀」.

어야겠지만 세상에는 엄연한 빈부의 차가 존재한다. 민간전설에서는 조공명을 태우고 가던 검은 호랑이가 검은 발톱으로 비간의 배 속에서 마음을 찾기 위해 헤집다가 검은색 물이 들었고 결국 흑심이 생겨 부를 분배할 때 많고 적음이 생겼다는 황당한 해석을 하기도 했다.

재백성군은 '증복재신(增福財神)'이라고도 하며 재산을 늘려 주는 신으로 통한다. 하얀 수염을 날리며 손에는 보분(寶盆)을 들고 '복(福)', '녹(祿)', '수(壽)' 세 별과 함께 있는 그림은 새해가 밝을 때마다 백성들의 집 앞에 걸리곤 했다.[80]

조공명은 백성들에게 가장 보편적인 지지를 받은 재신이다. 종남산 사람으로 조현단(趙玄壇) 혹은 조공원수(趙公元帥)라 불리며 원래 도교의 호법신이었다. 검은 호랑이를 타고 손에는 금으로 만든 바퀴와 쇠사슬을 들고 기후변화와 재해를 관장하다 상의 주왕을 도왔다는 이유로 강상에게 죽임을 당한 뒤, 재물과 시장을 관장하는 재신에 봉해졌다고 전해진다.[81]

언제부터 재신에 제사를 지내는 풍속이 있었는지 분명치 않지만 원대 유행하던 「래생채(來生債)」에서 이미 그 흔적을 발견할 수 있다.[82]

명대 들어 재신은 '존신(尊神)'의 대열에 올라서 광범위한 추앙을 받았다.

---

79) 『呂氏春秋』 "紂王殺比干而視其心, 心有七竅. 孔子聞之曰: 其竅通, 則比干不死矣", 許仲琳 編, 『封神演義』 "旣沒有良心, 也沒有貪心, 辦事公道, 封爲財神", 北京中華書局, 2009.

80) 王幼泉, 趙宏, 『財神到』, 34쪽, 臺北我識, 民94.

81) 『封神演義』, 47, 48회. 원래 조공명은 瘟神으로 추앙받았으나 원대부터 점차 재신으로서 변화하기 시작했다. 『新刻出像增補搜神記大全』, 王秋桂, 李豊懋 主編, 『中國民間信仰資料彙編』(臺北學生書局, 1989) 244~247쪽에서 인용.

82) 余英時, 『士與中國文化』 452－473, 上海人民出版社, 1987.

삼황(三皇)의 성세가 요·순에게 전해진 뒤, 재정적 안정(生財)이
치국의 근본이 되었다. 만리 강산을 가꾸려면 모두 존신에 의지해
야 한다. ……재화를 모으기 위해서는 바삐 움직이고 정성을 다해
신을 모셔야 한다. 신은 금은보화를 관리하고 복, 록, 재문(財門)을
주재하기 때문이다.[83]

강절 일대의 상업도시에 조공명을 추앙하는 현단묘가 세워졌고,[84]
탄생일로 알려진 3월 15일에는 성대한 제를 지냈다.[85]

재신 관우의 추앙도 활발하게 진행되었다. 당시 관묘에서는 많은
제기(祭器)들이 발견되었는데 홍치연간의 청화쌍수이병(靑花雙獸耳
瓶)에는 매매형통(賣買亨通)을, 숭정연간의 청화운룡삼족로(靑花雲龍
三足爐)에는 모든 일이 뜻대로 된다(萬事如意)는 뜻이 새겨져 있었
다.[86] 관묘의 치장에는 빈부가 따로 없었다.

마을 사람들이 자발적으로 돈을 내서 관성사(關聖祠)를 치장했다.
돈이 있는 사람들은 있는 대로, 없는 사람들은 없는 대로 오직 정
성만이 중요했다.[87]

강희연간 북경의 임양회관(臨襄會館)의 재신 제사규정에는 관우의
생일이 포함되어 있어 이를 증명한다.

본 회관의 재신 제사는 다음과 같다. 정월 초이틀 모든 재신에 제

---

83) 馮惟敏, 『海浮山堂詞稿』, 汪賢度点校, 195쪽, 上海古籍出版社, 1981.

84) 王鏊, 『姑蘇志』 卷27 「壇廟」, 上海書店, 1990.

85) (淸)顔錄撰, 『淸嘉錄』 卷3, "三月十五日, 爲玄壇誕辰, 謂神司財, 能致人富, 故居人塑像供奉", 中華書
局, 2008.

86) 葉耿瑾, 「明代民間瓷質供器中的宗敎信仰及意識」, 『南方文物』, 2期 2004.

87) 蒲松齡, 『聊齋志異』, 「靑蛙神」, 遼寧古籍出版社, 1997.

사, 삼월 십오 일 현단 탄신일과 오월 십삼 일 관성제 탄신일에 제
사를 지낸다.88)

그러나 이런 재신들은 전후 배경이 맞지 않고 자의적인 이야기로
객관적인 사실을 압도하는 경우가 많아 주로 민간에서 유행했다. 따
라서 사회주류 언론은 백성들의 부에 대한 욕망이 재신을 통해 무분
별하게 분출되지 않도록 경고를 잊지 않았다.

인의도덕을 잘 지키는 집은 하루아침에 큰 부를 이룰 수는 없지만
그렇다고 하루아침에 망하지도 않고 오랫동안 유지할 수 있다. 그
러나 인의도덕이 없이 갑자기 이룬 부는 홀연히 잃어버린다. 이를
잊어서는 안 될 것이다.89)
더을 베풀면 재물은 당연히 와서 머물지만, 의롭지 못하다면 어디
서도 구할 수 없을 것이다.90)

IV. 산섬상인의 발전과 관공신앙

1. 산섬상인의 발전

산섬지역은 황하중류 동쪽에 위치하여 북으로는 장성, 몽고평원과
접해 있다. 연중 기후 변화가 심하고 산세가 험난하여 인적이 드물었
고 곡물 생산도 적어 식량 부족에 시달렸다.91) 생존을 위해 남자들은

---

88) 「北京臨襄會館祭祀條規」, 張正明, 『晉商與經營文化』(上海世界圖書出版公司, 1998) 81쪽에서 인용.

89) (明)李樂, 『見聞雜記』, 上海古籍出版社影印本, 1986.

90) "有德斯福招財納珍自來駐, 不義豈昌財官利市求也無" 北京 白云觀 財神殿 對聯.

91) 『晉乘蒐略』 卷2, 『山西經濟開發史』 280쪽에서 인용, 山西經濟出版社, 1992.

10여 세만 넘으면 성실과 근면, 절약이라는 무기를 들고 타지로 장사를 떠나는 것이 일반적인 지역풍습이었다.[92]

원대, 이들은 낙타에 물건을 싣고 삭북대막(朔北大漠)과 장성을 넘어 시베리아 끝 차커투(恰克圖)에 이르는 위험한 노정을 강인한 정신력으로 극복하며 북방 상업노선을 개척했다.[93] 명 초부터 점차 정착하며 상권을 형성하기 시작했는데 태원에서 삼좌탑(三座塔)으로 옮겨 와 채소를 가꾸고 두부를 만들어 팔다가 잡화와 기름집(油房)으로 크게 성공한 태곡 조가(太谷 曹家)나 서북변의 황량한 작은 마을 포두(包頭)에서 곡식, 기름, 면, 채소 등을 팔아 복성공(復盛公)을 설립한 기현의 교가(祁縣 喬家) 등이 대표적이었다.[94]

개중법의 실시는 산섬상인에게 전국적으로 세력을 확장하는 좋은 기회를 제공했다. 북방 변진을 끼고 있는 지리적 우세를 바탕으로 장강을 건너 양회지역과 강남까지 전국적으로 그 세력범위를 확장했다.[95] 서북 시골마을에서도 이 먼 곳까지 장사를 떠나는 젊은이들이 줄을 이었다.

마을마다 장정들이 장사를 위해 천 리 길을 마다하지 않고 날아간다네.[96]

원말 명초 산섬 인근 지역이나 서북지역 등 비교적 단조로운 시장

---

92) 紀昀, 『閱微草堂筆記』 卷23, 「灤陽續錄五」. 安介生은 청대 객지로 나간 산서사람이 1,300만 명에 달한다는 거친 통계를 제시하기도 했다. 『山西移民史』 393쪽, 山西人民出版社, 1999.

93) 何秋濤, 『朔方備乘』 卷46, 上海古籍出版社, 2005.

94) 郝汝椿, 『晉商巨族二百年』, 百花文藝出版社, 1995.

95) 李夢陽, 『空同集』 卷46, 「明故王文顯墓誌銘」 3쪽, 『中國西北文獻叢書』 6輯 2卷, 甘肅古籍出版社, 2008.

96) 李貴申, 「靈石縣西河底村四字聯語志」, 『山西文史資料』 113輯.

에서 일상 생활용품을 판매하다가 이제 다양한 품목으로 원거리 무역을 주도하며 전국 각지에서 두각을 나타내는 새로운 국면을 맞게 되었다(표 참조). 이렇게 성장한 상인들은 훗날 자신들이 이룬 성공이 결코 관리에 못지않다는 호기까지 부리게 되었다.

> 집에 은 만 냥이 있으면 무엇 하나, 표호에 근무하는 것만 못한 것을…… 아들이 장사하면 칠품관리가 결코 부럽지 않다네.[97]

공부를 해서 수재(秀才)가 된 뒤에라도 다시 장사에 나선 것을 오히려 "개사귀정(改邪歸正)"이라 인정받던 지역 민풍은 황제까지도 인정할 만큼 지역의 보편적인 현상이 되었다.

> 이 지역 백성들은 생업 중 장사를 으뜸으로 여기고 농부가 다음이며 그 다음이 군인이고 공부가 맨 나중이라는 것을 알고 있다.[98]

산섬상인은 원거리 무역, 객지에서의 활동으로 흥성했지만 상인들은 항상 환경의 변화에 민감하게 대응해야 했다. 대외적으로는 부의 집중으로 인한 사회 여론의 악화, 정치 불안에 의한 사회동란, 관리들의 수탈, 급작스런 상업환경의 변화가 있었고, 대내적으로는 조직의 효율적 운영, 타향에서의 외로움 등이 극복해야 할 과제였다.

상인은 궁극적으로 이윤을 남겨 부를 축적한다. 그러나 사회주류 여론은 "간교하지 않은 상인은 없다[無商不奸]"라는 전통적 인식으로 상인들의 탐욕이나 간사함이 사회 질서에 미치는 영향에 대해 주의

---

97) 殷俊玲, 『晉商與晉中社會』 47쪽, 山西人民出版社, 2006.

98) 『雍正朱批諭旨』 47冊, 雍正二年五月九日劉于義奏疏, 58冊, 雍正八年二月十二日.

<표 3> 산섬상인의 상업활동 紀錄

地域	내용	출전
東北 地區	漢民至(黑龍)江省貿易, 以山西爲最早 商販多晉人, 鋪戶多雜貨鋪, 客居應用無乎備, 然稍涉貴重, 或販回京師, 若綢緞之類 奉天昔日人煙稀少, 土著逐什者甚少, 而山西幫、直隷幫…… 逐紛至沓來, 反客爲主矣	徐宗亮 『龍江略述』 卷6 『黑龍江外記』 民國 『沈陽縣志』
塞北 地區	塞上商賈, 多宣化、大同、朔平三府人 張家口爲上谷要地…… 凡內地之牛馬駝羊, 多取給於此, 賈多山右人	納蘭常安 『行國風土記』 秦武域 『聞見瓣香錄』
西南 地區	(打箭爐)城以內所駐商賈, 惟秦、晉兩幫最夥。	『漁問道德』
京畿	分朕行屬吳越州郡, 察其市都貿遷, 多係晉省之人, 而土著益寡. 太原, 汾州等縣…… 皆服賈於京畿, 三江, 兩湖, 岺表, 東西北三口, 致富在數千里, 或萬餘里	『東華錄』 康熙28年2月 上諭 光緒 『五台新志』 卷2
江南	太谷、平遙、介休各縣民人, 多在廣東及南省等處貿易	『淸宣宗實錄』 卷184
恰克圖	所有恰克圖貿易商民皆晉省人, ……商民俗尙勤儉, 故多獲利	松筠 『綏服紀略』
揚州	西北商賈在揚者數百人 鐵貨自山西販來。	康熙 『重修揚州府志』 卷25, 光緒 『聊城縣志』
全國	乃出爲商, 嘗西至淘隴, 逾張掖, 敦煌, 窮玉塞歷金城, 已轉出入巴蜀, 沿長江, 下吳越, 已又涉汾晉, 踐涇原, 邁九河, 翶翔長蘆地域	李夢陽 『空同集』 卷4

를 게을리하지 않았다. 상인들로서는 생존과 지속적인 상업활동을 위해 스스로 정체성을 확립하고 주류여론에 부합하는 것이 중요한 과제였다. 송대 치생론을 거쳐 명대 사상합류라는 시대적 흐름 속에서 상업활동의 명분과 사회적 의미 등에 서로 부합하는 윤리관과 표현 방식을 찾아가는 것도 이런 과정이었다.[99]

먼저 산섬상인은 유교의 오상(五常), 즉 영원히 변하지 않는 진리인 인, 의, 예, 지, 신을 자신들의 상업활동에 접목시켰다. 상인 왕문현(王文顯)은 '좋은 상인'이란 시장에서 '사대부와 같은 마음'으로

---

99) 余英時, 『中國近世宗敎倫理與商人精神』下編, 臺北聯經, 民國76.

'높은 수행'을 발휘하며 "이익을 얻더라도 수치스럽지 않아야 한다" 라며 오상의 중요성을 강조했다.[100]

특히 민법이 충분히 상행위를 보장해 주지 못하던 시대에 오상을 통해 스스로의 도덕의식을 고취시키며 사회와 연결되는 구체적인 실천방식을 강구했다는 것은 중요한 일이었다.[101] 다만 좀 더 구체적이고 일상적으로 다가갈 수 있는 존재가 필요했을 것이다.

2. 산섬상인과 관공신앙

이런 면에서 유학적 이론과 용맹성을 겸비한 존재로서 동향 출신인 관우에 대한 숭배는 매우 자연스러운 것이었다. 덕과 명분으로 응집력을 강화시킬 수 있는 정신적 지주로서도 관우는 최상의 선택이었다. 이른바 관우정신이라고 표현되는 의리, 믿음, 충성은 산섬상인이 객지에서 생존하고 자신의 직업가치를 최고조로 올릴 수 있는 분명한 목표를 제시해 주는 모든 것을 담을 수 있었다. 그리고 적극적으로 상업활동을 사회 주류 여론과 접목시키는 데도 관우정신은 좋은 창구가 되었다.

의리는 사람과의 관계를 이야기하지만 이들은 의롭지 않은 돈은 벌지 않는다는 의미로 실천했다. 재물을 원하는 것은 죄가 아니나 "의로운 이익을 취해야 한다[利以義制]"는 것이며 상업행위 역시 "의로부터 재물이 생긴다[財自義生, 因義取財]"는 경영이념이었다.[102]

---

100) 李夢陽, 앞의 문장.

101) 당시 법률의 상업활동에 대한 영향에 대해서는 여러 가지 평가가 있을 수 있다. 법률 미비의 보완점을 다양한 사회적 방법으로 보완했다는 시각에 주목할 필요가 있다. 이에 대해서는 邱澎生의 최근 연구를 참조할 것, 『當法律遇上經濟: 明淸中國的商業法律』, 臺北五南圖書出版公司, 2008.

강희연간 유명한 황상 범류빈(皇商 范硫賓)은 동광을 개발하여 동을 캐다가 동향상인 왕 모가 83만 냥을 빚지고 죽자 이자까지 합쳐서 다 갚음으로써 자신들의 정신 가치를 실천해 보였다.

> 어짊[仁]을 베풀며 이익을 얻는 것이 진짜 군자이고, 의리[義] 속에 서 재를 구함이 대장부가 할 일이다.103)

의리는 다시 믿음[誠信]과 연결된다. 산섬상인들이 보여 준 믿음은 그들의 상업활동에서 가장 특색 있는 부분으로 상점 운영에서 나타 났다. 이들은 상점 운영에서 소유권과 경영권을 분리했는데 신뢰를 중시하는 관우 정신이 깊이 투영된 부분이었다. 상점의 창업자[東家] 는 경영자[大掌櫃]를 선택해서 경영에 관한 전권을 위임하고 일체 간 여하지 않았다. 조직 규칙의 설정과 집행, 인사, 분점 개설 심지어 자 본의 운용까지도 경영자가 전권을 행사했다. 이 구조의 핵심은 바로 경영자의 창업자에 대한 충성이고 성실한 믿음이었다. 표호 경영에서 이런 구조는 더욱 공고하게 유지되었다. 만약 경영자가 창업자에게 불충하여 부패하거나 심지어 돈을 가지고 도망간다면 상점은 존립이 불가능했다. 법적으로 표호의 안전성이 보장되지 않던 시대에 고객들 이 백은을 맡기고 단지 한 장의 은표(銀票)를 받는 것은 오로지 믿음 때문이었다. 태평천국 이후 극심한 사회 불안으로 표호는 큰 손실을 입었지만 "증빙서류만 있으면 바로 돈을 지불한다[見票卽付]"는 믿음 과 성실로 100여 년간을 유지했던 것이다.104)

---

102) 李夢陽, 앞의 문장.

103) 鄭土有, 앞의 문장에서 인용.

104) 張國輝, 『晚淸錢庄和票號硏究』 2장, 北京社會科學文獻出版社, 2007.

한구(漢口)의 산섬회관 대련은 좀 더 직접적으로 관우의 덕을 재와 연결시켜 표현했다.

돈을 벌고 그 흐름을 조절하는 것은 모두 주재자(主宰者 – 관우)의 신공(神功)에 의해 결정되므로 잘 따라야 한다. 높은 자리에 오르거나 많은 돈을 버는 것은 덕을 가진 자의 향내가 널리 퍼지는 것이다.105)

개봉의 산섬회관 패방에는 "대의가 하늘에 이르다[大義參天]"는 금으로 도금된 글자가 선명하고 양측에는 "매매는 공평하고, 의를 통해 재부를 얻는다[賣買公平, 義中求財]"라는 실천강령이 새겨져 있다.106)

성취한 부에 대해서도 관우 정신은 중요한 지침이었다. 도광 19년(1839), 군기대신 겸 한림원 학사 반세은(潘世恩)은 영락 초년에 건립했던 북경 관묘의 재중건사를 쓰면서 덕으로 이익을 취한 산섬상인의 역사를 논하며 천박한 부를 경계한 부분을 특히 강조했다. 그는 상인 집안 출신 장원으로 누구보다 유상의 특징을 잘 알고 있었기에 역시 관우를 통해 이런 정신을 강조했던 것이다.107)

결국 산섬상인에게 관우 정신은 시대적 변화에 맞춰 생존에 필요한 이성적 방향을 제시해 주고 더 나아가 정신적 지주로 발전하는 데 조금도 부족함이 없었다. 이들은 제사(祭祀), 합악(合樂), 의거(義擧), 공약(公約)이라는 분명한 목적과 과정을 통해 자신들의 철학을 구축해 갔다. 이들에게 관우정신은 신앙이었고 이 신앙은 당시 공자의 문

---

105) "開財之源, 節財之流, 悉賴神功爲主宰, 爵以馭貴, 祿以馭富, 多有明德薦馨香" 漢口 山陝會館, 財神殿 對聯, 張正明, 『晉商與經營文化』 82쪽에서 인용.

106) 韓順發, 『關帝神工: 開封山陝甘會館』 135, 河南大學出版社, 2003.

107) 鄭土有, 앞의 문장에서 인용.

묘신앙과 더불어 양대 신앙의 한 축이 되었다. 하남 북무도의 산섬회관에는 다음과 같은 비문이 남아 있다.

> 산동의 공자는 그 도덕성이 산보다 높아 만인의 숭배를 받는다. 문이 베를 짜는 날이라면 무는 씨인데 산서의 관자가 유일하다. 한나라 때 용맹함이 하늘을 덮어 삼군을 통솔한 바 있다. 특히 조조의 유혹을 물리친 이야기는 역사에 남아 그 공적이 공자에 버금갈 만하여 무부자(武夫子)라고 칭한다.[108]

역대 왕조에서 문묘가 백성을 다스리는 통치 철학과 여론 조성의 배경으로 작용했다면 무묘는 국가의 보위는 물론 고사의 친화력을 통해 소수 세력의 보호막으로서 심리적 평형, 자신의 보호에 큰 작용을 했다. 하남 낙양 산섬회관의 비문에는 관공 신앙에 대한 산섬상인들의 자세를 이렇게 정리했다.

> 성현에 대한 제사는 최대한 엄숙하고 경건하게 이루어진다. 여러 성현들 중 특히 관제군의 제사가 더욱 그렇다. 경사는 물론이고 시골 작은 읍까지 봄, 가을에 빠짐없이 제사를 지내는데 그것은 단지 복만을 기원하는 것은 아니다! 제군의 충, 의, 인, 무공이 온 세상에 널리 퍼져 있기 때문이다. 많은 사람들이 그 덕과 공덕을 기리면 그 밝은 빛이 상인들에게 내려와 좋은 일만 있을 것이다. 언제나 경각심을 잃지 않고 이익에 취해 의를 망각하지 않는 것도 역시 제군의 보살핌 덕분이다.[109]

이들은 자신들이 관우를 통해 실천하는 삶이 사대부들이 공자에게거는 기대보다도 더 현실이라고 외칠 만큼 절대적인 믿음을 가지고

---

108) 河南 北舞渡 山陝會館, 「創建戱樓碑記」, 張正明, 『晋商與經營文化』 88쪽에서 인용.

109) 河南 洛陽 山陝會館, 「關聖帝君儀仗記」, 張正明, 앞의 책 73쪽에서 인용.

있었다. 건륭 8(1743)년 산동 요성(聊城)의 산섬회관에는 다음과 같은
대련을 걸었다.

> 자신의 생명을 바쳐 희생하지 않으면서 누가 절의를 지키냐고 묻
> 지 마시오. 온갖 유교 경전을 들이대며 경세제민한다고 하지만 진
> 정 백성들에게 이익을 가져다주지 못하면 그저 유생의 공담일 뿐
> 이오![110]

결국 관우정신, 관공신앙은 산섬상인들에게 단순한 보호의 차원에
서 나아가 상인으로서 정체성을 확립하고 사회 참여를 통해 자신의
위치를 제고할 수 있는 가장 중요한 힘이었다. 그들의 상업행위가 유
생의 공담보다 더 실질적이어서 경세재민의 실천으로 승화되었다는
점에 주의해야 할 것이다.

V. 맺음말

중국 민간에서는 다양한 대상을 신앙으로 숭배하는 오랜 역사적
전통이 있었다. 신화, 전설, 역사, 문학작품 중의 인물은 언제라도 신
이 되고 백성들의 광범위한 지지를 받았지만 통치자들은 대부분 음
사로 규정하고 제한을 가해 왔다. 따라서 송대 이전 민간신앙의 문제
는 주로 국가권력과의 대칭성문제로 인식되었다. 이러한 민간신앙의
여러 인물 중 관우는 매우 특이하고 예외적인 인물이다. 역사상 수많

---

110) 山東 聊城山陝會館, 「重修會館碑」, 競放「聊城山陝會館」, 『晋商史料研究』(山西人民出版社, 2001),
428쪽에서 인용.

은 무장들이 있었지만 오직 유일하게 사후 역대 왕조의 추앙을 받아 공, 왕을 거쳐 제의 자리까지 올랐고, 유, 불, 도교는 물론 한족, 이민족을 불문하고 각 왕조마다 향불이 그치지 않았으며 결국 공자와 더불어 성인으로 추대된 것만 보아도 신앙의 영향력이 심대했음을 알 수 있다.

역사상 모든 신격화의 완성은 정부과 민간의 상호 작용에 의해 결정되었다. 송대 이후 영험성을 인정받은 관우는 청대까지 조정이 주도하는 수차례 봉작과 함께 신, 귀, 인 삼계를 관장하는 명실상부한 '신'이 되어서 '신을 통해 교화한다'는 정책으로 현실적 난국을 타개하고 민의에 순응하며, 제사를 이용하여 백성들을 회유하거나 호의를 베푸는 좋은 매개체가 되었다. 이민족도 관우를 중원 지배의 중요 수단으로 이용하기 위해 관묘를 재정비하고 관심을 쏟다 보니 그 신력의 존재 여부와는 별개로 시간과 환경의 변화에 따라 영험함은 더욱 쌓여 갔다.111) 여기에 사대부들이 관우의 이름으로 각종 선서(善書)를 대량으로 제작하자 관우는 거의 만능의 신이 되어 과거 합격이나 관직의 승진은 물론 모반과 오랑캐 진압, 충정과 정의 구현 나아가 자연재해나 질병 퇴치, 정절과 효도(貞孝) 고취 등 일상생활에 필요한 다양한 직능을 수행하는 해결사라는 존재가 되었다. 황제부터 일개 필부까지 누가 영험한 신령의 보호를 마다하겠는가. 비록 신앙에 대한 인식이 다르고 기원하는 내용은 달랐을지라도 관공 신앙은 백성들의 생활에 깊숙이 자리 잡게 되었다.

그러나 정작 관공신앙의 실천적 확산은 상업계에서 빛을 발하였다.

---

111) 葉紹翁, 『四朝聞見錄』 甲集, 32~33쪽, 北京中華書局, 1997.

전국적인 시장의 형성과 상업의 발전, 산섬상인의 성장, 백성들의 재신에 대한 갈망 등은 관우정신이 회관과 관묘를 중심으로 보편적 신앙으로 성장하는 데 결정적인 동력이 되었다. 관우가 더 이상 관념세계의 허사(虛辭)로 머무르지 않고 현실세계의 영험한 존재로, 또 '예와 귀신[明有禮樂, 幽有鬼神]'의 주인공으로,112) 일상생활과 행위에 직접 영향을 미치게 되었다.

항상 비극적인 인물일수록 후세에 더욱 넓은 상상과 활용의 공간을 제공한다. 사회적 약자로 거친 환경에서 생존하고 어렵게 모은 부를 다양한 사회 변화 속에서 유지해야 하는 상인에게 관우는 더할 나위 없이 넓은 공간을 제공해 주었다. 유가의 인, 의, 예, 지, 신과 관우가 보어 준 충, 의, 성, 신이 교합점은 상인들이 자신을 독려하고 보호하는 등불이었으며 상업활동에서 고객의 신뢰를 얻는 데 꼭 필요한 상업광고가 되었다. 또 나아가 상인이 사회와 소통하는 중요한 공간이기도 했다. 그에 대한 경외와 경건함의 정도가 바로 사업 성공의 관건으로 인식되자 관공신앙은 지역, 행업 신앙의 경계를 넘어 중국 상업문화의 중요한 축으로 발전했던 것이다. 따라서 관공신앙은 조정과 민간, 사회 주류 언론과 상업계, 산섬상인과 기타 지역상인, 수많은 타 민간신앙과의 중간 지대에서 전통사회의 중요 가치개념을 실천하며 사회교훈적인 의미를 이끌어 가는 역할을 수행함으로서 천하의 광범위한 지지를 얻을 수 있었다.

---

112) 『禮記. 祭儀』, 『十三經注疏』.

청대 상업소송 중 다원적 법률

邱 彭 生

요지
머리말
Ⅰ. 정부의 '獨奏': 商人과 牙行의
  채무소송에 대한 정부입법

Ⅱ. 民間 '合奏'에 대한 판결: 碑刻司
  法문건의 多重作者
결론

요 지

18세기 중국에서는 경제적으로 '선진, 개발도상, 미개발'이라는 지역적인 분업구조가 점차 형성되었고, 그러한 구조하에서 몇몇 도시에서는 몇 가지 의미 있는 경제적·법률적 변화가 발생하였다. 여기서 말하는 변화의 의미는 정부가 상업을 전문적으로 다룬 상업법전을 제정하였는가, 사법관원이 상업운용논리를 채택하여 판결을 내릴 경우 주요법률로 삼거나 혹은 사법관원이 상업논리를 채택하여 재판의 판결근거로 삼았는가에 관한 것이다. 물론 이 모두가 명·청시기 법률영역에서 상업 '관습' 발생이 '관습법'으로 전화되었는지 판단하는 중요한 근거가 되지만, 본문에서 주장하는 것은 여전히 '다원적 법률주의'라는 시각을 채택하여야 한다는 것이며 이로써 정부가 제정한 법률조문에 과도하게 빠지거나 재판관의 판결방법을 연구하는 주요 방법인 '실증주의 법학'이라는 난점에 빠지지 않도록 해야 한다는 것이다. 본문에서는 16세기부터 18세기까지의 상인과 아행의 채무소송 관련 사료에 기초하여 당시 중국에 존재했던 다원적 법률현상에 관하여 토론하고, 명·청시기의 경제적 제도 변천에 관하여 소위 '사유재산권과 채무를 보장하기에 부족한 상법'이라는 기존의 설명방식과는 다른 몇 가지 사실을 제시해 보고자 한다.

본문에서는 먼저 18세기 청 정부의 상인과 아행이 관련된 채무소송 입법을 소개하고 이를 토대로 정부의 '독주(獨奏)'적인 법률적 변화가 존재했다는 것을 설명하고자 한다. 두 번째로는 다시 청대의 소주 상인과 아행의 교역 분쟁을 실마리로 하여 청대 상인단체가 상업소송에 개입하는 민간 '합주(合奏)' 연계가 어떻게 진행되었는지 논증하고자 한다. 상인은 송사[訟師]를 초빙하여 소장을 작성하고, 작성한 소장에서 주장한 상업관습 및 인용한 법률을 관원이 참작하여 추리(推理)하도록 유도하여, 몇몇 상업관습에 대하여 지방판결에서 승인을 얻고, 상인들이 인용한 법률추리도 사법판결 속에 녹아들어 가는 일이 발생하였다. 더 나아가 상업경영에 관한 판례[成案]에 유리하도록 확정지었다. 이러한 정부의 독주와 민간합주 결합은 바로 18세기 '재산권[産權]과 경제조직, 정부와 법률, 의식형태'라는 세 가지 측면의 요소가 함께 작용한 강남지역에서 일어난 경제분야의 '제도 변화'를 반영하고 있는 것이다.

머리말

'제도'는 경제변화를 분석하는 중요한 관점이다. 그런데 '제도'란 무엇인가? 이에 학자마다 서로 다르게 이야기한다. 더글러스 노스(North)는 '재산권과 경제조직, 정부와 법률, 의식형태' 세 방면 요소의 종합작용을 통하여 경제사에서 '제도 변화'와 관계된 복잡한 변화과정[1]을 탐구하여, '경제'와 '제도'의 관계에 대하여 다른 학자들에게 여러 가지 계발을 주는 연구관점을 제시하였다.

16세기에서 19세기까지 중국의 원거리무역과 지역경제 분업구조는 당시 중국 국내시장의 경제 성장에 중요한 공헌을 하였다.이에 대해서 학계에는 이미 상당한 연구 성과가 축적되어 있어서 이전의 연구와 다른 새로운 인식이 생겨났다.[2] 그렇지만 만약 명·청시기 중국의 '정부와 법률'이 당시의 경제변화에 어떠한 영향을 끼쳤는지 연구하고자 한다면 이 주제와 관련된 쟁점은 여전히 많이 있다. 吳承明은 일찍이 16세기 이후 중국 시장경제의 발전을 6대 범주로 총괄하였다. 1. 大商人資本의 흥기, 2. 先貸制, (putting-out system)의 가내공장 수공업의 거대한 발전, 3. 일조편법 보급으로 인한 확정적 재정화폐화 발전, 4. 押租制와 永佃制 보급 및 경영권과 토지소유권분리로 형성된 租佃制 변화, 5. 短工과 長工의 법률상 인신자유의 진일보한 해

---

1) 道格拉斯·諾斯 著, 劉瑞華 譯, 『經濟史的結構與變遷』(台北: 時報文化出版公司, 1995), 11~15쪽. 道格拉斯·諾斯 著, 劉瑞華 譯, 『制度, 制度變遷與經濟成就』(台北: 時報文化出版公司, 1994), 43~46쪽 참조.

2) 王業鍵, 「淸代經濟芻論」, 『食貨復刊』, 2, 11(1973): 541~550. 吳承明, 『中國資本主義與國內市場』, 北京: 中國社會科學出版社, 1985, 217~246쪽, 247~265쪽. 李伯重, 「中國全國市場的形成」, 收入 氏 著, 『千裏史學文存』, 杭州: 杭州出版社, 2004, 269~287쪽. 王國斌, 『轉變中的中國－歷史變遷與歐洲經驗的局限』, 李伯重, 連玲玲 譯, 上海: 江蘇人民出版社, 1998, 7~55쪽.

방이 가져온 고용제 변화, 6. 민간해외무역에 의한 세계적인 규모의 白銀의 중국 유입. 그러나 이 6대 범주의 변화는 기본적으로 '새로운, 거스를 수 없는' 중요한 경제변화에 속한다는 것을 강조하는 동시에 그는 다음과 같이 결론 내렸다. 당시 중국에는 '사유재산권과 채권을 보장하는 상법'이 아직 나타나지 않았고 滿淸이 중국을 지배하게 되어 '전제주의 통치를 강화'3)하였기 때문에 명·청 경제변화가 아직 명확한 진전을 보이지 못하는 결과를 초래하였다는 것이다. 이러한 '정부와 법률'이 명·청시기 경제변화와 관련하여 부정적인 영향을 끼쳤다는 견해는 어느 정도 대표성을 가지고 있으며 이 문제에 관하여 현재 학계의 주류입장이 아닐까 한다.

우선 정치상의 '전제주의'가 경제에 필연적이고 부정적인 영향을 미쳤는지는 논하지 않겠지만, 본고에서는 소위 명·청시기 중국의 '사유재산권과 채권을 보장하는 상법의 결여'라는 다소 빈번히 등장하고 있는 기존학설에 대하여 좀 더 진일보한 설명을 제시하고자 한다. 이러한 역사명제가 명·청시기 경제발전 문제를 다루는 데 있어서 몇 가지 맹점을 발생시켰는지는 실제 적용범위를 조사하고 논의의 보류가 필요한 부분을 면밀히 고려하여야 한다. 예컨대 '정부와 법률'이 명·청시기 경제 '제도 변화'에 어떻게 영향을 끼쳤는가라는 주제가 더욱 정확하게 서술될 수 있기를 바라며, 이는 명·청시기 역사변화의 궤적을 더욱 분명하게 판별하는 데 도움이 될것이다.

'정부와 법률'이 명·청시기 경제'제도 변화'에 어떤 영향을 끼쳤는가 하는 의제에 관하여 더 효과적으로 토론하기 위해서 본문에서는

---

3) 吳承明, 「現代化與中國十六, 十七世紀的現代化因素」, 『中國經濟史研究』, 1998, 4(1998): 6-7.

'다원적 법률'의 관점을 적절하게 차용할 것을 주장하였다. 이로써 명·청시기 중국에서 보기 흔한 '사유재산권과 채권을 보장하는 상법의 결여'라는 역사명제를 깊게 탐구하려 한다. '다원적 법률(legal pluralism)'을 정의하는 방식은 학자들마다 차이를 보이고 있지만, 19세기 유럽의 '역사법학파' 이래 이 단어가 지니는 기본적인 함의는 다음과 같다. 즉, 이는 법률현상을 탐구할 때 일종의 '실증주의 법학(positive law)'에 반하는 연구입장으로, 정부가 단독으로 제정한 법률조문 혹은 사법관원이 판결한 것을 주요 연구방법으로 삼아서는 안 된다고 강조하며, 반대로 다음과 같은 기본연구 방식을 택할 것을 주장하고 있다. 법률체계에서 말하는 배후의 경제기초, 인지양식 내지 정치세력은 모두 전체 법률현상을 탐구할 때 반드시 주의해야 할 중요한 사실이다.[4] 16세기에서 19세기까지 소주지역 상업소송 관련 사료에 기초하여 본문에서는 당시 중국에 존재하던 다원적 법률현상을 토론하고, 명·청시기 경제 제도 변화에서 소위 '사유재산권과 채권을 보장하는 상법이 결여되었다'는 것과는 다른 설명방법을 제시하고자 한다.

Ⅰ. 정부의 '獨奏': 商人과 牙行의 채무소송에 대한 정부입법

16세기에서 18세기 사이에 중국내륙에 들어온 원거리무역의 주요 상품은 열거한 순서에 따라 의미 있는 변화가 나타났다. 곡물은 여전히 첫 번째에 위치하고 있으나, 수공업품 중에서 棉布는 원래 2위였

---

4) Warwick Tie, Legal Pluralism: Toward a Multicultural Conception of Law, Aldershot: Ashgate Publishing Company, 1999, pp.47~57 참조.

던 소금의 위치를 점차 대신하게 되었고, 곡물 바로 다음으로 원거리 무역의 주요 상품 가운데 두 번째 자리를 차지하였다.[5] 강남지역은 원거리무역상품의 구조변동을 일으킨 중심지역이어서 면포의 생산과 판매는 강남지역에서 가장 주요한 수공업과 상업 활동이 되었고 면포무역량도 점차 방대해졌다. 연구자들은 淸 前期 강남 면직수공업만을 추산한다면 "전체강남에서 면포의 연간 생산이 가장 흥성했던 때에는 (그 수량이) 7천8백만 匹에까지 이르며 시장에 나온 상품량은 7천만 匹에 상당했을 것"이라고 추측된다.[6]

강남지역은 면포수공업생산의 중심일 뿐만 아니라 또한 명·청시기 중국 견직물 생산의 중심이기도 하였다. 적어도 16세기 이후부터 각종 면포와 견직물을 통과 수출하여서 강남지역에는 갈수록 더 많은 白銀이 축적되었다. 매년 면포와 견직물 생산이 한창일 때, 수많은 客商이 강남의 여러 城鎭으로 몰려왔는데, 다양한 금액을 가지고 와서 새로 만든 각종 면포와 견직물을 수매하였고, 이로써 일종의 면포, 비단, 白銀간의 대규모 교환경제체계가 형성되었다.[7]

이러한 면포와 비단과 같은 수공업 생산품과 白銀의 대규모 교환이 이루어진 경제체계 속에서 牙行은 대단히 중요한 역할을 담당하였다.[8] 객상을 대신하여 중개인으로서 白銀을 지불하고 원료를 수매

---

5) 吳承明, 『中國資本主義與國內市場』, 247~265쪽.

6) 范金民, 『明淸江南商業的發展』, 南京: 南京大學出版社, 1998, 29~30쪽.

7) 牙人(당시에는 '經紀'라고도 부름)이었던 唐甄(1630~1704)은 여기에서처럼 17세기 湖州府 雙林鎭의 비단 무역을 서술하였다. "강남지역(吳)은 비단옷 천지인데 雙林鎭으로 모인다. 吳越閩番, 海島에 이르기까지 모두 여기에 와서 거래한다. 5월에는 은을 싣고 와서 기왓장 쌓듯이 쌓으니 吳南의 여러 항촌은 매년 110만 냥의 이익을 거두었다." 唐甄, 『潛書』, 『續修四庫全書』 수록, 上海古籍出版社, 1997, 428쪽 참조. 唐甄이 牙人에 종사했던 경험과 그의 사회정치 사상에 관해서는 熊秉眞, 「從唐甄看個人經驗對經世思想衍生之影響」, 『中硏院近代史硏究所集刊』, 14(1985): 1－28 참조.

8) 松江府에 정주한 葉夢珠는 淸初, 명 말 송강부에서 가장 방대한 규모였던 棉布 거래에서 아행과 객상의 역할을 다음과 같이 회상하였다. "前朝(＝明代)에는 '標布'라는 면포가 유행하여서 (다른 지역에서 온) 巨

하며, 직접 산지에서 면포와 비단원료를 수집하기도 하였다. 값이 오를 때를 기다려 파는 것은 물론이고 '字號, 賑房' 등의 包買商과 협조하여 원료를 제공하고 가공하는 일을 하기도 하였다. 이러한 상품과 白銀의 거래는 모두 객상과 아행의 거래를 더욱 촉진시키는 기회를 많이 만들었고, 그 가운데 쌍방 간의 채무분쟁 내지 채무소송도 점점 더 늘어나게 되었다.[9]

아행과 객상 간의 채무분쟁은 전자가 후자의 금전과 재화를 빚지는 과정에서 자주 발생하였다. 명말 이래로 이미 많은 사료 속에 강남지역의 이와 같은 실상이 묘사되어 있다. 예컨대 李樂이라는 사람은 萬曆年間에 湖州府의 烏鎭과 靑鎭에 거주하였는데 아래와 같은 서술을 남겼다. "兩鎭은 우환과 폐단으로 가득 차 있는데 (그 우환과 폐단이) 매우 컸다. 牙人은 상인을 끌어들이는 일을 업으로 삼았다." 상품이 처음 도착하면 "아행의 고용주는 그를 매우 환대하고", "상품으로 商本에 나눠 준" 후에 "아행의 고용주가 비용을 받는데, 마치 자기주머니에 있는 물건과 같다." 객상은 "(물건을) 수년에 걸쳐 지키는데", "상황이 매우 처참하여, 남은 것을 보고 있자니 마음이 아파서 이렇게 붓을 든다."[10] 기타 상업발달 지역 역시 강남과 비슷하였는데, 예컨대 葉權(1522~1578)은 만력 중엽에 '荊州, 樟樹(鎭), 蕪湖, 上新河, 瓜州, 正陽(關), 臨淸' 및 蘇州의 '楓橋, 南濠', '湖州市' 등 지역에서 아행이 자신의 자본이 많거나 세력 있음을 가장하여 객상을 유

商富賈가 많은 자금을 가지고 와서 (標布를) 구매하였다. (그들의 자금은) 白銀으로 따지자면 걸핏하면 數萬兩의 단위로 헤아렸고, 많은 경우에는 數十萬兩을 단위로 하였으며, 적은 경우에도 萬兩을 단위로 하였다." (淸)葉夢珠, 『閱世編』, 成書於淸康熙年間, 新校本, 台北版: 木鐸出版社, 1982, 157~158쪽 참조.

9) 邱澎生, 「18世紀中國商業法律中的債負與過失論述」, 『復旦史學集刊』第1輯, 『古代中國－傳統與變遷』 (上海: 復旦大學出版社, 2005), 211~248쪽의 관련 분석 참조.

10) (明)李樂, 『續見聞雜記』, 『見聞雜記』, 上海: 上海古籍出版社, 1986, 卷11, 第29條.

혹하고, 객상이 '화물을 입수'하면 "탈취하지 않는 자가 없었고, 이로 써 官府와 친분을 맺었다." 따라서 "상인들로 하여금 고발할 수 없게 만들고 고향에 돌아갈 수 없을 정도로 빈곤하게 만드는" 결과를 서술 하였고,11) 동시에 객상이 아행에게 재물을 탈취당하는 처참한 지경 을 묘사하였다. 아행은 어째서 "관부와 친분을 맺었을까?" 그 중요한 이유 중 하나는 객상이 현지의 衙門에 재물손실을 고발할 수만 있을 뿐, 더 이상 어떻게 할 수 없도록 만들기 위해서였다.

아행은 "관부와 친분을 맺으려" 노력하였지만, 어찌 되었든 간에 모든 관원이 재화를 착복한 아행과 한통속인 것은 아니었다. 이에 대 하여 판단을 내릴수 있는 자료가 충분치는 않지만, '관부와 친분을 맺은 것'이 객상의 재화 안전에 대해 실제적으로 위험하다고 판단하 는 것, 즉 다시 말하자면 어쩌면 우리는 이와 같은 것을 일종의 역사 적 변화로 여길 수 있을 것이다. 明末 이래 면포와 비단 무역을 포함 한 중국 내 수많은 行業 속에서 상인과 아행 간의 채무분쟁은 이미 강남과 기타 상업발달지역에서 자주 발생하는 현상이었기 때문에 지 방관은 이러한 소송을 조정하고 판결할 기회가 많이 있었다.

강남지역의 지방관은 객상과 아행 간의 채무 분쟁에 대해 어떻게 판결을 내렸을까? 명 말의 사례 하나를 들어 보도록 한다. 祁彪佳는 明 崇禎 6년(1633) 6월부터 숭정 8년 4월 전후로 蘇松巡按에 재직하 였는데, 그는 이와 관련된 판독을 남겼다. "부정을 처벌한 건. 松江府 張同知가 陸松 등을 (撫)院으로 호송하였다. 조사한 바는 아래와 같 다. 육송은 아행이고, 趙世德은 米鋪 주인이다. 米牙에게 은전을 빚지

---

11) (明)葉權, 『賢博編』, 『元明史料筆記叢刊』(北京: 中華書局, 1997), 22쪽.

고 아직 상환하지 못하여 자주 독촉을 받았고 그러다가 싸움이 났다. ……그리고 客人 蔣明의 명의로 趙世德이 강탈을 하였다고 고발하니 모함이 심하지 않은가!" 여기에서 세 가지 측면에서 소송에 관련된 사람이 있다. 米牙 육송과 동종업에 종사하는 友人, 미포를 차린 조세덕, 그리고 米糧 객상인 장명이다. 기표가가 처리한 사안은 대략 아래와 같다. 육송은 사람들을 동원하여 조세덕에게 상환하지 못한 米糧 銀錢과 중개비용을 독촉하였고, 객상인 장명이 원고가 되어 조세덕이 '강탈'하였다고 고소하였다. 관부의 개입과 협조를 거쳐서 이 안건에 대한 재판결과가 나왔다. 우리들의 관점으로 보면 이 안건의 재판결과는 세가지 측면으로 구분할 수 있다. 첫 번째는 民事 부분이다. "세덕이 육송에게 빚진 은은 이미 상환을 마쳤다. 나머지 각 아행에게 빚진 것은 스스로 확실히 계산하라고 판결하였다." 두 번째는 刑事 부분이다. "육송, 吳泰의 아행무리들은 객상이 고소하도록 부추겼으니 응당 처벌받아야 하므로 해직시킨다." 세 번째는 사법행정처분과 관련된 부분이다. "장명은 外客으로 오래도록 撫院에 오지 못하니 공문을 올려 철회를 청한다."12)

기표가가 조사한 안건의 내용과 재판결과로 보면 객상 장명이 미량 구매 자금을 받을 수 없게 만든 것은 아행 육송 등이 아니라 미포 상인 조세덕이었다. 육송 등 아행상인은 소송을 제기하고 자력으로 빚 독촉을 하는 두 가지 책략을 사용하였는데, 그 결과 객상 장명은 순조롭게 빚을 회수하고 아행상인이 '무리를 모아' 채무상환을 독촉하고 허위로 장명이 채무자 조세덕이 '강탈'하였다고 무고한 행위 또

---

12) (明)祁彪佳, 『按吳親審檄稿』(新校本, 『歷代判例判牘』第四冊, 北京: 中國社會科學出版社, 2005), 493쪽.

한 관부에 의해 '응당 책임을 지고 잠시 (처벌을) 면한다'는 대수롭지 않은 판결을 받았다. 그러나 장명은 설령 출두하지 않더라도('오래도록 무원에 도착하지 못하니') 이 안건으로부터 온전히 빠져나갈 수 있었다. 그러나 주목할 만한 점은 이 안건의 표제가 '誅貪事(부정을 처벌한 일)'라는 것이며, 판결문 속에도 "米牙에게 은전을 빚지고 청산하지 못하여 빚을 독촉하는 일은 흔히 있는 일"이라고 언급하여, 기표가가 비록 분명히 장명을 위해 체납된 대금을 회수하려 하였다고 하여도 육송, 장명이 빚을 받아내려 한 일을 사실은 그다지 신경 쓸 필요 없는 사소한 일로 여겼다는 것을 알 수 있다.

사료의 제한으로 인하여 우리는 명 말 이래 강남지역의 지방관이 치리한 상인과 아행의 채무소송안이 실제적인 효과를 판단하기는 어렵다. 그러나 법률조문으로 분류해 보면 대략 명대에서 청대에 이르는 변화의 궤적을 살펴볼 수 있다. 특히 최소한 18세기까지 청조 중앙정부는 상인과 아행의 채무분규 문제와 관련한 입법 작업에 상당히 적극적인 태도를 취하였다. 이러한 18세기 淸朝 중앙정부의 입법은 사회 속에 이미 매우 흔한 일이 되어 버린 상인과 아행의 채무분규와 관련 소송에 대한 일종의 정면 대응으로 여겨진다. 아래에서 관련 입법을 세 방면으로 나누어 소개하고자 한다.

첫째, '農忙停訟(農繁期에는 訟事를 금한다)'과 관련한 규정의 변화이다. 明·淸律例에서 아행이 객상에게 대금을 빚지는 사건은 원래 笞刑과 杖刑 이하의 '細事'에 속하며, 州縣에서 직접 처리하는 '自理刑案'의 범위에 들어간다. 일반적으로 정부관원이 이러한 사건을 판결할 때 태도를 보면, 살인사건이나 강도와 같은 '重案'과 같이 즉시 처리하는 것 같지는 않다. 州縣 '自理刑案'의 소극적 태도에 대해 정부는 '農忙停訟'이라는 사법규정에서 분명히 반영하고 있다. "매년 4월에 시작하여 7월에 마친다. 戶口, 婚姻, 田土에 관한 細事는 수리하지 않으나 살인사건과 도둑질에 관련된 중대한 안건은 이 제한에 포함되지 않는다."13) 결론적으로 말하자면 매년 음력 4월부터 7월까지 이른바 '호구, 혼인, 전토에 관한 세사'는 '농번기' 때에 이와 관련된 소송을 지방관아에서는 수리하지 않았던 것이다. 상인과 아행의 채무소송 안건은 본래 '農忙停訟'의 범위에 포함되어 있었다. 그러나 적어도 건륭 4(1739)년에 이르면 중앙정부에서 이 항목 규정에 관해서 개정입법할 것을 결정하였다. "이후 民間에 오랫동안 金錢債務에 관련된 세사가 있었는데, 객상의 자금을 속여 빼앗은 일이 있었다. 停訟하는 때는 관례에 따라 그 수리를 허락하지 않았다. 그러나 奸牙와 鋪戶가 客貨資本을 속여서 빼앗은 일은 지방관이 고소장을 수리하여 증거가 있는지 확실히 조사하고 고소장과 조사한 것을 대조하도록 허락하였으며, 멀리서 온 객상을 동정하여 간사하게 속인 죄를 징벌하였다." 이처럼 입법을 통하여 '객상의 자본(客本)을 속여 빼앗고, 奸牙와 鋪戶가 客貨資本을 속여서 빼앗는 일'을 農忙停訟의 '細事' 범주에서 분리하였던 것이다.

건륭 5년에 '農忙停訟' 범주에 속하지 않는 상인과 아행의 채무소송에 대하여 다시 더욱 명확한 법령을 공포하였다. "매년 4월 1일부터 7월 30일까지 농사가 한창 바쁠 때 모반, 반역, 도적, 인명, 뇌물수수처럼 법을 어지럽히는 중대한 사안 외에도 奸牙와 鋪戶가 객화를 속여 빼앗는 일에 확실한 증거가 있을 때 평소대로 모두 수리하는 것

---

13) 『欽定大淸會典則例』, 冊619, 卷69, 「刑部: 聽斷」, 637쪽.

을 제외하고, 모든 민간 소송, 즉 호혼, 전토 등 세사는 수리하지 않는 다"14)는 내용이 법령에 있었기 때문에, 상인과 아행의 채무소송은 이 미 더 이상 '戶婚, 田土'에 관한 소송과 함께 '農忙停訟'의 '細事'에 포함되지 않았던 것이다.

둘째, 상인과 아행의 채무분규를 처리하는 지방관원의 과실에 대 한 징계를 강화하였다. 건륭 5년(1740)에 호부에서 「胥吏兼充牙行」 칙례를 新修할 것을 건의하여, 胥吏가 아행을 관리하는 것을 폐지하 고 客商債負 소송안을 적극적으로 처리하지 않는 관원에 대한 처벌 을 가중하는 조치를 통하여 객상에 대한 보호를 강화하였다. 건륭 8 년(1743)에 형부에서는 이 조문을 호부칙례의 율례에 포함시켰는데, 조문은 다음과 같다. "가 아문이 서리 중에 이름을 바꾸어 아행업을 행한 자는 杖 100대, 革退에 처한다. 만일 객화를 속여서 상인을 오래 도록 고통스럽게 하면 「光棍頂冒朋充霸開總行例」에 따라 枷號 1개 월, 革退에 처하고 充軍한다."15) 정부는 건륭 5년에 동시에 또 다른 諭令을 공포하여서 지방 신사를 官牙를 맡을 자격에서 배제하고 지 방관원이 응당 관할지역의 객상이 제기한 채무 소송을 더욱 중시해 야 할 것을 재차 천명하였다.16) 중앙정부 관원이 諭令에 대한 회의와

---

14) (淸)崑岡等奉敕 著, 『淸會典事例』, 據淸光緖25年(1899)石印本影印, 北京: 中華書局, 1991, 冊281, 卷 817 「刑部: 刑律訴訟: 告狀不受理」: 邱澎生, 「由市廛律例演變看明淸政府對市場的法律規範」, 國立 台灣大學歷史系 編, 『史學: 傳承與變遷學術硏討會論文集』(台北: 國立台灣大學歷史系, 1998), 291~334쪽 관련 토론 참조.

15) (淸)薛允升, 『讀例存疑(重刊本)』, 冊3, 卷17, 406쪽. 본 조례문의 성립과정에 관해서 吳壇이 건륭 말년 에 정정하였다. "이 條例文은 乾隆 5년 9월 戶部에서 상주한 定例이며, 乾隆 8년 律例館에서 상주하여 법률에 편입되었다."(吳壇, 『大淸律例通考』, 卷14 「戶律: 市廛: 私充牙行埠頭」, 530쪽) 本 條例文은 咸 豐年間에 글자를 약간 수정하였다. "棍徒 두 글자는 원문에서 光棍으로 되어 있다. 함풍 2년에 (棍徒로) 수정하였다."(『欽定大淸會典事例』, 『續修四庫全書』, 上海: 上海古籍出版社, 1997, 卷765, 「刑部: 戶 律: 市廛」, 3쪽) 이것은 호부에서 토론하고 시작하여, 마지막에는 형부가 율례로 頒訂한 立法 예증이 되 었다.

16) 『欽定大淸會典事例』, 卷133, 718~719쪽.

토론을 거친 후 건륭 8년에 정식으로 이 유령의 주요내용을 『吏部處份則例』에 포함시키고, 객상채무소송안을 성실하게 처리하지 않는 관원을 '감찰소홀, 순종, 법을 어기고 뇌물수수' 등으로 처벌할 수 있는 규칙을 각기 제정하였다.[17]

셋째, 아행이 체납한 객상 채무의 과실 책임을 구분하여 더욱 효과적으로 객상이 손해 입은 재화를 회수할 수 있기를 기대하였다. 건륭 23년(1758) 12월에 형부는 「牙行侵欠控追」新例의 통용을 결정하였고,[18] 특히 '侵欠'소송안건에서 아행이 응당 져야 할 책임에 대해서 적용되는 법률조문에 더욱 확실히 구별하였다. 아행이 진실로 객상의 재화를 '착복하는지'는 이 조례문에서 규범화하고자 하는 중점을 바꾸었다. "牙行侵欠 고소의 안건에 대해서는 아행이 속여서 아행 자신이 착복한 경우라면 「誆騙」本律을 따르는데, 장물의 양을 계산하여 治罪한다. 120兩 이상이면 전체를 헤아려서 장물을 찾아서 주인에게 돌려준다. 만일 객점에 분산되어 있는데 아행이 착복한 것이 아니며 1천 냥 이하이면 例에 따라 강제 추징하고, 1년에 끝나지 않으면 「負欠私債」律에 따라 치죄한다. 1천 냥 이상은 감금하여 엄격히 추징하고 1년에 끝나지 않으면 「負欠私債」律에 3等을 더하여 杖 90대에 처한다. 빚진 은은 찾아서 주인에게 돌려준다." 동시에 객상을 대신하

---

17) 이 명령이 『吏部處份則例』에 실릴 때 이 칙례의 원문은 입법이유를 상술하고 있을 뿐만 아니라 건륭 8년 新修된 「胥役兼充牙行例」를 더욱 직접적으로 원용하였다. "衿監認充牙行, 或依恃護符, 侵呑客本; 或憑藉聲勢, 勒掯遲延, 其擾市漁利以爲商民之害, 直與胥役承充無異, 不可不明定處分, 以嚴考覈. 嗣後, 如有不肖衿監藐視法紀, 仍蹈前轍, 州縣官奉行不力者, 令該管上司查參, 俱照胥役兼充牙行例, 分別失察, 徇縱及枉法受贓等項, 按照律例處分"(『欽定大淸會典事例』, 卷133, 「吏部: 處份例」, 719쪽). 이것과 전술한 「胥役兼充牙行」 例와는 약간 차이가 나는데, 여기에 있는 것은 관원의 과실에 대해서만 처벌하는 법령이다.

18) 吳壇은 다음과 같이 정정하였다. "이 條文은 乾隆 23년 2월 內刑部가 전임 운남포정사 傅靖을 상주한 定例를 議覆하였다. 乾隆 26年 館修入律하였다."(『大淸律例通考』, 卷15 「戶律: 把持行市」, 534쪽 참고)

여 효과적으로 채무를 회수할 수 있는지도 관원의 考績에 넣도록 법령을 명문화하였다.

> (채무를) 추징하는 일을 맡은 관리는 매달 보고서를 작성하고, 分巡道는 이를 조사·감찰한다. 기한을 넘기거나 (상부에 추징해야 하는 채무를) 보내지 않는 자는 分巡道가 호출하여 (보고서와 서로) 대조한다. 만약 (추징하는) 업무를 소홀히 하거나 (채무결산을) 지연시켜서 상업에 지장을 주는 자가 있으면, 해당 分巡道는 증거에 따라서 탄핵을 하는데, '事件遲延例'에 따라서 그 처분을 논한다. 만약 고의로 사사로운 정에 따라서 이를 묵인하는 자가 있다면, '徇情例'에 따라서 降二級하여 調用하며, 만약 뇌물을 받고서 이를 묵인한 관리가 있다면, 뇌물을 헤아려서 무겁게 처리하여 '貪贓枉法(관리가 뇌물을 받고 사안을 그르친 것)'의 항목으로 처벌한다.[19]

本例의 규정에 따라 아행이 만약 객상의 재화를 정말로 '착복'하였다면 「詐欺官私取財」律의 제3항 '誆騙'규정을 인용하여[20] 착복한 재물의 가치에 따라 '計贓治罪'한다. 그러나 만약 아행이 '결코 착복한 것이 아니라[並未中飽]', 단지 객상의 재물이 객점에 분산되어 회수되지 못한 것이라면 주된 책임은 아행이 아닌 포호에게 있는 것이니 아행이 잠시 객상의 손실에 배상할 필요가 없다. 그러나 아행은 단지 잠시만 책임질 필요가 없는 것인데, 이는 법률의 조항이 여전히 아행에 대하여 연대책임을 부과하고 객상의 재화손실의 액수에 근거하여 1천 냥 이하 혹은 이상을 기준으로 하여 '勒追(강제추징)'기한을 달리

19) (淸)薛允升, 『讀例存疑(重刊本)』, 冊3, 卷17, 411~412쪽.

20) 이 律文은 『大淸律例』「刑律: 賊盜: 詐欺官私取財」로 엮여 있다. 이 律文은 3항으로 나눌 수 있으며 그중 세 번째 항이 '冒認及誆賺局騙拐帶人財物'행위에 대한 처벌을 규정하고 있다. 청대 법률서적 대부분은 이 조문을 간략하게 줄여서 '誆騙'律이라고 한다. 이 항의 율문은 다음과 같다. "만일 사칭하거나 속이는 방법으로 사람을 납치하거나 재물을 가져가는 경우 장물을 헤아려 절도를 확인하고 경형은 면한다."(薛允升, 『讀例存疑(重刊本)』, 冊4, 卷30, 721쪽)

하였다. 만일 '侵欠'으로 고소당한 아행이 '勒追(강제추징)' 기한 내에 객상을 대신하여 손실을 입은 재화를 회수하지 못하면 별도로 「違禁取利」律의 제2항 「負欠私債」규정형량을 따라야 한다.21)

　　건륭 23년에 공포·시행된 「牙行侵欠控追」 법률조문에 따르면 아행은 객상의 재화에 대해 '스스로 착복'했는지 관계없이 법률적 책임을 져야만 한다. 다만 아행이 정말로 착복한 사실이 있으면 비교적 엄중한 「誆騙」율을 적용하였다. 그러나 스스로 착복한 사실이 전혀 없다면 비교적 경미한 「負欠私債」율을 원용하였다. 어떤 율문을 적용하든지 간에 '侵欠'으로 고소당한 아행은 모두 '杖刑'을 받거나 심지어 '流刑'의 처벌을 받기도 하였다. 「牙行侵欠控追」율문에는 아행의 상업채무 중 응당 부담해야 할 여러 책임을 구별하는 것 외에 중앙정부도 지방관원이 객상과 아행간의 채무소송을 진지하게 다룰 것을 요구하였다. 이러한 요구는 단지 도덕적으로 타이르는 것뿐만 아니라 조사관원이 채무소송안의 심리상황을 반드시 "달마다 보고하고 돌아가며 조사해야 한다"고 구체적으로 규정한 것으로, 이는 바로 기한규정을 두어 상급 장관에게 조사 진행상황을 보고해야 하는 것이다.

　　「牙行侵欠控追例」는 단지 중앙정부가 북경에서만 하는 빈 소리가 아니라, 지방정부에서도 반응이 있었다. 江西布政使가 건륭 24년(1759)에 발포한 공문서 한 건에서 지방정부가 건륭 23년 형부가 반

---

21) 이 律文은 『大淸律例』「戶律: 錢債: 違禁取利」에 수록되어 있다. 이 조의 律文은 네 항으로 나눌 수 있는데, 두 번째 항 율문의 후반부 글자는 세인들이 「負欠私債」律로 통칭하였다. 이 條 이 款의 律文은 다음과 같다. "其負欠私債違約不還者, 五兩以上, 違三月, 笞一十; 每一月加一等, 罪止笞四十. 五十兩以上, 違三月, 笞二十; 每一月加一等, 罪止笞五十. 百兩以上, 違三月, 笞三十; 每一月加一等, 罪止杖六十. 並追本, 利還主"(薛允升, 『讀例存疑(重刊本)』, 冊3, 卷16, 397쪽)

포한 「牙行侵欠控追」 例에 적극적으로 반응한 것을 볼 수 있다. 강서 포정사는 모든 성의 관원에 대해 「嚴禁牙行拖騙客本」 공문서를 전달하여 아행자격에 대한 관리를 강화시켜 '拖騙客本'의 폐단을 감소시키기를 기대하였다. "대부분의 아행은 부유하여 스스로 힘들게 상행위를 하고자 하지 않는다. 피로한 이들이 아행을 맡는 데 적합하지 않으나 객상을 해할 방법 또한 없다. 처음 맡았을 때는 각별히 신중해야 한다. 평소 재입법하고 조사하여 서로 보조하여 시행하니 어쩌면 폐단을 막는 실리를 거둘 수 있을 것이다."22) 요컨대 사전예방의 중요성을 강조한 것으로 재력이 충분하고 중개 업무에 진정한 자격을 갖춘 아행을 신중하게 뽑아야 한다는 것이다. 그런데 어찌해야 '사전예방'이 가능할 것인가? 江西布政使는 南昌府知府의 실무경험을 거울삼아23) 다음과 같이 구체적인 방법을 제시하였다.

> 이하 각급 관청에 다음과 같이 명령을 하달한다. 이후 사람을 인선하여 아행으로 임명함에 있어서, 재산이 있고 부유한 사람으로 선발하여야 한다. ……계절마다 조사를 하여서 만약 그 아행의 재산이 부족하다면, 즉각 강제로 휴업하게 하고, 벽보를 붙여서 (아행의 권리를) 취소시킨다. 이렇게 대대적으로 고시하고, 이를 사람들이 다니는 대문에 붙여서 遠客[객상]들에게 계약을 맺어야 할 대상과 피해야 할 대상을 알려 주어서 사기를 당하지 않게 한다. 이렇게 하여 사정이 어려운 자가 아행이 될 수 없기 때문에 (객상의 자본을) 착복하는 일이 근절될 것이다. ……만약 아행이 (객상에게) 빚을 지는 일이 생겨서 이를 고발하는 경우가 있다면, 新例에 따라서 각각 「誆騙律」과 「負欠私債律」에 따라서 처리하도록 한다.24)

---

22) 『西江政要』(布政司本), 卷2, 52쪽.

23) "南昌府 積守縣, 合州縣에서는 계절마다 각 아문의 현물세 납부 원부(原簿)를 조사하였다. 지출이 모자라면 강제로 業을 쉬게 하고 (이 내용을) 行門에 고시하였다. 근본부터 바로잡기 위한 하나의 방법이다." 『西江政要』(布政司本), 卷2, 52쪽 참고. 積善은 滿洲 鑲黃旗人이다. 乾隆20至25年間出任南昌府知府, 乾隆『南昌府志』(影印淸乾隆54年刊本, 台北: 成文出版社, 1989), 卷30, 2374쪽 참고.

인용문의 마지막에 나타난 '遵照新例'가 가리키는 것은 바로 앞서 언급한 건륭 23년 刑部에서 실시하기로 결정한 「牙行侵欠控追例」인 것이다. 이 강서포정사는 이미 남창부 각 주현에서 행한 효과적인 방법을 채택하였던 것이다. 주현관이 주동하여 아행의 매년 田土, 房産, 납세 기록을 조사하여 만일 해당 아행의 명의하에 부동산이 없으면 '卽屬消乏'이라 하여 해당 아행의 자산에 문제가 있음을 표시하고, 이 때 지방관은 이 아행에 대해 '강제 휴업'하도록 하였을 뿐만 아니라 주동적으로 해당 아행의 불량기록을 '고시문을 크게 써서 출입문에 붙여서' 멀리서 온 객상이 '피할 바를 알도록' 도왔다.

「牙行侵欠控追」例는 당시 응당 원용한 경우가 많은 법조문이었고, 주로 例文에는 상업경영 과정 중에 아행과 객상 간 채무분규에 대해 제3자에 관계된 약간의 세목문제가 있었는데, 특히 '牙行並無中飽者(아행이 전혀 착복하지 않은 경우)'를 법률 규정에서 정식으로 구분하여 이것을 상업채무에 관련된 분규를 審理하는 관원들로 하여금 더욱 복잡다단한 상업문제에 참고할 수 있도록 하였다.

건륭 41년(1776)에 중앙정부에 보고하여 토론한 廣州에서 革監(혁직된 감생) 倪宏文이 영국 夷商 翁等貨에게 銀 만여兩을 빌리고 상환하지 않은 안건을 사례로 들어 보고자 한다. 廣東巡撫 李質穎은 이 안건을 심리할 때 倪宏文에게 '減等하고 徒刑에 처하며 杖刑을 면하는' 것으로 처리하였다. 이에 건륭제는 '너무 관용적인' 판결이라고 비판하고 "다행스럽게도 刑部의 신하가 기각하였다"고 하였다. 건륭제는 刑部官員이 이 안건의 심리를 뒤집는 과정에서 倪宏文을 "杖刑

---

24) 『西江政要』(布政司本), 卷2, 52~53쪽.

과 流刑에 처하고 감독하여 회수하는 것으로 변경한다"고 판결 내린 것을 칭찬하였다. 이 상업채무 소송안을 논의할 때 중앙사법관원이 기각하여 처분을 바꾼 주요 논거는 다음과 같다. "지금 倪宏文이 夷商에게 빚을 체납하고 있는데, 그 양이 만 냥이 넘고 고의로 遠人을 속인 것이므로 內地 안건에 비할 바가 아니다. 받은 물건이 가치가 떨어져서 본전에 손해를 보고, 객상에게 외상을 주었으며, 배가 전복되어 화물이 모두 물에 잠겨 버렸다고 하니 모든 것을 간사한 말로 꾸민다면 어찌 신뢰할 수 있겠는가"25)라고 하였다. 駁覆문서에서 보면 여기에서 언급하고 있는 요점은 이 안건이 「牙行侵欠控追」例의 규범 속에 있으며 필경 '스스로 착복한 경우'의 「誆騙」律을 적용해야 할까, 아니면 '아행이지만 착복하지 않은 경우'의 「負欠私債」律을 적용해야 할까? 분명한 것은 광동순무가 이 안건의 피고 倪宏文의 범행은 후자에 속한다고 여겼고 형부의 관원과 황제는 전자라고 판단한 것이다. 건륭제는 광동순무를 다음과 같이 비판하였다. "평소에 진지하게 일을 처리한다면 어찌 이 안건처럼 황당하게 심의하겠는가!" 고로 그 "刑部에 넘겨서 조사하고 의논하라"라고 명령한 이외에도 더 나아가 아래와 같이 하령하였다.

추징을 맡은 관리는 먼저 倪宏文을 감독하고 추징하도록 명한다. 또한 범인의 原籍 지역에 명령을 전달하여 그의 재산을 조사하여 그 재산을 팔아 그 현금을 배상하는데, (관리가) 거두어들인 액수 그대로 영국 상인에게 주어 (그가) 수령하도록 한다. 그 부족한 부분은 일 년을 기한으로 하여 독촉하여 청산하도록 한다. 만약 기한이 넘었는데도 빚을 청산하지 않는다면, 광동성의 총독, 순무, 포정사, 道員, 그리고 이 안을 조사한 지부, 지주, 지현이 각각의 養廉銀

---

25) 『(清)高宗純皇帝實錄』, 影刊本, 北京: 中華書局, 1986, 淸 乾隆41年(1776)11月下, 687쪽.

내에서 그 (양염은) 액수비율로 나누어서 배상하도록 한다. 즉각
짐의 뜻을 전달하여서, 그 영국상인이 채무를 청산하여 귀국하도록
하여 불공평함이 없도록 하여라. 각 관원이 배상해야 할 액수는 倪
宏文의 명의로 추징하여 배상하고, 그를 유배를 보내는 것에 관한
해당 부처의 논의가 완료되기를 기다린 뒤에 결정한다.26)

이렇듯 倪宏文을 처벌하고 덧붙여 담당관원이 '액수에 따라 배상'
하게 한 것은 영국 '夷商'에 대한 높은 수준의 예우가 아니겠는가? 건
륭제는 본안을 의논하여 판결할 때 다음과 같이 말하였다. "외국 상
인(夷商)은 물건을 팔러 온 것이니 내지의 民人은 그들과 교역함에
스스로 응당 그 가격을 수량에 맞게 깨끗이 갚아야 한다. 만일 빚을
질질 끌어서 고소를 당해 관에 가면 마땅히 엄중하고 빠르게 조사하
여 돌려받도록 해 주고 빚을 연체한 자를 엄중히 치죄해야 한다. 夷
人이 中華에 체류하기를 바라지 않으면 간사한 무리들은 처벌받을
것을 안다." 그래서 건륭제는 광주 순무가 올린 판결결과가 '너무 관
용적'이라고 하며, 다시 한 번 "지방관이 내지 奸商들을 비호하면 令
外의 夷가 지치고 일의 억울함을 호소하기 어려우니, 이는 멀리서 온
이들을 살피는 도리가 아니다"27)라고 하였다.

---

26) 『高宗純皇帝實錄』, 乾隆41年(1776)11月下, 687~688쪽.

27) 『高宗純皇帝實錄』, 乾隆41年(1776)11月下, 687쪽. 本案과 관련하여 더욱 세세한 부분에 관한 토론, 18
세기 청 정부 · 광동13행 · 외국상인 간 채무분규의 여러 가지 법률 내적 처리 및 법률 외적인 처리에 관
한 것은 Kuo-tung Anthony Ch'en(陳國棟), The Insolvency of the Chinese Hong Merchants,
1760~1843. Taipei: Institute of Economics, 1990 참조. 陳國棟, 「論淸代中葉廣東行商經營不善的原因
」, 收入 氏 著, 『東亞海域一千年』, 台北: 遠流出版公司, 2005, 365~394쪽; 章文欽, 「淸代前期廣州中
西貿易中的商欠問題」, 『中國經濟史硏究』, 1990, 1(1990). 郭德焱, 『淸代廣州的巴斯商人』, 北京: 中
華書局, 2005, 80~94쪽; 范金民, 『明淸商事糾紛與商業糾紛』, 南京: 南京大學出版社, 2007, 180~185
쪽. 洋人이 廣州行商의 거금을 상환하지 않은 예시: 1806년 전후, 광주행상 '麗泉行'의 '崑水官' 潘長耀
(당시 외국상인은 崑水官을 Consequa나 Conseequa로 英譯하였다)은 몇 명의 미국商界 친구들의 도움으
로 미국 변호사를 초빙하여 미국에서 欠侵한 미국상인을 고소하였는데, 이 안은 1806년 9월에 펜실베이니
아 주 필라델피아 시에서 일반법원에서 재판이 열렸다. 이 안건의 기록은 현재 미국 '펜실베니아주 순회법
정당안(Records of the Circuit Court for the district of Pennsylvania)'으로 현존한다. 潘長耀은 심지어
1814년 2월 10일에 미국대통령에게 진정서를 써서 청원하였다. 그리하여 미국 워싱턴 특별시의 국가당안

그러나 반드시 주의해야 할 것은 본 안의 심리과정에서 지방관원이든 중앙계층의 심리관원이든 모두 피고가 주장한 "받은 물건이 가치가 떨어져서 본전에 손해를 보고, 객상에게 외상을 주었으며, 배가 전복되어 화물이 모두 물에 잠겨 버렸다"는 이유를 참작하였던 것이다. 비록 본 안의 지방관원이 상술한 피고의 이유 제기를 받아들이고 중앙관원과 황제는 그 '모든 것을 간사한 말로 꾸민다면 어찌 신뢰할 수 있겠는가'라고 하였지만 필자는 다음과 같이 지적하고 싶다. 여기에 반영된 것은 단지 안건을 심리하는 자가 개별안건에 당면하였을 때 증거의 진위와 효과적인 심문능력이 어떠한지가 문제인 것이 아니라, 기존의 「牙行侵欠控追例」文 전국의 모든 심판관은 규범 아래에 따라서 과연 피고에게 「誆騙」律을 적용해야 할 것인가, 아니면 「負欠私債」律을 적용해야 할 것인가를 분명히 판별하여야 한다. 이렇게 반드시 새로운 법률조문을 적용해야 하는 제도조건하에서 당시 중국의 법률체계와 그 집행은 아행과 객상 간 여러 가지 복잡한 상업행위에 대해 더욱 세밀한 구별을 가능하게 해 주므로, 각종 성질이 다른 채무분규에 대해 법률조문규정에 부합하면서도 유연한 조정작용을 갖춘 판결을 해야 했다.[28]

물론 법률조문만으로는 당시에 도대체 몇이나 되는 관원이 상인의 채무소송안을 더욱 중시했는지를 판단할 수 없으며, 법률조문이 객상에게 더 효과적인 대금회수를 보장해 주지도 못했다. 그러나 만일 명말부터 18세기까지 淸 정부의 商·牙채무소송 관련 입법(대청율례,

---

관에 「廣東行商崑水官致美總統迷利臣稟」이 남아 있다. 格蘭特(Fredric D. Grant) 著, 周湘 譯, 「麗泉行的敗落―訴訟對十九世紀貿易的危害」, 『史林』, 2004, 4(2004): 75~87쪽 참조.

28) 邱澎生, 「18世紀中國商業法律中的債負與過失論述」, 211~248쪽 참조.

이부처분칙례, 성례 포함)과 비교한다면, 청 정부가 당시 전국 각지 시장이 발전한 곳에서 상인과 아행의 채무분규에 정면으로 반응을 보였다는 사실을 반영하고 있다.

정부의 상인과 아행의 채무소송에 대해 입법을 진행하는 것을 官方'獨奏'에 비유하자면 각종 상업소송과정에 상인단체와 민간 訟師가 개입하는 것은 모종의 民間'合奏'이라 할 수 있을 것이다. 다음 절에서는 蘇州, 松江지역의 사례를 이에 비교하여 분석하려 한다.

II. 民間'合奏'에 대한 판결: 碑刻司法문건의 多重作者

18세기 청조 정부가 진행한 상인과 아행의 채무소송에 대한 입법 작업을 보면 중앙조정이든 지방정부든 모두 이 사안에 관하여 어느 정도 중시하고 있음을 나타내고 있으며, '정부와 법률'이 경제'제도 변화'에 영향을 준다는 관점에서 볼 때, 이러한 상인과 아행의 채무소송입법은 주목할 만한 역사적 변화인 것이다.

단지 '법이 충분치 않은 상태로 자행'되어서, 18세기 청정부의 상인과 아행의 채무소송에 관한 입법은 민간의 채무를 전혀 보증해 주지 않았기 때문에 더욱 효과적으로 해결할 수 있었다. '官尊民卑'의 정치사회 구조하에서 비록 중앙정부가 관원이 객상의 채무문제를 해결할 수 없는 데 대하여 처벌을 가중하는 규정을 제정하였지만, 상인들이 소송을 통하여 채무분규를 해결하고자 진정으로 원할 때에도 여전히 뇌물을 주고 금전을 앞세워 후사하는 등 적지 않은 비용을 들여야 했을 것이다. 심지어 직접적으로 혹은 간접적으로 객상에게 손실을 입힌 아행은 어떤 때에는 쉬이 상대할 만한 무리도 아니고 법률 조문에서 아행자격의 관리를 강화하도록 하여서 객상의 재화를 '착복'하거나 혹은 '객점에 분산'시킨 아행에 대하여 경중이 다른 배상 책임을 부과하였다. 그러나 학자들이 분석한 것처럼 명·청시기 아행의 채무 체납 안건에서 강조하고 있는 것은 다음과 같다. 객상의 상품대금을 체납한 아행이 "자주 지방관부 胥吏의 직간접적인 비호를 받을 수 있"었기 때문에 "대부분의 객상은 다만 오래 체납된 대금을 독촉하는 상황에 이르러서야 어쩔 수 없이 官에 고한다"29)고 지적한 상황은 분명 어느 정도 일리가 있다. 만일 18세기 정부가 입법한 상인과 아행의 채무소송을 당시 중국에서 정부의 '獨奏'에 비유한다면, 서리의 관원이 아행에게 협력하여 계속적으로 기획를 틈타 객상의 재화를 침탈하는 현상은 이 악곡을 연주할 때 나는 이탈음이나 불협화음과 같다.

그러나 우리가 江南地域 등 경제가 발달한 城鎭의 상인결사와 訟師가 상인에게 제공한 비교적 좋은 품질의 소송서비스를 살펴보면 이는 일종의 民間 '합주(合奏)'가 18세기 정부 입법이 객상채무문제를 개선하는 정부의 '獨奏'와 멋들어지게 어우러져서 공명한 후에 나타난 실제 효과로 또한 우리가 특별히 주목할 만한 것이다. 아래에서 필자는 청대 소주의 상인과 아행의 도량형 분쟁, 아행고용 쟁의, 상표소송 등 세 가지 사례를 들어 상인단체와 訟師의 연합작용에 관하여 토론하려 한다.

---

29) 范金民, 『明淸商事糾紛與商業糾紛』, 南京: 南京大學出版社, 1998, 76~77쪽.

1.

　지금 학자들의 추측에 따르면 蘇州에는 적어도 50개의 '會館'과 210개의 '公所'가 세워졌고,[30] 그중 절대다수가 상인과 밀접한 관계가 있는 것이었다.[31] 명·청시기 상인들이 돈을 모아 회관과 공소를 설립한 것이 비록 소주에 한정된 현상은 아니지만 상인들이 소주에서 설립한 회관과 공소의 수는 아마도 수적으로 가장 많을 것이며 당시 회관과 공소에 가입한 총 인원수도 대단히 많았다. 건륭 42년(1777) '全晉會館'에 돈을 기부한 상점은 적어도 53개는 되었다. 도광 원년(1821)에 '小木公所'의 관리인원명단에 열거된 목공업자는 24명이었다. 또 도광 24년(1844)에 '小木公所'에 돈을 낸 업자명단에도 67명이 있었다.[32]

　대체로 소주의 수많은 상인회관과 공소에 대해, 일반적으로 당시 사람들과 지방정부는 상인들이 친목을 도모하거나 신에게 제사를 지내고 자선활동을 하는 '공공재산'으로 여겼다.[33] 정리하자면, 청 말에 이르기까지 소주의 회관과 공소는 비록 많은 상인들과 밀접한 관계를 맺고 있었지만 여전히 공개적으로 상인집단의 이익을 대표하는 단체는 아니었으며, 이는 청 말에 「簡明商會章程」을 반포하여 전국에

---

30) 呂作燮, 「明淸時期蘇州的會館和公所」, 『中國社會經濟史硏究』, 1984, 2(1984): 10~24. 蘇州會館, 公所 관련 수량통계 참조; 洪煥椿, 「明淸蘇州地區的會館公所在商品經濟發展中的作用」, 氏 著, 『明淸史偶存』, 南京: 南京大學出版社, 1992, 566~612쪽. 新出統計, 則可見: 范金民, 『明淸江南商業的發展』, 南京: 南京大學出版社, 1998.

31) 몇몇 공상업자들이 기부와는 무관하게 '公所'라고 명명한 蘇州의 집단도 있었다. 可見: 夏冰, 「蘇州的會館與公所」, 『檔案與建設』, 2000,9(2000): 54~55 참조.

32) 蘇州歷史博物館 等編, 『明淸蘇州工商業碑刻集』, 南京: 江蘇人民出版社, 1981, 335~337쪽, 135~137쪽. 下文簡稱此書爲 「蘇州碑刻」.

33) 소주회관과 공소는 점차 발전하여 '공공재산'으로 입안되는 과정을 거쳤다. 邱澎生, 「由公産到法人－淸代蘇州, 上海商人團體的制度變遷」, 『法制史硏究』, 10(2006): 117~154 참조.

서 경제적으로 번영한 城鎭에 '商會'를 설립하여 상인이익을 대표한 제도와는 매우 달랐다.

그러나 상인 구성원들이 돈을 내어 회관과 공소를 설립한 후에도 여전히 지방의 사법체계에 간접적으로 영향을 주었다. 명·청시기 소주상인들에게서 흔히 볼 수 있는 소송관습이 있는데, 상인들은 소송안을 제출하고 승소한 후에 관부에서 판결한 자기편이 승소한 공문을 석비에 새겼는데, 이러한 비정식적인 제도는 당연히 지방정부의 묵인하에 이루어진 것이었다. 그러나 승소판결서를 비석으로 세워 전시하는 제도는 소주지방정부판결이 商事분쟁을 포함한 재내의 각 소송안의 기록에 더 큰 공개성을 갖게 하였다. 수많은 상업 관련 판례를 다시는 정부지방 당안고에 공문을 쌓아 두는 것으로 그치지 않았다. 청대 소주 상업분쟁 안건에 관한 비각이 세워지는 장소를 보면 회관과 공소가 설립되기 전후에 차이가 나타남을 관찰할 수 있다. 지방'판례'의 9건의 판결서로서 '大興公所', '高寶會館', '仙翁會館', '雲錦公所', '麗澤公局', '醴源公所' 등 전속건물의 대문 안팎에 각기 세워서, 비문을 상업이 비교적 발달한 도로 양편에 세울 뿐이었던 회관과 공소를 아직 설립하지 못한 상인과 더 이상 같은 처지는 아니었다.34) 이러한 측면으로 보면 회관과 공소는 사실 상업분쟁 관련 '판례'는 공개 전시라는 더 크고 더 좋은 기능을 제공하기도 하였고, 회관과 공소에 돈을 기부하게 함으로써 상인들은 여러 가지 기존 자신의 이익과 관련된 승소판결서를 더 쉽게 보존하여 가령 서리가 조사하는 것을 방해하고 관련 상업 판례를 인용할 위협을 낮추어 상인이

---

34) 邱澎生,「由蘇州經商衝突事件看淸代前期的官商關係」,『文史哲學報』(台北), 43(1995): 41.

상업을 경영하는 데 필요한 권익의 보장을 연대하여 강화하였다.

이렇게 적절하게 보존하고 회관과 공소에 공개 전시한 소주 '상업판례'는 대략 두 종류로 구분된다. 하나는 객상과 본지 아행 간에 존재한 각종 상업분쟁의 해결에 이용된 조정 또는 판결문서이다. 다른 하나는 면포제조를 포함한 재내의 도매상이 상표를 보호하는 용도로 패에 쓰거나 공인들의 임금 등 상업관습에 관한 조정 또는 판결문서이다.

첫 번째 종류는 상업분쟁과 관련된 공문서로 주로 객상과 아행 간의 도량형과 중개비용 다툼을 포괄한다. 소주에서 많은 상인 '회관'은 본래 '土客公議規條之所'로 여겨졌으나,35) 일찍이 18세기에 수많은 회관과 공소가 원래 돈을 기부한 객상이 본지의 아행에 맞서는 데 이용되는 중요한 장소였으며 '江魯公所'는 개별적으로 대표성을 지닌 예가 된다.

도량형 사용표준에 대한 다툼이 빈번한 것을 해결하기 위해 江魯公所는 돈을 기부한 상인이 우선 관부가 허가한 '公製砝碼, 準秤'을 구매하고 이런 官頒 도량형을 '공소에 보관하여' 아행이 억지로 사용을 강요하는 객상에게 불리한 소주본지 도량형을 저지하는 데 썼다. 실제 집행방법은 다음과 같다. "朔望마다 아행과 객상이 만나 함께 표준을 따졌는데, 아행이 교묘한 수를 쓰도록 해서는 안 되었고, 객상 또한 손해 보아서는 안 되었다."36) 이와 유사하게 객상이 지방도량형 사용을 강요하는 아행에 맞선 공문서도 가경 18년(1813)에 '棗商會館'에 세워진 비문으로 나타났다. 대추장사를 하는 객상은 다음과 같이 元和, 長洲, 吳縣이라는 3縣 知縣의 허가를 받았다. "무릇 蘇州城의

---

35) (淸)顧祿, 『淸嘉錄』, 卷五, 「關帝生日」, 7쪽.

36) 蘇州碑刻, 289~290쪽.

棗帖牙戶는 대개 (棗商)會館의 낙인이 찍힌 도량형(烙斛)을 사용하여 공평하게 거래하였고…… 대개 私秤을 혼용하는 것이 허락되지 않아서 하나를 정하여서 훗날의 訟事를 방지하였다"고 하였다. 棗商會館 구성원의 설명에 따르면, 이 '會館烙斛'는 '康熙30년蒙憲較定烙印을 遵用'한 저울추였다.[37]

확실히 『大淸律例』에 공포된 官定 도량형이 원래 소주 상가에서 관습적으로 사용된 본지도량형을 반드시 제압하였다고는 할 수 없다. 그러나 객상과 본지아행이 장기간에 걸쳐 충돌하고 객상이 연합하여 아행을 고소하기 시작한 후 '江魯公所'와 '棗商會館'의 구성원은 관에서 반포한 도량형을 원용한 방법으로 그들을 고소하는 데 성공하였고, 마침내 관부의 지지를 얻어서 소주지방 두 행업에서 본래 본지도량형을 사용하던 상업관습을 바꾸었다. 동시에 두 회관과 공소상인단체는 관련 판결서를 전속 건물 앞에 비석으로 세워서 공개적인 전시를 통하여 이러한 새로운 상업관습 또한 더욱 공고하게 되었다. 이러한 각도에서 보면 근대 유럽과 유사하게 법학전문가가 민간에 가서 수집하고 조사한 '관습법'의 정리작업을 거칠 필요 없이, 청대 소주에서는 상인단체의 집단적인 노력으로 국가법과 상업관습간에 원래 이전부터 존재했던 차이를 대폭 축소할 수 있었는데, 그 요건 중의 하나는 『大淸律例』 속에 원래부터 있었던 官頒度量衡의 법률조문이었다. 과거에는 단지 법률조문만 있을 뿐 실행할 수 없었지만 지금에 이르러 상인단체의 집단적인 노력으로 이에 호응한 것이다.

첫 번째 종류의 상업 분쟁과 관련된 공문서는 객상과 아행 간의 중

---

37) 蘇州碑刻, 251~252쪽.

개비용(소위 '牙傭'이라 함) 및 지불화폐기준에 대한 쟁의도 포함하였다. 紹興府 燭業商人이 돈을 내어 설립한 '東越會館'은 관부가 허가한 비문을 세웠다. "동종 업종의 공정시가는 함부로 값을 올리거나 깎을 수 없다. 만일 불공정한 일이 생기면 董司가 회관에 모여 정리하고 의논하여 條規를 만듦으로써 약속한다."[38] 이는 바로 이러한 객상과 아행이 중개비 '時價'를 의논하여 정하는 집단적인 노력을 반영하고 있으며, 관부의 판결을 통하여 상업관습 속의 불공평한 중개비용 비율을 객상과 아행이 정식으로 '東越會館'에서 공동으로 의논하여 정한 '條規'안으로 한정하였다. 또 長洲知縣은 건륭 7년(1742)에도 '高寶會館'에 돈을 기부한 상인들을 위하여 아행교역의 傭金(중개수수료)비율과 화폐지불기준을 정하였다. "이후 무릇 醃鷄, 魚肉, 蝦, 米 등의 교역은 價銀 九七足色이고 漕平 九七足兌을 기준으로 한다. 買客이 外用할 每兩 一分씩 증가시키고, 화물 입출입 수수료와 운반비는 그 안에 포함시킨다. 그 해당 상인이 內用할 때에는 每兩 一分씩 증가시켜서, 운반비와 창고비는 그 안에 포함시킨다. 이 외의 浮費는 모두 없앤다"[39]는 '商寶會館'비문의 말미에 240명의 '상인들' 이름이 열거되어 있는데 그 안에 商家 行號의 명칭도 포괄하고 있다. 비록 비문에 '高寶會館'이라는 글자가 드러나 있지는 않지만 이 관부판결서를 포괄한 비문은 高寶會館의 문 앞에 세워져 있었다.

또 『大淸律例』 등의 국가법 내용에 전혀 규정되지 않은 상업교역은 가령 '價銀九七足色, 漕平九七足兌' 등 白銀화폐 표준세절을 사용하고 가령 '1兩당 1分'이라는 値百抽一의 상업중개비 비율로 열거한

---

38) 蘇州碑刻, 267쪽.

39) 蘇州碑刻, 248쪽.

적이 없다. 그러나 상인단체의 집단적인 노력을 거쳐서 분쟁의 요소가 많은 민간교역 관습이 큰 관부의 강제력을 가진 배서를 얻어서 상인회관 문 앞에 공개 전시된 공문서의 위치를 갖게 되있다. 마찬가지로 법학가가 조사하고 정리하는 과정없이 소주의 각기 다른 상업관습은 역시 정부 강제력이 지지하는 '국가법'으로 변하거나 일정정도 '법의 효력'을 갖춘 '관습법'이었다.[40]

2.

두 번째 종류로 회관과 공소상인단체 건물 앞에 공개 전시된 조정 혹은 판결문서를 흔히 볼 수 있는데, 주로 두매상이 상표를 보호하려고 牌記하는 것과 관련이 있다. 淸 順治 16년(1659) 4월, 소주, 송강지역의 17개 布商의 상점처럼 공동으로 관부가 반포한 「蘇松兩府遵奉撫院憲禁明文」을 비석에 새겼는데, 이 비문은 소송지역의 각급 관원이 면포소송안에 대해 처리한 몇 건의 판결서를 새긴 것으로 요점식의 '轉載'를 만들었다.

순치 16년(1659) 4월에 이 면포상표 소송안은 면포 '奸牙 沈靑臣'이 포상 상표를 침범한 데서 기인하였다. "假冒(金)三陽 號記를 위조하여, 마음대로 刷布하였다." 상표는 '가짜' 면포 상점 상인을 만나서 연합하여 각자 분업하고 원고의 역할을 맡은 것 같다. 두 개의 다른 지방아문에 가서 沈靑臣에 대해 고소를 취하였다. 첫 번째 원고들은 송강부의 '金三陽' 상점의 상인으로 '奉欽差巡撫江寧等處都禦史' 아문에

---

40) 邱澎生, 「法學專家, 蘇州商人團體與淸代中國的「習慣法」問題」, 『北大法律評論』(北京), 10, 1(2009): 68~88.

와서 심청신이 면포상표를 위조하였다고 고소하였고 흠차대신은 소주
지부에게 즉시 다음과 같은 공문을 발송하였다. '소주지부는 즉각체포
하여, 3일안으로 그들을 압송해오도록 하라'. 두 번째 원고들은 소주
와 송강 양부의 포상 朱嘉義, 朱金蘭, 査弘義 등으로 그들은 함께 강소
순무아문에 고소하여 '虎牙忿僞亂眞事로서 심청신을 고소하였다.' 강
소순무는 소주지부에게 '부에서 엄중히 조사하여 속히 해결하고 보고
하라'라고 하령하였다.

소주지부는 재빨리 피고와 원고 그리고 관련 인물과 증거를 모아
서 정확하게 조사한 후 소주부에서는 조사심리 결과를 함께 강소순
무에게 보고하였고, 강소순무가 내린 최후판결은 다음과 같다. "보고
받은 바에 따르면, '金三陽'라는 상호는 그 역사가 오래되었다. 이에
沈靑臣이 다른 상인과 결탁을 하여서, (金三陽라는) 상호를 사칭하여
이익을 도모하였고, 간사한 무리의 부정한 수단으로 인해서 (상품이)
진품인지 가짜인지 판별하기 어렵다. 지금 이미 과오를 후회하고 있
다는 것을 참작하여서, 돌려보내는 것으로 처리하고, 잠시 깊이 추궁
하지 않는 것 이외에, 소주부에서는 엄격히 명령을 내려서 영원히
(이러한 행위를) 금지하고 다시는 (상호) 사칭 행위를 불허하여 각 상
인들 간에 분규가 일어나지 않도록 한다."41)

위와 같이 강소순무가 판결을 한 후 송강지역의 布商은 또 소주부
에 발급한 공문을 요청함과 동시에 송강부로 移文 전달하여 이 항목
에 대한 판결을 전체적으로 집행하였다. 이 진술서에서 당시 면포 상
점의 상인의 생산판매방식을 다음과 같이 설명하였다. "(金三)陽 등

---

41) 上海博物館 編, 『上海碑刻資料選集』, 上海: 人民出版社, 1981, 84쪽.

은 松(江府城)에 布店을 열고 蘇(州府城)에서 판매하며, 牙行 역시 송강부성에 많이 거주한다."42) 布商이 그들이 송강부에서 면포를 생산하고 면포를 수집하여 소주부에 가서 개점하고 면포를 판매하는 생산판매 조직이라고 설명하려고 하였던 것은 자신이 소주부에서 승소한 후에 어째서 송강부로 移文을 보낼 필요가 있는가에 과한 합리적인 이유를 강조하기 위해서였다.

강소순무는 포상의 요청을 받아들여 소주부에 하령하여 판결결과를 송강부에 移文을 보내도록 하였다. 송강부는 移文을 받은 후 金三陽 등 면포상인을 위하여 '勒石示禁'에 관한 공문을 내렸다. "상인들이 布匹로 무역을 하고 상호에만 의지하여 신의를 나타낸다고 하니 함부로 위조해서는 안된다"고 하여, "이로써 府屬布牙들은 다 알고 스스로 억제한 후 각기 상호를 인쇄된 것에 따라 무역을 하니 이전처럼 함부로 위조해서는 안 되며 다툼의 실마리를 제공하는 자는 조사를 받게 될 것이다!" 하니 이렇게 면포시장에서 승인받은 '상호'로 상표를 구별하는 상업관습은 함부로 사용하는 것을 허락지 않는 법률적 보장효과를 가지고 있었다. 이번 소송안과 관련 禁令은 물론 전국에 통용되는 법률은 아니지만 적어도 17세기 중엽의 송강과 소주지역에서는 이미 상업관습을 지방정부가 공포한 법률규범에 연결한 전형적인 사례가 되었다.

소주부가 본안에 대해 작성한 판결문은 순치 16년 4월의 「蘇松兩府遵奉撫院憲禁明文」 비석에 부분적으로 보존되었는데 내용은 다음과 같다.

---

42) 『上海碑刻資料選集』, 84쪽.

살펴보면 다음과 같다. 여러 상인들이 商號를 세워서 위로는 조정
이 필요한 것을 납품하고, 아래로는 關津 관리의 감독에 따랐기 때
문에 객상의 신뢰를 얻었다. 이러한 상황이 오랫동안 지속되었기
때문에 일찍이 定例가 있어서 (상호를) 사칭하는 일이 없었다. 그
런데 奸牙 沈靑臣이 감히 (거래를) 독점하고 사재기를 하고, 멋대
로 (다른 상인의) 상호를 사칭하며, 질이 낮은 면포로 이익을 도모
하였다. 이렇게 되어서 동업 상인들이 공동으로 고소하는 일이 생
겼다. 지금 三養이라는 상표는 원래 (소유주인) 金 씨에게 돌려주
었고 이미 처벌하였다. 다만 근래에 간사한 무리들이 음험하고 교
활하게 이러한 나쁜 사례를 모방하여, 교활함과 불측한 마음을 품
고 있다. 이 때문에 (강소) 순무 나리의 명을 받들어서, 뭇 상인들
에게 帖을 내리니 영원히 준시하고, 번화한 거리에 비문을 새겨서
정례로 삼도록 하라. 이후 객상과 아행은 각각 행업을 준수하여,
만약 간사한 아행과 무뢰배들이 商號를 넘보고자 하여 객상과 결
탁하여 다시 한 번 (상호를) 사칭하여 사단이 발생한다면, 위로는
國課를 그르치고 아래로는 상인들을 고통스럽게 하는 것이니 바로
그를 지명하여 蘇州府에 보고하도록 하고, 증거로서 체포하여 순무
아문으로 체포하도록 하여, 사형에 처하도록 하고 결코 가벼이 용
서하지 않도록 한다.43)

"위로는 國課를 그르치고 아래로는 상인들을 고통스럽게 한다"는
말은 소주지부가 면포상호를 사칭하는 것을 금지하는 중요 논거가
되며, 이 판결문서 말미에 "(다른 상인의 상행위를) 가로막고자 하여,
奸牙와 地棍이 분수를 어기고 남의 상호를 탐을 내어서 객상과 결탁
하여 다시금 (상호) 사칭 행위를 하였다"라는 구절을 보면, 다른 면포
상인 간에 상업경쟁이 정말 치열하였다는 것을 알 수 있다. 이는 사
실 17세기 송강과 소주 면포시장의 기본구조를 반영하였다. 아행, 객
상, 상점상인 삼자 간에 서로 자주 협력하기도 하고 때때로 경쟁도
하였다.

---

43) 『上海碑刻資料選集』, 85쪽.

당시 면포업 상인은 지역으로 다른 상방을 구분하는 현상이 있었고, 아행은 본지인이 대부분이었고 객상은 徽州, 山陝, 洞庭, 福建 상인이 대종을 이루었다. 상점 상인에 대해서는 청초에 원래 휘주상인과 동정 상인이 각기 시장을 독점하였으나 강희년간에 이르면 휘주상인이 이미 최고의 지위에 올랐다.44) 다만 경쟁이 치열한 면포시장에서 상인 단체는 시장경쟁을 제한할 능력이 전혀 없었고 객상은 거금을 가지고 송강, 소주에 가서 면포를 구입하여 전국에 판매하였다. 상점 상인들은 좋은 품질의 우량 면포 상표에 의지하여 앞다투어 객상의 주문을 받았다.45) 그러나 이익만 다투는 아행은 수단 방법 가리지 않고 객상을 포섭하여 상점 상인들의 일을 빼앗았다. 더욱이 상점 상인은 객상의 주문을 두고 서로 경쟁하여 완전히 종속되는 것을 피할 수 없게 되었다. 격렬한 경쟁 속에서 상표는 나날이 면포시장에서 구매자 주문 수량과 판매자의 출고 점유율에 중요하게 영향을 미치게 되었다. 순치 16년의 「蘇松兩府遵奉撫院憲禁明文」에 기재된 상업 소송안에서 '金三陽' 상표가 어째서 원고의 집중표적이 되었는지를 보면 더 확실히 알 수 있다. 그리고 심청신이 연계한 일부 객상은 金三陽의 면포상표를 '독점하고 불법적으로 사칭하여' 더욱 세력이 커진 것으로 보인다.

---

44) 范金民, 「淸代江南棉布字號探析」, 『歷史硏究』, 2002, 1(2002), 91쪽.

45) 棉布 字號, 牌記가 제공하는 '품질검사' 및 원가절감 등의 중요한 기능에 대한 관련 분석. 李伯重, 『江南的早期工業化』, 北京: 社會科學文獻出版社, 2000, 37~85쪽; 邱澎生, 「由放料到工廠？淸代前期蘇州棉布字號的經濟與法律分析」, 『歷史硏究』2002, 1(2002): 75~87 참조.

3.

　위에서 인용한 蘇州知府의 판결문에는 '金三陽' 등 원고인 면포상인의 소장 내용을 받아들였을 가능성이 높다. 그러므로 면포상점의 상인의 '號記'하는 역할이 대단히 중요한 위치임을 언급하였다. "여러 상인들이 각기 號記를 세우니 위로는 조정의 직분을 다하고, 아래로는 검문 조사를 하여 遠商에게 신임을 얻고 세월이 흘러가면 定例가 만들어질 것이다." 관원 심중의 진의가 어떠하든지 간에 적어도 소주지부는 '조정 처리, 검문조사'와 '원상의 신임 얻기'를 결합한 판결문서를 사용하여 전술한 "위로는 國課를 그르치고 아래로는 상인들을 고통스럽게 한다"는 논거와 같다. 국가부세수입과 상인의 경영 안전 간의 관계는 다시 직접적으로 연결되어 17세기 정부가 판결한 상업소송안이 사용한 일종의 법률추리가 되었다.

　강희 3년(1644) 송강부 소속 면포아행은 소수의 허위 관부 명의로 아행을 맡게 되었다고 말한 자칭 '小甲, 月首'라는 특권아인이 당시 강소순무의 지지를 받아서 훗날 다시 소갑, 월수를 자칭하는 자들이 있을 정도로 면포아인과 객상에게 피해를 주었다. 강희 9년(1670), '批發布牙' 劉純如, 張斌候, 姚辛 등이 지방장관에게 중신을 올리고 강희 3년에 정부이 소갑과 월수를 혁직시키는 법령을 재차 천명하고 그 내용을 비석에 새겨 세우는 것을 허락해 달라는 공문을 올렸다. 진정서에는 송강布牙와 상인이 다시 비슷한 요구를 하였다. "송강은 바다 어귀에 있으니 민간의 포필에만 의지하여 표상 무역을 하여 위로는 국가에 세금을 납부하고 아래로 민생을 돕는다."46) 강희 11년(1672) 6월에 「奉憲勒石禁革索貼擾害碑記」를 정식으로 비각하여 세우고 내용 속에 송강부 소속 각급 장관이 이러한 批發布牙의 권익을 보장한다는 글귀를 기록하였는데 예컨대 華亭縣知縣이 내린 공문의 내용은 다음과 같다. "송강부에서는 유일하게 布를 생산함으로 위로 국가에 세금 납부를 완수하고 아래로는 민생을 도우며 상인들이 이에 의지하여 무역을 한다." 婁縣 知縣의 공문은 매우 독특하여 상단에 대화체로 이루어졌다. 張斌侯, 姚達 등이 현에 와서 물었다. "당신들이 大衙門에 도착해서 공문을 올리는 것은 복종하지 않는 것이 있다고 생각하는 것인가?" 張斌侯과 姚達齊이 말하기를, "아닙니다" 하였다. 그러자 "당신들이 비각을 세우고 싶다는 것 말고 다른 할 말이 있는가?" 하고 묻자, "달리 할 말은 없고, 단지 세월이 흐르면 폐단이 생기고 또 옛것에 따라 회복시키니, 저히들이 비석에 새겨 근심을 방지하도록 허락해 주십시오" 하고 대답하였다. 이 婁縣知縣은 대화체를 서신체로 바꿔 쓴 후 다음과 같이 결론지었다. "상인을 돕는다는 일은 美政이므로 응당 청하는 바를 허락해야 하니 큰길에 비각은 세우는 것을 허락한다"라고 하였다. 송강부 지부도 상해현 지현, 청포현 지현이 각기 동의를 표하자 이어서 다음과 같이 결정하였다. "상인을 돕는 것은 美政이니, 뿌리와 그루터기를 잘라 내는 데 힘써서 해로운 것을 제거한다." 그리하여 '批發布牙' 무리의 진술서를 허락하였다.

주목할 만한 것은 순치 16년 면포 상표를 위조하여 牌記한 소송안이든 강희초년 면포아행이 '소갑'을 꾸며 내는 것을 금지하도록 해 달라고 올린 공문이든 간에 이러한 사법행정사무는 모두 당시 '錢債,

---

46) 『上海碑刻資料選集』, 90쪽.

市廛'의 '州縣自理' 상업소송안으로 분류된 것에 속하였다. 이러한 사안은 원래 주현관이 바로 처리하기만 하면 되었다. 다만 동시에 순무 등 성급 장관의 하령을 받아서 소속지부와 여러 현의 지현이 분급심리하거나 의견을 표시하였다. 소주와 송강지역 각급 관원들이 면포상인들의 경상요구를 처리하는 두 가지 실례를 보면, 관련 관원의 직급이 높아서 사실상 이 시기 이 지역의 지방관원이 상업소송을 등한히 한다고 말하기 어렵다. 그러나 지방관원이 면포상표 牌記에 대한 상업관습을 충분히 인정한 것은 매우 인상 깊은 일이다.

동시에 근 100년 후인 乾隆元年(1736)에 송강부 관원이 판결서를 작성한 것에 근거하면, 소주와 송강 등지에서 면포의 '租, 頂, 售賣'는 면포상표의 상업관습이 구체적으로 '관습법'으로 전화되는 과정을 더욱 정확하게 증명할 수 있다. "蘇松 등의 郡에서는 면포업이 매우 활발하지만 물건의 질과 길이가 다르니 각기 상호로서 구별한다. 그래서 이전에 성행한 상점은 租(대여), 頂(양도), 售(판매)할 수 있고…… 그리고 이익을 꾀하는 무리는 스스로 상호를 세우지 못한다…… 혹은 (성행하는 상호와) 독음이 같거나 독음은 같은데 글자는 다르게 하여, 사칭하고 독점하여 진위를 혼란스럽게 하였으며, 분쟁을 만들기도 하는 등 商民을 고통스럽게 하였다." 상호를 위조당한 포상의 권익을 보장하기 위하여 정부관원은 다시 상업'판례'를 작성하였는데 대략적인 내용은 다음과 같다. "蘇州府와 松江府에는 상호를 布에 쓰는데 거짓으로 위조하는 것을 허하지 않는다는 판례가 있다." "(現)蘇郡에서는 布商이 상호를 위조하는 일이 또 있었고", "소주, 송강 兩府를 철저히 조사하도록 격문을 보내어 비각은 세워서 영원히 준수하도록 하였다"47) '租, 頂, 售賣'하는 면포상점이 '布記, 招

牌’하는 상업습관은 정부 판결의 승인을 거쳐 정부가 ‘소·송 양부의 상점’ 상인들의 권익을 유지하고 보호하는 ‘판례’에 녹아들었다. 청 말과 민국시기에는 ‘民商事習慣調査’를 거칠 필요 없이 상인들은 연합소송에서 이미 존재하고 있는 사법질서를 통하여 ‘(상호의) 발음이 같거나 同音異字’를 포함하는 등의 상표를 위조하는 상업행위의 불법성을 확립시키고 소주와 송강부 일대의 지방관이 반드시 원용하는 ‘판례’로 변화시켰다.48)

두 건의 면포소송안 문서나 示禁文書 내용으로 보면, 문서 속에서 요구하는 요점은 “위로는 國課를 그르치고 아래로는 상인들을 고통스럽게 하는” 것을 피하고 “상인을 돕는 것은 美政이니, 뿌리와 그루디기를 잘라 내는 데 힘써서 해로운 것을 제거하자”는 것이다. 여기에는 17세기 중·말기의 송강과 소주 관원이 면포소송안을 심리하고 상인의 진정을 처리할 때를 분명하게 확실하게 반영되어 있으며 그것이 응용되는 중요한 법률추리는 이미 상인의 재정에 대한 공헌이 상인들의 상업 활동 권익과 관계되는 모종의 기본 논증 구조를 출현시켰다. 이러한 증거들은 17세기 강남지역에서 상업소송과 상업행정 중에 이미 국가부세에 이익이 되고 상인의 재산을 보장하는 요구 사이에서 상호 강화된 연계관계를 발전시켜 나갔다. 이는 판결 중에 상인 승소의 정당성으로 이용되었을 뿐만 아니라 더 정확하게는 당시 사법문서에서 사용한 일종의 법률근거를 만들어 냈다.

---

47) 『上海碑刻資料選輯』, 86쪽.

48) 어떤 학자 또한 17세기 松江, 蘇州는 棉布‘字號’에 관계된 비각자료에 기초하여, 당시 중국 상인의 ‘商號權’을 반영함을 가리키며 그 내용은 ‘사용권, 양도권, 專有權, 변경권, 依法請求保護權’을 충족시킨다고 말하였다. 孫麗娟, 『淸代商業社會的規則與秩序』, 北京: 中國社會科學出版社, 2005, 148~149쪽 참고. 그러나 이것은 근대 유럽 각국 혹은 각 지역 서로 다른 시기의 ‘商法’과 비교한 것을 말하므로 아마도 판단하기 어려울 것이다. 관심 있는 독자가 참고하도록 간략히 언급한다.

이에 그치지 않고 소주와 송강 牌記를 포함한 재내의 비각자료는 사실 일종의 당시 '判牘'특징과 매우 상이한 사법문건을 제공한 것과 같다. 상대적으로 말하면 '판독'과 법률조문은 상당히 유사하여 정부의 '독주'를 반영하고, 상업경영의 각종 실제적인 관습, 더 나아가 상인의 상업경영이익을 반영하고, 이러한 유의 사법문서 속에 직접적으로 반영된 것은 매우 드물다.49) 그러나 소주와 송강의 비각에서 '이전에 성행한 상점은 租(대여), 頂(양도), 售(판매)할 수 있으며' 이러한 유의 상업관습은 비각사법문건 안에 정확하게 쓰여 있을 뿐만 아니라 "위로는 국가에 세금을 납부하고 아래로 민생을 도우며, 이것에 의지하여 상인들이 무역을 한다"는 상인의 공헌을 긍정하는 글귀가 지방관의 판결문서에 포함되었다.

訟師가 명·청시기의 법률에 의해 어떠한 문서 속에서도 나타나는 것이 금지되어 있었으므로,50) 우리는 직접적인 증거를 가지고 訟師가 직접 어떤 특정 사법문서에 직접적으로 간여하였다는 것을 입증하기 어렵다. 비록 상황이 이렇지만 명 말 이래 소주, 송강 일대의 訟師는 지방사법 소송의 기록을 채웠고, 일찍이 당시 사람들이 묘사한 중요한 역사현상인 것이다.51) 訟師는 소주의 구체적인 정황에서 활

---

49) 상업경영관습을 전혀 반영하지 않은 청대 판독 관련 분석. David Faure, "The local official in commercial litigation in early nineteenth-century China", University of Tokyo Journal of Law and Politics, 2004, vol.1, pp.144~155 참고.

50) 청대에는 訟師를 금지하는 입법이 더 강화되었다. 관련 율문과 사례 참조. 林乾, 「訟師對法秩序的衝擊與淸朝嚴治訟師立法」, 『淸史硏究』(北京), 2005, 3(2005): 1~12; 물론 청대에 訟師를 금지하는 입법이 더 강화되었지만 실제적으로는 각지의 訟師들은 여전히 본지의 소송에 참여하였는데 왜 이렇게 특수한 상황이 발생한 것인가에 대한 참고. 邱澎生, 「十八世紀淸政府修訂「敎唆詞訟」律例下的査拿訟師事件」, 『中央硏究院歷史語言硏究所集刊』(台北), 97, 4(2008): 637~682.

51) 관련 사료와 상세한 논증. 夫馬進, 「明淸時代的訟師與訴訟制度」, 王亞新 譯, 收入 王亞新, 梁治平 編, 『明淸時期的民事審判與民間契約』, 北京: 法律出版社, 1998, 389~430쪽; 川勝守, 「明末淸初の訟師について-舊中國社會における無賴知識人の一形態」, 『東洋史論集』, 9(1981): 111~129.

약하였는데 바로 건륭『元和縣志』에 訟師에 관한 부정적인 평가에
대해서 실마리가 보인다. "吳中에는 3大 좀벌레가 있는데 하나는 訟
師이다. 민간에 소송사건이 있으면 나와서 주모자가 된다."52) 訟師가
이처럼 소주의 소송에 개입한 만큼 게다가 후세에 '訟師秘本'이 전파
된 것을 보면 어떤 송사는 분명 상당히 좋은 소장 작성기술과 소송능
력을 갖추었을 것이며 또 다른 사람을 능가하는 점이 분명 있었을 것
이다.53) 그러나 더 비싼 소송비용을 지불할 수 있는 外地에서 온 객
상이 사사로이 訟師를 고용하여 상인과 아행 분쟁에 협조하는 경우
도 있다. 우리는 상술한 몇 건의 문서에서 '租(대여), 頂(양도), 售(판
매)'하는 면포 상점이 '布記, 招牌'하는 상업관습을 原告의 소장에 포
함시키고, 동시에 관부 판결서에 실리도록 한 것은 "위로는 국가에
세금을 납부하고 아래로 민생을 도우며, 이것에 의지하여 상인들이
무역을 한다"와 같은 상인의 공헌을 긍정하는 글귀를 보면, 본문에서
언급한 것은 마치 정부 '독주'에 짝을 맞춘 민간 '합현'과 같다. 동시
에 그 안에는 아마도 상인단체와 訟師 두 방면의 합주 '연주자'가 포
함될 것이다.

---

52) 乾隆『元和縣志』(影印淸乾隆二十六年(1761)刻本, 收入 『續修四庫全書』, 史部冊696, 上海: 上海古籍
出版社, 1997), 卷10, 107쪽.

53) 각종 현존하는 訟師秘本에 관한 종합토론 참고. 夫馬進, 「訟師秘本の世界」, 收入 小野和子 編, 『明末
淸初の社會と文化』, 京都: 京都大學人文科學硏究所, 1996, 189~238쪽. 訟師秘本을 통한 訟師의 구체
적인 소송책략 토론 참조. 夫馬進, 「訟師秘本『珥筆肯綮』所見的訟師實像」, 邱澎生, 陳熙遠 合編, 『明
淸法律運作中的權力與文化』(中央硏究院叢書, 台北: 中央硏究院 · 聯經出版公司, 2009), 9~33쪽.

결론

明末의 제한적인 법률과 사례와 대비하여 18세기 상인과 아행의 채무소송과 관련된 『大淸律例』, 『吏部處份則例』 내지는 몇몇 '省例'를 조사하면 여전히 당시 청정부가 전국 각지의 시장 발달로 인해 상인과 아행의 채무분규가 발생한 데 대해 정면으로 대응하는 것을 알 수 있다. 청 정부가 20세기 초에 『商律』을 공포하기 전에는 '사유재산과 채권을 보장하는 상법'은 줄곧 없었다. 그러나 18세기 이전 청조 중앙정부와 일부 상업 발달지역의 지방정부가 시장경제가 발달하였을 때 행한 관련입법에 대한 조정을 완전히 부정해서는 안 된다.

18세기 청정부가 상인과 아행의 채무 소송에 대해 진행한 입법 과정을 보면 중앙조정이나 일부 지방정부나 일정정도 중시하고 있음이 드러난다. 비록 '사유재산권과 채권을 보장하는 상법'을 반드시 만들 필요는 없지만 '정부와 법률'은 경제 '제도 변화'에 영향을 준다는 의제상에서 이들 상인과 아행의 채무소송입법 과정은 여전히 주의를 기울일 만하다.

비록 명·청시기 사법관원이 소송안 판결을 거치지 않고도 상업법률인 '通則'을 만들어 냈지만, 청 말 이전까지 전통중국법률은 '總則, 物權, 債權, 親屬, 繼承'과 公司, 票據, 保險, 海商 等 民商法體系를 수립할 수 없었다. 그러나 이러한 근대유럽의 '상법'과는 다르다고 할지라도, 이것은 오히려 당시 중국 상업법률에서 중요한 변화가 나타나지 않았다는 것을 의미하지는 않는다.

17세기부터 18세기까지 소주, 송강 관원의 일부 사법판결사례에서 지방정부는 도량형과 牙傭의 중재에 개입하였고 아울러 정식으로 면포상인의 商標, 牌記 방면에서의 상업관습을 승인하였다. 그리하여 훗날 지방에서 유사한 소송의 상업판례에 충분히 영향을 나타내었다. 이러한 의의를 들어 말하자면 근대 서방사상의 '상법'이 나타난 적이 없었다 하더라도 우리는 17세기 이후 중국 상업법률의 발전과정에서 몇 가지 중요한 변화가 있었다는 것을 직시하지 않을 수 없으며, 이러한 상업법률 변화가 당시 중국의 '경제, 사회'와 '정치, 법률' 현상 간의 상호관계 보강을 반영하는 실질적 존재임을 더욱 유념할 필요가 있다.[54]

Jonathan Ocko는 일찍이 다음과 같은 주장을 제기하였다. 청대 지방정부 법정에서 관원이 민간계약을 사법조정과 판결에 융합시켜서 청대에는 주현관이 '관습적 실천(customary practices)'을 '관습적 규칙(customary rules)'의 역할로 변화시키는 역할을 하였다. 그러므로 특히 청대 상업이 발달한 州縣 또는 市鎭에서는 여전히 '관습법'이란 용어가 사용되었으며, 이는 당시 중국 법률체계 내부에서 계약과 재산권의 부단한 변화의 역정을 기술하는 데 사용되었다.[55] 이 견해는 중시할 만하다. 그러나 우리는 여전히 주의를 기울여야 한다. 지방관원이 '관습적 실천'을 '관습적 규칙'으로 변화시킨 주요 동력은 사실 상인들의 연합된 역량 혹은 회관과 공소단체가 우선 발동한 것이고, 다시 민간 訟師의 詞訟 협조를 거쳐서 지방정부 법정에서 더 큰 힘을 얻고, 마지막으로 지방관이 訟師를 통하여 가공한 기록의 상업영역인

---

54) 邱澎生, 「也是「商法」問題: 試論十七世紀中國的法律批判與法律推理」, 『法制史研究』(臺北), 2005年, 第8期, 75~123쪽.

55) Jonathan K. Ocko, "The Missing Metaphor: Applying Western Legal Scholarship to the Study of Contract and Property in Early Modern China", in Madeleine Zelin, Jonathan K. Ocko, and Robert Gardella eds., Contract and Property in Early Modern China, Stanford: Stanford University Press, 2004, pp.178~207.

'관습적 실천'을 참작하고 채택하여 지방정부 법정이 '관습적 규칙'이라는 상업판례를 세우는 일이 실현되었다.

만일 18세기 청정부가 상인과 아행의 채무소송에 대해 진행한 각종 입법을 일종의 정부'독주'에 비유한다면 상인단체와 민간 訟師가 각 상업소송과정에 개입한 것은 모종의 민간'합현'이라 할 수 있을 것이다. 정부과 민간 쌍방의 합주는 청대 중국의 몇몇 상업이 발달한 도시에서 다음과 같은 현상이 출현하였다. 경제영역의 '관습적 실천'은 법률영역의 '관습적 규칙'으로 전화되어 '재산권과 경제조직'요인이 '정부와 법률'의 변화역정에 영향을 준다는 근거가 될 수 있다. 그리고 여러 상업소송안과 관련된 '관습적 규칙'에 대해 지방정부법정에서는 정도가 강하거나 약하게 확립될 수 있었다. 즉 '정부와 법률'요소의 이러한 변화는 거꾸로 당시의 '재산권과 경제조직'에 영향을 준 것이기도 하다. 동시에 상인단체가 호소한 "위로는 국가에 세금을 납부하고 아래로 민생을 도우며, 이것에 의지하여 상인들이 무역을 한다"는 글은 정면으로 상인의 공헌을 인정하는 글귀이고, 여기에 訟師 등 전문가의 협조와 찬술을 통하여 소장을 쓰고 진정서를 올리는 것이다. 소주와 송강 지방정부는 이러한 상인재산권 보장에 유리한 '의식형태'가 정식공문의 내용과 정신에 녹아들어 가도록 하여, '정부와 법률'요소의 진일보한 변동에 연대촉진을 야기하였다. 결론적으로 말하자면 이러한 '재산권과 경제조직, 정부와 법률, 의식형태'라는 세 측면의 요소의 종합작용이 18세기 중국강남경제의 '제도 변화'를 이루어 냈던 것이다.

근현대시기 상업관행의 변화

淸末民初 商會의 지역적 발전 및 변화
―上海·蘇州·天津 商會를 중심으로―

朱 英

1904년 1월, 淸의 商部는 「商會簡明章程」을 제정·공포하고, 各省 상인들에게 현지의 사정에 맞춰 章程을 제정하고 商會를 설립하도록 권유했다. 이로써, 근대적 특성을 갖춘 상인단체인 상회가 20세기 초의 중국에서 출현하기 시작했다. 불완전하나마 어떤 통계에 따르면, 1912년에는 전국적으로 이미 9백여 개의 상회가 존재했다고 한다. 그중에서 商務總會는 50여 개, 商務分會는 870여 개였다. 淸末民初에 티베트 등지를 제외하고 전국적으로 탄생한 상회는 가장 많고 가장 영향력 있는 新式 상인단체가 되었다. 이들 근대 중국의 상회들은 상호 간에 공통점을 갖고 있었다. 하지만 각 지역의 정치·경제적 편차 때문에 전국 각지의 상회에는 고유한 특징들이 존재했다. 上海·天津·蘇州 상회가 비교적 빨리 설립되고 영향력도 상대적으로 컸으므로, 이 연구에서는 淸末民初 세 지역 상회의 발전·변화에서 나타난 차이점을 개략적으로 논술하고자 한다.

Ⅰ. 초기상회설립 요인의 차이

상공업자들의 역량 강화와 청 정부의 지도·보호는 19세기 말 20세기 초에 각지에서 상회가 신속히 탄생하도록 만든 2개의 핵심 요인이었다. 그러나 특정 상회들을 놓고 구체적으로 말하자면, 이 2가지 외에도 각 상회만의 고유하고 우발적인 촉진 요인도 있었다.

예컨대, 上海商務總會의 전신인 上海商業會議公所가 1902년에 탄생한 것은, 그해에 會辦商約大臣 盛宣懷가 황명에 따라 上海에서 영미권 국가들과 통상조약을 체결한 일을 계기로 한 것이었다. 盛宣懷는 上海에서 "서양 상인들의 총회는 수풀처럼 많고 아침저녁으로 모여 연구·토론하며 온힘을 다하고 있는 데에 비해, 중국 상인들은 함께 모여 회의할 장소도 없고 각 幇의 董事가 있다 해도 상호 경계를 긋고 서로 흩어져 뭉치지 않으니, 서양 상인들과 거래할 때마다 항시 제대로 대적할 수 없는" 상황을 관찰했다. 한편, 조약 체결을 위한 담판과정에서 각국 대표들은 저마다 上海에 설치한 萬國商會를 자문기관으로 삶고, "商稅·운항 등의 제반 사항[을]…… 평소 상세히 고찰하고 일이 생기면 자문을 구했다." 이에 비해, 청 정부의 담판대표인 盛宣懷는 자문을 구할 만한 상회도 없고 또 준거로 활용할 만한 成文

의 상법도 없어서 항상 수세적인 입장에 놓여 있었다. 이 때문에 그는 상회 설립의 필요성을 더욱더 절감하게 되어 江海關道 袁樹勳에게 上海通商銀行 總董 嚴信厚와 함께 "各幇 수령을 모아 총회를 설립하도록" 명령하기에 이르렀다. 이렇게, 上海商業會議公所는, 청의 통상조약 체결이라는 우연한 계기로 盛宣懷의 奏准을 거쳐, 1902년 9월부터 10월사이에 창립되었다. 그 목적은 "종래에 상인들끼리 단절된 탓에, 상업에 관해 교섭할 일이 있어 (상대방에게) 완곡하게 항변해도 쉽게 당하곤 하던" 상태를 바꾸는 데에 있었다.1) 商部가 「商會簡明章程」을 제정·반포한 후에 上海商業會議公所는 곧바로 上海商務總會로 개칭하라는 명령을 받았다.

天津商務總會의 前身인 天津商務公所는, 8국 여합군 약탈 후의 시장 혼란을 타개하기 위해 새로 부임한 直隸總督·北洋大臣 袁世凱의 지원하 설립한 것이다. 대략적으로 말하면, 5대 商路를 잇는 중심인 天津은 更子年 전쟁이라는 파멸적 충격을 거치면서 산업 전반이 부진하고 시장 상황이 암담해지는 곤란을 겪게 되었다. 가장 심각한 것은 은화 부족이었다. 이 때문에 상업 거래가 힘들어져 거의 파탄에 이를 지경이었다. 상인들은 정상적인 상업거래가 빨리 회복되어 막대한 손실을 만회할 수 있기를 간절히 희망했다. 관부에서도 "天津 시장의 악화가 京城에 영향을 줄까 봐" 우려했다. 이에, 양측은 새로운 상무 기구를 설립해서 중립적인 알선·조정 기능을 수행할 수 있기를 희망했다. 우선, 天津의 紳商들은 "시장을 살리려면 公所를 설치하고 董事를 파견하는 것 말고는 할 일이 없다"고 말하고 "상무공소를 설립하고

---

1) 盛宣懷, 「請設上海商業會議公所折」(光緒 二十八年 九月), 『愚齋存稿』 卷七, 上海古籍出版社, 2001.

이를 통해 연락이 가능하도록 함으로써 상업적 추세에 편승하여 시국의 위기를 해소할 것"을 요구했다.2) 감독에 나선 袁世凱는 "우선, 시장 유지를 현안으로 할 것"을 내용으로 하는 시정방침을 확정하고, 司道·지방관과 각 업종의 商董들에게 은행 개설 및 상무공소 설립 등의 핵심 사안을 논의하도록 수차례에 걸쳐 명령했다. 1903년 5월에 天津商務公所는 袁世凱가 董事를 파견함에 따라 정식으로 설립되었고, 1904년에 이르러 天津商務總會로 개칭되었다. 天津商務公所 설립의 직접적 요인은, 上海商業會議公所와 달리, 시장을 회복하고 유지하려는 直隷 官·商의 노력 결과라고 분명히 말할 수 있다. 天津商務公所의 臨時章程 제1조에서는 다음과 같이 장정의 취지를 밝혔다. "商務公所는 시장의 경색을 해소하기 위해 설립되며, 모든 사안의 처리에 있어서 '疏通'이라는 두 글자를 핵심으로 한다."3)

1905년 蘇州商務總會 설립의 촉매제는 上海商業會議公所나 天津商務公所와 달랐다. 그 촉매제는 그해에 폭발한 美貨 배척운동이다. 운동 초기에 蘇州의 紳商들은 商部에 상무총회 설립을 요구했다. 이때에 제시된 이유를 보면, 蘇州商務總會의 설립이 날로 격심해지는 제국주의의 침략과 이제 막 발생한 미화 배척운동의 영향을 받은 것이었음을 알 수 있다. 商部에 올린 첫 번째 청원서에서 그들은 "洋貨가 內地를 침탈하기 때문에 土貨의 판로가 날로 좁아지는데다가, 銀시장도 계속 위축되고 각종 부담도 가중되며 시장도 나빠지고 있습니다. 이런 상황은 沿海에 비해 內地에서 훨씬 더 심각하게 발생하고 있습니다. 그러므로 각 업종을 신속히 단결시켜 상회를 설립하도록

---

2) 『大公報』 1903年 5月 19日.
3) 『大公報』 1903年 6月 2日.

하고 그렇게 함으로써 공업을 진흥시키고 상업계를 일치시켜야 합니다"라고 밝혔다. 또 다른 청원서에서 蘇州의 紳商들은 上海 등지의 상회들이 미화 배척운동에 끼친 영향을 예로 들면서 "상회 설립 이후를 생각해 보니, 작게는 소송상의 불리함을 배격하고 크게는 미국 상품을 저지했으니, 이는 백지장도 받들면 낫다는 식의 효과를 거둔 것"이라고 설명했다. 이로써 볼 때, 앞서 설립된 각지의 상회들이 미화 배척운동에서 중요한 역할을 수행했으며, 바로 그 점이 蘇州 紳商들로 하여금 상회 설립으로 나아가도록 만든 주요 動因의 하나였음을 알 수 있다. 이와 동시에 1905년 7월 19일자 『時報』는 「우리 蘇州 상인들에게 고함」이라는 제하의 글에서 蘇州의 상황을 겨냥해 "전국적으로 함께한다 할지라도 미화를 배척하면 상점들이 맨 먼저 재난을 당하게 된다. 그러므로 상점들의 해법은 상회에 꼭 의존하고 그것을 대외적 기관으로 삼는 것"이라고 지적했다. 蘇州의 상공업계 인사들은 준비 작업에 점점 더 박차를 가했다. 그 결과, 蘇州商務總會가 정식으로 설립될 수 있었다. 그래서 당시에는 "상회의 이점이 꼭 협정 체결에만 있는 것은 아니지만, 그래도 그것은 협정 체결과 밀접한 관련이 있다. 그러므로 협정을 체결하는 자들은 상회의 설립을 부추키는 것은 외화배척을 준비하려고 했기 때문이었다"고들 말했다.

Ⅱ. 외연조직 시스템의 차이

조직의 체계라는 측면에서도 上海·天津·蘇州 상회는 일정 정도 차이점을 보였다. 단순히 상회의 조직 자체만 놓고 말하면, 청 말 각지의 상회에는 차이점이 없었다고 할 수 있다. 왜냐하면, 다들 총회―분회―분소로 구성되었기 때문이다. 이 문제와 관련하여 商部는 "총회―분회 관계의 실질은 연락이지 통할이 아니므로, 중앙정부에 지방정부가 예속되는 것과는 비교할 수 없다"고 설명한 적이 있다. 예하의 외연조직을 보유했느냐라는 점에서, 각지의 상회들은 명확한 차별성을 보였다. 예컨대 청 말의 蘇州商會는 商團·市民公社 등 2개의 외연조직을 직접 거느렸으며 그 영향력도 매우 현저했다. 그에 비해 上海와 天津의 상회는 그렇지 않았다.

辛亥革命 이전에 上海·武漢·杭州·無錫·蘇州 등 많은 지역에서는 상단과 유사한 상인 무장조직이 연이어 출현했다. 그중에서 上海商團이 가장 일찍 설립됐고 역량도 가장 컸다. 1905년에 上海의 상인들은 다섯 개의 신식 상인체육조직을 설립하고 이를 '五體育會'라고 불렀다. 이것은 1907년에 商團公會로 개조됐다. 이때는 일정 수량의 총기·탄약이 있었고 上海商團의 기초도 형성됐다. 1911년에 이르러 上海商團은 "이미 1천여 명에 도달했고, 각 업계의 영수들이 뜻있는 인사들을 선발하여 상단을 육성했다." 上海商團은 上海商會와 일정한 연계를 갖고 있었고 또 동일인이 두 조직의 직책을 겸하는 경우도 있었다. 하지만 上海商團은 上海商會의 지도를 수용하지 않았다. 上海商團公會의 초대 회장을 지낸 李平書는 上海의 상업적 지방자치기구인 城鄕內外總工程局(훗날 '自治公所'로 개칭)의 總董을 겸임했다. 그래서 上海商團은 더욱더 총공정국의 지도와 통제를 받게 되었다. 天津商團의 설립은 비교적 늦어 民國 초기에 가서야 비로소 정식으로 이루어졌다. 天津商團 역시 天津商會의 지도를 수용하지 않고 비교적 높은 독립성을 향유했다.

蘇州商團은 비교적 오랫동안 蘇州商會의 하부조직으로 자처했다. 1905년 蘇州商團의 전신인 "蘇商體育會는 光緒 32년(1906) 병오년 가을부터 상무총회의 준비과정을 거쳐 설립되었다." 1912년 1월에 蘇商體育會는 商團公會로 개조되었다. 이때도 蘇州商會의 명의로 신청해서 都督府의 비준을 받았다. 재정 측면에서, 蘇州商團은 주로 蘇州商會의 지원금에 의존했다. 蘇州商團은 처음에는 관부에서 총기·탄약을 빌리다가 나중에는 자체적으로 경비를 만들어 구매했다. 이 역시 蘇州商會 명의로 이루어졌다. 인사 측면에서, 蘇商體育會 및 훗날의 商團公會와 蘇州商會의 연계는 더욱더 밀접했다. 蘇州商團의 리더는 기본적으로 蘇州商會의 간부들에 의해 겸임되었다. 이상과 같은 정황을 볼 때, 蘇州商團과 蘇州商會의 연계는 일반적인 것이 아니었음을 알 수 있다. 사실, 蘇州商團은 蘇州商會의 외연조직에 예속된 것이었다.4)

蘇州商團 외에 蘇州市民公社도 蘇州商會의 외연조직에 예속되어 있었다. 청 말에 上海·蘇州 등지의 상공업자들은 지방자치를 목적으로 신식 기구를 잇달아 설립했다. 1905년에 李平書 같은 商董들의 건의로 설립된 上海城廂內外總工程局은 "지방적 사안의 일체를 정리하고 관부가 할 수 없는 일과 민생에 큰 이익이 되는 일을 지원하며 의사 결정·의사 집행 두 부문을 나눔으로써 지방자치의 기초를 세울 것"을 강조했다.5) 설립 후에 총공정국은 호구조사, 지도 작성, 부두 확장, 도로 신설, 수로 정비, 교량 건설, 도로 청소, 가로등 확충, 치안 강화, 세금 지출 등 각종 분야에서 매우 중요한 기능을 발휘했다. 총

---

4) 이 문제와 관련한 상세한 내용은 다음 문헌에서 참고. 「從「蘇州商團檔案」看近代蘇州商團的特點」, 『史學月刊』 2006年 第12期.

5) 「上海城廂內外總工程局章程」, 『東方雜志』 第3年 第1期.

공정국은 上海商會와 일정한 연계를 유지하기는 했지만, 상회 밖에서는 완전히 독립적이었고 상회의 통할이나 영향도 받지 않았다.

蘇州의 상인들이 청 말에 설립한 지방자치단체는 市民公社라고 불렸다. 이것은 대로를 구획의 기준으로 하여 설립된 기층적 자치기구였다. 이 기구가 수행한 구체적 사무는, 처음에는 도로 청소, 우물 파기, 도랑 뚫기, 가로등 확충이나 소방 관련 등으로서 그 범위가 비교적 협소했지만, 오래지 않아 금융·세무·물가 및 군수잡무 등의 방면으로까지 확장되었다. "(이런 것들은) 자치범위 안에서 당연한 일이었으며, 공사 사람들은 모두 힘껏 일했다." 1911년 신해혁명 이전에는 정식으로 설립된 시민공사가 4개에 불과했지만, 민국 이후에는 지속적으로 증가하여 그 숫자가 20여 개로 늘어났다.

시민공사는 일반적으로 자신들을 蘇州商會의 외연조직으로 인식했다. 그리고 상회를 '상무를 장악하는 기구'로 인식했고, '우리 상인들은 모두 그에 예속된다'고 생각했다. 각 구역의 상인들이 설립한 시민공사는 상회에 먼저 보고한 뒤에 상회 명의로 관부에 문서를 보내 승인을 요청하고 등록하고 창립했다. 자신들이 경비를 부담하는 등 상단처럼 상회에 의존하지는 않았지만, 각종 활동에 종사하는 과정에서 상회에 의견을 많이 구했다. 지방관과 교섭할 일이 생기면 상회가 대신 나서 주기도 했다. 각 시민공사는 임원을 선발할 때에 상회더러 직원을 보내 선거를 감독해 달라고 요청하고, 선거 결과를 상회에 보고했다. 어떤 시민공사의 경우에는, 상회 구성원이 직접 지도자를 맡기도 했다.

상회가 시민공사를 통할하는 것을 두고 蘇州官辦自治籌辦處에서 시샘을 한 적이 있다. 자치주판처에서는 "지방자치라는 것은 官治가 미치지 못하는 부분에서 보충적으로 작용하는 것이니, 마땅히 해당 지방관으로부터 감독을 받아야 한다"고 말했다. 그러나 시민공사는 상회가 자신들의 직속 상부기관이라는 입장을 견지했다. 상회 역시 거들고 나섰다. 결국 자치주판처는 기존에 형성된 현상을 묵인할 수 밖에 없었다. 다른 관서는 蘇州商會에 보낸 照會에서 "귀회가 상무기구들을 장악하고 있으며, 귀회가 앞서면 다들 따를 것"이라고 승인했다. 또 상회가 '널리 제창하고', '권위 있게 권고하고' 더 많은 시민공사들을 조직해 줄 것을 희망했다.6)

상단과 시민공사라는 두 개의 직속 예하기구를 보유한 것 외에도, 청 말 蘇州商會는 救火社·治安龍社 등의 소방협의기구를 창립하고, 해당 지역의 문화체육단체들과도 밀접한 관계를 가졌다. 바로 이 같은 종류의 특색을 갖춘 조직 시스템을 통해, 蘇州商會의 지역적 기능 및 작용은 여타 상회보다 훨씬 더 폭넓고 두드러지게 나타났다. 蘇州商會의 활동은 상업정보를 교환하고 상업 마인드를 계발하고 상권을 확대하는 것에만 국한되지 않았다. 그것은 자본주의적 상공업 발전을 촉진하고 자신들의 휘하에 있는 체육회·상단·시민공사·치안용사 등 하부 외연조직을 통해, 또 문화체육단체와의 밀접한 연계를 통해 사회치안·시정건설·위생소방·문화체육 및 기타 공익사업의 관리권을 각각 장악해 나갔다. 그러므로 청 말 蘇州商會의 기능을 고찰하려면 단순히 상무관리라는 하나의 범주에만 국한할 게 아니라, 이를 포함한 다양한 방면의 직무 및 영향에 대해서도 충분히 살펴볼 필요가 있다.

---

6) 「蘇州巡警道汪致蘇州商務總會片」, 『辛亥革命史叢刊』 第4輯, 中華書局, 1982, 57쪽.

Ⅲ. 지역경제 발전과 成員 구성의 특점

구성원 충원이라는 측면에서 볼 때, 청 말의 上海·天津·蘇州 상회에는 약간의 차이가 있었다. 일반적으로 말하면, 상회는 상공업자들을 중심으로 조직됐다. 하지만 개항장의 상회에는 일정 규모의 買辦이 있었고, 어떤 경우에는 매판이 總理·協理(민국시대 이후에는 정·부 회장)를 맡기도 했다. 한편, 蘇州商會처럼 매판이 없는 경우도 있었다.

예컨대, 1905년 제2기 上海商會에서는 매판이 회원 총수의 13.7%를 점했고, 같은 해의 天津商會에서는 매판이 總董 수의 14.2%를 점했다. 漢口商會의 경우에는, 제1기부터 제8기까지 239명의 會董이 있었는데, 그중에서 매판이 15명으로서 총수의 6.2%를 차지했다. 위에 언급한 상회들의 총리·협리 역시 매판에 의해 점유되었다. 예를 들어, 上海商會 제1기 協理인 徐潤은 영국 회사인 덴트사(Dent & Co., 寶順洋行)의 매판, 제7기 協理인 貝潤生은 영국 회사인 이베슨사(Iveson & Co., 公平洋行)의 매판이었다. 天津商會의 경우에는, 영국 회사 新泰興洋行의 매판인 寧世福이 1905년부터 1911년까지 계속해서 협리를 맡았다. 그는 1911년에 한 차례 총리를 맡은 적이 있다. 그때 협리 자리는 일본 회사인 正金銀行의 매판인 吳連元에 의해 차지되었다.

그러나 매판이 개항장의 상회에서 반드시 일정 지분을 차지한 것은 아니었다. 청말 蘇州商會의 역대 총리·협리 중에는 매판이 하나도 없었다. 1905년 제1기부터 1911년 제6기까지 蘇州商會에는 5인의 총리·협리가 있었다. 이들은 각각 견직업·금융업·전당업·보석업의 商董이었다. 그런데 역대 회동·회원 중에 매판이 하나도 없었다. 어떤 논저에서는, 蘇州商會 회원이자 저명한 자본가로 이름을 날린 祝大椿을 蘇州商會의 대표적 매판으로 간주했다. 그런데 여기에는 재고의 여지가 있다. 祝大椿은 영국 회사인 怡和洋行의 매판을 겸했다. 蘇州에서 전등회사를 창립하고 진흥시킨 탓에 蘇州商會에도 참가했다. 하지만 그는 장기간 上海에 거주했으며, 실제로는 蘇州商會의 활동에 참여하지 않았다. 그저 이름만 올렸을 뿐이다. 그의 경제·정치 활동의 중심은 시종일관 上海였다. 그래서 청 말 역대 上海商會에서 회동으로 당선될 수 있었던 것이다. 더 중요한 것은, 祝大椿이 1900년을 전후에 매판을 맡기 전에 이미 源昌繰絲廠·碾米廠을 창립하고 민족자본가가 되었다는 점이다. 나중에 민족자본가 신분으로 매판 사무를 겸하기는 했지만, 그는 華興面粉公司·公益機器紡織公司 등 많은 민족자본기업을 세우거나 거기에 투자했다. 그러므로 계급적 속성을 놓고 말하자면, 그는 분명히 민족자본가 범주에 속한다. 따라서 그를 매판이라고 봐서는 안 된다.

과거에 일부 논저들에서는 서양 상품을 다루고 수출입 무역에 종사하는 중국 상인들을 매판 혹은 매판상인이라고 규정했지만, 이런 규정 역시 사실에 부합하지 않는다. 이런 상인들은 매판 및 매판상인과 결코 등치되지 않는다. 그들은 민족자본가의 범주에 포함되어야 한다. 그들이 비록 외국상품의 수출입 차액이나 서양 상품의 판매 이익에 의존했지만, 그 자본의 순환·회전은 결코 외국 자본의 그것과 완전히 일체화되지 않았다. 또 그들은 洋行의 초빙을 받아들이지 않고 중국 상인이란 명의를 갖고 자유롭게 양행과 거래했다. 이 때문에 청말 蘇州商會와 기타 상회의 洋貨業 대표는 매판으로 볼 수 없다.

청 말의 蘇州는 개항장이나 마찬가지였다. 그렇다면, 어째서 상회에 매판이 없었을까? 이것은 蘇州 지역 매판세력의 취약성과 밀접한 연관을 갖고 있다. 구체적으로 말해서, 蘇州는 교통 요지인 上海·天津·漢口 등지처럼 비교적 일찍이 외국 상인들에게 개방되어 洋行이 수풀처럼 생기고 外資 공장이 번성하며 매판세력이 비교적 강한 곳과는 달랐다. 蘇州는 청일전쟁 후에 비로소 개항장이 되었다. 1900년에야 독일 합작 경영의 延昌永繰絲廠이 건립되었고, 1913년까지는 외국 상인이 蘇州에서 공장을 세우거나 은행을 설립한 적이 없었으며 商社 역시 수적으로 매우 적었다. 시장에서 판매되는 외국상품은 주로 蘇州 상인이 上海에서 사들이는 것이었다. 한편, 蘇州가 上海와 가깝고 수륙 교통이 편리하여, 외국 상인이 上海에 양행을 세웠기 때문에 서양상품이 소주에서 매상이 좋았다.

매판의 유무 및 점유율의 여하 같은 차이 외에, 지역 간 상공업 발달의 차이도 상회 지도자의 구성에 큰 영향을 주었다. 예컨대, 天津은 대대로 漕糧 수송의 중심이었다. 식품업의 역사가 유구하고 실력이 대단하다는 것은 天津 제일의 경제적 자랑거리였다. 이 때문에 식품업의 상동이 天津商會에서 중요한 위상을 점할 수 있었다. 역대 30명의 회동 중에서 식품업 대표는 5명이었다. 天津에서는 염업도 꽤 발달했다. 長蘆鹽業의 집산지인 天津은 염상이 운집한 곳이자 상업계에서도 탁월한 곳이었다. 저명한 상동인 王賢賓은 상회 총리라는 요직을 1911년까지 담당했다.

蘇州는 종래 수공업과 상업의 발달이 현저한 곳으로 알려졌다. 구체적 특징은 아래와 같이 개괄될 수 있다. "蘇城의 생산은 비단을 주력으로 하고 잠사를 그 다음으로 한다. 行店은 錢業을 주로 하고 비단을 그 다음으로 한다." 특히 紗緞·綢緞을 경영하는 사직업은 蘇州에서 발달한 업종으로 알려졌다. 1870년대에는 직기가 2,127대, 연간 비단 생산량이 76,572필이었다. 이 외에, 蘇州는 淸代에 江蘇省의 省都로서 풍경이 무척 아름답고 園林이 매우 정교하며 官紳·富商이 오래도록 모여 살던 곳이었다. 이 때문에 紗緞·綢緞 외에 금은·보석·玉器·술·담배 같은 사치생활 수요에 직접 부응하는 상품을 취급하는 업종도 매우 발달했다. 또 錢業과 典業의 재원도 가장 풍부했다.

이와 상응하게, 蘇州商會 안에서의 이들 업종의 세력도 매우 두드러졌다. 민국 초기의 『蘇州總商會同會錄』에 실린 바에 따르면, 도합 30여 개의 업종에 속한 720개의 상사 중에서 위에 언급한 업종 및 계열은 15개 이상에 237개 상사로서 총수의 33%를 점했다. 총리·협리·회동의 구성도 마찬가지였다. 蘇州商會는 청말에 총 6기의 회동을 선출했다. 당선인 수는 모두 117인이었다. 그중에서 典業은 연인원 33명으로서 총수의 27.2%를 점했다. 錢業은 연인원 27인으로서 총수의 23.1%를 점했다. 絲緞業은 연인원 21명으로서 총수의 17.9%를 점했다. 綢緞業은 연인원 22인으로서 총수의 18.8%를 점했다. 그 다음으로는 보석업·米業·차업·醬業·煙業이 뒤를 이었다. 기타 업종의 대표들은 회동이란 요직에 관심도 둘 수 없었다. 총 6기의 총리·협리도 모두 綢緞業·錢業·典業·보석업에 의해 차지되었다. 그중에서 주단업 상동인 優先甲은 다섯 기의 총리를 차지하는 영광을 안았고, 錢業 상동 吳理杲는 협리를 4회 역임했고 또 다른 전업 상동인 倪思九도 협리를 역임한 적이 있다. 이들 두 업종이 총리·협리라는 맹주 지위를 양보한 유일한 때는 제4기뿐이었다. 이때는 典業의 張履謙과 보석업의 倪開鼎이 차지했다. 분명한 사실은, 蘇州商會 안에서 典業·錢業·絲緞業·綢

緞業 등이 시종일관 주도적 지위를 차지했다는 점이다.

Ⅳ. 선거제도의 차이

중국에서 근대적 선거제도가 가장 일찍 나타난 분야는 정치영역이 아니다. 그것은 상회가 선구적으로 시행한 것이다. 중국의 상회는 청 말인 1904년부터 생겨났다. 그때부터 총리·협리·회동 같은 지도자를 투표로 선출하는 방식이 생긴 것이다. 會員은 자기 업종의 대표에게 속했기 때문에, 일반 단체의 구성원과 달리 선거를 통해 선출되었다. 이처럼 명확히 근대적인 특징을 갖춘 선거제도는, 기존의 많은 논저에서 상회를 근대 중국의 신식 상인단체의 주요 요소 중 하나로 판단하도록 만든 요인이었다. 그러나 상회 선거제도의 실제 운용과정에서 각지의 상회는 공통점은 물론 차이점도 노정했다. 모든 상회가 투표선거제를 수용한 것은 아니었다. 上海·蘇州·天津 상회에는 일정한 차이가 있었다.

투표에 의한 선출을 가장 일찍 제도화한 곳은 上海商會였다. 광서 30(1904)년 4월 上海商務總會가 정식으로 설립되면서 23개 조문의 장정이 기초되었다. 비록 완전한 것은 아니었지만, 이 장정에는 선거문제에 관한 언급이 있었다. 장정 규정에 따르면, 上海商務總會는 총동·부총동 각 1인과 董事 8~12인을 두고 會友大會에서 이들을 선출하도록 했다. "각 상사 및 필요 인원 혹은 상무와 관련이 있거나 중국에서 積載하는 회사는 會友가 될 수 있다." 그러나 반드시 회우 2명의 추천을 받지 않으면 안 되었고, 董事들의 투표를 통해 '표가 많은 자가 당선'

되도록 했다. 회우가 董事 피선 자격을 가지려면, 매년 소정 액수의 납부금을 내야 했다. "납부금이 은 100냥을 넘으면 副董事에 선출될 수 있고, 은 3백 냥을 넘으면 董事에 선출될 수 있다." 선거 때에는 "다른 사람에게 출석을 대리하도록 할 수 없으며, 회우가 회비를 내지 않거나 완납하지 않은 경우에는 선거에 간섭할 수 없다. 하나의 상사에서는 단지 1명의 董事만 낼 수 있으며, 두 사람이 함께 선출될 수 없다."7) 이는 근대 중국 상회가 장정에 규정한 선거제도 중에서 가장 빠른 것이었다. 또 그것은 상인들이 자신들의 장정에 지도자 및 董事를 반드시 투표로 선출하도록 정한 최초의 규정인 동시에, 모든 회우가 똑같이 선거권을 갖도록 한 것이었다. 그러나 피선거권을 향유하려면 연간 납부액이 은량을 기준으로 일정 금액에 도달하도록 했고, 한 상사에서 1명의 동사만 낼 수 있도록 했다. 上海商務總會는 그때까지도 회원과 회우를 분류하지 않고 통칭해서 회우라고 불렀다. 또 회원·회우 모두 선거권을 갖고 있었다. 이러한 기초 위에서 진행된 선거는 일정한 광범위성을 갖고 있었다고 말할 수 있다. 이 외에, 피선거권과 납부의 연계 원칙을 최초로 확립했다. 그런데 이 규정은 예전에 연구자들의 비판을 받았다. 연구자들은 그것이 상공업계 내의 중하층 인사가 회동에 당선되는 것을 막고 주로 富商大賈에게만 유익을 제공했다고 인식했다. 하지만 당시의 상공업계에서는 많이 헌납한 자가 많은 권리를 향유해야 한다는 인식이 존재했기 때문에, 위와 같은 규정들이 어떤 문제도 일으키지 않았다. 오히려, 한 상사에서 1명만 당선될 수 있도록 한 규정이 부유한 상사를 제약한다고 인식될 정도였다.

---

7) 「光緒三十年四月訂上海商務總會章程二十三條」, 上海市工商業聯合會 等 編, 『上海總商會組織史資料彙編 上』, 上海古籍出版社, 2004, 66쪽.

광서 30년 5월에 上海商務總會는 제2차 暫行試辦詳細章程 73개 조를 기초했다. 제1차 초안과 비교할 때에, 제2차 초안은 선거제도 측면에서 아래와 같이 명확한 변화를 보였다. 첫째, 선거에 대해 더욱더 상세하고 구체적인 규정을 두었다. 이 장정 제4장의 규정은 '선거'로서 총 9개 조이며 전체 내용이 선거와 관련되어 있다. 이 장정의 규정에서는 총리·협리를 반드시 議董 내에서 선출하도록 했다. 득표수가 많은 자를 총리, 그 다음 사람을 협리로 하도록 했다. 만약 득표수가 같으면, 동점자들을 대상으로 의동들이 재투표를 하도록 했다. 의동은 반드시 회동 내에서 선출하도록 했다. 둘째, 총리·협리·의동의 구체적 선출 방법은 '機密投筒法'이었다. 구체적 방법은, 총리·협리 선거 7일 이전에 坐辦이 투표용지에 번호를 적고 마감일을 적어 유권자에게 2장씩 발송하는 것이었다. 坐辦은 原簿를 따로 만들어, 누구에게 몇 호를 보냈는지를 기록한다. 발송이 끝나면, 원부를 밀봉하고 미리 공개하지 못하도록 한다. 유권자는 표를 받아 기표한 후에 밀봉하여 상회에 보낸다. 상회에서는 그것을 함에 투입한다. 기일이 되어 청중이 모인 자리에서 坐辦이 함을 열고 계산한 뒤에 장부에 기록하고 참석자들에게 공개한다. 의동 선거의 경우에도 '기밀투통법'이 채택되었다. 다만, 투표용지를 발송하는 시간이 달랐을 뿐이다. 2주 전에 발송하도록 했다. 이러한 기밀투통법은 비교적 독특한 무기명 투표법으로서, 어디서 기원한 제도인지 현재로서는 알 길이 없다. 셋째, 회원선거에 대해 새로운 규정을 두었다. 上海商務總會의 제1차 초안은 회원의 산출 및 선출문제에 대해 명문의 규정을 두지 않았지만, 제2차로 수정된 暫行試辦章程은 이 문제에 대해 비교적 상세한 규정을 두었다. 장정 수정에 관한 上海商務總會의 설명에 따르면, 회원은

行幇會員과 개인회원의 두 종류로 나뉘고 행방회원은 회우가 참여하는 기밀투통법에 따라 산출되었다. "상회 경비를 납부하면 회우가 되고, 소속 幇 혹은 行에서 1년 납부액이 3백 냥 이상이 되면 소속 방 혹은 행에서 公選하여 회원으로 하고, 會衆이 협의를 통해 승인하는 자는 본회의 회원으로 한다." 이 외에, 上海商會는 "各幇各行選擧會員法"을 기초하였다. 구체적 내용은 다음과 같다. "幇 혹은 行으로서 매년 회비를 3백 냥 이상 납부할 때에는 회원 1인을, 6백 냥이면 회원 2인을, 9백 냥이면 회원 3인을 추천할 수 있다. 9백 냥 이상이면 3인을 한도로 한다. 납부금을 낸 후에 해당 업종 혹은 해당 行의 董事가 납부금을 본회에 송부한다. 회원이 협의하여 회우로 한 후에 선거 때에 본회가 규정에 따라 투표용지를 보내고, 각 방은 회원을 公擧한다. 또 기밀투통법을 통해 장정에 따라 선거하고 본회로 보내 통에 넣도록 하고, 정해진 때에 통을 열어 득표수가 가장 많은 자가 당선되도록 한다. 회원이 될 수 있는 자격은 아래와 같다. 품행이 바르고 본업을 경영하며 사리에 밝은 상회 회우로서 연령이 30세 이상이어야 한다. 이 외에, 상사에 속한 개인 중에 투표에 의한 선거를 통과하지 못했더라도 매년 3백 냥 이상의 회비를 내고 또 공익에 관심을 갖고 있으며 회원 2인의 추천을 받은 뒤에 회중이 회의를 열어 허가한 자는 본회의 특별회원이 될 수 있다."

上海商務總會가 최초로 시작한 이 같은 선거제도는 훗날 설립된 많은 상회의 모범이 되었다. 이를 통해, 上海商會가 근대중국 선거제도의 확립과정에서 새로운 분위기를 만드는 주요 작용을 했음이 더욱더 증명된다. 예컨대, 1905년 10월에 설립된 蘇州商務總會의 경우에는 장정 제4장이 모두 선거와 관련 있는 내용이고 그것의 거의 전부가 上海商會의 선거제도를 차용한 것이며 선거방법 역시 기밀투통법인데다가 투표용지의 양식도 완전히 같았다. 다만, 총리·협리에 당선될 수 있는 연령을 40세 전후에서 30세 이상으로 낮추고 회원에 당선될 수 있는 연령도 30세 전후에서 24세 이상으로 낮추었다는 점이 다를 뿐이다. 또 다른 차이점은, 총리·협리의 연임 회수와 관련하여 "총리·협리의 사무가 적합했다고 인정되고 임기 만료 후에 회중이 공동으로 합의하면 연임할 수 있도록 하되, 3차에 한해 연임하도록 할 수 있다"고 한 점이다.8) 훗날의 많은 상회에서 나타난 실제적 정황을 볼 때, 총리·협리·회동의 연임 횟수는 논쟁을 쉽게 일으킬 만한 문제였다. 蘇州商會는 이에 대해 명확한 규정을 두는 한편, 上海商會의 선거제도에 있는 단점을 보충했다.

그러나 청말 민초의 天津商會는 上海·蘇州와 달리 공동 추천이라는 선거제도를 채택했다. 1903년에 설립된 天津商務公所는 잠시 실행하는 章程에서 公擧 제도를 내놓은 바 있다. 장정 제2조에서는 "天津의 시황이 이완되고 상호 알력이 생기면, 상무공소가 연락업무를 수행한다. 각 업종 중에서 큰 곳은 董事 2인을 추천하고 작은 곳은 1인을 추천함으로써, 문제의 근원 및 해법을 강구하여 함께 난관을 극복하고 積習을 일소하도록 한다"9)고 했다. 여기서 말하는 公擧란 실제로는 公推로서 투표선거가 아니었다. 1904년 5월에 商務公所 商董은 天津商務總會 설립을 준비할 때에 투표선거제를 중시하지 않았다. 가장 먼저 기초된 商會就地便宜章程 20개 조 중에는 총리·동사 등의

---

8) 「蘇商總會試辦章程」, 章開沅 等 主編, 『蘇州商會檔案叢編』 第1輯, 武漢, 華中師範大學出版社, 1991, 20~21쪽.

9) 「天津府凌守稟定商務公所暫行章程」, 天津市檔案館 等 編, 『天津商會檔案彙編 (1903~1911) 上』, 天津人民出版社, 1989, 3쪽.

직원을 투표로 선출한다는 명확한 규정이 없었다. 1905년에 天津商會가 개정한 試辦便宜章程 제4조 역시 모호하게, 상회 총리가 "회동 십몇 명을 미리 정한다"고만 하고 이들을 선거로 뽑는다고는 하지 않았다.

청 말의 天津商會는 투표제 및 그 방식에 대해 명확한 규정을 두지 않고 소위 공추 혹은 공거 방식을 취하고 있었기 때문에, 총리·협리의 선출결과 역시 투표제를 실행하는 상회의 그것과 다를 수밖에 없었다. 일반적으로 말해서, 투표제를 실시하는 상회에서는 총리·협리의 임기 및 연임 회수에 대해 규정을 두고 나아가 총리·협리의 연임 회수에 대해 제한을 두었다. 그러나 天津商會는 이에 대한 제한을 두지 않았다. 그로 인해 1904년부터 1911년까지 王賢賓이 공거 방식을 통해 계속 총리를 연임할 수 있었다. 마약 1911년에 王賢賓이 직무상의 이유로 파면되지 않았다면 아마 계속해서 무제한으로 연임했을 것이다. 총리·협리가 무제한으로 연임할 수 있도록 한 것 외에도, 天津商會는 각 행방 회동의 정원에 대해서도 제한을 가하지 않았다. 이렇게 함으로써 경제력이 강한 행방들이 회동 숫자를 많이 점유할 수 있도록 하는 한편, 기타 행업들은 한 석의 회동 자리도 차지하기 힘들도록 만들었다. 공문서 기록에 의하면, 天津商會의 광서 32년(1906) 당시 회동은 총 12인이었다. 그중에서 綢緞洋布業 소속은 5인으로서 그 비율이 최고 41%에 달했다. 광서 33년(1907) 당시의 회동은 총 15인(좌판 1인 포함)이었고, 그중에서 은행업 4인과 식품업 3인과 주단양포업 4인을 합하면 이 3개 업종이 11인이 되어 전체의 73%가 되었다. 宣統 원년(1909)의 회동은 20인(좌판 1인 포함)에 달했다. 그중에서 주단양포업이 6인에 달했고 전장업은 여전히 4명이었다. 이 두 업종만으로 전체 회동의 절반을 차지했다.[10] 명백한 것은, 천진상회는 투표제나 그에 상응하는 규정을 두지 않았기 때문에 소수 업종이 회동 정원의 상당 비율을 차지하도록 만들고 또 다수의 업종이 시종일관 단 한 명의 회동도 내지 못하도록 만들었으며 이는 상회가 상공업 각계의 신망을 얻는 데에 영향을 주었다는 점이다.

중화민국 건국 후에 많은 상회들은 시세를 따라 개혁을 전개하고 선거제를 포함한 새로운 조치들을 시행했다. 그러나 천진상회의 지도자들은 투표제에 대해 여전히 다른 인식을 갖고 있었다. 그들은 계속해서 전통적인 公推 방식을 고수했다.[11] 민국 원년에는, 王賢賓이 총리를 다시 맡을 것인가와 관련하여 天津商會가 公推·票擧 문제를 놓고 工商部와 쟁론을 벌인 적이 있다. 이 사건은 투표제도에 대한 天津商會의 사이비적 인식을 전형적으로 반영하는 것이었다. 1912년 3월에 天津商會 총리 寧世福은 "나이가 많아 기력이 쇠하고 상무를 처리할 수 없다"는 이유로 사표를 제출했다. 이와 동시에 협리 吳連元도 '능력 부족'을 이유로 사직을 청구했다. 4월 초에 天津商會는 청 말에 파면된 王賢賓에게 다시 총리를 맡아 줄 것을 요청했다. 하지만 공상부는 天津商會의 요청을 단호하게 거부했다. "총리 寧世福은 노령을 이유로 퇴진하고 협리 吳連元은 사무를 이유로 사직했으니, 상인 전체가 투표를 하거나 그렇지 않으면 公擧를 하는 게 바람직하다. 이전에 잠시 설치했던 會辦을 총리로 올릴 수는 없다. 게다가 王賢賓은 사건 때문에 파면을 당해 명예가 손상되고 신용이 추락했으니 그를 총리로 재기용하는 것은 상회에도 도움이 되지 않는다. 마땅히 해

---

10) 「天津商務總會總理協理會董一覽表」, 天津市檔案館 等 編, 『天津商會檔案彙編(1903~1911) 上』, 108~110쪽.

11) 胡光明의 「論北洋時期天津商會的發展與演變」, 『近代史硏究』 1989年 第5期를 보라.

당 총상회에서 투표를 따로 시행하든가 아니면 공정한 紳商을 공거
할 것으로 명령하노니, 공상부에 다시 보고할 것을 기다려 처리하기
로 한다."12)

　天津商會는 공상부의 거부가 옳지 않다고 판단하여, 공상부가 요
구한 표거 방식에 대해 이의를 제기하면서 "公推의 관습은 하루아침
에 개혁하기 힘들다"고 밝혔다. 天津商會는 "귀부에서는 총리를 반드
시 표거하는 것이 정당한 방법이라고 합니다. 저희 중역들이 비록 일
자무식이기는 하지만 표거의 방법을 모르는 것은 아닙니다. 다만 상
회의 관습 때문에 종래 전체 회원을 주체로 하고 총리·협리가 회원
의 지휘를 특별히 받았을 뿐입니다. 대표는 일이 생기면 전권을 행사
했으며, 상회 총리는 전체 회원의 동의가 없이는 무엇 하나 처리하지
않았습니다. 그 상황을 살펴보면, 눈과 귀로 보고 듣는 것을 주관하고
입과 혀로 질고를 알리는 것입니다. 회원과 총리는 항상 오관과 신체
처럼 상호 의존적인 관계라서 한시도 떨어질 수 없습니다"라고 지적
했다. 天津商會는 회원과 회장의 관계를 대략적으로 설명했다. "오늘
만약 표거 제도를 시행하고자 한다면, 이는 전체 회원으로 하여금 부
화뇌동하도록 하고 이 몸이 결국 누구에게 속하는 것인지를 모르도
록 하는 것입니다." 당시의 정황을 놓고 볼 때, 이러한 인과관계의 추
론은 상당히 이해하기 힘든 것이다. 회원과 회장 사이에, 天津商會가
말한 유의 관계가 존재하는지에 관계없이, 설령 투표로 회장을 선출
한다고 하여 "전체 회원으로 하여금 부화뇌동하도록 하고 이 몸이 누
구에게 속하는 것인지를 모르도록 하는 것"과 같은 결과가 반드시 초

---

12) 「直隷勸業公所轉發工商部駁回王賢賓升任商會總理照會並天津商會申訴文」, 『天津商會檔案彙編(1912~
　　1928)』 第1冊, 7쪽.

래되는 것은 아니었다. 공상부의 지시 속에 언급된 표거 방식이라는 것은 전체 회원이 투표로 선출하는 것을 가리키는 게 아니라 장정 규정에 따라 전체 회동이 투표로 선출하는 것을 가리키는 것이었다. 이 때문에 天津商會는 회원과 회장의 특수관계를 이유로 표거를 실행할 수 없다고 천명했다. 하지만 문제의 핵심에 대한 이해는 없었다. 왜냐하면, 본질적으로 회원이 회장 선거에 참여하지 않았기 때문이다. 더욱 심각한 것은, 天津商會가 전통적인 공동추천방식을 현대적인 표거 제도보다 더 나은 것으로 인식했다는 점이다. "공추제도를 볼 때, 추천자는 피추천자에 대해 감정을 말하지 않고 그저 公理를 말할 뿐입니다. 피추천자는 추천자와 관련하여 공리를 중시하지만 감정을 더욱 더 중시합니다. 만약 표로 뽑는다면, 추천자는 절반은 사적 감정에 치우칠 것이고 피추천자는 오히려 감정이 없어질 것입니다." 이러한 추론 역시 이해하기 어려운 것이다. 사실, 공추는 보다 더 감정적인 요소의 영향을 받기 쉬운 것이다. 특히 피추천자가 눈앞에 있는 상황에서는 다른 의견을 갖고 있다 할지라도 인정 때문에 반대를 표시하기 힘들다. 하지만 표거의 경우에는 면전에서 반대를 표시할 필요가 없고 단지 표를 통해 자신의 생각을 표시할 뿐이다. 또 天津商會는 상회가 다른 기구와 다르다는 점을 들어 "상회는 업계 전체의 상회이지 天津 전체의 상회가 아닙니다. 만약 표로 뽑는다면 특히 많은 폐단이 생겨나고 본래의 면목을 잃게 됩니다. 그렇게 되면 商界의 활력이 이 때문에 파괴될 것입니다"라고 강조했다. 상회는 분명히 여타 기관들과 달랐지만, 그렇다고 하여 이 점이 투표제와 어떤 모순을 일으키는 것은 아니었다. 상회가 독자적으로 선거를 진행하고, 정부 관리들과 사회 각계에서는 결코 간섭하지 않았다. 그러므로 "많은 폐단이 생겨나고 본래의 면목을 잃는" 상황은 조성될 여지가 없었다. 이것은 여타의 선거제가 엄격히 시행된 상회에서 모두 증명되었다.

1914년 9월에 參政院 의결을 거친「商會法」및 시행세칙이 잇달아 공포되었다. 이를 통해 상회의 선거제도에 대해 비교적 큰 수정이 가해지고 일련의 구체적 규정들이 제정되었다. 天津商會는 巡按使에게 보낸 공문에서, 표거 제도는 상회에 부적합하다면서 오로지 공동추천만이 폐단을 방지할 수 있다고 피력했다. "만약 신법에 따라 표로써 선출한다면, 상무의 앞길이 밝아지지 않습니다. ……순안사께서 살펴주시기를 간청하노니, 天津에 대해 특별한 방식을 허용해 주셔서, 공동추천을 계속해서 시행하여 폐단을 막고 상업을 유지할 수 있도록 해주십시오."[13] 그러나 민국 초기의「상회법」은, 청 말의「商會簡明章程」이 선거제도를 모호하게 처리한 것과 달리, 명확하고 구체적인 규정을 두고 각지의 상회에 대해 이에 따라 시행할 것을 요구했다. 그렇기 때문에 天津商會의 요구는 수용될 수 없었다. 1918년에 8월에 天津商會는「天津總商會章程」을 제정·공포하고 투표제 문제에 대해 처음으로 명확한 규정을 내놓았다. 만약 上海·蘇州 등 많은 상회들이 처음부터 주동적으로 선거제도를 시행했다면, 天津商會는 공추에서 표거로 가는 과정에 서는 한편 오랫동안 계속해서 투표제에 대해 배척적인 태도를 취했을 것이다. 이것은 각지 상회 발전의 지역적 특징을 보여 주는 것이다.

---

13) 「天津商會請按公推法選擧總協理以杜流弊函」, 『天津商會檔案彙編(1912~1928)』第1冊, 680쪽.

V. 기능과 작용의 차이

주의해야 할 것은, 기능과 작용을 놓고 말하자면, 청말 민초의 각지 상회에는 많은 공통점이 있는 동시에 일정한 차이도 있었다는 점이다.

경제 측면에서, 상회의 취지는 민족자본주의 상공업의 발전을 추진하는 것이었다. 주요 활동내용은 상공업 내의 연락, 상업 조사, 상학 진흥, 시장 유지, 상사분쟁의 접수, 납세 협조, 치안 및 기업의 등록사무 지원 등이었다. 이들 측면에서 상회는 대규모 상공업자들의 이익을 대변하고 官·商 연락의 매개자라는 특수한 기능과 작용을 십분 발휘했으며 매우 적극적인 영향력을 발휘하여 상공업자들의 환영을 받았다.

예를 들어, 기존 상공업계에 존재하던 "정보가 쉽게 전달되지 않고 대중의 힘은 뭉치지 않는다"고 표현되던 낙후상태를 각종 연락방식을 통해 바꾸어 놓음으로써 상인들의 칭송을 받았다. 각종 조사활동의 진전은, 상인들이 '어떤 지역에서 어떤 상품을 판매하는지', '시세 등락과정은 어떠한지'를 이해할 수 있도록 해 주고 또 상무 성쇠의 원인과 수출입 다과의 이유를 이해할 수 있도록 했다. 상사 관습 및 납세에 대한 조사는 상법과 기부문제를 판단하는 데에 중요한 작용을 했다. 商學의 진흥 활동은 상업 마인드를 계발하고 상공업을 발달시키는 데에 큰 영향을 주었다. 당시의 역사적 조건하에서 "상업의 발달은 상업 마인드의 개척에서 비롯된 것이고 상업 마인드의 계발은 상학의 개설에서 비롯되는 것이었다."14) 청말 민초에 수차례 발생한 금융위기 및 미곡위기 속에서 상회는 시장을 유지하고 위기를 완화하는 각종 조치를 통해서 상인들의 손실 확대를 막는 데에 중요한 역할을 했다. 상사분쟁의 접수를 통해, 시일을 질질 끌고 당사자들의 등골을 빼먹던 기존의 분쟁해결 실태를 개혁했기 때문에 더욱더 상인들의 지지를 받았다. "상인들이 보호를 받고 이익을 얻는 일을 실로 다 밝힐 수 없다." 심지어 관부조차도 "중요한 상사분쟁의 경우에는, 귀회의 정보가 분명하지 않으면 난제에 직면하게 됩니다. 여럿의 의견을 모으면 이익이 늘어나고 수시로 지시를 구함으로써 시비를 가리고 곡직을 판단할 수 있습니다"15)라고 말했다. 청 말 일부 지역의 상인들이 관부를 상대로 조세투쟁을 전개할 때에도 상회는 그 중간에서 적극적인 중재활동을 전개했다. "상회는 상업진흥을 근간으로 산았기" 때문에, 상인들의 "손해가 누적되거나 힘이 없어지면 상회는 결코 냉담하게 지켜볼 수 없었다."16) 이 때문에 상회는 상인의 입장에서 상인의 요구에 부응하고 일정한 성과를 얻음으로써 상인들의 신뢰와 지지를 얻을 수 있었다. 예컨대, 蘇州의 양조업자들이 막막해진 상황 속에서 "정보를 매개하고 고충을 대신 청원하는" 상회가 관부를 상대로 대신해서 투쟁했다. 醬業 董事 潘延樅은 상회총리 優先甲에게 서한을 보내 납세거부운동을 제의했다. "醬稅와 관련된 官界의 명분은 강경하기도 하고 무르기도 해서 어느 하나도 철저한 게 없습니다. 여러 나리들의 도움을 전적으로 믿었기 때문에 지금에까지 이를 수 있었던 것입니다."17)

---

14) 『蘇州商會檔案』(蘇州市檔案館 소장) 第43卷, 66쪽.

15) 『蘇州商會檔案』(蘇州市檔案館 소장) 第67卷, 23쪽; 第69卷, 2쪽.

16) 『蘇州商會檔案』(蘇州市檔案館 소장) 第116卷, 4쪽.

17) 『蘇州商會檔案』(蘇州市檔案館 소장) 第120卷, 15쪽.

주의해야 할 것은, 상회가 경제적 측면에서 중요했고 또 상공업자
들의 이익을 보호하고 상공업 발전을 주도적으로 촉진하기는 했지만,
청말 민초 상회들이 계속해서 주동적 혹은 피동적으로 각종 정치활
동에 휘말리는 과정 중에 각지 상회의 대응 방식에서 차이가 나타났
다는 점이다.

예컨대, 1905년에 폭발한 대규모 美貨 불매운동에서 上海商會는
"국권을 신장하고 상업이익을 지킨다"는 것을 캐치프레이즈로 하여
지도와 연락이라는 중요 기능을 통해 반제국주의 투쟁의 중심이 되
었다. 天津商會는 운동 초기에는 "우리 紳商들은 시종일관 해이해짐
이 없이 역할을 나누어 미화 불매운동을 철저하게 거행한다"며 "규율
을 위반하는 자가 있으면 은 5만 냥의 벌금에 처한다"18)고 단호하게
피력했다. 그러나 며칠이 지나지 않아 天津商會는 관부의 압박을 받
아 타협적으로 변하면서 "미화를 구매하지 않기 때문에 이미 구입한
것들이 팔리지 않는 등 갖가지 어려움이 생겨나고 있으며, 天津 시장
에서는 특히 불편합니다. ……이에 각 회사에게 통지하노니, 天津에서
의 사업을 평소대로 수행해야 합니다"19)라고 공개적으로 천명했다.
天津의 紳商들은 이 같은 天津商會의 타협적 태도가 "다른 개항지로
부터 조소의 대상이 되었다"면서 상회 지도자들이 미화 불매운동을
계속해서 전개할 것을 요구했다. 하지만 상회의 타협적 태도를 바꿀
수는 없었다.

그런데 5·4운동 기간 중의 日貨 불매투쟁에서 나타난 上海·天津
상회의 대응양식은 또 다른 풍경을 이루었다. 당시 天津商會의 태도

---

18) 『大公報』 1905年 6月 20日.
19) 『大公報』 1905年 6月 22日.

는 매우 적극적이었다. 각계 상인들이 일화 불매운동을 전개하도록 적극적으로 나선 것이다. 이에 학계의 호응과 '상회의 제안 및 권고'를 통해 많은 업종의 상인들이 '일화 불매야말로 자구책의 관건'[20]이라고 인식하게 되어, 일화 불매운동이 더욱더 적극적으로 전개되었다. 이 때문에 사회 각계가 일화 불매투쟁 속에서 일치된 분위기를 형성할 수 있었다. 이뿐만 아니라 天津商會는 각계 상인들의 撤市를 2차례 조직하는 한편, 정부에 대해 매국노를 처벌하고 애국학생을 석방할 것을 요구했다. 또 정부에 대해 "나라가 망하는 데에는 시간이 오래 걸리지 않으니 상업이 망하는 데에는 오죽 하겠습니까? ……본회는 여론을 따를 것이고, 만약 중앙에서 상당한 시간 안에 정당한 승인을 하지 않으면 상인들은 오로지 함께 죽을 뿐입니다"[21]라고 말했다.

미화 불매운동에서 중요 기능을 발휘한 上海商會는 일화 배척투쟁 중에서는 상업계의 불매운동을 주도하는 중임을 담당하지 못했을 뿐만 아니라 상업계의 강렬한 비판과 질책을 받았다. 비록 얼마 후에 上海商會가 정부에 다시 의견을 보내 "본회는 靑島 문제와 관련하여 얼마 전에 전보를 발송했습니다. 지금 회의를 통해 전보를 취소하오니 오해가 생기지 않도록 해주십시오."[22] 그러나 이것은 결코 상해상회에 대한 상공업계의 불만을 해소할 수 없었다. 上海 상인들이 철시한 후에 上海總商會와 上海懸徇는 개시를 힘써 권유하고 "파업이 3일 경과하면서 금융이 마비되고 인심도 공황을 느끼고 있으며 위기

---

20) 『天津商會檔案彙編(1912~1928)』 第4冊, 4748쪽.

21) 『天津商會檔案彙編(1912~1928)』 第4冊, 4728~4729쪽.

22) 中國社會科學院近代史硏究所近代史資料編輯組, 『五四愛國運動』 下冊, 中國社會科學出版社 1979, 133쪽.

가 이미 심각해졌다. 만약 더 버티면 지방이 혼란해지지 않으리라고 누가 보장하겠는가?"라고 발표했다. 또 上海總商會는 상공업 각계에 대해 "먼저 개시를 행하고 예전대로 장사하라"고 요구하여, 다시 한 번 상공업계의 격렬한 비판을 받았다. 上海商會의 권위가 위기에 처해졌기 때문에 正·副會長은 곧바로 사퇴할 수밖에 없었다.

洋貨 배척운동에서의 갖가지 현상 외에도, 청말 민초의 이권회수운동·국회청원운동·신해혁명·제2차 혁명 같은 일련의 정치운동 속에서 각지 상회의 활동과 기능에 일정한 차이가 나타났지만, 여기서는 지면의 한계 때문에 일일이 논술하지 않기로 한다.

20世紀 初 北京 金融界와 李宏齡의 山西票號 改革論

鄭 惠 仲

Ⅰ. 머리말

　1911년 신해혁명에 따른 경제적 여파에 대해서는 이미 많은 연구에서 지적되었다. 중국 전통 금융업의 하나인 산서표호의 경우도 신해혁명으로 인한 피해는 자못 컸고, 따라서 종래 연구에서 신해혁명은 산서표호가 붕괴되는 결정적인 요인이라고 지적하기도 하였다.[1] 산서표호 중 가장 일찍 영업을 시작하고 또 揚子江을 중심으로 차

---

1) 中國人民銀行山西省分行, 山西財經學院 '山西票號史料'編寫組 · 黃鑒暉 編, 『山西票號史料』(太原: 山西經濟出版社, 2002), pp.772~773(이하 『山西票號史料』라 칭한다); 黃鑒暉, 『中國銀行業史』(太原: 山西經濟出版社, 1994), pp.117~118.

무역에 많은 거래를 쌓아 왔던 日昇昌 표호도 1914년 10월 珠寶港에 있던 杭州 분호에서 시작된 도산이 북경 등의 지점으로 이어지면서 각 지점에서 도산을 선언하여 약 100년간 금융업의 역사를 마감하였다.2)

일승창 표호와 어깨를 나란히 하면서 원세개의 비호를 받았다고 일컬어지는 蔚豊厚 票號는 신해혁명 이후에도 도산의 큰 영향이 없는 듯이 영업을 계속하며 1916년에 蔚豊商業銀行으로 개조를 시도하는 등의 움직임을 보인다. 이를 계기로 1917년, 울풍후 표호 북경지점 경리 李宏齡은 『同舟忠告』, 『山西票商成敗記』를 출간하여 표호가 몰락하였음을 공식적으로 명시하였다.3) 이굉령은 표호 몰락 원인은 표호 자신들의 내부에 있다고 선언하였는데, 이러한 자아비판적 선언에 분을 삭이지 못하였고, 다음 해 지병으로 죽었다.

이굉령은 30여 년간 표호경리로 북경에서 활약하면서 20세기 초 표호 개혁을 주장하고 이에 기초한 다양한 개혁 방향과 각 지점 경리들의 의견을 모아 표호 자본가에게 은행개조를 강력하게 주장한 바가 있다. 당시 이굉령의 의견은 받아들여지지 않았고, 결국 신해혁명으로 많은 표호들이 도산하는 과정 중인 민국시기에 울풍후 표호는 은행으로 개조하여 영업을 시도하였다. 때마침 이미 도산하였던 일승창 산서표호도 채무자들과 협의하여 1918년 새롭게 영업을 모색하지만 성공하지 못하였다. 1920년대 이후에도 활약하는 표호로 日昇昌, 大德通, 三晉原표호가 있었다고는 하지만 오사운동 전후의 시점에서 이미 산서표호는 대부분이 쇠락의 길을 걷고 있었다고 할 수 있다.

---

2) 黃鑒暉, 『告訴儞一個眞實的日昇昌』(鄭州: 中州古籍出版社, 2006), pp.285~293.

3) 李燧·李宏齡·黃鑒暉 校註, 『晋遊日記·同舟忠告·山西票商成敗記』(太原: 山西人民出版社, 1989).

표호와 그 성격을 달리하는 錢莊은 건륭연간에 많은 지역에 생겨나면서[4] 개항 전후 상해를 중심으로 크게 활약하면서 19세기 후반에는 여러 차례 금융공황의 상태를 거치며 도산과 창업을 거듭하고 신해혁명을 맞이한다. 표호와 똑같은 정치적 혼란기를 거치며 남북으로 나뉘어 영업의 성격을 달리하였던 상해 전장들은 1917년 北市의 회관이 南市를 흡수하는 형태로 上海錢業同業會를 만든다.[5] 이로써 그 구성원들은 대규모로 환전과 송금을 공유할 수 있는 조직과 형식을 본격적으로 갖추게 되었고, 금융 혼란기에도 더 이상 쓸쓸히 도산해 버릴 수밖에 없는 위험에 대처하며 비상할 준비를 하게 되었다.

주지하듯이 표호에 대해서는 이미 1980년대 이후 많은 연구가 진행되어 왔다.[6] 張正明이 산서성의 상인 발전과정에서 표호에 주목하였다면,[7] 黃鑒暉는 중국의 은행 발전사라는 맥락에서 산서표호에 주

---

4) 錢莊의 기원에 대해서는 다양한 설명이 있지만 加藤繁는 「淸代における 錢鋪錢莊の 發達に 就いて」(『支那經濟史考證』 下卷, 東洋文庫, 1952, 462~477쪽)에서 청대 건륭연간을 전장의 시초로 설명하고 있는데 본문은 그의 의견에 따른다.

5) 상해전장에 대한 사료는 中國人民銀行上海分行 編, 『上海錢莊史料』(上海: 上海人民出版社, 1960) 이외에 秦惟人, 「淸末上海における 寧波幇の 活動」(筑紫女學園大學 · 短期大學, 『論叢』 11, 2000) 및 「淸末上海の民族運動と 寧波幇」(『筑紫女學園大學紀要』 13, 2001) 그리고 「秦潤卿と 上海の 錢莊－南京國民政府の 成立まで」(『筑紫女學園大學 · 短期大學 人間文化研究所 年報』 18, 2007) 등이 있다.

6) 정혜중, 「중국근대경제사에서의 山西票號의 연구」(『中國史研究』 8, 2000), pp.177~191. 1980년대 이후 청대 금융업으로서의 표호에 대한 역할이 주목되기 시작하였다. 개혁개방 직후인 1982~1983년 山西省 太原에서 '산서표호대회'가 열리고 회의자료집으로 山西票號研究聯絡組 編, 『山西票號研究集』(太原: 山西財經學院研處, 1984)가 출간되었다. 이후 中國人民銀行山西省分行과 山西財經學院山西票號史料編寫組에서 山西財經學院 등에 소장된 사료와 각 당안관, 신문기사 등을 모아 中國人民銀行山西省分行 · 山西票號史料編寫組가 주축이 되어 『山西票號史料』를 출간하였다(山西經濟出版社, 1990). 이에 따라 산서표호에 대한 연구는 더욱 활발해졌다. 그런데 그동안 산서표호 연구를 힘을 쏟아 온 黃鑒暉가 모아 온 자료로 下部(833~1277쪽)에 日昇昌, 蔚泰厚, 寶豊隆 외 기타 표호 장부 및 지점 간 왕래서신 내용을 덧붙이는 등 자료를 폭넓게 보충하였다(『山西票號史料』編寫組 · 黃鑑暉 編, 『山西票號史料(增訂本)』, 太原: 山西經濟出版社, 2002). 이 연구에서는 2002년 增訂本을 참고하였다.

7) 張正明, 高春平 編著, 『平遙』(北京: 旅游教育出版社, 2001); 張正明, 科大衛, 『明淸山西碑刻資料選』(太原: 山西人民出版社, 2005); 張正明, 孫麗萍, 白雷 主編, 『中國晉商研究－晉商國際學術研討會』(北京: 人民出版社, 2006); 張正明, 科大衛, 『明淸山西碑刻資料選(續集)』(太原: 山西古籍出版社, 2007); 張正明, 『山西商幇』(合肥: 黃山書社, 2007).

목하였다.8) 그 외 산서표호의 장부 분석을 통한 거래고객에 대한 분석, 그리고 유통의 영역 특히 대두무역에서 산표표호의 역할에 관한 연구와 더불어 산서표호 및 상인과 정부의 관계 등에 관한 연구가 진행되었다.9) 이러한 종래의 연구는 경제 특히 유통영역에서 산서표호의 역할에 주목하면서 그 활동을 평가한 것이었다. 산서표호는 그 주요 고객이었던 상인과 청정부가 신해혁명이라는 정치적인 파국에 휩싸이면서 쇠락을 겪게 되는 필연적인 과정과 역사를 함께하였다. 그러나 당시의 많은 표호를 모두 사례 분석하면서 그들의 쇠락과 근대적 은행으로 전환의 실패 과정이 무엇 때문인가를 밝히기는 어려웠고, 따라서 일부 지역의 표호에 대한 사례로 표호 전체상을 읽어 내는 것은 여전히 무리가 있다고 할 수 있겠다.

따라서 종래의 연구처럼 외부적 요소 혹은 외부인의 시각, 그들과의 거래관계에 대한 천착도 중요하지만 그와 더불어 표호경영인들의 입장에서 그들 스스로 표호 경영을 어떻게 생각하고 있었는지를 규명해 보는 작업도 병행되어야 한다. 이러한 표호 내외의 양방향에서의 인식과 역할이 이해될 때 표호의 발전상이 흥기에서 쇠락까지 총체적으로 이해될 수 있기 때문이다.

이에 본고에서는 신해혁명 전후의 중국 경제의 특징을 북경을 위

---

8) 李燧著, 黃鑒暉 校注, 「晋游日記(雪爪留痕)」 및 李宏齡 著, 黃鑒暉 校注, 「同舟忠告」, 「山西票商成敗記」(太原: 山西人民出版社, 1989) 등이 그것이다. 그 외 『山西票號史』(山西經濟出版社, 1992 → 수정본 2002) 및 『中國銀行業史』(山西經濟出版社, 1994) 등을 출간하였다. 위에서 언급한 『산서표호사료』의 증보판에도 참여 외에 『明淸山西商人硏究』(山西經濟出版社, 2002)의 연구로 상인에 대한 관심으로 연구의 폭이 확대된 것처럼 보이지만 『中國錢莊史』(太原: 山西經濟, 2005); 『中国典當業史』(太原: 山西經濟出版社, 2006) 등에서처럼 금융업에 대한 연구가 있다.

9) 정혜중, 「淸末大豆流通과 山西票號의 投資活動」(『明淸史硏究』 18, 2003), pp.249~277 및 「1906년 日昇昌票號帳簿에 나타난 記帳法」(『中國史硏究』 34, 2005), pp.173~205 등 『淸末山西票號の硏究』(東京; 汲古書院, 2006)에 재수록: 伍躍, 「前近代中國の政商」(『東アジア硏究』 46, 2006), pp.71~74.

시한 각지 금융계의 움직임을 중심으로 고찰해 보면서 蔚豊厚 票號를 중심으로 금융계의 변화를 정리하고, 이러한 변화에 대해 표호 내부에서는 어떻게 대처하였는지 李宏齡의 은행개혁론을 통해 분석하고자 한다. 이를 위해 이굉령의 서신과 글을 중심으로 하여 그의 표호 운영에 대한 생각을 살피고 신해혁명 전후 20세기 초 북경의 전통금융업계의 양상을 통해 표호의 은행개조 문제를 고찰할 것이다.

위에서 지적하였던 것처럼 1917년을 전후하여 근대 중국을 대표하는 금융기구인 전장과 표호는 그 운명을 달리하게 되었다. 표호 개혁론에 대한 고찰은 근대로 진행되는 과정 중에 보이는 상인집단 특히 표호의 특징과 성쇠의 원인에 대한 실마리를 제공해 줄 수 있을 것으로 기대한다.

II. 北京 금융기구와 蔚豊厚 山西票號

1. 신해혁명 전 북경의 금융상황

일반적으로 근대 중국 금융기관은 銀行, 錢莊(銀號), 票號(票莊), 錢舖, 爐房, 當舖(質商)로 구분하고 있다. 고리대금업인 當舖(質商)를 제외한 나머지 기관들은 법률상 내용을 명료하게 규정하고 있는 것이 없다. 다만 1908년(光緒 34)에 공포된 銀行通例則例에 따르면 각종 어음 및 환어음의 발행과 할인, 貸借利息, 예금, 대부, 地金銀의 매매, 화폐 교환, 회사·은행·상점 발행 수표의 대리수수, 유통화폐의 발행이 영업내용에 있다면 이는 은행이라고 규정한다[10]고 명시하고 있다.

　이렇게 중국에서 新政期에 비로소 법률적으로 규정되는 은행에 대한 개념이 소개되기 시작하는 것은 아편전쟁 직후였다. 비교적 일찍이 서양의 은행을 소개한 것으로 1846년, 魏源의『海國圖志』에서 영국의 은행제도에 대한 언급이 있다. 또 태평천국의 지도자 중의 한 사람이었던 洪仁玕도『資政新篇』의 '興銀行'에서 은행을 세워 생명과 재난에 대한 보험을 실시하는 등 금융업을 발전시키자는 건의를 한 바가 있다.[11] 그러나 중국에 은행이 처음 출현하게 되는 것은 아편전쟁이 끝나고 홍콩에 진출한 영국이 1845년 Oriental Bank(東方銀行)의 지점을 홍콩에 두면서부터였다. 2년 뒤인 1847년에 上海에 지점을 설치하게 되는 데 그 기원을 두고 있다.[12]

　은행에 대한 개념이 이미 魏源과 洪仁玕에 의해 소개되고 있었으나 사실 홍인간조차도 은행과 보험을 혼동하고 있는 것에서 보이듯이 지식인들 사이에서조차 은행에 대한 명확한 규정과 개념은 정립되어 있지 않았다. Oriental Bank가 처음 중국에 소개되었을 때에도 지역마다 그 명칭이 다양할 정도로 은행이란 개념은 중국인들에게 얼른 와 닿지 않는 모호한 개념이었다.[13] 더군다나 청조에는 이전부터 은행과 비슷한 역할을 하는 금융기구가 은납제 실시, 외국과의 무역거래가 활발해지면서 복잡하게 발전해 갔기 때문에 사용하는 민간인들 자체도 서양의 은행이 이전부터 자신들이 사용하는 금융기구와

---

10) 佐田弘治郎 編, 『支那銀行關係規定集』(大連: 南滿洲鐵道株式會社, 1931).

11) 김의경, 「홍인간과 태평천국: 그의 사상의 이론적 근거와 개혁안」(서울: 이화여자대학교대학원 석사학위 논문, 1985), p.58.

12) 洪葭管, 『中國金融史』(成都: 西南財經大學出版社, 2001), pp.166~167.

13) 1868년 『字典集成』이 출판될 때, 사전 편집자 鄺其照가 Bank를 은행이라고 중역하였다. 외국은행이 막 들어왔을 때 Oriental Bank는 지역마다 명칭이 다 달라 銀房(廣州), 東藩匯兌(福州), 金寶(上海) 등으로 불렀다.

비슷한 것으로 이해하고 있었다.

청 말을 산 사람들뿐 아니라 당시 송금업에 종사하였던 표호의 자본가들도 자신들이 소유한 표호가 은행과 같다고 강제 규정된 것은 1908년 위와 같은 정부의 규칙에 의해 스스로 정체성을 은행으로 인식하게 되면서부터라고 생각된다. 그때까지 관리들조차도 그 차이를 명확하게 구별해야 할 필요성을 느끼지 못하였고 규칙에서 하나로 묶어 버리기에는 조금씩 다른 특징이 있었고, 역할 분업이 명확하였기 때문에 위의 강제된 규정은 당시 실정과는 맞지 않는 측면도 있었다.

이 규칙이 나오기 직전인 1906년 일본에서 청국과의 무역을 증진시키기 위해 상업을 조사하고 보고한 기록에도 이러한 분업 상황이 비교적 명확하고 상세하게 보고되어 있다. 그중 이굉령의 개혁과 관련하여 금융기구 일반과 북경 금융기구의 상황을 살펴보자. 이 보고서에는 청 말의 금융기구를 구별하면서 票號의 영업을 가장 강조하여 다음과 같이 설명하고 있다.

"중국의 금융기관은 상당히 발달하여 票莊, 銀莊, 錢舖, 爐房 각 업의 상점들이 모두 금융을 매개로 자본을 유통시켜 상업을 조성하고 있다. 이를 간단히 정리해 보면 票莊(票號)은 전표 교환을 본업으로 하는 것으로 대체로 산서상인들이 專業하고 있다. 산서상인이 영업하는 중국 전국 都와 府에 모두 山西票莊이 설치되어 있다. 북으로는 몽골과 러시아와의 경계지역에서 매매에서 하고 있으며 남쪽은 廣東에 이르고 서쪽은 伊犁에 달한다. 동쪽은 滿洲, 奉天, 吉林에 이르는 지역에 지점을 설치하고 혹은 다른 상점과 연결하여 송금을 쉽게 할 수 있다. 예를 들면 福州에서 러시아 상인이 복주 차를 천진에 운송하고 천진에서 다시 육로를 통해 恰克圖[14](카흐타, Kyakhta)로 운송하려면 복주에 있는 산서표장을 거쳐 송금한다.

---

14) 본문에는 キャクタ로 되어 있는데 キャフタ(카흐타)의 오기로 보인다.

이들의 자본은 그 액수가 예상외로 상당한데 전국에 지점을 가지
고 있는 蔚太厚와 같은 최대 표호에 이르러서는 영업자금이 700만
냥에 이르고 白川通과 協成乾과 같은 票莊도 거액으로 운영되고
있다."15)

여기에서는 산서상인이 있는 곳은 어디든지 표호 네트워크가 있는
데 이를 중심으로 송금을 주업으로 하여 중국 동서남북 변경지역까
지 연결시키고 있다는 점을 강조하고 있다. 그 다음으로 중국 금융기
구 중 빼놓을 수 없는 전장과 그 외의 금융기구에 대한 설명도 부가
하고 있다.

"銀莊(銀號, 錢莊)은 爲替(전표를 통한 결제) 및 대부와 예금을 하
고 있는데 영업이 확실한 상점을 대상으로 그 상점에서 매년 사용
하는 자금을 계산하여 대출을 약정하되 이자는 일반 시세보다 약
간 싸게 해 주었다. 다만 계산 이외의 금액에 대해서는 통상의 이
자를 요구하기 때문에 상인들은 각 전장과의 거래를 원하지 않고
자금을 부유하게 하고자 하였다. 그 외 전포와 은방이 중요 금융기
구였는데 전포는 은양과 양은 및 동전을 교환해 주었으며 대출과
예금을 함께 병행하여 특히 규모가 작은 상점에 대해 은행의 역할
을 하였다. 이들은 대체로 2~30만 냥 혹은 적어도 5~6천에서 2~3만
냥의 자본을 가지고 있었다."16)

표장은 수도 북경에 모두 지점을 설치해 두고 본점과 긴밀한 연락
을 취해 가면서 북경에서의 영업을 중시하였다. 수도이기 때문에 갖
는 북경의 영업이점은 다른 금융업도 마찬가지였다. 1906년의 상황에
서도 북경의 은장(전장)은 다양한 활동을 벌이며, 상해만큼 활발하게
영업하였다. 북경 은장은 자본의 대소, 영업 내용과 활동범위의 크기

---

15) 外務省通商局 編, 『淸國商況視察復命書』(1906), p.23.

16) 外務省通商局 編, 위의 책, p.24.

에 따라 은장, 전포, 회태장, 태환포 등의 명칭으로 불렀다. 대내송금
과 화폐매매, 소규모의 대출, 예금, 환전을 주요 영업으로 하는 비교
적 큰 은장은 영업 내용이 거래시장에서 큰 규모의 전표를 매매하고
또 외국은행 내지 중국은행을 거쳐 상해, 천진으로 가는 주문을 받아
자신의 계산에서 처리하였다. 이들은 대부분 천진방에서 천진에 본점
혹은 지점을 두고 상해와 연락하여 각 지방의 주문에 응하였고, 은행
에도 일정한 시각에 매일같이 방문하였기 때문에 또 이 목적을 원활
하게 하기 위해 매일 수차례 천진과 전화를 교환하여 천진, 상해의
수급관계를 이용해 상해 쪽의 것을 처리하는 경우가 많았다.[17]

하지만 작은 규모의 은장은 이와는 상당히 차이가 있었다. 작은 점
포는 銀錢鋪, 煙錢鋪, 錢酒 등이 별도로 있었다. 은전포는 은전을 매
매하였고, 연전포는 담배의 매매를 겸업하고 있었다. 북경에서도 은
장은 이와 같이 매우 다양한 규모였기 때문에 전표의 매매를 위주로
하면서 겸업하고 있다가 전성기에는 자금의 2~3배에 달하는 전표를
발행하기도 하여 신용지에서 부도가 나면 도망해 버리는 일이 잦았
다. 이 때문에 신해혁명 이후 북경정부는 전표의 발행을 금지하곤 하
였다. 1920년대 무렵은 대부분 환전을 주 업무내용으로 하였다. 은장
의 개업 시에는 상가 4곳(그중 한 곳은 質商)의 보증을 순천부 아문에
제출해야 허가를 받았으나 1908년 은행법이 제정되면서 정부에 신고
만 하면 되고 보증인을 필요로 하지 않게 되었다.[18]

결국 북경에서 오래 영업을 지속해 오던 것으로는 표호였다. 표호
는 평요·기현·태곡 3방을 중심으로 전국 각지에서 지점을 설치해

---

17) 外務省通商局 編, 『支那金融事情』(동경: 通商局第二課, 海外經濟調査報告書 其一, 1925), p.531.
18) 時廣東, 『1897~1937 近代中國區域銀行發展史研究』(四川人民出版社, 2008), pp.23~25.

두고 금융업 중에서 송금 업무에 포진하면서 대출을 하고 있는 형태였다. 또 각 城, 鎮에는 환송금 기관인 표호의 분점 이외에 전당(포)과 錢莊, 은로, 공고국 등이 복잡한 금융기관이 병립하고 있는 구도였다. 典當이 물건을 맡기고 낮은 이자로 돈을 빌려 쓸 수 있는 서민 금융기관으로 일반화되기는 당대까지 거슬러 올라갈 정도로[19] 역사가 오래되었다고 한다면, 은장(전장)은 건륭연간에 은량과 동전, 각 은량의 전문 교환소로 출현하여, 근대 이후 각 도시에 빠르게 설치되었다는 점에서 종종 표호와의 차이점, 공통점 등이 거론되기도 한다. 무엇보다 큰 차이는 송금기관인 표호가 전국적인 '지점 네트워크'를 전제로 한다면, 은장은 지점을 필요로 하지 않고 지역 상인을 위한 대부가 주목적이라는 점에서 뚜렷한 차이가 있었다.

산서성 본점 이외에 각지에 지점을 두었던 표호가 거대 자본을 필요로 하였고, 따라서 자본가들이 거액의 자본을 모아 경리를 두고 지점을 중심으로 영업하는 체제와는 달리, 전장은 지점을 가지고 있지 않기 때문에 단독경영도 가능하였다. 전장 중에는 지연·혈연의 동업조직을 이용하여 원거리 거래를 성사시키는 경우도 있었지만 두세 곳 정도로 연결되는 연결망 정도였다.

그 외의 중요한 기구인 爐房(銀房)의 본업은 각종 은량을 개주하여 元寶銀(馬蹄銀)을 주조하는 것이었다. 노방은 자신의 자본으로 은괴를 매입하여 은을 주조하고 銀莊에 매출하거나 혹은 은장 및 각 상점의 의뢰를 받아 각종 은량을 개주하고 원보은을 만들어 주어 수수료를 챙기는 일도 하였다. 때문에 노방과 거래하는 각 상점은 장부를

---

19) 이화승, 『중국의 고리대금업』(서울: 책세상. 2000), pp.56~57.

만들어 두고 매일 가져오는 은량을 수입으로 잡고 또 각 상점의 의뢰로 지출해야 하는 은량을 지출로 잡아 특별한 절기나 혹은 연말에 결산하였다.[20]

대체로 지점을 두고 중국 각 지역을 네트워크로 묶어 송금을 담당하는 票莊과 전표를 통해 상인에게 편리를 제공해 주면서 자금 대출을 통해 이자를 챙기는 錢莊, 동전과 은량 교환을 주요 업무로 하는 錢舖, 은량의 주조가 주요 업인 爐房으로 구분해 볼 수 있는 것이 북경의 금융기구의 대체적인 내용이었다.

당시 외국인이 보기에 청의 금융기구는 상당히 복잡하였지만 실상 그 내용을 위와 같이 정리해 보면 서로의 역할 구분이 엄격한 것처럼 보인다. 하지만 문제는 각 기관이 송금과 상품 구입을 위한 전표 발행, 은과 동전 교환, 은주조와 함께 거래자와 예금, 대출을 함께 할 수밖에 없는 자금 순환구조에 있었다. 각 업무를 위한 상거래에서 자금수요가 원활하지 못하였고 더욱이 각 지방마다 서로 다른 화폐구조를 노방과 같은 금융기구에서 장부결제를 활성화시키고 또 각 금융기관별로 장부결제를 통해 예금과 대출을 늘리고 통화를 활성화시키면서 은행과 같은 구실을 해 나갔다. 결국, 1908년 청정부에서는 외국은행과 1897년 설립된 '中國通商銀行' 이후 중국인의 은행경험에서 은행장정을 만들어 가게 되는데 그 과정에서 중국 전통 금융기구도 모두 은행의 범주에 포함되는 결과가 나왔다.

복잡한 금융기구의 양상이 가장 잘 보이는 지역은 수도 북경이었다. 북경은 중국 수도이기 때문에 정부소재지로 두뇌기관이 모여드는

---

20) 外務省通商局 編, 위의 책(1906), p.25.

곳이었다. 그러나 상업상으로 볼 때는 이곳에 거주하는 사람들이 용품을 수요를 만족시키는 데 그치고 많은 상품을 각지와 연결시키면서 상업계의 발전을 주도하는 지역은 아니었다. 게다가 북경의 위치가 한쪽으로 치우쳐 운하를 이용하여 물자 수송하는 외의 교통도 그다지 편리한 곳이 아니었다. 또 直隷省 사람들도 가난하여 여유가 없어 소비자로 상업 발전에 기여하는 부분이 상당히 적었다. 비록 20세기에 들어서면서 철도 공사가 준공되기 시작하면서 北京과 漢口의 철도 공사 및 북경과 甘肅과의 교통 등이 연결되었고 商界에도 적지 않은 영향을 주었지만 무역의 중심은 天津에서 장악하고 있고 북경은 화물의 소비시장에 지나지 않은 측면도 있었다.[21]

이렇게 북경이 그 위치에 있어서나 교통과 상업계의 구도 면에서 보더라고 중시할 만한 곳은 아님에도 불구하고 오직 금융기관은 다른 지역보다 일찍 정비되었다. 이로 인해 북경은 거의 전국 금융기관 중심처럼 보였다. 이는 북경이 정부기관의 소재지로 매년 각 성에서 보내오는 은량을 보유하고 있을 뿐 아니라, 중앙 정부와 각 성 간의 회계 및 내외관리들 간에도 긴밀한 관계가 있어 이를 중심으로 한 연결되는 금융관계에서 발생하는 현상과 관계가 있었다. 20세기 초 북경의 금융기관도 전체적인 맥락에서 1908년 은행법에서 언급한 기구와 차이는 없었다. 우선 앞에서도 잠깐 살펴보았지만 노방의 경우 은괴를 주조하는 것이 본업이지만 사실 노방이 각 상점들로부터 은량을 맡아 장부를 만들고 이들이 원하는 경우 지불해주는 예금업을 함께 경영하였다.[22] 이러한 점에서 본다면 은행업무와 상당히 유사한

---

21) 外務省通商局 編, 위의 책(1925), pp.538~539.
22) 外務省通商局 編, 위의 책(1906), pp.30~31.

측면이 있었다. 게다가 경제적으로 유력한 노방은 그 명성이 날로 높아져 북경과 그 외의 지역에서조차 노방에서 발행한 전표와 같은 것은 거의 지폐와 다름없이 유통되었다.

이 점에서 북경의 노방이 상해의 전장세력처럼 그 주변지역에서 상당한 영향력을 발휘할 수 있는 조건을 마련하여 주었다. 은을 주조할 수 있는 정부로부터 특별허가를 받아야 했고, 정부에서는 그 허가를 남발하지 않고 26곳 정도로 개설에 제한을 두었다.[23] 다만 남방과의 물자소통이 원활하였던 천진과 동삼성을 통괄하는 경제중심지 봉천에도 북경과 같은 수준에서 노방의 개설을 관리하였지만 그 외의 지역 특히 남방에서 노방의 숫자는 상당히 제한을 두어 그 숫자가 적었고, 은주조 이익의 업무는 대부분 전장(은호)이 겸하는 경우가 많았다.

이러한 복잡한 상황은 중국은행의 건립과 얽히면서 표장이 영업에 점차적으로 타격을 가하게 되었는데 20세기에 들어 표장은 이러한 변화에 주목을 하지 않을 수 없었다.

2. 蔚豊厚 山西票號와 李宏齡

북경에서 가장 활발한 금융기구였던 표장은 1820년 무렵부터 처음 만들어진 日昇昌 山西票號를 필두로 蔚太厚, 蔚豊厚, 蔚長厚, 志一當, 志成信, 天成亨, 協成乾, 協同慶, 白川通, 大德恒, 大德通, 大德生, 合盛源, 存義公 山西票號와 南人 자본가의 표호라고 할 수 있는 源豊潤과 義善元이 있다. 남인 자본가의 표호는 浙江 등 양자강 하류 지역

---

23) 外務省通商局 編, 위의 책(1906), p.25.

자본가들이 운영하던 표호로, 義善元은 李鴻章의 형인 李瀚章의 자본에 의한 것이었고, 源豊潤의 경우 浙江省 鎭海縣 출신의 자본가 嚴信厚가 운영하였다. 義善元은 1895년, 그리고 源豊潤은 1883년에서 1889년 사이에 창설되어 개항장을 중심으로 운영되었었다는 사실에서, 山西商人들에 의해 운영된 표호보다 창설 시기가 무려 50여 년 정도가 늦었을 뿐만 아니라 지점 분포도 산서상인들의 표호처럼 많지 않았고, 영업자금 또한 상당히 적었다는 점을 특징임을 알 수 있다.[24] 또한 표호라는 송금망은 지점이 보다 많이 설치되는 것이 운영에 효과적이었기 때문에 揚子江 하류 특히 上海를 중심으로 하는 그들의 영업은 산서표호 발전과 대립하는 것은 아니었다.

산서표호는 본점의 위치에 따라 平遙, 祁縣, 太谷의 平祁太 3幇으로 구분하지만 이들 간의 관계 또한 대립적이지 않았다. 하지만 각 표호들에는 지점 설치의 특색이 있어 蔚豊厚가 중국 남부 즉 江蘇, 浙江, 廣東 지역의 상업자들에게 많은 투자를 하고 있었다면, 蔚長厚는 廣東 세관 출납에 깊이 관계하였고, 大德恒의 경우 河南 상인들과 거래를 맺으며 투자를 하고 있는 것처럼[25] 표호 지점 경영에도 일정한 특색이 존재하였다. 이러한 특색을 만들어 가는 것은 바로 표호의 경영인이고, 그에 의해 경영의 방향이 결정된다는 면에서 표호 영업에 가장 중요한 인물로 주목해 볼 수 있다.

이러한 산사표호의 경영인들 중에서 초기 표호 개설과 관련하여 가장 많이 언급되는 경영인은 최초의 표호인 日昇昌 山西票號의 경영인 雷履泰[26]와 毛鴻翽이다. 雷履泰는 처음 상인들 간의 복잡한 결

---

24) 『山西票號史料』, pp.664~665.

25) 外務省通商局 編, 위의 책(1906), p.24.

제에 주목하면서 匯票를 이용하는 송금시스템을 고안하여 표호업무를 활성화시킨 인물로 상당히 널리 알려져 왔다. 雷履泰와 함께 일승창 산서표호에 근무하면서 의견을 대립하였던 毛鴻翽는 介體 買村의 侯氏가 경영하는 蔚泰厚 綢布莊의 경리로 근무하다가 이를 표호로 개조하였다. 毛鴻翽는 또한 산서의 渾源縣의 常 씨와의 合股로 蔚長厚 布莊을 표호로 개조[27]하여 蔚字五聯號를 세워 산서표호의 초기 설립과정에서 지점을 확대하여 가는 데 중요한 공헌을 하였다고 평가할 수 있다.

이들과 더불어 표호업무와 관련한 중요 인물 중의 한 사람으로 그다지 주목을 받지 못하였던 인물 중의 한 사람이 李宏齡[28]이다. 이굉령에 대한 자세한 활동은 그의 묘비에 남겨져 있는 글을 통해 추적해 볼 수 있다.[29]

이굉령은 중도에 몰락한 상인 가정에서 태어나 생계를 위해 1862년부터 평요성 내의 한 錢鋪에서 學徒의 길을 걸으며 금융관계의 일에 종사하기 시작하였다. 그해에 同鄕 출신인 曹惠林의 추천으로 蔚豊厚 표호에 들어갈 수 있었다. 당시 울풍후 표호 자본가는 산서성 介體縣 北賈村의 侯 씨였다. 대대손손 이 지역에서 풍요로운 가계를 유지하였던 侯 씨는 이미 乾隆시대에 '侯百萬'의 거부로 칭해질 정도

---

26) 雷履泰(1770~1849?), 平遙城 출신, 유학을 공부하다가 상인이 되어 일승창안료점을 개조하여 최초의 산서표호인 일승창표호를 세운 인물이다. 黃鑒暉, 「人物志 雷履泰」, 『山西票號研究集』 第22集(太原: 山西財經學院科研處, 1984), p.59.

27) 『山西票號史料』, pp.18~20, pp.664~665.

28) 李宏齡(1847~1918) 字는 子壽, 平遙 源祠村 사람(黃鑒暉, 「人物志 李宏齡」 『山西票號研究集』, pp.60~61).

29) 陳立三(1852~1936) 字는 伯嚴, 호는 散原이다. 江西省 출신으로 1889년에 진사가 되었고, 아버지를 도와 변법자강운동에 참여하였다고 한다. 그 과정에서 이굉령과의 친분이 있었던 것으로 보인다. 江西派를 대표하는 시인으로 청 말에 宋詩 존중의 기풍을 다시 일으켰다고 평가된다.

로 큰 부를 누리게 되었다. 자본가 侯 씨는 영업을 처음에는 雜貨·
綢布로 자본을 축적하여 산서성 運城에서 염업으로 확장하였고,
50~60여 곳에 크고 작은 상점을 소유하고 있었다.[30] 1821년 평요에서
송금업무를 시작한 日昇昌이 표호 송금업무로 크게 성공하자 日昇昌
의 雷履泰와 경쟁관계에 있던 모홍홰의 주도로 1826년 무렵부터 侯
氏 또한 蔚泰厚(1826~1921), 蔚豊厚(1826~1916), 天成亨(1826~1918),
新泰厚(1826~1921) 蔚盛長(1826~1921)의 표호를 만들고 영업을 시작
하였다.[31]

1826년 侯興城의 시기에 만들어진 이 표호들은 이후 민국 초기까
지 약 7대에 걸쳐 표호 영업으로 유명세를 떨쳤다. 최초의 표호인 일
승창 표호가 청대 雍正年間(1723~1735)에 안료업으로 자본을 모아 지
점 경리 雷履泰의 건의로 송금업무에 뛰어들었던 것처럼, 侯氏의 표
호도 각각 차, 비단 등의 점포를 개조하여 표호를 만들었다. 일부 표
호에서 부족한 자본은 여러 자본가를 모아 合股의 형태로 만들어 가
게 되었다. 이렇게 많은 자본을 모아 한꺼번에 대규모의 지점망을 구
축하는 것은 그만큼 侯 씨 자본이 일승창의 李 씨 자본보다 탄탄한
구조를 가지고 있었고 영업 전환을 통해 포호로 이윤을 극대화하고
자 하는 목적에 충실하였음을 말해 준다. 결국 이러한 영업 확대는
일승창 표호보다 단기에 보다 넓은 지점 운영을 통해 한층 자본 축적
을 용이하게 만드는 요인이 됨과 동시에 많은 인재들을 모아 발전방

---

30) 『山西票號史料』, pp.19~20, 772~773.

31) 「根據侯懷奇·侯承溫的回憶和其他資料綜合整理」, 1961년 7월 18일, 『山西票號史料』, pp.772~773.
   衛聚賢의 『山西票號史』(說文出版社, 1977)에서는 모홍홰(1787~1865)가 울자오연호의 표호를 처음 개
   설하기 시작하는 것은 1844년(道光24년)으로 보고 있지만 『山西票號史料』에서는 지점 간의 편지에 근
   거해 1826년을 창설시기로 상정하고 있다.

향을 제시받을 수 있었다는 측면에서 긍정적이었다.

이렇게 蔚字五聯號 자본가들은 李氏 단일자본가인 일승창 표호와 비교해 보면 상당히 복잡한 구도를 가지게 되는데 각 표호의 경리들, 지점 설치의 상황을 각각 표로 비교하면 다음과 같다.

<표 1> 日昇昌와 蔚字五聯號의 자본가, 경리, 지점 설치 상황

표호	영업기간	자본가	경리	지점 설치
日昇昌	1823~1914	李箴視 (平遙達浦村) 李玉典	雷履泰(平遙城) 程淸泮 郝可久 王啓元 張興幇 郭樹柄 梁懷文(平遙王郭村)	北京, 天津, 保定, 張家口, 太谷, 太原, 祁縣, 開奉, 周家口, 道口, 沈陽, 營口, 濟南, 西安, 三原, 上海, 蘇州, 鎭江, 揚州, 淸江浦, 蕪湖, 南昌, 漢口, 沙市, 長沙, 湘潭, 重慶, 廣州, 梧州, 桂林, 南寧, 杭州, 香港
蔚泰厚	1826~1921	侯崇基 (介體賈村)	毛鴻翽(平遙刑村) 范友芝(平遙西小巷) 毛鴻瀚(平遙梁村) 楊松齡(平遙曹村)	太谷, 解縣, 太原, 新絳, 介體, 祁縣, 曲沃, 北京, 天津, 沈陽, 營口, 濟南, 烟臺, 西安, 三原, 迪化, 上海, 蘇州, 漢口, 沙市, 長沙, 常德, 湘潭, 成都, 重慶, 杭州, 南昌, 汕頭, 廣州, 梧州, 桂林, 福州, 厦門
蔚豊侯	1826~1916	侯崇基 (介體賈村)	閻永安(平遙城) 宋寶藩(淸源縣) 郝榮祿(平遙郝庄) 范凝靜(平遙城) 侯紹德(介體賈村) 范定翰(平遙城) 王文魁(平遙城) 張宗祺(介體張蘭)	太谷, 運城, 介體, 祁縣, 北京, 天津, 哈爾濱, 包頭, 西安, 三原, 迪化, 蘭州, 凉州, 肅州, 上海, 蘇州, 揚州, 南昌, 漢口, 沙市, 長沙, 常德, 湘潭, 成都, 重慶, 歸化
蔚盛長	1826~1916	侯崇基 王培南 (平遙普洞村)	郭存祀(分陽縣) 尙求濟(平遙段村) 李夢庚 越經魁(平遙朱坑村) 王調營(平遙城) 王作梅(平遙小王村)	北京, 天津, 張家口, 河口, 西安, 三原, 上海, 蘇州, 鎭江, 揚州, 南昌, 漢口, 成都, 重慶, 福州, 厦門, 廣州, 開封, 周口, 道口, 沙市, 常德

| 天成亨 | 1826~1918 | 侯崇基
馬鑄
張天德堂
李養賢堂
武秉乾堂
劉從儉堂 | 李松
張沙綿(介體張蘭鎭)
侯王賓(平遙) 字는 鴻儀
劉廷棟(介體西北里村)
張林屏(介體張蘭鎭))
周承業(平遙東遊駕村) | 運城, 北京, 天津, 察哈爾, 西安, 三原, 蘭州, 凉州, 肅州, 甘州, 迪化, 上海, 杭州, 漢口, 沙市, 湘潭, 成都, 重慶, 曲沃, 濟南, 周村, 開封 |
| 蔚長厚 | 1864~1920 | 常 某(渾源縣)
毛鴻翽平遙刑村)
侯崇基
喬 某(平遙)
王 某(大同) | 范積善(平遙良如壁村)
范光晋 | 北京, 天津, 河口, 西安, 三原, 上海, 蘇州, 鎭江, 揚州, 南昌, 漢口, 沙市, 常德, 成都, 重慶, 長沙, 福州, 廈門, 廣州 |

<표 1>에 각각 100여 년 동안의 경리와 자본가 그리고 영업지점을 정리해 보았다. 모홍화가 그의 말년인 1864년 蔚長厚 표호의 자본가로 등장하고 있는 것으로 보아 蔚泰侯 표호의 총경리로 상당한 자산을 모아 그것으로 蔚長厚 표호에 재투자하는 사례도 나오고 있음을 알 수 있다. 이는 표호의 경영자가 성장하여 표호의 자본가로 성장하는 사례로 주목해 볼 수 있다. 어찌되었건 모홍화가 울태후 총경리로 일하면서 울장후 표호의 자본가로 성장할 무렵인 1862년, 같은 고향 출신인 曹惠林이라는 사람의 추천으로 이굉령은 울풍후 표호에서 일하기 시작하였다.

이굉령은 곧 총경리의 신임을 받고 북경지점에 나가 일을 하게 되는 행운을 얻는다. 또 오랜 기간이 지나지 않아 지점의 경리로 승진하게 되어 上海, 漢口, 北京 지점을 맡아 일을 하였다. 각 지점의 근무기간을 상세하게 알 수 없지만 1893년 무렵 북경지점을 맡았던 것으로 보이고,[32] 이전은 상해와 한구의 지점에서 근무하면서 경제적 감

---

32) 陳立三 作,「平遙李君墓表」(『山西票號史料』, pp.562~563); 黃鑒暉,「人物志 李宏齡」(『山西票號研究集』 第2輯, 1984), pp.60~61.

각을 키울 수 있었다. 이렇게 정치·경제 중심지에서 표호경리의 직을 수행하였다. 이러한 지역에서 그는 지역경제의 감각을 익히고 또 많은 변화를 포착하였을 것이다. 북경과 한구, 그리고 상해라는 당시의 정치·경제중심지에서 능력을 발휘하면서 표호를 경영하였던 그는 이러한 경험을 바탕으로 개혁에 앞장설 수 있는 감각을 익히는 데도 충분하였다.

2장에서 언급하였던 것처럼, 북경이라는 금융기구가 복잡하게 난립하는 지점에서의 근무는 그에게 표호의 나아갈 방향 그리고 정치적 움직임에 더욱 민감한 상황에 놓이게 하였다. 그가 근무하였던 울풍후 표호는 哈爾濱, 包頭, 西安, 三原, 迪化, 蘭州, 涼州, 肅州 등 동북쪽의 哈爾濱과 서북외 蘭州, 涼州, 肅州에 지점 영업을 하고 있어 동북과 서북에 걸친 영업망을 형성하고 있는 것이 특징이었다. 20세기 초기의 사회경제 불안은 이와 같은 광범위한 영업지역을 가진 울풍후 표호의 중심영업지인 북경에서 보다 빨리 느낄 수 있었고 이러한 상황하에서 그가 정치적 변화에 따라 신정 개혁에 적극 동참하고자 하는 의지를 보이게 되는 것은 아마 자연스러운 결과였다. 북경지점의 경리였던 이굉령은 위의 표에서 나타나는 총경리들과는 신분의 차이는 있었지만 영업의 핵심지점에서 더욱이 정치적 상황을 누구보다 빨리 파악하고 결정지어야 한다는 측면에서 총경리들보다 우월한 입장에 있었기 때문에 은행으로 개조를 주장할 수 있었다. 그러면 장을 바꾸어 그의 개혁내용을 구체적으로 살펴보자.

Ⅲ. 李宏齡의 표호 개혁론

1. 은행으로의 개혁 시도와 좌절

이굉령에 대해서는 특히 그의 시장에 대한 예지력을 높게 평가한다. 예를 들면 의화단 직후인 1903년 북경에서 여러 유언비어가 난무하고 사회경제가 혼란에 빠지자 많은 사람들이 爐房으로 몰려가 은을 교환하고자 아우성이었다. 당시 울풍후 북경지점 경리였던 李宏齡은 파산 직전의 노방을 목도하고 북경에 있는 각 표호 경리들을 불러들여 은을 모으고 그 자금을 노방에 빌려 주는 방식으로 북경 시장의 안정을 도모하였다. 또 西太后(1835~1908)와 光緒帝(1874~1908)가 연이어 세상을 뜨자 전과 마찬가지의 상황이 연출되었다. 그러나 그때의 북경 경제위기도 역시 그의 지략으로 무사히 넘길 수 있었다.[33] 이처럼 20세기에 들어서서 그가 일하는 북경에는 많은 경제적 위기를 맞이하였고 그러한 경제위기를 보다 민감하게 감지한 그가 청조의 변화에 빨리 대처하는 움직임을 보일 수 있었다.

이굉령의 표호에 대한 개혁의지는 의화단 이후 신정의 일환으로 화폐경제 개혁을 추진하고자 하는 청정부의 은행정책과 맥락을 함께한다. 청청부에서는 1904년 정월 호부상서 鹿傳霖[34]이 '銀行章程32個條'를 만드는 등 은행 설립 기획에 박차를 가하며 화폐제도를 정비해 갔다.[35] 이 시기는 이미 1897년 盛宣懷에 의해 '中國通商銀行'이

---

33) 黃鑒暉, 위의 글, p.61.

34) 鹿傳霖(1836~1910) 字는 芝軒, 直隷 定興 출신, 同治연간에 進士, 1900~1904년 호부상서를 역임하였다.

35) 은행 설립의 경위 및 상세한 운영 내용에 대해서는 大淸銀行總淸理處 編, 『大淸銀行始末記』(北京: 中國國際商業銀行印, 1915), pp.1~40.

만들어져 은행에 대한 인식이 어느 정도 공유되기 시작하는 시기였
다. 중국통상은행은 자본금 500만 냥을 보유하는 거대한 은행으로 상
해본점 이외에 天津, 漢口, 廣州, 汕頭, 煙臺, 鎭江, 北京에 지점을 두
고 예금대출업무 및 수표할인, 금은매매를 주요업무로 영업을 하고
있었다.36) 중국통상은행과 외국은행의 활동에 자극받고 무엇보다 통
일적인 화폐정책에 대한 시도로 은행 설립을 계획한 청정부는 중국
통상은행과 같은 규모의 은행 설립을 계획하였다. 이에 400만 냥 정
도의 자금을 동원하는데 호부에서 200만 냥을 준비하고 나머지 절반
은 상인의 참여를 유도하고자 月 6리의 이자를 주겠다는 기본취지하
에 富商을 초빙하기로 하였다.37) 호부상서 鹿傳霖은 북경 각 표호에
지점 설치와 출자 등을 상이하였고 특히 표호의 자본가들에게 여러
차례 참여를 요구하였다. 그러나 표호의 자본가들은 배회관망하고 앞
에 나서 참여하고자 하지 않았다.38) 은행 설립에 관여하고 자본을 출
자하는 일이 표호에 그다지 이익이 되지 못한다는 생각이었다. 호부
로부터 은행 참여권유가 있기 1년 전인 1903년, 天津에서는 天津에
본점을 둔 志成銀行이 자본금 20만 냥의 소규모 은행을 건립한다. 이
은행은 지점을 따로 두지 않고 天津에서만 영업하였는데 은행 건립
시에 票號에 창립자금의 반인 10만 냥을 빌렸다.39) 지성은행의 영업

---

36) 中國社會科學院近代史硏究所中華民國史硏究室 主編, 中國人民銀行上海市分行金融硏究室 編, 『中
   國第一家銀行: 中國通商銀行的初創時期(1897~1911)』(北京: 中國社會科學出版社, 1982); 濱下武志,
   「淸末中國における‘銀行論’と中國通商銀行の設立－1897年,盛宣懷の設立をめぐる批判と修正－」(『
   一橋論叢』85－6號, 1981) pp.746~766; 中村哲夫, 「近代中國の通貨體制の改革－中國通商銀行の創業
   －」(『社會經濟史硏究』62－3號, 1996), pp.313~340.

37) 『大淸銀行始末記』, pp.1~2.

38) 「蔣性甫御史奏參某邸原摺」, 『大公報』1904년 4월 19일 ; 「北京票號反對」, 『大公報』, 1904년 4월 25
   일(『山西票號史料』, p.381).

39) 「天津市面要義」, 『中外日報』1903년 10월 9일(『山西票號史料』, pp.374~381).

은 그다지 성공적이지 못해 표호경영자들은 정부에서 하는 은행도 志成銀行 나아가 중국통상은행과 마찬가지로 표호의 영업이익에는 미치지 못한다는 판단에 기인한 것이었다. 실제 신문에서 외국은행의 활동이 표호의 송금업무에 장애가 되고 있다는 보도를 내보내고 있는 1903년 시점에서 표호 전국 송금액은 전대미문의 성장을 보이고 있었다.40) 표호의 입장에서는 의화단이라는 사회불안시기에 이전에 없었던 송금업의 호황을 누리고 있었기 때문에 자본가의 입장에서는 굳이 은행에 참여하는 모험으로 적극성을 보일 필요조차 없었을 것이다. 1904년 호부은행 설립과 관련한 산서표호의 개혁기회는 이러한 수순을 겪으면서 표호 내부에서 본격적으로 논의조차 하지 않았기 때문에, 이 무렵 이굉령은 아직 은행에의 참여 혹은 개혁을 주장하는 단계에 이르지 못하였다.

이굉령이 본격적으로 은행 개조를 주장하고 은행 개조를 위해 서두르는 움직임은 1908년 호부은행이 대청은행으로 개편될 무렵이다. 호부은행이 대청으로 개편되는 1908년 3월에는 교통은행이 500만 냥의 자본으로 북경에 출범하였다. 天津, 漢口, 上海, 廣州, 張家口, 營口, 開封, 香港 등 8개 곳에 지점을 설치한 교통은행과 그 외 많은 중국은행의 존재는 이전부터 있어 왔던 외국은행들과는 존재감이 사뭇 다른 것이었다.41)

---

40) 정혜중, 「山西票號의 帳簿에 나타난 支店經營의 특징」(『東洋史學硏究』77집, 2002) p.154.

41) 산서표호에 자금을 빌린 天津의 志成銀行 이외에 新茂銀行(1904년 天津 개설. 上海, 북경에 支店) 信成銀行(1906년 上海 개설, 자본금 50만 냥), 信義銀行(1906년 漢口 개설), 浙江興業銀行(1906년 杭州 개설), 中東銀行(1907년 天津 개설, 북경에 지점), 四明商業銀行(1908년, 上海 개설, 寧波에 지점), 裕盛銀行(1908년 上海 개설) 厚德銀行(1909년, 1906년 개설한 厚德銀號가 개편, 북경에 본점, 천진, 상해, 한구, 광동, 산동에 지점) 그 외 1896년 세워진 天津官銀號가 1909년 直隸銀行으로 개편하고 이후 많은 관은호가 우후죽순으로 생기는 것도 표호에 큰 심적 부담으로 다가왔을 것이다. 『山西票號史料』, pp.374~378.

이렇게 정부에서 호부은행의 개편과 교통은행의 설립과 관련하여 은행에 관한 개념규정 및 각 조례들을 만들어 가는 1908년을 기점으로 이굉령의 개혁에 대한 의지와 북경지점을 중심으로 한 표호 경리들의 활동도 활발해졌다.

1908년 호부은행에서 대청은행으로의 개편은 청정부 입장에서도 지난 4년간의 영업이 계획하였던 것처럼 은행 발달이 활성화되지 않자 여전히 외부에서 자본 전입과 협조자를 구하고 체제를 바꾸기 위해 실행한 것이었다.[42] 이 무렵부터 이굉령도 적극적으로 움직이면서 상업은행의 설립을 위해 노력하였다. 영업이 효과적이라고 할 수는 없지만 이미 많은 은행이 세워지고 있는 상태에서 표호의 송금량의 감소는 이굉령을 움직이기에 충분한 조건들이었다. 그러나 이굉령에게 개혁의 의지를 심어 준 직접적 계기는 1907년 營口에서 발생한 東盛和의 도산과 그로 인한 시장의 불안 때문이었다.

동북지방의 콩을 이용하여 豆油 및 豆餠을 만들어 廣州와 홍콩 등과 거래하고 수출에 관여하던 東盛和는 1907년 11월 갑자기 부도를 내고 여기에 투자를 하였던 山西票號, 營口爐房, 戶部銀行(大淸銀行), 일본 正金銀行 등에 큰 타격을 입혔다.[43] 營口 東盛和가 도산하고 이듬해인 1908년 신년인사를 위해 평요 본점의 자본가에게 서신을 보낸 이굉령은 동성화의 도산을 언급하며 그 충격이 상업계 전체에 미치고 있다는 점을 강조하면서 "지금 시국이 하루가 다르게 변하고 있습니다. 상황이 예전과는 판이하게 다릅니다. 요즘 학계나 관계에서는 사람들을 외국으로 잘 보내고 있습니다. 오직 상업계만 잠잠합니

---

42) 『大淸銀行始末記』, pp.20~27.

43) 정혜중, 「淸末大豆流通과 山西票號의 投資活動」(『명청사연구』18, 서울: 명청사학회, 2003), pp.249~277.

다. 북경, 천진, 상해, 한구 등 여러 곳에 가 보셔야 합니다. 기차나 기
선으로 왕래하면 편리할 뿐 아니라 고단함도 모릅니다. 여러 날을 오
가면서 깊이 생각해 보시기를 청합니다. 이득이 되면 되었지 해가 되
지는 않을 것입니다"라고 건의하고 있다.44)

이굉령은 자본가들에게 구체적으로 외부의 변화에 주목하여 표호
나아가 상업계가 변해야 한다는 생각을 하게 되었고 이를 위해 본점
의 자본가와 총경리의 마음을 바꾸고자 노력하게 되었다. 그는 세상
의 변화에 주목하였고, 이러한 변화가 산서에도 미쳐 자본가들의 마
음이 움직이기를 간절하게 희망하고 있었던 것이다. 그만큼 營口 동
성화의 영향은 중대하였기 때문에 이와 같이 자본가들의 마음을 움
직이려고 노력하였다.

營口 東盛和의 도산이 은행의 개조로 이어지게 된 것은 함께 동성
화에 투자하였던 大淸銀行이 대출 시에 담보를 받아 손실이 적었던
것을 목도한 것에 기인한다. 대청은행은 손실 회수가 충분하였지만
표호의 경우 대청은행의 절반 수준에도 미치지 못한다는 점은 영구
각 표호경리들의 서신을 통해서도 잘 드러나고 있다.45)

이굉령은 산서의 자본가들과 총경리가 우려하는 바를 참작하여 북
경의 경리들과 충분한 상의를 통해 출자는 하지 않고 사람들만 보내
는 방안을 제안하고 또 청정부가 은행 설립을 구실로 표호상의 자금
이 과도하게 지출되지 않는 방안을 강구하는 등 방안을 통해 무엇보
다 은행의 설립만이 표호의 미래가 달렸다고 강조하였다. 그러나 이
굉령의 건의는 산서의 자본가들에게 받아들여지지 않았다. 이굉령의

---

44) 『晋遊日記 · 同舟忠告 · 山西票商成敗記』, pp.121~122.

45) 『晋遊日記 · 同舟忠告 · 山西票商成敗記』, pp.180~184.

건의와는 달리 자본가들 및 본점의 총경리들은 기존의 표호 운영방
식을 고수하고 표호의 은행 참여를 받아들이지 않았다.

하지만 당시의 모든 표호에 그러한 움직임만이 있었던 것은 아니
다. 실제 은행 경영에 참여하기 시작하는 표호도 나오기 시작한다. 앞
서 말한 원풍윤 표호의 자본가 嚴信厚는 실제 1897년 통상은행의 자
본가이며 발기인의 한 사람으로 장정의 제정 등에 깊게 관여하게 되
었다. 또 그의 아들 嚴義彬은 四明商業銀行에 참여하여 11명의 창립
자 중의 한 사람이 된다.46) 중국통상은행과 사명은행은 각각 민간은
행으로 그 은행 경영이 반드시 성공적이었고 그러한 성공이 표호의
발달에 영향을 주었다고 단정하기는 힘들지만 어려운 경제 상황을
극복하게 새로운 경영방식을 받아들이는 데는 산서자본가들의 표호
보다 절강 쪽 표호 자본가들이 더욱 적극적이었음을 알 수 있다.

2. 蔚豊商業銀行으로 개조

위에서 보듯이 侯씨 표호(蔚字五聯戶)들은 1916년에서 1921년 사
이에 모두 자취를 감추고 만다. 이는 울자오연호가 1912년 이굉령을
중심으로 한 산서성 표호 경리들이 '山西匯通實業銀行'의 설립을 시
도하는 상황과 관련이 깊다. 이굉령이 중심이 되어 1908년부터 주장
해 오던 은행 개조의 논의는 끝내 실현되지 못한 채 신해혁명을 맞는
다. 각 산서표호 경리들은 신해혁명 후의 어수선한 상황에서 平遙에
모여 은행 설립에 관해 논의하고 梁啓超를 초빙하여 연설을 들었다.

---

46) 『山西票號史料』, p.380.

양계초는 표호가 긴 역사를 가지고 중국의 상업을 지탱하는 역할을 했다고 강조하였다. 외국인이 중국의 상업에 대한 이야기는 한 것이 없어도 산서표호에 대한 이야기는 하고 있다면서 자신 또한 그러한 표호를 세계 사람들 앞에 자랑스럽게 이야기한다는 것이었다. 또한 그는 자신이 해외를 다니면서 보니 이탈리아의 수도에 있는 錢商은 중국의 표호와, 영국의 金錢商이 중국 노방과 같다고 평가하고 있다. 표호와 이탈리아의 전상은 관측의 대금을 보존한다는 점, 화폐가 통일되어 있지 않고, 때문에 중간착취를 통해 이득을 취하고 있다는 점, 시장에서 신용이 자못 두텁다는 점, 둘 다 그 자금의 기원이 300년 이전으로 거슬러 올라간다는 점을 들고 있다. 그러나 이탈리아의 은행은 날이 갈수록 발전하고 있는데 표호는 그렇지 못한 점을 들어 은행으로의 개조를 촉구하고 있다.47)

이러한 분위기가 고조되어 山西匯通實業銀行 설립에 대한 의견이 모아지고 자금의 조달과 규칙에 관한 章程도 만들어졌다. 장정은 총 6장으로 총칙, 자본, 영업, 결산, 직원, 부칙으로 구성되어 있는데, 이 규정에 의하면 잠정자본을 300만 원으로 하여 한 주당 백 원, 총 3만 주로 잡았다. 이 일이 조속히 해결되게 직원은 기현방과 태곡방에서 각 1명, 평요방에서는 2명을 대표로 뽑아 북경으로 보내 현지의 동료들과 상의하도록 하자는 결론을 내렸다.48) 평요방의 표호 자본가와 울태후의 총경리 毛鴻翰도 찬성했다. 이어 여러 가지 규정을 제정한 후 공상부에서 돈을 빌고, 또 16개 표호가 연대보증을 서서 다시 500

---

47) 「梁任公莅山西票商歡迎會演說詞」(大公報 1912년 11월 6일, 『山西票號史料』, pp.506~508).

48) 「美國商務委員安腦爾函復洽議山西錢業商借中國通用洋五百萬元文件」(北洋政府檔案唐機關代號 1027, 卷號 730, 『山西票號史料』, pp.510~511).

만 냥을 조달하여 도합 1,000만 냥을 마련하기로 하였다.[49]

당시는 신해혁명 직후라 당시의 재정총장 熊希岭과 그 후 周學熙 등 모두 도와주려 하였지만 방법이 없어 할 수 없이 외국 차관을 빌려 오는 논의가 진행되었는데 1914년 세계대전의 발발로 프랑스, 미국 등에서의 자금 조달이 실패로 끝났다.[50]

산서표호가 움직여 은행을 조직하고자 하는 대대적인 움직임은 무산된 채, 결국 蔚字五聯號의 侯家가 중심이 되어 서북지구에서의 송금업무를 위주로 하는 '蔚豊商業銀行'이 1916년 12월 13일 창업되었다. 설립 당시는 북경표호 지점을 총행으로 하고 天津 등 14곳에 지점을 두어 송금업무를 담당하되, 각종 정기 및 단기 예금과 단기 이은행은 후가의 侯登五가 총경리 직을 맡아 경영하면서 상업은행의 업무를 확장해 갔고, 지점[51]도 30여 곳으로 확장하였지만 결국 2년 만인 1918년에 도산하였다. 울풍상업은행은 표호의 순자산 32,000여 원을 포함하여 울자오연호 관계자들의 자산 100만 원을 출자하여 만들 계획을 세웠으니 그 규모나 내용은 범산서표호연합 은행으로 계획된 '山西匯通實業銀行'에 비슷하지만 侯 씨가 주재한 내용들이었고, 경영도 원활하지 못하였다.[52] 당시의 발기인에는 원세개의 동생 袁世輔와 張勛 등과 더불어 오랫동안 은행 개조를 외쳐 오던 이굉령도 포함되어 있었다.[53] 발기인에 포함되었던 이굉령은 이듬해 표호

---

49) 「救濟金融聲中之兩借款」(『申報』 1914년 1월 5일, 『山西票號史料』, pp.511~512).

50) 東海, 「記山西票號」(『東方雜誌』 14권 6호, 1917; 『山西票號史料』, p.512).

51) 지점은 天津, 上海, 漢口, 長沙, 平遙, 成都, 重慶, 西安, 三原, 蘭州, 涼州, 寧夏, 迪化, 綏元 등 원래 울자오연호 표호의 지점을 근거로 시작하여 확장하는 형태였다. 이후 증가된 지점은 太原, 祁縣, 介體, 汾陽, 文水殊, 運城, 曲沃, 大同, 張家口, 平涼, 秦州, 西寧, 河州, 肅州, 伊犁, 古城, 塔城, 阿爾太, 常德, 湘譚, 湘陰, 南昌, 赣州, 南京, 蘇州, 揚州, 蕪湖, 安慶, 開封, 鄭州, 周家口 등 지역에서 송금업무를 진행하였다.

52) 周保鑾, 『中華銀行史』(商務印書館, 1919), pp.10~12; 『山西票號史料』, p.551.

의 종언을 고하며 두 책을 출간하게 되었다. 그 자신이 산서에 보낸 서신과 외부 지점 경리들의 은행에 대한 개조의견을 모아 보낸 각 지점의 서신 앞에는 각각 그의 표호에 대한 생각도 정리되어 있다. 지점서신을 모은 『山西票號成敗記』에는 각 지점이 왜 은행으로 개조해야 하는지, 각 도시의 시황이 어떻게 변하고 있는지가 자세하게 적혀 있다. 이 서신을 모아 놓은 1917년의 상태에서 표호는 이미 蔚豊商業銀行으로 개조된 상태였다. 은행의 운영 내용에 대해서는 상세하지 않지만 그가 죽고 곧 은행도 도산하고 만다. 하지만 그가 이 서신들을 모아 표호의 종언을 고하는 1917년 이미 울자오연호의 표호들은 거의 영업을 중단한 상황이었다. 그는 『山西票號成敗記』의 序에서 票商(票號)의 실패가 천재인가, 인재인가를 자문하면서 일찍 은행으로 개조하지 못하였음을 한탄하였다.

Ⅳ. 맺음말

산서상방의 표호가 짧은 기간에 비약적으로 발전을 하게 되는 원인으로 가장 먼저 꼽을 수 있는 것은 산서상인들의 상업 무역망이 명청시기부터 완비되어 있었다는 점과 이를 기반으로 한 신용이 무엇보다 사람들에게 믿을 수 있는 금융기관이라고 인식되었던 점에 있다. 가장 일찍 세워졌던 일승창 표호는 본점 平遙, 북경과 상해, 양자강 중하류 등지의 지점이 중심적인 활동을 하면서 평요현의 다른 표

---

53) 「蔚豊厚改組商業銀行卷」(『天津商會檔案』 業務類, 1916년 第262號; 『山西票號史料』, pp.552~553).

호와도 긴밀한 연락을 취하며 고객을 위한 송금서비스를 수행해 갔다. 각 지점에서는 산서성 평요 본점 및 북경, 상해와 상호관계를 유지하며 전국적인 송금 네트워크에 참가하면서도 지점이 속한 각 지역에서 거래를 기본적인 관계로 하여, 대부의 이자나 수수료의 수입으로 비교적 안정적으로 영업을 유지해 갈 수 있었다. 지역 간의 차이가 있기는 하지만 북경과 같은 대도시는 이자 수입이 많았고, 그 외 광동 쪽은 수수료의 수입이 상당히 많은 부분을 차지하는 것에서, 당시인들의 송금업자 표호에 대한 신용, 신뢰의 정도를 읽을 수 있을 것이다. 하지만 이러한 신용은 사회가 어지러운 시기에는 걸림돌로 작용하였다.

예컨대 1914년 일승창 표호도 자금 회수가 여의치 못한 상황에서 북경경리가 자취를 감추자 본점에서는 '영업 중지'를 각 지점에 알리게 되고,[54] 杭州와 상해 등의 지점에서는 "본점 결정에 의한 영업 중단이 어쩔 수 없는 형편"임을 강조하면서 파산으로 이어지게 되었다. 일승창 표호는 도산과 함께 소송에 휘말리게 되는데, 그 처리과정에서 자본가 李 씨는 전 재산을 정리하여 이들의 예금을 돌려주는 성의를 보였다. 당시 중국기업에 적용되던 무한책임제에 근거한 채권자에 대한 배상의 도리였지만, 일반적으로 금융업에서 고객에 대한 신용을 표호업에서 얼마나 강조하고 있었는지 알 수 있는 대목이다.

표호의 가장 큰 특징은 대출 시에도 담보를 받지 않고 신용에 근거하여 대출을 해 주는 점이었다. 표호는 신용이 강조된 금융기구였기 때문에 도산 시에는 막대한 손실을 입을 수밖에 없는 구도였다. 시장

전체가 흔들리는 공황, 국가 존폐의 위기가 지나면 적은 자본으로도 쉽게 재기가 가능한 말단 금융기관이었다. 하지만 표호 경우 위에서 보는 다양한 지연관계의 네트워크에 의존하는 거대한 금융집단이었다. 상업적 유동성에 바탕을 하면서도 이 유동성에 기생하는 왕조 말기 국가와의 관계 및 고객을 우선시하는 신용관념은 국가 붕괴에 따라 정치적 신용이 보장되지 않는 사회에서 손실은 회생 불가능할 정도로 막대한 것이었다. 이를 간파한 이꾕령이 일찍이 은행으로의 개조를 요구하였지만 번번이 거절되는 상황을 뒤로하면서 표호는 쇠락의 길을 걷게 되었다.

1949年 中國 政務院 財政經濟委員會의 人的 構成

金 志 勳

Ⅰ. 머리말

중화인민공화국은 건국 초기 신민주주의 국가를 표방하였다. 이는 공산당뿐만 아니라 노동자와 농민을 중심으로 여러 계층이 연합한 국가를 의미했다. 중국은 경제 부문에서도 과거 국민당 관료자본을 몰수하면서 형성된 국영경제와 반사회주의적 성격을 가진 합작사경제, 소농과 중소자본의 사영경제가 함께 병존하는 신민주주의경제[1]를 지향하고 있었다. 이러한 신민주주의경제체제는 중화인민공화국

---

[1] 중일전쟁시기에 등장했던 신민주주의경제 개념은 孫文의 삼민주의에 의한 자본절제와 지권평균을 강조하다가 중화인민공화국 건국 이후에는 사회주의적 요소를 강조하는 방향으로 변화하였다. 奧村哲, 『中國の 資本主義と 社會主義－近現代史像の 再構成』(東京: 櫻井書店, 2004), pp.315~317.

수립 초기에 시행되다가 한국전쟁을 거치면서 급속한 사회주의개조로 이행하게 된다.[2]

중화인민공화국 건국 직전의 경제정책은 1949년 7월에 조직된 中央財政經濟委員會에서 담당했다. 이 기구에서는 陳雲이 주임이었고 1949년 10월 중화인민공화국 정부가 수립되기 직전까지 당면한 경제문제를 해결하기 위해 노력했다. 중앙재정경제위원회는 중화인민공화국 건국 직후인 1949년 10월 21일 政務院 財政經濟委員會로 개편되어[3] 1954년까지 중화인민공화국의 경제정책을 담당했다. 이 위원회는 중화인민공화국 초기의 경제적 어려움을 극복하고 신민주주의 경제정책을 실시하여 일정한 성과를 거두었다.

정무원 재정경제위원회는 이전에 설립된 중앙재정경제위원회와 연속성을 가지고 있지만 인적 구성에서는 변화가 있었다. 정무원 재정경제위원회는 위원 구성에서 기존의 공산당 경제 관료를 주축으로 하면서도 민주당파와 무당파의 기업가와 전문가를 대폭 수용하는 등 변화가 있었다. 정무원 재정경제위원회는 중화인민공화국 수립 초기 경제정책을 수행하는 데 중요한 역할을 했다. 그러나 그 중요성에 비하여 정무원 재정경제위원회에 관해서는 연구가 많지 않다. 기존의 연구는 주로 정무원 재정경제위원회의 전신으로 1949년 7월에 설립된 중앙재정경제위원회의 설립과정과 활동[4]을 다루거나 1949년 중

---

2) 天兒慧,「新民主主義共和國の展望と挫折」, 天兒慧・宇野重昭, 『20世紀の中國 – 政治變動と國際契機』 (東京: 東京大學出版會, 1994), pp.152~162.

3) 정무원재정경제위원회는 1949년 10월 21일 재경위원회 강당에서 陳雲 등 31명의 위원이 출석하고 18명이 배석한 가운데 개최되었다(「財經委員會成立會議紀要」(1949.10), 中國社會科學院・中央檔案館, 『中華人民共和國經濟檔案資料選編 綜合卷』, 北京: 中國城市經濟社會出版社, 1990, pp.553~554).

4) 劉美玲・趙月琴,「中央財政經濟委員會成立始末」(『當代中國史研究』 2002 – 5); 遲愛萍,「新中國成立前後中財委恢復城鄉交流的政策研究」(『當代中國史研究』 2007 – 3).

앙재정위원회에서 개최한 상해 재정경제회의에 관한 연구5)가 있다. 또한 진운의 재정경제 부문의 업적6) 등에 주목하고 있다.

또한 중앙재정경제위위원회의 설립과 활동, 위원회 주임이었던 陳雲의 업적7) 등을 다루고 있지만 정무원 재정경제위원회의 인적 구성에 대해서는 위원 명단과 현직, 당파 등을 소개하는 정도에 그치고 있으며 세밀한 연구는 부족한 편이다.8) 기존 연구에서는 중화인민공화국의 초기 경제정책 수립과 집행에서 陳雲을 비롯한 공산당원의 활동을 중심으로 파악하고 있기 때문에 민주당파 등의 참여에 큰 의미를 부여하고 있지 않은 것으로 보인다.

그러나 1949년 10월 21일 설립된 정무원 재정경제위원회는 1954년 9월 제1차 전국인민대표대회에서 「중화인민공화국헌법」과 「중화인민공화국국무원조직법」이 통과되면서 정무원이 폐지되기까지 중국의 재정경제정책에 영향을 미쳤다. 특히 정무원 재정경제위원회는 공산당과 정부관료 이외에도 다수의 민주당파 경제전문가와 기업가 등이 참여한 재정경제기구라는 점에서 1949년 건국 초기 신민주주의를

---

5) 遲愛萍, 「陳雲與中財委成立後召開的第一個全國性會議 – 上海財經會議」(『黨的文獻』 2005 – 04).

6) 曹應旺, 「1949年陳雲受命組建中財委」(『黨史博覽』 2006 – 08); 李海 · 成麗英, 「統一全國財經: 中財委的偉大功 積 – 紀念中財委成立五十四周年」(『現代財經 – 天津財經學院學報』 2003 – 10).

7) 이 시기 陳雲의 활동에 관한 중국의 연구에 대해서는 다음의 글을 참고할 수 있다. 遲愛萍, 「陳雲與國民經濟恢復研究述評」(中共中央文獻研究室陳雲研究組, 『陳雲研究述評』 上冊, 北京: 中央文獻出版社, 2004), pp.229~258.

8) 중국의 대표적인 연구성과인 吳承明 · 董志凱의 『中華人民共和國經濟史』에서도 53명의 위원 명단과 현직을 소개하고 있고, 이 분야를 가장 자세하게 연구한 遲愛萍의 논문도 위원회 위원 명단을 소개하면서 현직과 당파에 관한 소개를 다소 보완하고 있는 정도이다. 吳承明 · 董志凱, 『中華人民共和國經濟史 第1卷 (1949~1952)』(北京: 中國財政經濟出版社, 2001), pp.165~166; 遲愛萍, 『新中國第一年的中財委研究』(上海: 復旦大學出版社, 2007), pp.107~109. 국내에서는 중화인민공화국 수립 초기 천진지역의 경제건설에 관해서 손재현의 연구가 있고, 1950년 중국정부의 사영상공업정책을 다룬 연구가 있지만 재정경제위원회를 직접 다루고 있지는 않다. 손재현, 「中華人民共和國 成立時期 經濟建設과 天津에서의 權力基盤 確立努力」(『중국사연구』 59집, 2009); 김지훈, 「1950년 경기침체와 중국정부의 사영 상공업 조정정책」(『중국근현대사연구』 39집, 2008). 이 외에 중국의 상공업 정책에 관해서 이종영 · 이동진의 연구가 있지만 이 문제에 주목하고 있지 않다(이종영 · 이동진, 『中國商業政策史研究』, 서울: 삼영사, 2002).

지향한 중앙정부 구성의 일면을 살펴볼 수 있다.

중화인민공화국 수립 초기 신민주주의경제를 이해하기 위해서는 이러한 경제정책을 결정하는 정무원 재정경제위원회 위원 구성이 어떠했는가를 먼저 살펴볼 필요가 있다. 이를 통해서 1949년의 신민주주의국가체제가 어떻게 중앙정부 구성에서 실현되었는가를 파악할 수 있을 것이다. 정무원 재정경제위원회의 전체적인 성격을 파악하기 위해서는 인적 구성과 정책을 모두 살펴보아야 하지만 여기서는 먼저 1949년 10월 조직된 재정경제위원회에 위원으로 어떠한 인물들이 참여하였는가를 중점적으로 검토해 보겠다.

Ⅱ. 중화인민공화국 수립 전의 경제관리 기구

중국공산당의 재정경제 관리는 홍군시대의 후방지원으로부터 시작되었다. 중국공산당의 근거지는 각지에 분산되어 있었기 때문에 현지의 사정에 따라 지폐를 발행하는 등 통일성이 약했다. 국공내전이 격화되면서 중국공산당은 인민해방군에 대한 후방지원을 강화하고 점차 해방구가 확대·통합되면서 통일적인 재정경제정책을 수립하고 집행할 기구가 필요했다. 이러한 필요에 따라 1947년 7월 華北財經辦事處가 설립되었다.9) 그러나 1948년 국공내전이 격화되자 중공중앙은 인민해방군을 체계적으로 지원하기 위해서 1947년 설립되었

---

9) 화북재경판사처는 1947년 7월 14일에 설립되었고 董必武가 주임이었으며, 南漢宸과 薛暮橋, 楊立三 등이
   부주임을 맡았다[中共中央組織部 · 中共中央黨史硏究室 · 中央檔案館, 『中國共産黨組織史資料』 4卷
   上(北京, 中共黨史出版社, 2000), pp.68~69].

〈표 1〉 중공 중앙재정경제부 인원[10]

성명	직무	기간	직책
董必武	部長	1948.5~1949	華北人民政府 主席
薛暮橋	副部長	1948.6~1949	
王學文	硏究指導員	1948.6~1949	華北大學財經學院 院長
黃松齡	硏究指導員	1948.6~1949	중앙당무연구실 재경조 조장
南漢宸	中國國家銀行籌備處	1948.5~	華北財經辦事處 副主任 華北銀行 總經理

던 華北財經辦事處를 폐지하고 1948년 5월 15일 中共中央 財政經濟
部를 설치하기로 결정했다.[11]

중공중앙재정경제부의 부장은 董必武였고 비서장은 薛暮橋가 담
당했다. 재정경제부는 각 해방구의 재정경제정책을 지도하고 정책을
연구하며, 경제관련 자료를 수집하고 정리하는 일을 담당했다.

1948년 9월 중앙정치국 확대회의에서는 화북, 화동, 서북 지역의
재정경제 책임자들이 모여서 화북정부의 재경위원회에서 화북, 화동,
서북 지역의 재정경제 업무를 통일적으로 시행하고 이후에 동북과
중원지역의 업무를 통일시키기로 결정했다.[12] 이에 따라 화북재경위
원회에는 화북중앙국의 지도 아래 화동과 서북에서 재정경제 책임자
를 파견하기로 결정했다.[13]

1948년 10월 6일에는 화북재경위원회가 설립되고 董必武가 주임,
薄一波와 黃敬任이 부주임이 되었다. 화북인민정부 주석이었던 董必
武는 화북재경위원회의 주임으로 화북과 화동, 서북지역의 화폐 통일

---

10) 中共中央組織部 · 中共中央黨史硏究室 · 中央檔案館, 앞의 책, p.70.

11) 王健英, 『中國共産黨組織史資料匯編』(北京: 中共中央黨校出版社, 1995), p.766.

12) 薄一波, 『若干重大決策與事件的回顧』 上卷(北京: 中共中央黨校出版社, 1991), p.68.

13) 劉美玲 · 趙月琴, 「中央財政經濟委員會成立始末」(『當代中國史硏究』 2002 - 5), pp.58~59.

을 시작하였다. 그는 화북의 산동과 서북 지역의 화폐 가치를 고정시키면서 華北銀行, 北海銀行, 西北農民銀行을 합병하여 中國人民銀行을 설립하고 인민은행권을 발행하였다. 또한 그는 각 지역의 교역과 경제법규, 화북, 동북, 화동 지역의 재정과 금융 등을 통일하는 데 노력하였다.[14)]

그러나 1948년 9월부터 1950년 1월까지 국공 양당은 遼沈, 平津, 淮海戰鬪[15)]를 화북지역에서 전개하고 있었기 때문에 화동과 서북에서는 관계자를 화북재경위원회에 파견할 수 없었다. 이 때문에 화북재경위원회는 화동과 서북 지역의 재정경제 업무를 통일하여 지도하는 데 한계가 있었다.[16)]

1949년 1월 31일 인민해방군은 국민당 傅作義장군의 철수로 인하여 北平(北京)을 평화적으로 접수했다. 1949년 2월 1일 동북국 부서기 겸 동북재정경제위원회 주임인 陳雲은 北平에 도착해서 동북야전군의 林彪, 羅榮桓과 화북인민정부의 董必武, 薄一波와 회의를 개최하여 동북야전군의 후방보급과 관내외의 철도운수, 동북의 지폐와 인민폐의 환율문제 등을 토론하였다. 그 후 모택동은 陳雲과 동북야전군의 羅榮桓 등을 西栢坡로 불러 면담했다. 이 자리에서 陳雲은 동북의 상황과 동북국의 사업에 관해서 보고했다. 진운은 1945년 延安을 떠난 후 처음으로 중앙서기처의 지도자들과 면담을 하고 동북으로 돌

---

14) 董必武傳記編輯組, 「董必武」(中共黨史人物研究會, 『中共黨史人物傳』 13, 西安: 陝西人民出版社, 1984), pp.58~59.

15) 遼沈전투는 1948년 9월 12일부터 11월 2일까지 遼寧省과 瀋陽 일대에서 인민해방군이 국민당 군대 47만여 명을 섬멸시킨 전투이다. 淮海전투는 1948년 11월 6일부터 1949년 1월 10일까지 徐州 일대에서 전개되었으며 국민당군 55만 5천여 명이 섬멸되었다. 平津전투는 1948년 11월 29일부터 1949년 1월 31일까지 북평, 천진을 포함한 하북성 일대에서 벌어진 전투로 52만 명의 국민당군이 섬멸되거나 개편되었다 (冷杰甫, 『三年解放戰爭』, 北京: 旅遊敎育出版社, 1988), pp.315~356).

16) 劉美玲·趙月琴, 앞의 글, p.59.

아갔다.[17)

　당시 중국공산당은 세 차례의 대규모 전투에서 승리하면서 전국을 통일시켜 가고 있었다. 이 과정에서 전국의 경제문제를 통일적으로 지도할 재정경제위원회를 설립하려 했다. 그런데 이 위원회의 지도자를 누구로 할 것인지 문제가 되었다. 당시 周恩來는 毛澤東에게 동북지역에서 활동하던 陳雲을 추천했다.[18)

　당시 陳雲은 재정경제 사업에서 탁월한 능력을 발휘하고 있었다. 그는 1942년부터 陝甘寧晉綏5省聯防財經辦事處를 지도하면서 능력을 발휘했다. 그는 동북재경위원회를 잘 지도하여 동북 전 지역의 재정경제의 통일을 실현했다. 이 때문에 중공중앙은 진운이 전국적인 재정경제정책을 총괄할 중앙재정경제위원회를 담당하도록 결정했다.[19)

　1949년 3월 중공국산당 제7기 2중전회에서는 중앙재정경제위원회를 설립하여 전국의 재정경제업무를 통일적으로 지도하기로 결정하였다.[20) 이어서 1949년 3월 20일 중공중앙은 중앙에 재정경제위원회를 설립하고 우선 화북재정경제위원회와 합병한 후에 동북, 화동, 서북, 화중 각 구의 재정경제 책임자를 위원으로 가입시키며 화북정부의 각 부와 직할 성과 시에 의뢰해서 업무를 추진하기로 결정하였다.[21)

　周恩來는 동북국에서 활동하고 있던 陳雲에게 연락하여 중앙으로 상경하도록 하였다. 陳雲은 1949년 5월 10일 北平(현재의 北京)에 도

---

17) 朱佳木, 「陳雲的西栢坡之行」(『百年潮』 1998－1), p.57.

18) 朱佳木, 위의 글, p.58.

19) 薄一波, 앞의 글, p.70.

20) 薄一波, 앞의 글, p.69.

21) 「中央關于財政經濟工作及後方勤務工作若干問題的規定」(1949.3.20)」(中央檔案館, 『中共中央文件選集』 18, 北京: 中共中央黨校出版社, 1992), pp.148~185.

착했다. 그는 5월 11일부터 朱德, 劉少奇 등과 중앙군사위원회의 재정경제공작회의에 참석하여 중앙재정경제위원회 기구 설치 문제 등을 논의하였다.22)

1949년 5월 31일 중공중앙은 劉少奇가 기초하고 毛澤東이 심사하여 결정한 「중앙재정경제기구대강」을 발표하였다. 이 문건에서는 신속하게 경제를 회복하고 전쟁에 필요한 공급을 하면서 생활을 향상시키기 위해 중앙에 재정경제기구를 즉각 건립하겠다고 하였다. 이에 따라 中國人民革命軍事委員會 아래에 중앙재정경제위원회를 두고 그 아래 각 경제기구를 설치하기로 했다. 이 기구는 중국인민정치협상회의가 개최되어 새로운 정부가 수립되기 전 몇 개월 동안 전국의 재정경제업무를 총괄하도록 했다. 또한 동북, 서북, 화중, 화동 등 지역과 그 아래의 각 省과 도시에도 재정경제위원회를 설치하기로 했다.23)

1949년 6월 4일 周恩來는 北平飯店(北京飯店)에서 각 민주당파의 대표와 당정기관의 책임자가 모인 가운데 중국인민혁명군사위원회의 아래에 중앙재정경제위원회를 설치하여 중앙정부가 정식으로 설립되기 전 몇 개월 동안 국가의 재정경제업무를 담당할 것이라고 하였다.

1949년 7월 12일 중앙재정경제부와 화북재정경제위원회가 통합되어 중앙재정경제위원회가 정식으로 수립되었다.24) 이 위원회의 주임은 陳雲이었고, 薄一波가 부주임을 맡았다.25) 중앙재정경제위원회는

---

22) 周恩來는 1949년 4월 10일 동북국에 연락을 해서 진운에게 중앙으로 올라오라고 했고 4월 30일에 다시 언제 올 수 있는지 연락을 했다. 陳雲은 당시 동북경제계획을 논의해야 했기 때문에 5월 9일에 瀋陽을 출발하여 10일에 北平에 도착했다(『陳雲年譜 1905－1995』 上卷, pp.562~563).

23) 共和國脚步－1949年檔案 第24集, 「中國人民革命軍事委員會關於建立中央財政經濟機構大綱」(1949. 5.31 草案), 中央檔案館 http://www.saac.gov.cn/

24) 「財經委員會成立會議紀要」(1949.10), 中國社會科學院·中央檔案館, 앞의 책, p.554.

25) 그러나 아직 위원회가 공개되기 전 한동안 중앙재정경제부와 화북재정경제위원회의 명의로 활동하였다(『陳雲年譜 1905－1995』 上卷, p.569).

내부 기구로 중앙계획국, 중앙재경인사국, 중앙기술관리국, 사영기업 중앙사무국, 합작사업중앙관리국, 외자기업중앙사무국, 비서처 등을 두도록 했다. 중앙재정경제위원회 아래에는 중앙재정처, 중국인민은 행, 해관총서, 중앙상업처, 중앙철도부, 중앙교통처, 중앙연료처, 중앙 금속처, 중앙방직처, 중앙공업처, 중앙농업처, 중앙임업처, 중앙수리 처 등 재정경제 관련 13개 부서를 통괄했다.[26]

1949년 9월 21일 제1기 전국정치협상회의 제1차 회의에서는 「중국 인민정치협상회의 공동강령」이 통과되었다. 이 「공동강령」에서는 중 앙인민정부가 조속히 전국의 公私營經濟의 주요 부문을 회복하고 발 전시킬 계획을 수립하고, 중앙의 각 경제부문과 지방 경제건설의 분 담과 협력의 범위를 규정하며, 중앙과 지방 경제부분의 상호 연계를 통일적으로 조절해야 한다고 하였다. 또한 중앙의 각 경제부문과 지 방의 경제부문은 중앙인민정부의 통일적 지도 아래 창조성과 적극성 을 발휘해야 한다고 지적하였다.[27]

중국인민정치협상회의의 「공동강령」에 의하면 정권의 기본 이념 과 정책은 마오쩌둥의 '신민주주의론'과 '연합정부론'을 주축으로 하 고 있었다. 정치에서는 신민주주의-인민민주주의 국가로서 노동자 계급이 지도하고 노농동맹(勞農同盟)을 기초로 하여 민주적인 여러 계급과 국내의 각 민족을 결집한 인민민주 독재를 실행하는 것이라 고 하여 공산당의 지도를 명기하지 않았다.

---

26) 共和國脚步 - 1949年 檔案 第24集, 「中國人民革命軍事委員會關於建立中央財政經濟機構大綱」(1949. 5.31 草案), 中央檔案館 http://www.saac.gov.cn/

27) 「중국인민정치협상회의공동강령」은 중화인민공화국 건국 초기 헌법을 대신한 문건으로 중화인민공화국의 경제건설에 관한 기본 방침을 밝히고 있다(「中國人民政治協商會議共同綱領」(1949.9.29), 中共中央文 獻研究室, 『建國以來重要文獻選編』 1, 北京: 中央文獻出版社, 1992, pp.7~10 참조).

건국 초기 이러한 목적을 달성하기 위하여 중앙인민정부는 중앙재정경제위원회의 기초 위에서 중앙정부에 국민경제 관리 기구를 설립하였다.

Ⅲ. 정무원 재정경제위원회의 구성

1949년 10월 21일 중앙인민정부조직법에 따라 政務院 財政經濟委員會가 설립되어, 정부의 재정경제 부문과 중국인민은행, 세관 등 모든 경제 관련 업무를 담당하였다. 정무원 재정경제위원회는 두 개 부문으로 나뉘어 있었다. 첫째, 재정경제위원회로 모두 53명으로 조직되어 있었으며 중요한 경제문제를 토론하여 결정했다.

둘째, 일상 업무를 담당하는 기구로 중앙재정위원회 주임과 부주임의 지도 아래 일상업무를 처리했다. 여기에는 계획국, 기술관리국, 통계국, 사영기업관리국, 외자기업관리국, 합작사업관리국, 인사국, 편역실 등이 있었다. 재정경제위원회의 인원은 처음에는 30여 명에 불과했으나 화북재정위원회의 간부 30여 명과 화북재경학원의 간부 100여 명이 합류하여 1949년 10월에는 300여 명으로 증가하였다.[28]

정무원 재정경제위원회의 인적 구성은 중앙재정경제위원회가 주로 중앙재정경제부와 화북재정경제위원회를 주축으로 구성된 것과 차이가 있었다. 정무원 재정경제위원회는 中國共産黨의 고급 경제관리 간부와 중앙정부 경제부문 고급간부도 참여했지만 민주당파와 무당파 기업가와 경제전문가도 대거 참여하였다. 정무원 재정경제위원

---

28) 中國社會科學院 · 中央檔案館, 앞의 책, p.554.

회는 주임 1명과 부주임 2명, 50명의 위원을 두었다. 위원회의 주임은 전 東北財經委員會 主任이며 中共中央政治局委員[29]인 陳雲이었고 부주임은 전 華北人民政府 副主席이었으며 中共中央委員인 薄一波 와 저명한 경제학자이며 浙江大學 校長인 馬寅初[30]이었다. 정무원 재정경제위원회의 위원은 50명으로 주임과 부주임을 합하면 모두 53 명이었다.[31] 이러한 재정경제위원회 위원은 1954년 해체되기까지 2 명의 위원이 추가되었지만 거의 변화 없이 그대로 유지되었다.[32]

<표 2> 정무원 재정경제위원회 구성[33]

직책	성명	연령 (1949)	생몰연대	현 직
주임	陳雲	44세	1905~1995	中共中央政治局委員, 전 東北財經委員會 主任
부주임	薄一波	41세	1908~2007	中共中央委員, 전 華北人民政府 副主席
	馬寅初	67세	1882~1982	無黨派 民主人事, 경제학자, 浙江大學 校長
위원	李富春	49세	1900~1975	東北財經委員會 副主任
	賈拓夫	37세	1912~1967	西北財經委員會 主任
	鄧子灰	54세	1896~1972	華中財經委員會 主任
	曾山	51세	1899~1972	華東財經委員會 副主任, 紡織工業部 部長
	葉季壯	56세	1893~1967	中央人民政府 貿易部 部長
	陳郁	48세	1901~1974	中央人民政府 燃料工業部 部長
	楊立三	49세	1900~1954	中央人民政府 食品工業部 部長
	黃炎培	71세	1878~1965	中央人民政府 輕工業部 部長

---

29) 1949년 10월 중국공산당중앙위원회 주석은 毛澤東이었고, 중공중앙정치국 위원은 毛澤東, 朱德, 劉少奇, 周恩來, 任弼時, 陳雲, 康生, 高崗, 彭眞, 董必武, 林伯渠, 張聞天, 彭德懷였다(王健英, 앞의 책, p.905).

30) 馬寅初는 北京大學, 浙江財務學校, 重慶大學 등에서 교수를 지냈고 1949년 8월 절강대학 교장에 취임 했다. 그는 1949년 9월 제1차 중국인민정치협상회의에 출석했다(「馬寅初」, 中共黨史人物研究會, 『中共黨 史人物傳』 64, 北京: 中央文獻出版社, 1998, pp.319~341).

31) 何虎生 等編, 『中華人民共和國職官志』 1(北京: 中國社會出版社, 1993), p.143.

32) 중앙인민정부위원회는 1950년 12월 26일 程子華를 재정경제위원회 위원으로 임명했고 1952년 11월 15 일에는 李伯球를 위원으로 임명했다. 中國社會科學院·中央檔案館, 앞의 책, p.558 참조.

33) 「中央人民政府全部人選名單」(1949.10.19), 中國社會科學院·中央檔案館, 앞의 책, pp.556~557.

직책	성명	연령 (1949)	생몰연대	현 직
위원	滕代遠	45세	1904~1974	中央人民政府 鐵道部 部長
	朱學范	44세	1905~1996	中央人民政府 郵電部 部長
	章伯鈞	54세	1895~1969	中央人民政府 交通部 部長
	李書城	67세	1882~1965	中央人民政府 農業部 部長
	梁希	66세	1883~1958	中央人民政府 林墾部 部長
	傅作義	54세	1895~1974	中央人民政府 水利部 部長
	李立三	51세	1899~1967	中央人民政府 勞動部 部長
	南漢宸	54세	1895~1967	中國人民銀行 行長
	孔原	43세	1906~1990	海關總署 署長
	戎子和	43세	1906~1999	中央人民政府 財政部 副部長, 部長은 薄一波
	何長工	49세	1900~1987	中央人民政府 重工業部 副部長, 部長은 陳雲
	錢之光	49세	1900~1994	中央人民政府 紡織工業部 副部長, 部長은 曾山
	宋裕和	47세	1902~1970	中央人民政府 食品工業部 副部長
	薛暮橋	45세	1904~2005	中央財政經濟委員會 秘書長
	宋邵文	39세	1910~	中央財政經濟委員會 計劃局 局長
	曹菊如	48세	1901~1981	中央財政經濟委員會 計劃局 副局長
	錢昌照	50세	1899~1988	中央財政經濟委員會 計劃局 副局長
	孫曉村	43세	1906~1991	中央財政經濟委員會 計劃局 副局長
	范子文	40세	1909~1975	中央財政經濟委員會 人事局 局長
	鐘林	49세	1900~1967	中央財政經濟委員會 技術管理局 局長
	孟用潛	44세	1905~1985	中央財政經濟委員會 合作事業管理局 局長
	冀朝鼎	46세	1903~1963	中央財政經濟委員會 外資企業局 局長
	梅龔彬	49세	1900~1975	中國國民黨革命委員會
	章乃器	52세	1897~1977	上川企業公司 常務董事
	胡厥文	54세	1895~1989	新民機器廠 總經理
	盛丕華	61세	1882~1961	上海上元企業公司 經理
	包達三	59세	1884~1957	上海新義地産公司 總經理
	兪寰澄	62세	1881~1967	江南造紙廠 董事長
	冷遹	61세	1882~1959	江蘇四益農業育種場 董事長
	吳羹梅	43세	1906~	中國標準鉛筆廠 總經理
	李士豪	49세	1900~1972	中國農工民主黨 中央執行委員
	千家駒	40세	1909~2002	中國人民救國會, 홍콩 達德學院 敎授
	李民欣	59세	1890~1955	中國國民黨民主促進會 中央常務理事

직책	성명	연령 (1949)	생물연대	현 직
위원	劉子久	48세	1901~1988	總工會 政策硏究室 主任
	羅叔章	51세	1898~1992	全國婦聯 生産部 副部長
	陳叔通	73세	1876~1966	商務印書館 董事
	簡玉階	74세	1875~1957	中國南洋兄弟煙草股份有限公司 董事
	侯德榜	59세	1890~1974	永利化學工業公司 總經理
	胡子昂	52세	1897~1991	川康興業公司 董事長
	周蒼柏	61세	1888~1970	華中化工廠 董事長
	周叔弢	58세	1891~1984	天津啓新洋灰公司 總經理
	宋裴卿	51세	1898~1956	天津東亞企業公司 總經理

위의 표는 정무원 재정경제위원회 위원의 명단과 연령, 현직을 보여 주고 있다. 위의 표에 의하면 53명의 정무원 재정경제위원회의 성원 가운데 가장 나이가 적은 사람은 중공 西安市委 書記이며 시상이었고, 西北財經委員會 主任이었던 賈拓夫[34]로 1949년 당시 37세였다 (1912년생). 가장 나이가 많았던 사람은 中國南洋兄弟煙草股份有限公司 董事인 簡玉階[35]로 74세였다. 연령별로 보면 30대가 2명(3.7%), 40대가 24명(45.28%), 50대가 17명(32%), 60대가 7명(13.2%), 70대가 3명(5.6%)으로 40대가 가장 많았고 그 다음이 50대였다. 40대와 50대를 합하면 41명으로 77%를 차지하고 있다. 정무원 재정경제위원회 위원의 평균 연령은 51.94세였다.

정무원 재정경제위원회의 성원 가운데 중앙인민정부 정무원의 관료는 주임인 陳雲 등 29명으로 전체의 54.7%를 차지하고 있었고, 지방 대군구의 재정경제위원회를 대표해서 동북재경위원회의 부주임 李富

---

34) 中共黨史人物硏究會, 『中共黨史人物傳』 46(西安: 陝西人民出版社, 1991), p.282.

35) 徐友春, 『民國人物大辭典』(石家莊: 河北人民出版社, 1991), p.1614.

春, 서북재경위원회 주임 賈拓夫, 화중재경위원회 주임 鄧子灰, 화동
재경위원회 부주임 曾山(정무원 방직공업부 부장도 겸임) 등이 참여
하고 있었다. 중앙과 지방 관료를 합하면 32명으로 전체의 60%를 차
지하고 있었다. 이 가운데 葉季壯은 동북재정경제위원회 부주임과 동
북인민정부 재정부장, 상업부장 등을 역임하면서 재정경제 부문에서
활동해 왔다.36) 宋裕和도 新四軍供給部長과 華東軍區供給部長 등 인
민해방군의 후방보급 등 지원업무를 해 왔다.37) 曹菊如의 경우는
1931년 11월 江西省 瑞金에서 수립된 중화소비에트공화국 임시중앙정
부 중앙은행의 설립에 참여했고 1935년에는 중화소비에트공화국 국가
은행 西北分行의 부행장을 지냈다.38) 이러한 경력에서 볼 때 정무원
재정경제위원회에 참여한 공산당과 중앙정부의 관료들은 대체로 재정
경제와 군대의 후방보급 등의 업무경험이 있었다는 것을 알 수 있다.

  정무원 재정경제위원회에는 국민정부 자원위원회의 위원과 위원
장으로 활약했던 錢昌照가 중앙재정인민위원회 계획국 부국장으로
참여하고 있었다.39) 또한 다수의 기업가들과 馬寅初, 千家駒40) 등 경
제학교수를 비롯하여 다수의 민주당파 인사와 무당파 인사들이 참여
하고 있었다.

  재정경제위원회 위원의 출신지와 학력은 다음과 같다.

---

36) 胡提春·林仙鳳, 「葉季壯」(中共黨史人物研究會, 『中共黨史人物傳』 45, 西安: 陝西人民出版社,
    1990), pp.265~272.

37) 李日賢, 「宋裕和」(中共黨史人物研究會, 『中共黨史人物傳』 72, 北京: 中央文獻出版社, 2000),
    pp.408~415.

38) 鄭學秋·章宏九·李炳鈞, 「曹菊如」(中共黨史人物研究會, 『中共黨史人物傳』 49, 西安: 陝西人民出
    版社, 1991), pp.383~389.

39) 秦國生·胡治安 主編, 『中國民主黨派 歷史 政綱 人物』(濟南: 山東人民出版社, 1990), p.126.

40) 陳榮富, 『當代中國社會科學學者大辭典』(杭州: 浙江大學出版社, 1990), p.220.

〈표 3〉 정무원 재정경제위원회의 출신지와 학력[41]

직책	성명	출신지	학력
주임	陳雲	江蘇省 靑浦 (上海市靑浦縣)	上海商務印書館 學徒
부주임	薄一波	山西省 定襄縣	山西 國民師範學校
	馬寅初	浙江省 浙江嵊縣	天津北洋大學(현재의 天津大學), 미국 콜럼비아대학 경제학 박사
위원	李富春	湖南省 長沙	1919年 赴法勤工儉學 참가 프랑스 유학, 1925년 3월 소련 모스크바 동방대학에서 잠시 수학하고 7월 귀국
	賈拓夫	陝西省 神木縣	섬서성 綏德第四師範學校
	鄧子灰	福建省 龍岩縣	龍岩中學
	曾山	江西省 吉安	1935년 8월 소련 모스크바 레닌학원 학습, 1937년 귀국
	葉季壯	廣東省 新興縣	廣東省立法政學堂
	陳郁	廣東省 寶安縣	廣州汽車實習學校, 1931년 소련 레닌학원 학습
	楊立三	湖南省 長沙縣	小學校
	黃炎培	江蘇省 川沙縣 (현재 上海市)	上海 南洋公學(현재 상해교통대학), 1902년 擧人
	滕代遠	湖南省 麻陽縣	常德 湖南省立第二師範學校
	朱學范	浙江省 嘉善 (지금의 上海金山)	上海法學院 졸업, 미국 하버드대학 경제과 학습
	章伯鈞	安徽省 樅陽縣	武昌高等師範(현재의 武漢大學) 영어과, 독일 베를린대학 철학과
	李書城	湖北省 潛江市	일본 陸軍士官學校
	梁希	浙江省 吳興 (현재 湖州市)	日本東京帝國大學農學部, 독일 색슨 삼림학원(현재 드레스덴대학 임학부)
	傅作義	山西省 榮河 (현재 臨猗縣)	保定軍官學校
	李立三	湖南省 醴陵	廣益中學, 1919년 赴法勤工儉學 프랑스 유학
	南漢宸	山西省 趙城 (현재의 洪洞)	北平政法學校

<hr>

41) 재정경제위원회 위원의 학력, 출신지, 당파, 활동 등에 관한 아래의 표들은 徐友春, 『民國人物大辭典』
(石家莊: 河北人民出版社, 1991); 楊親華 等 主編, 『中國民主黨派詞典』(北京: 中國政法大學出版社,
1989); 『中國人名大詞典－當代人物卷』(上海: 上海辭書出版社, 1992); 廖盖隆 主編, 『中國共産黨歷
史大辭典－總論・人物』(北京: 中共中央黨校出版社, 1991); 許滌新, 『中國企業家列傳』3 (北京: 經濟
日報出版社, 1989); 盛平 主編, 『中國共産黨人名大辭典』(北京: 中國國際廣播出版社, 1991), 『中共黨
史人物傳』 등과 개인전기 등을 참고하여 작성하였다.

직책	성명	출신지	학력
위원	孔原	江西省 萍鄕	江西省 萍鄕中學, 모스크바 동방대학
	戎子和	山西省 平魯	山西大學
	何長工	湖南省 華容	湖南長沙甲種工業學校, 1919년 赴法勤工儉學運動으로 프랑스 유학
	錢之光	浙江省 諸暨	同文書院
	宋裕和	湖南省 桂陽 (현재의 汝城)	1936년 紅軍大學
	薛暮橋	江蘇省 無錫	初級師範 졸업, 독학?
	宋邵文	山西省 太原	1935년 北京大學 歷史系 졸업
	曹菊如	福建省 龍岩	龍岩의 상업학교 졸업
	錢昌照	江蘇省 常熟	영국 런던대학, 옥스포드대학 경제학 연구
	孫曉村	浙江省 余杭	1929년 北平中法大學 服爾德學院 文學史地系 졸업
	范子文	陝西省 綏德	陝西省 綏德省立第四師範學校
	鐘林	湖南省 湘鄕 (현재의 雙峰縣)	
	孟用潛	直隷省 深州 (현재 河北 深縣)	1925年 燕京大學 經濟系 졸업
	冀朝鼎	山西省 汾陽	北京淸華學校, 1924년 미국 콜럼비아대학 역사과 박사
	梅龔彬	湖北省 黃梅	1926年 上海 東亞同文書院 商業經濟科
	章乃器	浙江省 靑田	浙江省立甲種商業學校(현재의 浙江工商大學)
	胡厥文	江蘇省 嘉定	1918年 北京高等工業專門學校機械科
	盛丕華	浙江省 鎭海	고향 私塾 2년 수학
	包達三	浙江省 鎭海	1914年 日本明治大學 法科 졸업
	兪寰澄	浙江省 德淸	湖州南潯 교육
	冷遹	江蘇省 丹徒	安徽武備學堂
	吳羹梅	江蘇省 常州	1932年 日本橫濱高等工業學校 應用化學科
	李士豪	浙江省 諸暨	1936년 일본 明治大學 經濟科
	千家駒	浙江省 武義	1932년 北京大學 經濟系
	李民欣	廣東省 番禺	1910年 陸軍速成學校 步兵科
	劉子久	山東省 樂安	靑州山東省立第十中學
	羅叔章	湖南省 岳陽	湖南第一師範學校
	陳叔通	浙江省 杭州	일본 東京法政大學 政治學科
	簡玉階	廣州府 南海縣 (현재 佛山市)	홍콩 瓷器店의 學徒
	侯德榜	福建省 閩侯縣	미국 콜럼비아대학 박사

직책	성명	출신지	학력
위원	胡子昂	四川省 重慶	북경농업대학
	周蒼柏	湖北省 武漢	미국 뉴욕대학 경제과
	周叔弢	安徽省 東至	가정교사의 지도를 받음(英文 등)
	宋裴卿	山東省 益都	燕京大學 수료 후 미국 유학 商科

위의 표에 의하면 53명의 재정경제위원회 위원 가운데 해외 유학파는 모두 19명이다. 이 가운데 일본 유학이 6명으로 가장 많았고, 미국 유학이 5명으로 2위였다. 일본 유학을 다녀온 경우는 日本陸軍士官學校를 유학한 李書城,[42] 梁希(일본동경제국대학 농학부),[43] 包達三(일본 明治大學 法科),[44] 吳羹梅(일본 히로시마고등공업학교 응용화학과),[45] 李士豪(일본 明治大學 經濟科),[46] 陳叔通(일본 東京法政大學 政治學科)[47] 등이 있다.

미국 유학은 콜럼비아대학에서 경제학 박사학위를 받고 돌아온 馬寅初를 비롯해서, 冀朝鼎(콜럼비아대 역사과 박사),[48] 侯德榜(미국 콜럼비아대 박사),[49] 周蒼柏(미국 뉴욕대학 경제과),[50] 朱學范(하버드대),[51] 宋裴卿[52] 등이 있다.

---

42) 李書城은 1904년 振武學校에 입학했고 졸업 후 육군사관학교 보병과에 들어갔다(徐友春, 앞의 책, p.292).

43) 梁希는 1906년 일본의 사관학교에 입학했다가 동경제국대학에서 임학을 공부하던 시기에 동맹회에 가입했다(徐友春, 앞의 책, p.872).

44) 徐友春, 앞의 책, p.172.

45) 徐友春, 앞의 책, p.375.

46) 楊親華 等 主編, 『中國民主黨派詞典』(北京: 中國政法大學出版社, 1989), p.646.

47) 徐友春, 앞의 책, p.1031.

48) 曹云鼎·李吉, 「冀朝鼎」(中共黨史人物研究會, 『中共黨史人物傳』 32, 西安: 陝西人民出版社, 1987), pp.315~318.

49) 徐友春, 앞의 책, p.601.

50) 『中國人名大詞典 － 當代人物卷』(上海: 上海辭書出版社, 1992), p.1378.

51) 朱學范은 1937년, 1941년, 1944년 세 차례 미국을 방문해서 노동운동 관련 회의에 참석했다. 1942년에는

그 다음으로는 소련 유학은 모스크바 레닌학원에서 공부한 曾山[53]
과 陳郁,[54] 藤代遠[55] 등 3명이 있다. 이 외에 中國共産黨員으로 코민
테른대회나 中國共産黨大會에 참석하기 위해서 소련을 방문한 陳
雲,[56] 李富春,[57] 孔原,[58] 孟用潛[59] 등 4명이 있다. 프랑스로 1919년
근공검학운동을 다녀온 경우는 李富春,[60] 李立三,[61] 何長工[62] 등 3
명이다. 소련 유학과 프랑스 근공검학운동에 참여한 경우는 모두 공
산당원들이었다. 독일 유학은 章伯鈞(베를린대학 철학과)[63]과 梁

하버드대에서 경제학을 공부하기도 했다(郵電部老部長傳記組, 「朱學范」, 中共黨史人物硏究會, 『中共
黨史人物傳』 75, 北京: 中央文獻出版社, 2000), p.127).

52) 宋裴卿은 1918년 燕京大學을 수료하고 미국에 가서 商科에 들어갔다(張刃, 「宋裴卿與抵羊牌毛線」, 許
滌新, 『中國企業家列傳』 3, 北京: 經濟日報出版社, 1989), p.248).

53) 曾山은 1935년 9월 하순 陳雲, 陳潭秋 등과 함께 소련 모스크바에 도착하여 레닌학원에서 2년 동안 마르
크스레닌주의 이론을 학습하였다(蘇多壽·劉勉玉, 『曾山傳』, 南昌, 江西人民出版社, 1999,
pp.135~136).

54) 陳郁은 1931년 6월 4일 당중앙의 지시로 소련 모스크바 레닌학원에 가서 유학한다. 그는 1940년 2월 귀
국이 결정되어, 그해 봄에 당중앙 소재지인 연안에 도착한다(陳郁傳編寫組, 「陳郁」, 中共黨史人物硏究
會, 『中共黨史人物傳』 18, 西安: 陝西人民出版社, 1986, pp.17~23).

55) 藤代遠은 1934년 9월 상해를 출발하여 블라디보스토크에 도착했다. 다시 10월 초 모스크바에 도착한 그
는 중국공산당 7차 대회에 참석한 후 레닌학교에서 공부하고 1937년 12월 延安으로 돌아왔다(藤代遠傳
編寫組, 『藤代遠傳』, 北京: 解放軍出版社, 1990, pp.208~229).

56) 陳雲은 1935년 9월 상순 陳潭秋, 曾山, 楊之華, 何實嗣 등 7~8명과 비밀리에 소련으로 갔고 9월 하순
모스크바에 도착해서 청년공산국제 제6차 대표대회에 참석했다(中共中央文獻硏究室, 『陳雲年譜』 上,
北京: 中央文獻出版社, 2000, p.190).

57) 李富春은 1925년 3월 초 모스크바 동방대학 중공지부에서 당소조장을 했고, 지부위원으로 활동하다 7월
에 귀국했다(陳志凌, 「李富春」, 中共黨史人物硏究會, 『中共黨史人物傳』 44, 西安: 陝西人民出版社,
1990, p.9).

58) 孔原은 萍鄕中學을 졸업하고 노동운동에 참여하였다가 1925년 공산당에 입당한다. 1928년에는 소련의
모스크바 동방대학에 가서 학습하고 1930년에 귀국한다(廖盖隆 主編, 앞의 책, p.163).

59) 孟用潛은 1928년 6월 모스크바에서 개최된 중국공산당 제6차 전국대표대회에 참석했다(趙東卓, 「孟用潛
」, 中共黨史人物硏究會, 『中共黨史人物傳』 55, 西安: 陝西人民出版社, 1994, pp.184~185).

60) 李富春은 1920년부터 1925년까지 프랑스에서 생활하면서 공산당 旅歐支部에서 활동했다(陳志凌, 「李富
春」, 中共黨史人物硏究會, 『中共黨史人物傳』 44, 西安: 陝西人民出版社, 1990, pp.5~8).

61) 李立三은 1919년 말부터 1921년 말까지 프랑스에서 생활하면서 무정부주의에 경도되기도 했다(唐純良, 「
李立三」, 中共黨史人物硏究會, 『中共黨史人物傳』 16, 西安: 陝西人民出版社, 1986, pp.31~36).

62) 廖盖隆 主編, 앞의 책, p.306.

63) 彭慶遠 等 主編, 『中國民主黨派歷史人物』(北京: 北京燕山出版社, 1992), p.474.

希64) 등 2명이었고 영국 유학은 옥스퍼드대학에 유학한 錢昌照65) 1명이었다. 이 밖에 취업을 위해서 해외에 나갔던 경우도 있다. 曹菊如는 20대에 인도네시아 등에서 취업했던 경험이 있다.66)

53명 가운데 34명은 중국 내에서 공부를 한 것으로 보인다. 학력이 불분명한 薛暮橋,67) 小學을 졸업한 楊立三68)과 學徒 출신의 簡玉階 등을 제외하면 모두 중학 이상의 학력이었다.69) 이러한 학력은 당시 문맹자가 많고 고학력자가 적었던 중국의 현실에서 매우 높은 수준이었다고 할 수 있다.70)

다음으로 위의 표에 나타난 정무원 재정경제위원회 위원의 출신지를 정리해 보면 다음과 같다.

---

64) 梁希는 일본유학을 마친 후에 1923년 자비로 독일 드레스덴의 색슨삼림학원에서 임산화학과 목재방부학을 4년 동안 유학하고 1928년 귀국한다(彭慶遐, 앞의 책, p.536).

65) 秦國生·胡治安 主編, 앞의 책, p.126.

66) 曹菊如는 1923년 출국하여 1924년 인도네시아 등에서 취직했다가 1928년 귀국했다(鄭學秋·章宏九·李炳鈞, 「曹菊如」, 中共黨史人物研究會, 『中共黨史人物傳』 49, 西安: 陝西人民出版社, 1991, pp.378~379).

67) 薛暮橋의 학력에 관해서는 초급사범을 졸업했다는 주장(邱健, 「薛暮橋-一個勇于探索和創新的人」, 『中國當代社會科學家』第一輯, 北京: 書目文獻出版社, 1985, p.366; 盛平, 『中國共産黨人名大辭典』, 北京: 中國國際廣播出版社, 1991, p.806)과 독학을 했다는 주장이 있다(中外名人研究中心編, 『中國當代名人錄』, 上海: 上海人民出版社, 1991, p.980).

68) 星火燎原編輯部, 「楊立三」(『解放軍將領傳』第八集, 北京: 解放軍出版社, 1988), p.312.

69) 周叔弢의 경우 가정교사를 초빙해서 영어 등을 교육받았기 때문에 정식학력은 없지만 중학 이상의 학력이라고 보았다(牛子其, 「周叔弢」, 中共黨史人物研究會, 『中共黨史人物傳』 65, 北京: 中央文獻出版社, 1998, p.447).

70) 1950년 중국공산당의 3,263,696명의 당원 가운데 문맹이나 반문맹자가 69%였고, 소학교 27.66%, 중학 3.02%, 대학 이상의 학력은 0.32%에 불과했던 것을 감안하면 정무원 재정경제위원회 위원의 학력 수준이 높았다는 것을 알 수 있다(安子文, 「關于中國共産黨的組織情況及發展和鞏固黨的組織的問題」(1950.6.7), 中國人民解放軍國防大學黨史建政工敎研室, 『中共黨史敎學參考資料』 19, 北京: 1986), p.144).

<표 4> 정무원 재정경제위원회 성원의 출신지

省	浙江	湖南	江苏	山西	广东	湖北	福建	安徽	陝西	山东	江西	河北	四川	합계
관료	4	7	4	6	2	1	2	1	2	0	2	1	0	32
민간	8	1	3	0	2	2	1	1	0	2	0	0	1	21
수	12	8	7	6	4	3	3	2	2	2	2	1	1	53

위의 표에서 보면 위원회 성원 가운데 절강성 출신이 가장 많은 12명으로 전체의 22.6%를 차지하고 있다. 다음은 호남성 출신이 8명으로 전체의 15%를 차지하고 있으며, 3위는 강소성으로 7명(13.2%), 4위는 산서성으로 6명(11.3%)이었다. 가장 많은 수를 차지하는 절강성 출신은 민간에서 참여한 인물들이 다수를 차지하고 있다. 정무원 재정경제위원회의 章乃器, 盛丕華, 包達三, 俞寰澄, 陳叔通 등 기업경영자들이 모두 절강성 출신이었다. 이 외에 대학교수인 부주임 馬寅初와 千家駒과 농공민주당의 李士豪도 절강성 출신이었다.

중앙과 지방정부의 관료로 정무원 재정경제위원회에 참여하고 있는 32명 가운데는 호남성 출신이 李富春, 楊立三, 藤代遠, 李立三, 何長工, 宋裕和, 鐘林71) 등 7명으로 가장 많다. 이들은 대부분 1920년대 中國共産黨에 입당하여 혁명운동에 참여하였다.

---

71) 『中國人名大詞典 – 當代人物卷』(上海: 上海辭書出版社, 1992), p.1547.

<표 5> 정무원 재정경제위원회의 당파와 직업

직책	성명	가정	직업	당파	입당	전직
주임	陳雲	貧苦農	政治家	中國共産黨	1925년	1948년 中華全國總工會主席
부주임	薄一波		政治家	中國共産黨	1925년	1948년 中共中央華北局第二書記、 第一書記, 華北軍區政委, 華北人民政府 副主席
	馬寅初	양조업	대학교수	무당파		1949년 浙江大學 校長
위원	李富春	선생 (敎書)	政治家	中國共産黨	1922년	동북인민정부부주석, 중공중앙동북국 부서기
	賈拓夫	빈민 (백정)	政治家	中國共産黨	1928년	1949年 中共西安市委書記, 西安市 人民政府 市長
	鄧子灰	지주	政治家	中國共産黨	1926년	華中局第三書記, 第四野戰軍 兼 華中軍區 第二政委 등
	曾山	독서인	政治家	中國共産黨	1926년	1949年 上海市 副市長
	葉季壯	농민	政治家	中國共産黨	1925년	東北局財經委員會 第二副主任, 동북인민정부재경위원회 부주임
	陳郁	해운 노동자	政治家	中國共産黨	1925년	1949年 華北人民政府 重工業部部長
	楊立三	전농	군인	中國共産黨	1927년	中共中央軍事委員會會 總后勤部部長, 華北軍區外線司令
	黃炎培	서당 선생	정치가 교육자	중국동맹회 民主建國會		民主建國會 대표
	滕代遠	농민	정치가, 군인	中國共産黨	1925년	中央軍委 鐵道兵團 司令員, 政治委員
	朱學范	노동자	노동자	中國國民黨 革命委員會		中華全國總工會 副主席
	章伯鈞	지주	정치가	中國共産黨 중국농공민 주당	1928년 탈당	중국농공민주당 주석
	李書城	私塾 先生	사회사업	동맹회, 정치협상 회의		湖北省人民和平促進會
	梁希		과학자	九三學社		中國科學工作者協會 南京分會 常務委員, 中央大學 敎授
	傅作義	농민	군인	前 國民黨		華北剿匪總司令部 總司令
	李立三	소지주	정치가	中國共産黨	1920년	政治協商會議籌務委員會 常務委員

직책	성명	가정	직업	당파	입당	전직
위원	南漢宸	자경농	정치가	中國共産黨	1926년	華北財經辦事處 副主任 겸 華北銀行總經理
	孔原	노동자	정치가	中國共産黨	1925년	中共撫順市委書記
	戎子和		정치가	中國共産黨	1936년	1948年 華北人民政府 財政部部長
	何長工		정치가 군인	中國共産黨	1922년	東北軍區軍工部 部長
	錢之光	농민	정치가	中國共産黨	1927년	香港 華潤公司 董事長
	宋裕和	농민	군인	中國共産黨	1927년	華東軍區后勤司令部 司令員
	薛暮橋	몰락한 지주	정치가 경제관료	中國共産黨	1927년	中央財經部 秘書長
	宋邵文		정치가	中國共産黨	1933년	華北人民政府財經辦事處 辦秘書長 겸 農業部 部長
	曹菊如	몰락한 상인	경제관료 은행가	中國共産黨	1930년	공산당의 금융업무
	錢昌照		국민당 관료	前 國民黨, 中國國民黨 革命委員會	1930년 1948년	1932－1947年 國民政府 國防設計委員會 代理秘書長, 資源委員會 副主任委員, 主任委員, 委員長 등 역임. 1949년 중국인민정치협상회의 위원
	孫曉村		관료, 대학교수	南京救國會	1935년	上海市工商業聯合會籌備委員會 秘書長
	范子文		정치가, 관료	中國共産黨	1928년	中共中央西北局財經委員會 委員, 秘書長
	鐘林		기술자	中國共産黨	1926년	華北企業部兵工局 工程師
	孟用潛	번역 보조	정치가	中國共産黨	1927년	華北人民政府 華北供銷合作總社 主任
	冀朝鼎	관료	정치가, 학자, 경제관료	中國共産黨	1927년	中央外資企業局 局長
	梅龔彬		교수, 정치가	中國國民黨 革命委員會	1948년	중국국민당혁명위원회 중앙위원
	章乃器	紳士	민주당파	民主建國會	1935년	上川企業公司 常務董事, 민주건국회 중앙상무위원
	胡厥文		기업가	民主建國會	1945년	新民機器廠 總經理
	盛丕華	점원	기업가	民主建國會	1946년	上海市 上元企業公司 經理
	包達三		기업가	民主建國會		上海新義地産公司 總經理

직책	성명	가정	직업	당파	입당	전직
위원	兪寶澄		기업가	民主建國會		江南紙廠 董事長
	冷遹		기업가	民主建國會		江蘇四益農業育種場 董事長
	吳羹梅		기업가	民主建國會	1945년	中國標準鉛筆廠 總經理
	李士豪		정치가, 관료	中國農工民主黨	1930년	중국공농민주당 중앙집행위원
	千家駒		경제학자 교수	中國人民救國會	1945년	中國人民救國會, 홍콩 達德學院 교수
	李民欣		정치가	中國國民黨民主促進會	1946년	中國國民黨民主促進會 中央常務理事
	劉子久		정치가	中國共産黨	1924년	中華全國總工會 文敎部 部長 겸 政策硏究室 主任
	羅叔章		교육자 정치가	中國共産黨 民主建國會	1935년 1946년	中華全國婦女聯合會 生産部 副部長
	陳叔通		기업가	무당파		商務印書館 董事
	簡玉階	상인	기업가	무당파		中國南洋兄弟煙草股份有限公司 董事
	侯德榜	농민	기업가, 과학자	무당파		永利化學工業公司 總經理
	胡子昂		기업가	民主建國會	1945년	川康興業公司 董事長
	周蒼柏		기업가	무당파		華中化工廠 董事長
	周叔弢	환관	기업가	무당파		天津啓新洋灰公司 總經理
	宋裴卿	상인	기업가	무당파		天津東亞企業公司 總經理

위의 표에 의하면 53명의 위원 가운데 中國共産黨員은 26명으로 49%를 차지하고 있다.[72] 공산당원들의 입당시기를 보면 22명이 1920년대에 입당했고, 4명은 1930년대에 입당했다. 1920년대 입당한 22명 가운데 대부분은 1927년 이전에 입당하였다.

정무원 재정경제위원회 성원의 절반 정도인 비공산계열 위원 가운데 가장 많은 수를 차지하는 당파는 11명으로 전체의 20.7%를 차지

---

72) 章伯鈞은 독일 유학시절에 공산당에 입당했지만 1928년 탈당했고 농공민주당의 주석이 되었기 때문에 제외했다. 盛平, 앞의 책, p.707. 羅叔章은 1935년 中國共産黨에 가입한 후 1945년 민주건국회의 이사를 맡았기 때문에 중복해서 계산했다(위의 책, p.503 참조).

하고 있던 민주건국회이다. 민주건국회는 1945년 12월 16일 黃炎培, 胡厥文, 章乃器 등이 重慶에서 조직하였으며 주로 애국적 민족 상공업자와 지식인들이 참여했다. 민주건국회는 1947년 국민당 당국이 조종하는 '국민대회'와 '헌법'을 승인할 수 없다고 성명을 발표하기도 했다. 1948년 5월 민주건국회는 신정치협상회의를 개최하여 민주연합정부를 수립하자는 공산당의 호소에 호응했다. 이에 따라 민주건국회는 신정치협상회의 준비에 참여했고 1949년 9월 21일 14명의 대표가 중국인민정치협상회의 제1차 회의에 참석했다.[73]

정무원 재정경제위원회의 위원 가운데 章乃器,[74] 胡厥文,[75] 盛丕華,[76] 包達三, 俞寰澄,[77] 冷遹,[78] 吳羹梅, 胡子昂[79] 등 다수의 기업가들이 민주건국회에서 활동하고 있었기 때문에 비중이 높았다. 이 외에 위원회의 민주당파로는 朱學范, 錢昌照, 梅龔彬 등 중국국민당혁명위원회 3명, 孫曉村,[80] 千家駒 등 구국회 2명, 구삼학사 1명(梁希), 농공민주당 1명(李士豪), 중국국민당민주촉진회 1명(李民欣),[81] 기타

---

73) 中國人民政治協商會議全國委員會 · 文史資料硏究委員會辦公室, 『中國民主建國會史話』(北京, 1983), pp.10~36.

74) 章乃器는 黃炎培, 胡厥文 등 공업계 인사를 중심으로 민주건국회를 조직했다(張膽天, 「章乃器的企業生涯」, 許滌新, 앞의 책, pp.63~64).

75) 胡厥文은 1945년 12월 16일 민주건국회 성립대회에서 常務理事로 선출되었다(王子韓, 「胡厥文」, 中共黨史人物硏究會, 『中共黨史人物傳』 52, 西安: 陝西人民出版社, 1994, p.352).

76) 盛丕華는 章乃器의 소개로 1945년 12월 重慶에서 설립된 민주건국회에 참여했다(汪仁澤, 「譽滿工商界的盛丕華」, 許滌新, 『中國企業家列傳』 3, 北京: 經濟日報出版社, 1989, pp.47~48).

77) 俞寰澄은 1945년 민주건국회 설립에 참여하였고 상무이사에 선출되었다(秦國生 胡治安 主編, 『中國民主黨派 歷史 政綱 人物』, 濟南: 山東人民出版社, 1990, p.451).

78) 冷遹은 1945년 12월 16일 민주건국회 성립대회에서 중앙상무감사로 선출되었다(彭慶遐 等 主編, 앞의 책, p.388).

79) 楊親華 等 主編, 앞의 책, p.713.

80) 楊親華 等 主編, 앞의 책, p.621.

81) 秦國生 · 胡治安 主編, 앞의 책, p.86.

7명 등이다. 이러한 구성을 보면 정무원 재정경제위원회는 공산당원이 반 정도를 차지하고 있고 민주건국회 등 민주당파와 무당파 인사들이 나머지를 차지하고 있음을 알 수 있다.

한편 정무원 재정경제위원회는 53명의 성원 가운데 14명의 기업인이 참여하여 26.4%를 차지하고 있었다. 이렇게 기업인을 비롯한 비공산당 계열의 인물들이 대거 참여하게 된 것은 중화인민공화국정부의 구성이 신민주주의 이론과 「중국인민정치협상회의공동강령」을 존중하는 방향으로 정해졌기 때문이다. 당시 중국정부는 산업이 집중되어 있던 상해 등의 대도시를 접수하게 되었고 신속한 경제 회복을 위해서는 국민당지역에서 활동하던 기업인의 도움이 필요했다. 또한 중국공산당은 도시를 통치해 본 경험이 부족했기 때문에 초기에 이들의 도움이 중요했다. 이 위원회는 공산당 인사와 비공산당계 인사들이 비슷한 숫자로 참여하고 있었다고 할 수 있다. 이러한 위원회 조직구성은 중일전쟁시기 中國共産黨이 항일근거지에서 실시한 3·3제의 유산으로 볼 수 있다.

재정경제위원회는 경제 전문가로 미국 콜럼비아대학 경제학박사인 馬寅初와 대학교수 千家駒를 위원으로 임명했고, 임업 전문가인 梁希, 저명한 화학자이며 기업가인 侯德榜 등 각 분야의 전문가를 초빙했다. 이러한 위원 임명은 중국공산당의 부족한 경험을 보완하고 전문성을 높여 주었다고 할 수 있다. 이 밖에 53명의 성원 가운데 여성은 羅叔章 한 명뿐이었고, 한족 이외에는 苗族 출신으로 滕代遠이 있었다.

<표 6> 정무원 재정경제위원회 성원의 주요활동과 활동 지역

직책	성명	주요 활동	활동지역
주임	陳雲	1925년 5·30운동 참가, 상해지역 당조직활동, 1934년 공산당의 長征 참가, 1935년 9월 모스크바 주 코민테른대표단, 동북재정경제위원회 주임, 1949년 중국인민정치협상회의 제1차 회의 참석.	상해, 소련 모스크바, 동북
부주임	薄一波	1925년 학생운동과 노동운동 참가, 천진, 산서성 등지에서 활동, 晉冀魯豫邊區 활동, 1949년 중국인민정치협상회의 제1차 회의 참석.	천진, 산서성
	馬寅初	경제학자, 1929년 이후 南京國民政府 立法院 立法委員、經濟委員會 委員長, 財政委員會 委員長, 南京中央大學, 上海交通大學敎授 등 활동. 국민당 관료자본과 장개석 비판으로 체포됨, 1949년 중국인민정치협상회의 제1차 회의 참석.	미국 유학, 북경, 상해 등
위원	李富春	근공검학운동 참여, 북벌, 장정 참여, 동북지역 활동. 소련 유학, 1931년 중공강서성위 서기, 1934년 장정 참가, 섬감녕성위 서기, 중공중앙비서장, 조직부부부장, 재정경제부 부장 등 역임.	프랑스, 소련, 강서성, 동북
	賈拓夫	섬서성 공청단 활동, 1934년 소비에트공화국 중앙집행위원회 후보위원, 1934년 장정 참가, 장정 후 서북재정경제위원회 부주임 등을 역임, 섬서성 활동.	섬서성
	鄧子灰	복건성에서 혁명운동 민서소비에트구 창건, 1935년 민서남군정위원회 부주석, 1938년 신사군정치부 주임 등 역임, 1945년 중공 제7기 중앙위원, 화동, 중원, 중남 지역에서 활동, 회해전투와 도강전투 등에 참가.	복건성
	曾山	1931년 소구중앙국 위원, 중화소비에트공화국 상무주석, 1934년 중앙집행위원 겸 내무부장, 강서성위 대리서기, 1938년 중공중앙동남분국 부서기 겸 조직부장, 1941년 중공중앙화중국 위원 겸 조직부장, 1945년 중공중앙화중국 조직부장 겸 재정위원회 주임.	강서성
	葉季壯	광동성, 장정 참여, 섬서성, 동북 지역에서 활동. 1932년 공농홍군 군사위원회 총공급부 위원, 1934년 장정 참가, 1936년 중앙군사위원회 후근부장 겸 총공급부장, 1938년 팔로군 후근부장, 섬간녕변구 물자국 국장, 무역공사 경리 등 역임, 1948~1949년 중앙인민정부 무역부 부장.	광동, 섬서, 동북
	陳郁	홍콩 등지에서 노동운동, 1931~1939년 소련에서 활동. 1943년 서북재정경제위원회 참여, 1947년 중공중앙동북국 생산위원회 부주임, 1948년 동북인민정부 공업부 부부장, 부장, 1949년 화북인민정부 중공업부 부장.	홍콩, 소련

직책	성명	주요 활동	활동지역
위원	楊立三	북벌, 추수봉기, 1934년 장정 참여, 인민해방군 후방지원 참여, 1949년 중국인민정치협상회의 제1차 회의 참석.	정강산, 중앙소구, 섬서
	黃炎培	1917年 영국 방문, 항일운동 참여, 1945년 民主建國會 창립, 1949년 중국인민정치협상회의 제1차 회의 참석.	강소, 중경
	滕代遠	호남성 등에서 혁명활동, 홍군 활동, 1934년 소련 유학 1937년 귀국, 1949년 중국인민정치협상회의 제1차 회의 참석.	호남성
	朱學范	노동운동에 참여 中華全國總工會 副主席, 中國國民黨革命委員會 참여, 1949년 중국인민정치협상회의 제1차 회의 참석.	상해, 섬감녕변구
	章伯鈞	북벌과 남창봉기 참가, 1938년 중화혁명당 창당, 중국국민당 임시행동위원회, 복건사변에 참여, 항일운동, 1947년 중국농공민주당 주석, 1949년 중국인민정치협상회의 제1차 회의 참석.	강서, 복건
	李書城	신해혁명 참가, 항일민족통일전선 참여, 무한 해방에 공헌, 1949년 중국인민정치협상회의 제1차 회의 참석.	호북성
	梁希	1927年 北京農業專門學校, 1929年 浙江大學 農學院 森林系 主任. 1933年 中央大學 農學院 교수. 1945年 九三學社의 監事 역임, 1949년 중국인민정치협상회의 제1차 회의 참석.	항주, 남경
	傅作義	국민당 군대에서 활동, 1949년 중국인민정치협상회의 제1차 회의 참석.	산서, 북경
	李立三	공산당 입당 혁명운동 투신, 이립삼노선의 주인공, 1949년 중국인민정치협상회의 제1차 회의 참석.	호남 호북성 등
	南漢宸	1926년 공산당 가입, 1937년 제2전구전지총동원위원회 조직부장, 1941년 섬감녕변구정부 재정청장, 1945년 진찰기변구정부 재정처장, 1948년 화북재경판사처 부주임 겸 진찰기변구정부 재정처장, 1948년 화북은행 총경리, 1949~1954년 중국인민은행 행장.	섬서, 천진, 산서
	孔原	中國共産黨의 혁명운동 참여, 1928~1930년 모스크바 동방대학 유학, 1935年 소련 모스크바의 코민테른 7차 대회에 중공대표단으로 참석 1938年 귀국. 1939년 중공중앙특별위원회 부주임 겸 중공중앙 직공운동위원회 위원, 1940년 중공중앙남방국 조직부 부장 겸 서남공작위원회 서기, 중공심양시위 서기, 중공길림성위 선전부 부장 등 역임.	소련
	戎子和	1936년 산서희생구국동맹회 참여, 1941년 진기노예변구 정부 부주석, 1948년 화북인민정부 재정부 부장, 물자접관위원회 부주석 등 역임.	산서, 북경
	何長工	정강산, 중앙소구, 장정 참여, 항일군정대학 교장, 1949년 중국인민정치협상회의 제1차 회의 참석.	중앙소구, 연안
	錢之光	1930년대 중앙소구에서 활동, 장정 참여, 섬감녕변구 무역국 국장 역임.	강서, 섬감녕변구

직책	성명	주요 활동	활동지역
위원	宋裕和	정강산, 1930년대 중앙소구 활동, 1934년 장정 참여, 섬감녕변구정부 양식국 국장, 신사군 군수처 부처장, 공급부 부장, 후근부 부장 등 역임.	정강산, 중앙소구, 섬감녕변구
	薛暮橋	1927년 노동운동 참여. 1931년 중국농촌경제 조사, 1934년 『중국농촌』 주편, 1938년 신사군 교도총대 훈련처 부처장, 항일군정대학 5분교 훈련부장, 1943년 중공산동분국정책연구실 주임, 성 공산국 국장, 실업청 청장, 1947년 중앙화북재경판사처 부주임 겸 비서장, 1948년 중앙재정부 비서장.	강소, 산동, 화북
	宋邵文	북경, 산서, 섬감녕변구 등에서 활동, 1949년 중국인민정치협상회의 제1차 회의 참석.	북경, 산서, 섬감녕변구
	曹菊如	1930년대 중화소비에트공화국 중앙은행의 최초의 직원, 장정 참여, 섬감녕변구 등에서 금융 관련 활동.	중앙소구
	錢昌照	1932~1947年 國民政府國防設計委員會 代理秘書長, 資源委員會 副主任委員, 主任委員, 委員長으로 활동, 1948년 中國國民黨革命委員會 가입, 1949년 중국인민정치협상회의 제1차 회의 참석.	남경
	孫曉村	上海法政學院敎授, 上海輿華制茶公司 副總經理, 1945年 중국민주동맹 가입, 1949年 민주건국회 참가.	상해
	范子文	섬감녕변구 등에서 활동. 1935년 서북군위 비서장, 1941년 중공중앙서북국 비서처 처장, 1946년 섬감녕변구정부 재정청 대리청장, 1948년 섬감녕변구정부 재정청 청장, 1949년 중공중앙서북국 재경위원회 위원 겸 비서장.	섬감녕변구
	鐘林	1923년 상해 노동운동, 1925년 오삼십운동 참여, 호남농민운동에 참여, 동삼성병공창, 한양화약창, 성도병공창에서 활동, 1948년 화북기업부 병공국 기술자.	상해, 호남, 화북
	孟用潛	복건, 만주 등지에서 활동 1928年 6月 소련 모스크바에서 개최된 中國共産黨 제6차 전국대표대회 참석.	복건, 만주, 소련
	冀朝鼎	미국에서 유학 활동하다가 1941년 귀국, 공산당원으로 국민당에서 관료로 활동. 국민정부 외환관리위원회 주임, 중앙은행경제연구처 처장, 성요한대학, 기남대학 상학원 교수 등 역임.	미국
	梅龔彬	1933년 복건사변 참가, 1946년 중국국민당민주촉진회 참가, 1948년 중국국민당혁명위원회 참가, 1949년 중국인민정치협상회의 제1차 회의 참석.	복건
	章乃器	구국회 7군자 가운데 한 사람, 1949년 중국인민정치협상회의 제1차 회의 참석.	절강
	胡厥文	기계제조업 종사, 1949년 중국인민정치협상회의 제1차 회의 참석.	상해

직책	성명	주요 활동	활동지역
위원	盛丕華	상해 한구에서 사업, 항전을 지원함, 1949년 중국인민정치협상회의 제1차 회의 참석.	상해, 한구
	包達三	상해 지역에서 부동산 사업 등에 종사, 1949년 중국인민정치협상회의 제1차 회의 참석.	상해
	兪寶澄	호법운동 실패 후 상해증권거래소(上海證券交易所) 설립 등 사업에 투신, 1949년 중국인민정치협상회의 제1차 회의 참석.	절강, 상해
	冷遹	동맹회 참가 혁명활동 후 광주에서 각종 활동, 민주건국회 등, 1949년 중국인민정치협상회의 제1차 회의 참석.	광주
	吳羹梅	1933년 이후 연필 사업에 종사, 1949년 중국인민정치협상회의 제1차 회의 참석.	상해, 중경, 하얼빈
	李士豪	국민당임시행동위원회 활동, 국민당 관료 활동, 1946년 민주동맹 가입, 1949년 중국인민정치협상회의 제1차 회의 참석.	상해, 북경
	千家駒	북경대학 강사, 광서대학교수, 홍콩 達德學院 敎授. 1936년 전국각계구국연합회 참가, 1949년 중국인민정치협상회의 제1차 회의 참석.	북경, 홍콩
	李民欣	國民革命軍 제8로충지휘부 부관장, 구민당정부 군사위원회 고급참모, 1949년 중국인민정치협상회의 제1차 회의 참석.	
	劉子久	산동, 하남, 신사군 활동.	산동, 하남
	羅叔章	1935년 上海婦女界救國會 이사로 참여, 민주건국회 등 민주운동에 참가, 1949년 중국인민정치협상회의 제1차 회의 참석.	호남, 상해, 무한
	陳叔通	무술유신운동에 참가. 신해혁명 후, 제1차 국회 중의원 의원, 원세개반대 투쟁에 참가, 상해상무인서관 이사. 항일전쟁기간 항일구망활동. 상해시각계인민단체연합회 참가, 1949년 중국인민정치협상회의 제1차 회의 참석.	상해
	簡玉階	南洋兄弟煙草公司 등 기업경영 후에 불교사업을 함. 중국인민정치협상회의 출석.	홍콩, 상해
	侯德榜	중국의 화학자로 소다를 제조하는 등 중국화학공업 발전에 노력, 1949년 중국인민정치협상회의 제1차 회의 참석.	복건, 상해, 미국, 남경
	胡子昂	사천성에서 1935년 重慶華西興業公司 경영 등 기업활동, 1949년 중국인민정치협상회의 제1차 회의 참석.	사천
	周蒼柏	漢口上海銀行經理, 湖北省銀行 總經理, 重慶華中 化工廠, 漢中製革廠 董事長 등 역임, 중일전쟁시기에는 중경에서 활동, 1949년 중국인민정치협상회의 제1차 회의 참석.	상해, 중경
	周叔弢	靑島 華新紗廠 專務董事, 靑島, 唐山, 天津華新紗廠 董事, 經理, 啓新洋灰公司 董事, 協理, 總經理, 董事長 등 역임.	靑島, 唐山, 天津
	宋裴卿	기업활동.	홍콩

재정경제위원회의 공산당 입당자 가운데 대부분은 1927년 이전에 입당하여 혁명활동을 시작했다. 1934년 10월부터 시작된 대장정에 참여했던 인물은 陳雲, 李富春, 賈拓夫, 葉季壯,[82] 錢之光,[83] 楊立三, 何長工, 曹菊如 등 8명이다. 장정 전에 입당한 공산당원 25명 가운데 32%가 장정에 참여했다고 할 수 있다.[84]

다수의 민주당파와 무당파 인사들이 정무원 재정경제위원회에 참여한 것은 신중국 건설에 자발적으로 참여하겠다는 열망도 있었고, 毛澤東과 劉少奇를 비롯한 중국공산당 지도자들의 적극적인 권유도 있었기 때문이다.

정무원 재정경제위원회의 위원 가운데 다수는 1949년 9월 21일 개최된 중국인민정치협상회의 제1차 회의에 출석했다. 중국인민정치협상회의에는 재정경제위원회 위원 가운데 공산당에서는 陳雲(중국공산당), 薄一波(화북해방구), 宋劭文(화북해방구), 何長工(동북해방구) 藤代遠(중국인민해방군 제2야전군), 楊立三(중국인민해방군 제2야전군), 李立三(중화전국총공회), 朱學范(중화전국총공회) 등 8명이 참석했다.

민주당파와 무당파에서는 章伯鈞(중국민주동맹), 黃炎培(민주건국회), 章乃器(민주건국회), 胡厥文(민주건국회), 冷遹(민주건국회), 馬寅初(무당파), 梅龔彬(중국국민당혁명위원회), 李士豪(중국공농민주당), 千家駒(중국인민구국회), 李民欣(중국국민당민주촉진회), 陳叔通(공

---

82) 葉季壯은 홍1방면군의 당위원회 위원, 총공급부 부장으로 장정에 참여했다(胡提春 · 林仙鳳, 「葉季壯」, 中共黨史人物硏究會, 『中共黨史人物傳』 45, 西安: 陝西人民出版社, 1990, pp.265~266).

83) 1934년 10월 10일 錢之光은 林伯渠, 吳亮平 등과 함께 장정에 참가했다(王烈, 「錢之光」, 中共黨史人物硏究會, 『中共黨史人物傳』 65, 北京: 中央文獻出版社, 1998, p.14).

84) 장정에 참여하지 못한 공산당원은 滕代遠(소련), 陳郁(소련), 冀朝鼎(미국)처럼 외국에 나가 있었던 같은 경우와 鄧子灰같이 원래의 소비에트구에 남아서 유격투쟁을 벌인 경우와 도시에서 활동하고 있었던 경우 등이 있다.

상계 대표), 盛丕華(공상계 대표), 包達三(공상계 대표), 周蒼柏(공상
계 대표), 吳羹梅(공상계 대표), 兪寰澄(공상계 대표), 簡玉階(공상계
대표),85) 羅叔章(상해 인민단체), 梁希(중화전국 제1차 자연과학공작
자대표대회 주비위원회), 侯德榜(중화전국 제1차 자연과학공작자대
표대회 주비위원회), 錢昌照(특별초청인사), 李書城(특별초청인사),
胡子昻(특별초청인사), 傅作義(특별초청인사) 등 24명이 참석했다. 재
정경제위원회의 전체 성원 53명 가운데 60%에 해당하는 32명이 중국
인민정치협상회의에 대표로 참석하였다. 따라서 일부 예외적인 경우
도 있었지만 중국인민정치협상회의와 정무원 재정경제위원회에 참
여한 민주당파와 무당파 인사들은 대부분 중화인민공화국 수립에 우
호적인 태두를 가지고 있었다고 할 수 있다.86)

정무원 재정경제위원회 산하에는 재정부, 무역부, 중공업부, 연료공
업부, 방직공업부, 식품공업부, 경공업부, 철도부, 우전부, 교통부, 농
업부, 임간부, 수리부, 노동부, 인민은행총행, 해관총서 등이 설립되었
다. 정무원 재정경제위원회와 각부의 위원회 조직은 소련의 제도를 모
방한 것이다. 중국정부의 경제관리 기구는 서방국가나 중화민국에 비
해서 방대한 편이었다. 지방정부에도 중앙의 각 경제부문에 대응하는
경제관리기구가 설립되었다. 경제관리기구는 각 산업과 부문별로 전
체 국민경제를 관리하고, 다른 한편으로는 국영경제를 직접 관리했다.

건국 초기 중앙정부는 각 지역의 전쟁 상황 등이 달랐기 때문에 전
국을 화북, 동북, 화동, 화중, 서남, 서북 6개의 대행정구로 나누었

---

85) 徐友春, 앞의 책, p.1614.

86) 예외적인 경우로 宋棐卿은 재정경제위원회 위원이었지만 중화인민공화국의 정책을 믿지 않고, 1950년에
홍콩으로 이주했다가 1956년에 사망한다(張刃, 「宋棐卿與抵羊牌毛線」, 許滌新, 『中國企業家列傳』 3,
北京: 經濟日報出版社, 1989, p.262).

다.87) 대행정구의 최고행정기관은 軍政委員會였다. 군정위원회 안에
는 재정경제위원회가 설립되었다. 대행정구의 재정경제위원회는 정
무원 재정경제위원회와 대행정구 군정위원회의 이중 지도를 받았다.
대행정구 재정경제위원회 아래에는 재정경제 각부와 인민은행 등의
기구가 설립되어 대행정구의 경제관리를 담당했다. 그 아래에는 성,
시, 현 정부 경제관리기구가 설치되었다. 성과 대도시에는 재정경제
위원회가 설립되었다. 성, 시정부는 직접 경제관리를 지도했다. 지방
의 경제관리기구는 중앙과 대행정구의 경제부문과 지방당정기관의
이중 지도를 받았다. 그러나 區나 鄕정부에는 전문적인 경제관리기구
가 설립되지 않았다.88)

중화인민공화국이 수립된 이후 중국공산당의 국가와 사회에 대한
통제와 장악력은 강화되어 갔다. 중화인민공화국이 신민주주의국가
를 표방했지만 수백만 명의 당원과 인민해방군을 보유한 중국공산당
과 다른 당파들과는 현저한 차이가 있었다.

중국공산당의 당원 수는 1949년 말에 450만 명을 넘었다.89) 이러한
당원 수의 증가와 더불어 중국공산당은 중국의 국가기구를 포함한
전 사회조직에 영향력을 확대해 가고 있었다. 이러한 공산당 1당체제
에 의한 국가 통제는 당이 간부를 장악하고 당과 국가의 사이에 지도
와 피지도의 관계를 형성시켰으며, 국가행정기구 내에 당조직이 기능
하면서 강화되었다.90)

---

87) 화북의 경우는 중공중앙화북국과 화북행정위원회가 설립되었다. 그러나 화북재정경제위원회는 설립되지
　않았다. 화북의 5개 성과 북경, 천진, 내몽골인민정부는 중앙정부의 직접 통제를 받았다. 화북국 내에 화
　북국재경공작위원회가 설립되었지만 실제로는 중앙재정위원회의 지도를 받았다(吳承明 · 董志凱, 앞의
　책, p.167).

88) 吳承明 · 董志凱, 앞의 책, pp.166~168.

89) 安子文, 앞의 글, p.143.

　그러면 중국공산당은 어떤 재정경제조직을 가지고 있었는가를 살펴볼 필요가 있다. 중국공산당 중앙위원회는 직속기구로 중공중앙재경위원회를 설치하였다. 이 조직의 주석은 陳雲이었고, 부주석은 李富春, 薄一波, 曾山이었다. 비서장은 처음에는 薛暮橋였고 후에 宋劭文이 담당했다.[91] 따라서 정무원 재정경제위원회에서도 이들이 주도적인 역할을 했다고 할 수 있다. 실제로 1949년 10월 21일 정무원 재정경제위원회 성립 회의에서도 陳雲 주임의 재정경제 개황과 향후 사업 보고가 있었고 비서장 薛暮橋가 정무원 재정경제위원회의 준비 상황을 보고했다. 그 다음 위원들의 제의를 듣고 결의안을 통과시키는 순서로 진행되었다.[92]

　중국공산당은 준화인민공화국 초기부터 정치의 원칙과 주요 국가정책의 방향을 결정했으며, 공산당원을 국가 사회의 주요 직책에 임명하여 당의 방침을 관철시켰다.[93] 이러한 면에서 정무원 재정경제위원회도 예외가 아니었다. 정무원 재정경제위원회의 결정도 중공중앙에 보고된 후 비준을 받아야 했다. 1950년 8월 毛澤東은 정무원 소속 각 부의 회의 결정이나 정책을 정무원 재정경제위원회와 마찬가지로 모두 보고를 한 후 모택동과 중앙서기처를 거쳐 동의를 받은 후 실시하도록 지시했다.[94] 1951년 3월 劉少奇는 공산당이 정부기관의 공산당원뿐 아니라 비당원의 경우에도 관리를 하도록 지시하였다.[95]

---

90) 毛里和子, 『現代中國の構造變動－大國中國への視座』(東京: 東京大學出版會, 2000), pp.29~38.

91) 王健英, 앞의 책, p.906.

92) 「財經委員會成立會議紀要」(1949.10), 中國社會科學院 · 中央檔案館, 앞의 책, p.553.

93) 毛里和子, 앞의 글, p.29.

94) 毛澤東, 「對中財委關于全國進出口會議情況摘報的批語」(1950.8.7), 中共中央文獻研究室, 『建國以來毛澤東文稿』 1(北京: 中央文獻出版社, 1990), p.460.

95) 「劉少奇同志在中國共産黨第一次全國組織工作會議上的報告」(1951.3.28), 中國人民解放軍國防大學黨

Ⅳ. 결 론

중화인민공화국이 수립된 직후 중국정부는 경제문제를 총괄적으로 다루기 위한 기구로 정무원 재정경제위원회를 설립하였다. 이 위원회는 1949년 설립되어 1954년 해체될 때까지 중국의 초기 경제정책 수립과 집행에 영향력을 행사했다. 이 위원회의 위원 구성은 毛澤東의 신민주주의론과 연합정부론에 입각하여 구성되었다고 할 수 있다.

1949년 당시 정무원 재정경제위원회는 주임 陳雲과 부주임 薄一波, 馬寅初 등 53명으로 구성되었다. 이 위원회 구성은 2명의 위원이 후에 추가되었지만 1954년까지 대체로 큰 변화 없이 유지되었다. 정무원 재정경제위원회의 위원을 연령별로 보면 30대가 2명(3.7%), 40대가 24명(45.28%), 50대가 17명(32%), 60대가 7명(13.2%), 70대가 3명(5.6%)으로 40대가 가장 많았고 그 다음이 50대였다. 40대와 50대를 합하면 41명으로 77%를 차지하고 있었다.

정무원 재정경제위원회의 성원 가운데 공산당과 중앙인민정부 政務院의 관료는 주임인 陳雲 등 29명으로 전체의 54.7%를 차지하고 있었고, 지방 대군구의 재정경제위원회를 대표해서 동북재경위원회의 부주임 李富春, 서북재경위원회 주임 賈拓夫, 화중재경위원회 주임 鄧子灰, 화동재경위원회 부주임 曾山 등이 참여하여 중앙과 지방의 관료를 합하면 32명으로 전체의 60%를 차지하고 있었다. 정무원 재정경제위원회에는 14명의 기업가가 참여하여 26.4%를 차지하고 있었다. 이 외에 국민정부 자원위원회에서 활동했던 錢昌照 등과 馬寅初, 千

史建政工敎硏室, 앞의 책, p.268.

家駒 등 대학교수 등 다수의 민주당파 인사들이 참여하고 있었다.

53명의 위원 가운데 中國共産黨員은 26명으로 49%를 차지하고 있었다. 정무원 재정경제위원회 성원의 절반 정도인 비공산계열 위원 가운데 가장 많은 수를 차지하는 당파는 민주건국회로 11명으로 20.7%를 차지하고 있다. 재정경제위원회에 참여한 기업가들 가운데 다수가 민주건국회에서 활동하고 있었다. 이 외에 중국국민당혁명위원회 3명, 구국회 2명, 구삼학사 1명, 농공민주당 1명, 중국국민당민주촉진회 1명, 기타 7명 등이다. 이러한 구성을 보면 정무원 재정경제위원회는 공산당원이 반 정도를 차지하고 있고 민주건국회 등 민주당파와 무당파 인사들이 나머지를 차지하고 있음을 알 수 있다.

당시 중국정부는 산업이 집중되어 있던 상해 등 대도시를 접수하게 되었고 신속한 경제 회복을 위해서는 국민당지역에서 활동하던 기업인의 도움이 필요했다. 또한 중국공산당은 도시를 통치해 본 경험이 부족했기 때문에 초기에 이들의 도움이 중요했다.

재정경제위원회는 경제 전문가로 전 국민정부 자원위원회 위원 錢昌照, 미국 콜럼비아대학 경제학박사인 馬寅初와 대학교수 千家駒를 위원으로 임명했고, 임업 전문가인 梁希, 화학자이며 기업가인 侯德榜 등 각 분야의 전문가를 초빙했다. 이러한 위원 임명은 중국공산당의 부족한 경험을 보완하고 재정경제위원회의 전문성을 높여 주었다고 할 수 있다.

정무원 재정경제위원회 위원 가운데 60%는 1949년 9월 개최된 중국인민정치협상회의 제1차 회의에 참석한 인물들이었다. 또한 정무원 재정경제위원회에는 공산당 인사와 비공산당계 인사들이 비슷한 숫자로 참여하고 있었다는 것을 알 수 있다. 이러한 조직 구성은 중일전쟁시기 中國共産黨의 항일근거지에서 실시한 3·3제의 유산으로 볼 수 있다. 결국 중국공산당의 중앙과 지방 경제관료 위주로 구성되었던 중앙재정경제위원회가 1949년 건국 이후 정무원 재정경제위원회로 변화하면서 주로 중국인민정치협상회의에 참여했던 민주당파와 기업인 등이 합류했다고 할 수 있다.

그러나 정무원 재정경제위원회의 구성이 공산당과 민주당파, 무당파를 포괄하고 있었지만 공산당의 통제에서 벗어난 것은 아니었다. 1949년 9월 「중국인민정치협상회의공동강령」에는 공산당의 지도가 명문화되지는 않았지만 신민주주의체제에서도 국가기구와 사회에 대한 통제가 강화되고 있었다. 공산당이 국가의 정치원칙과 방향을 실질적으로 결정하고 있었고, 당간부가 재정경제위원회의 중요 직책을 차지하고 있었기 때문이다. 공산당은 교육과 지도를 통해서 국가기관과 사회에 당의 방침을 관철시킬 수 있었다. 이에 따라 정무원 재정경제위원회의 결정도 중공중앙의 비준을 거쳐야 했으며 점차 공산당의 지도가 강화되어 갔다.

이러한 공산당의 지도는 정책의 추진력을 높이는 등 장점도 있었지만 여러 당파의 전문가들이 수립한 정책에 과도하게 개입하여 경제의 현실을 도외시한 정책이 추진될 수 있는 가능성을 열어 놓았다. 1950년대 중국의 경제정책이 비교적 온건한 신민주주의에서 급진적인 사회주의화로 변화하게 된 것은 공산당의 지도 속에서 경제의 현실을 중시하는 경제 관료의 입지가 줄어든 것과도 일정한 관계가 있다고 할 수 있다.

제3부

상업관행의 사료와 어휘

근대 중국의 海關과
『中國舊海關史料(1859 - 1948)』

朴 基 水

머리말   1. 海關年刊(무역통계와 무역보고)
Ⅰ. 海關의 설립과정과 설치상황   2. 海關十年報告
Ⅱ. 『中國舊海關史料』의 구성과 특징   맺음말

머리말

한국에서 중국근대무역사에 대한 연구 성과가 출현하기 시작한 것
은 놀랍게도 2000년 이후의 일이다. '중국근대사학회'[1]가 발행한 학
회지 『근대중국연구』 제1집(2000년 4월)에 박혁순 교수의 논문[2]이
실렸다. 제목은 「19世紀 後半 中國 大地域圈의 경제적 동향」으로 되
어 있어 얼핏 보면 대외무역사와 상관이 없을 듯하지만, 사실은 중국

---

1) 1998년 4월 창립되어 활동하다가 2002년 3월 '중국현대사연구회'와 통합하여 '중국근현대사학회'를 출범시
  켰다. 이는 후에 '한국중국근현대사학회'로 개명되었다. 자세한 내용은 朴基水, 「中國近代: 回顧와 展望」,
  『歷史學報』 第175輯, 2002, 372~374쪽 참고.

2) 朴赫淳, 「19世紀 後半 中國 大地域圈의 경제적 동향」, 『근대중국연구』 제1집, 2000.

을 10개의 경제권으로 구분하고, 그들 경제권의 실상을 대외무역과 국내무역, 무역수지 등을 통하여 고찰한 엄연한 대외무역사 논문이었다. 1864년에서 1904년에 이르는 시기의 10개 지역권의 대내외 무역과 무역수지를 해관십년보고(*Decennial Reports*)[3]에 근거해서 개괄하고 정리하였는데, 19세기 후반 중국의 각 지역권에서의 대외무역구조를 일목요연하게 제시하였다는 점에서 이 논문은 한국에서의 중국근대 대외무역사 연구의 '개척적 성과'라 평가되었다.[4] 한국의 근대중국 대외무역사 연구가 이처럼 늦게 출현한 것은 아무래도 대외무역 관련 자료의 구득이 어려웠기 때문이라고 판단된다. 당시 해관십년보고는 한두 대학에, 그것도 일부만이 소장되어 있었고, 중국해관이 간행한 무역통계와 무역보고는 거의 갖추어져 있지 않았다.

다행히, 2001년 中國第二歷史檔案館과 中國海關總署辦公廳이 각종 무역통계자료를 수집하여 『中國舊海關史料(1859−1948)』170책을 영인・출판하였다. 이 자료는 1859년에서 1948년까지 중국 舊海關의 각 分關과 海關總稅務司造冊處 그리고 만주국 재정부・경제부가 편집한 각종 무역관계 자료와 보고서를 모아서 출판한 대형 사료집이었다.[5] 아울러 이 사료집이 국내 일부 대학도서관[6]이나 국립중앙도서관에도 수입되어 소장됨으로써 무역사 연구자들이 무역통계자료에 접근하는 것이 용이해졌다.

---

3) 원명은 2장 2절에서 후술하듯이 상당히 길고 각 기별로 명칭에 약간의 차이가 있는데 여기서는 관례에 따라 *Decennial Reports*로 약칭한다.

4) 박기수, 앞의 글, 389쪽.

5) 朴基水, 「淸末 廣州의 生絲・비단 제품 수출에 대한 기초적 연구」, 『明淸史硏究』 第30輯, 2008, 401쪽에 『中國舊海關史料』에 대한 간단한 소개가 있다.

6) 『중국구해관사료』는 현재 서울대학교 중앙도서관, 고려대학교 중앙도서관과 성균관대학교 중앙학술정보관 등에 소장되어 있다.

한국에서 『中國舊海關史料』를 이용한 연구가 처음 출현한 것은 2005년의 일이다. 1899년 韓淸通商條約을 다룬 성균관대 석사 김종성의 학위논문7)이 1883~1895년 기간의 중국 전체 무역규모 중에서 對朝鮮 무역규모가 차지한 비중을 계산하면서, 『중국구해관사료』에 수록된 1885년부터 1893년까지의 조선3關(인천, 부산, 원산) 대외무역 통계자료를 이용한 것이다. 이는 『중국구해관사료』라는 무역사 자료를 전면적으로 이용하여 논문을 구성한 것은 아니고, 논지 전개 중 필요한 부분을 위해 부분적으로 무역사 자료를 이용한 것이었다. 이 자료를 기본 사료로 이용하여 본격적으로 근대중국 무역사를 연구한 최초의 저술은 근대중국의 茶貿易을 다룬 박정현의 논고8)이다. 그는 근대중국 무역사 연구에서 "가장 기본이 되는 『중국구해관사료(1859~1948)』가 부분적으로 이용되고 있을 뿐 전면적인 분석을 하지 못하고 있다"고 평가하면서 『중국구해관사료』를 이용하여 1868년부터 1936년까지 근대 중국의 차무역의 발전과 쇠퇴상황을 전반적으로 다루고 있다. 그 후 근대시기 天津에서의 대외무역과 그것이 華北지방의 경제변화에 어떠한 영향을 미쳤는가를 집중적으로 분석한 강경락의 일련의 연구,9) 청 말 廣州의 생사·비단 제품 수출문제를 추적한 박기수의 연구,10) 제1차 세계대전 이후 중국 대외무역과 중국경제의 변화를 전반적으로

---

7) 김종성, 「1899년 한청통상조약에 관한 고찰」, 성균관대학교 대학원 사학과 석사학위논문, 2005. 후에 이 석사논문의 일부는 김종성, 「한청통상조약이 양국간 무역에 미친 영향에 관한 연구」(『사림』 25호, 2006)로 발표되었다.

8) 朴正鉉, 「근대중국 차무역의 성쇠(1868~1936)」, 『중국학보』 54, 2006.

9) 강경락, 「무역 상품 구성 변화를 통해서 본 근대 톈진(天津) 무역」, 『亞細亞研究』 130, 2007. 강경락, 「근대 중국 대외무역을 통해본 중국경제 – 대외무역이 天津과 배후지 시장에 미친 영향을 중심으로」, 『中國近現代史研究』 제37집, 2008. 강경락, 「20世紀 前半期 天津近代貿易과 農産物市場」, 『中國近現代史研究』 제45집, 2010. 강경락, 「근대무역과 화북경제권의 변화」, 『中國近現代史研究』 제49집, 2011.

10) 朴基水, 「淸末 廣州의 生絲·비단 제품 수출에 대한 기초적 연구」, 『明淸史研究』 第30輯, 2008. 朴基水, 「淸末 廣州港에서 生絲·비단 수출무역의 위상과 특징」, 『東洋史學硏究』 第107輯, 2009.

논구한 박정현의 연구11)에서 『중국구해관사료』가 연구의 주된 사료로서 이용되었다. 일부 연구에서는 『중국구해관사료』를 중심 사료로서 이용한 것은 아니었지만 논문 내용 중에 부분적으로 또는 주요하게 이용하였다. 예컨대, 박정현은 1868~1913년 중국 대외무역을 다룬 논문, 제1차 세계대전 이후 중국의 동남아시아 무역과 화교를 다룬 논문, 19세기 말(1882~1894) 조선 華商을 다룬 논문12)에서 『중국구해관사료』를 부분적으로 이용하고 있고, 강경락도 20세기 초부터 1936년까지 천진에서의 근대무역이 면업에 미친 영향을 고찰한 논문13)에서 동 사료를 부분적으로 이용하고 있다.

이처럼 여러 논자가 여러 논고에서 『중국구해관사료』를 사용하여 근대중국의 대외무역사를 분석하고 있으므로14) 『중국구해관사료』의 신빙성 문제나 그 사료적 가치에 대해 한 번쯤 짚어 볼 시점에 이르렀다고 생각된다. 최근 박혁순은 1888년의 중국해관통계자료를 전면적으로 분석하면서 이러한 해관통계자료에 대하여 재검토를 시도하였다.15) 이 글은 2001년 영인·출판된 『중국구해관사료』를 거론하고 있지는 않지만 중국근대의 무역통계자료를 이용할 때 주의해야 할 점에 대해 의미 있는 지적을 하고 있다. 우선, 해관 자료의 통계적 처리에

---

11) 朴正鉉, 「제1차 세계대전 이후 중국 대외무역과 중국경제의 변화」, 『東洋史學硏究』, 제109집, 2009.

12) 박정현, 「1868 – 1913년 중국 대외무역의 구조와 특징」, 『大邱史學』 87, 2007. 박정현, 「제1차 세계대전 이후 중국의 동남아시아 무역과 화교의 역할」, 『亞細亞硏究』 130, 2007. 朴正鉉, 「19세기 말(1882 – 1894) 朝鮮 華商의 조직과 상업활동」, 『中國史硏究』 제66집, 2010.

13) 강경락, 「천진근대무역과 면업」, 『역사교육논집』 제42집, 2009.

14) 당연히 한국 이외에 중국, 일본, 미국 등지에서도 『中國舊海關史料』를 이용한 논문이 다량으로 출현하였다. 그러나 이 글은 한국어를 읽는 사람을 대상으로 본 사료를 소개하는 데 목적이 있으므로 이 사료를 이용한 외국의 연구성과를 소개하는 것을 생략하였다. 한국에서도 이렇게 왕성하게 『中國舊海關史料』를 이용하고 있음을 보이는 데 목적이 있었기 때문이다.

15) 박혁순, 「19세기 후반 중국해관통계자료에 대한 재검토」, 『대구사학』 99, 2010.

있어 신중한 접근이 필요하다는 것이다. 예컨대 샤오(Hsiao Liang-lin)
가 저술한 *China's Foreign Trade Statistics, 1864~1949*(Camridge: Harvard
University Press, 1974)의 오류를 지적하였다. 둘째, 홍콩을 통한 교역이
수출·수입 무역 통계상 작용하는 혼란에 대한 재인식의 필요성을 지적
하였으며, 셋째, 중국의 대내, 대외 교역상의 적자폭은 생각만큼 많지
않으며, 그 상당수가 화폐의 이동에 의해 상쇄되고 있었다고 지적하였
다. 세 번째 문제와 관련해서는 박혁순도 지적하다시피 1904년 이래 무
역통계에 반영된 수출입가격 통계방식의 변경문제 즉 C.I.F.(상륙가격
또는 운임보험료포함가격)와 F.O.B.(선적가격 또는 본선인도가격)를 통
한 수출입가격 계산의 문제를 염두에 두어야 한다. 앞에 언급한 여러
연구에서 일부 논자는 1904년 이전의 수출입액을 계산할 때 이러한 수
출입 액수 보정 문제를 고려하지 않았기 때문이다.

본고는 중국근대무역사 연구에서 빈번히 이용되는『중국구해관사
료』에 대하여 전반적인 소개와 내용분석을 진행할 목적에서 서술되
었다. 이를 위해 먼저 제1장에서는 중국 근대시기 설치된 해관의 성
립과정을 간단히 검토하고자 한다. 아울러 도표를 사용하여 중국 근
대시기 개항된 항구와 해관의 실상을 제시하고자 한다. 이를 통해 근
대 중국의 해관 성립과정에 대한 개괄적 이해가 가능하리라 생각한
다. 다음으로 제2장에서 본격적으로『중국구해관사료』에 대하여 몇
시기로 나누어 그 편찬 방식의 변화과정과 통계자료 내용상의 주요
특징을 고찰하고자 한다. 이러한 시기별 통계자료 편찬방식의 변화를
추적하다 보면 자연스럽게『중국구해관사료』를 사료로서 이용할 때
의 주의사항과 그 특징이 도출될 수 있으리라 기대된다. 한편 이 자
료에는 근대 중국해관(Chinese Maritime Customs)이 간행한 모든 자료

를 수록한 것은 아니므로 서술대상을 거기에 수록된 海關年刊(즉 무역통계와 무역보고) 그리고 海關十年報告로 한정하였다. 본고에서 이루어진 여러 설명과 분석이 앞으로 『중국구해관사료』를 사용하여 중국근대 대외무역사(또는 조선 근대무역사)를 연구하는 사람들에게 조그마한 안내와 약간의 편의라도 제공할 수 있게 된다면 필자로서는 더할 나위 없이 다행한 일이 아닐 수 없다.

I. 海關의 설립과정과 설치상황

해관은 원래 청조가 대외무역과 조공무역을 관리하기 위하여 설립한 기관으로, 당송 이래의 市舶司제도를 계승한 것이다. 反淸活動을 하던 南明 세력과 鄭氏 세력을 진압한 뒤인 1684년(康熙23年) 康熙帝(재위 1661~1722)는 海禁을 해제하여 대외무역을 허가하고, 다음 해 강남의 松江, 浙江의 寧波, 福建의 泉州(廈門), 廣東의 廣州[16]에 각기 江海關·浙海關·閩海關·粤海關 네 해관을 설치하여 관세를 징수하게 함으로써 해관제도가 성립되었다.

1840년 영국과 청조 사이의 아편전쟁에서 청조가 패배하고 양국 사이에는 1842년 江寧條約[17](즉 남경조약)이 체결되어 廣州, 上海, 寧

---

16) 彭澤益, 「淸初四榷關地點和貿易量的考察」, 『社會科學戰線』 1984年3期, 128~129쪽. 종래 夏燮의 『中西紀事』에 의거하여 4海關의 위치를 廣東의 澳門, 福建의 漳州, 浙江의 寧波, 江南의 雲臺山으로 보았으나 彭澤益은 王士禎의 『北歸志』와 道光 『廈門志』 등을 이용하여 본문의 내용처럼 밝혔다. 海關의 소재지를 보다 구체화시키면 江海關은 康熙24年 松江府 華亭縣 漴闕에 위치하였으나 康熙26年 松江府 上海縣 寶帶門 內로 옮겼고, 閩海關은 泉州府 同安縣 廈門에 설치하였으며, 粤海關(大關)은 廣東省城(廣州) 外城 五仙門 內에 위치하였는데 월해관 감독은 가끔 廣州府 香山縣 澳門에 출장 나가기도 하였다고 한다.

17) 田濤 主編, 『淸朝條約全集』(黑龍江省人民出版社, 1999)은 1913년 中華民國 外交部가 청대 조약문을

波, 福州, 廈門 5개 항이 통상항으로 개방되었지만 해관의 행정관리권
은 1854년까지 여전히 청조 수중에 장악되어 있었다.[18] 즉 청 정부는
새로운 해관(洋關)의 관리를 위하여 광주에는 종래대로 粤海關監督,
복주·하문에는 福州將軍, 영파에는 寧紹道臺, 상해에는 蘇松道臺(上
海道臺)를 두고 외국도 각기 영사를 파견하여 대외무역을 감독하게
했는데[19] 청조의 해관 관리는 구태의연하게 대처할 뿐이었다.

　1853년 9월 7일 劉麗川(1820~1855)이 이끄는 上海小刀會가 太平天
國軍의 진격에 고무되어 봉기를 일으키고 상해 縣城을 점령하였다
(1853.9.7~1855.2.17). 外灘에 소재한 강해관(上海海關)은 군중들에 의
해 파괴되고 상해해관의 행정은 마비되었다.[20] 이에 9월 9일 영국의
駐上海 영사 알코크(Alcock, Sir Rutherford, 阿禮國 또는 阿利國; 1809~
1897)는 조약을 이행한다는 명분과 중국관세 징수를 보장한다는 구실
로 상해에서 「海關行政停頓期間船舶結關暫行章程」(Provisional Rules
for the Clearing of Ship in the Absence of a Custom–house Establishment)
을 공표하였다. 그는 이 「暫行章程」에 따라 영국 영사가 중국 해관을
대신하여 관세를 징수하였다가 청정부군이 상해 현성을 수복하면 받

　　條約文 正文 등에 의거하여 정리 출판한 乙種本을 저본으로 하고 여기에 『光緒朝通商條約』 등을 보충·
　　정리하여 영인한 것이다. 乙種本은 조약 正文 이외에도 淸 정부 관련인물의 의견, 보고, 처리결정을 수록
　　하였다. 『淸朝條約全集』 第1卷 39쪽에는 「道光條約第一」로서 道光22년(1842)체결된 中英江寧條約(소
　　위 南京條約)의 제목이 있고, 56~57쪽에는 同條約 正文이 실려 있다.

18) 陳詩啓, 『中國近代海關史』(北京: 人民出版社, 2002), 4쪽.

19) 佐久間重男, 「海關」, 『アジア歷史事典』 2권(東京: 平凡社, 1962), 90~91쪽. 上海市地方志辦公室의 『
　　上海通志』 인터넷망(http://www.shtong.gov.cn/node2/node2247/) 「제21권 對外貿易, 經濟合作」에 의하면
　　雍正8년 蘇松道臺는 兵備의 직함을 추가하여 上海에 상주하였으므로 上海道臺, 滬道라고도 불렸다고
　　한다.

20) 小刀會 봉기 시 上海 知縣이 살해되고 江海關의 업무를 관장하던 上海道臺 吳健彰은 봉기군에게 감금
　　되었기 때문이다. 吳健彰은 2일 후 두 명의 서양인(Dr.Hall과 J.Caldecott Smith)의 도움으로 탈출하여 영
　　국조계로 피신하였다. 「吳健彰脫逃紀實」, 『北華捷報』 제163기, 22쪽[上海社會科學院歷史硏究所 編, 『
　　上海小刀會起義史料匯編』(上海人民出版社, 1958), 307~308쪽 수록] 참고.

아 두었던 관세를 강해관에 양도하겠다는 것이었다.[21] 결국 「잠행장정」에 따라 영국 수입상과 화물운반인은 응당 영국영사관에 관세를 납부해야 하였다.[22] 미국의 駐상해 부영사인 커닝햄(Cunningham, Edward, 金能亨; 1823~1889)도 바로 뒤를 이어 영국영사가 반포한 것과 동일한 장정을 공포하여 이익균점을 꾀하였다.[23]

곧이어 청 정부는 吳健彰(1815~1870)을 정식으로 蘇松太兵備道兼管江海關(속칭 上海道臺兼任海關監督)에 임명하고 종전처럼 해관업무를 처리할 것을 명령하였다.[24] 오건창은 영국영사와 해관의 원래 터인 영국 租界 내의 외탄에 해관을 회복시키는 문제를 교섭하였으나 거절당하였다. 청군이 소도회를 진압하고 상해현성을 수복한 후에 강해관의 업무를 조계 내에서 재개하라고 권하면서 정중히 그러나 단호하게 오건창의 조계귀환에 반대하였다.[25] 1853년 10월 오건창은 浦東에 두 척의 砲船을 정박시켜 임시 水上海關으로 만들고 징세하려 하였다. 영국, 프랑스 영사는 이를 승인하지 않고 그들에게 그들 나라의 선박이 자유롭게 상해항을 드나들 수 있도록 허가할 권한이 있으며 어떠한 관세도 납부할 필요가 없다고 성명하였다.[26] 이로써

---

21) 方用弼, 「上海海關의 臨時制度(1853 – 1854) – 英美 領事에 의한 關稅代徵行爲」, 『東洋史學硏究』 第39輯, 1992, 50~51쪽. 暫行章程은 「海關行政停頓期間船舶結關臨時規則」으로도 번역된다. 이러한 관세 징수 방법을 方用弼 교수는 領事代徵制라고 부른다.

22) 윤정희, 「1854年 上海 ‘外人稅務司制度’ 설립과정에 대한 考察」, 『梨大史苑』 30, 1997, 148~149쪽에 暫行章程(臨時規則)의 6개 조가 소개되어 있다. 원문은 North China Herald 제164기(1853년 9월 17일)를 번역한 『北華捷報』(『上海小刀會起義史料匯編』, 312~313쪽)를 참조.

23) 中國第二歷史檔案館 · 中國海關總署辦公廳 編, 『中國舊海關史料(1859 – 1948)』 1책(北京: 京華出版社, 2001), 「前言」, ㅣ쪽. 陳詩啓, 앞의 책, 14~15쪽. 陳旭麓 等 主編, 『中國近代史詞典』(上海: 上海辭書出版社, 1982), 339~340쪽.

24) 陳詩啓, 앞의 책, 16쪽.

25) 方用弼, 앞의 글, 59쪽, 67쪽. 吳健彰이 조계로 돌아오면 외국인이 지켜 오던 中立이 파기되며, 小刀會 반군이 틀림없이 吳健彰을 공격하려고 상해의 영국조계를 공격하리라는 이유 때문이었다.

26) 陳詩啓, 앞의 책, 17~19쪽. 『中國舊海關史料(1859 – 1948)』 1책, 「前言」, ㅣ쪽.

오건창의 수상해관의 설치 기도도 좌절되었다.

1854년 2월 오건창은 蘇州河(吳淞江) 북안의 虹口에 하나의 건물을 얻어 해관을 설치할 수밖에 없었다. 다만 통관수속을 하거나 통관절차를 완료하는 선박이 별로 없어 虹口海關은 무의미하였다. 이에 오건창은 상해에서 내지로 통하는 두 개의 주요 도로상의 두 지점 즉 閔行鎭과 白鶴渚에 두 關卡을 증설하였다.[27] 영미불영사는 조약에 근거하여 해관은 통상항에 개설해야 하고, 關卡을 내지에 설치한 것은 조약위반이라는 구실로 재차 이에 반대하였다. 그 목적은 영미불 삼국이 중국해관의 관세징수권을 장악하려는 것이었다.[28] 그 후 열강은 兩江總督 怡良(1791~1863)에게 영향력을 행사[29]하였고, 이량은 오건창에게 "속히 상해 商稅 사안을 천천히 신중하게 의논하여 타당하게 처리하고 각 오랑캐에게 구실을 잡히지 말라"[30]고 명령하였다. 오건창은 명령에 따라 영국영사 알코크, 미국영사 머피(Murphy, Robert C. 馬輝), 프랑스 대리영사 이든(Eden, B., 伊擔)과 만나서 알코크가 제안한 방안을 상의하고 그 결과 上海海關徵稅規則 8개 조의 합의에 도달하였다.[31] 그중 가장 중요한 한 내용은 영·미·불 영사가 각각 한 사람의 세무 監督(司稅)을 추천하면 道臺가 이들을 임명하여 해관의 업무를 처리하는 세무관리위원회(Board of Inspectors)[32]를 조

---

27) 「吳健彰致外國領事的三件照會」, 『北華捷報』 제192기, 138쪽(『上海小刀會起義史料匯編』, 386쪽).

28) 陳詩啓, 앞의 책, 19~21쪽.

29) 미국 공사 맥레인(McLane, Robert Milligan; 麥蓮, 1815~1898)은 兩江總督 怡良에게 상해의 稅關은 조약과 다르므로 두 개의 關卡을 철폐하도록 요구하고 일이 잘 성사되면 中華를 도와 반란(태평천국) 진압에 협조하겠지만 그렇지 않으면 중국 측이 알아서 해야 할 것이며 거기서 발생하는 모든 허물의 책임은 중국 측에 있다고 협박하였다. 陳詩啓, 앞의 책, 23쪽.

30) 「咸豊四年五月二十日怡良奏摺」, 『籌辦夷務始末』(咸豊朝) 1冊(北京: 中華書局, 1979), 卷8, 286쪽.

31) 1854년 6월 29일 吳健彰과 영미불 삼국영사 사이에 외국인을 해관에 임용한다는 上海海關徵稅規則 8개 조가 체결되었다. 8개 조의 내용에 대해서는 윤정희, 앞의 논문, 158~159쪽 참조.

직하게 한다는 것이었다. 이에 따라 1854년 7월 12일 각국영사가 추천한 영국의 상해영사관 부영사 웨이드(Wade, Sir Thomas Francia, 威妥瑪; 1818~1895), 미국의 駐中공사관 직원 카(Carr, Lewia, 賈流意), 프랑스의 영사관 통역관 스미스(Smith, Arther, 史亞實)가 정식으로 江海關稅務管理委員會를 조직하였고, 이것이 중국해관이 서양인을 임용한 첫 사례이다. 이로부터 중국 해관의 행정 관리권은 외국인에게 넘어갔고 중국해관도 점차 서로 다른 두 계통의 부문으로 분리되었다. 즉 하나는 중국인 해관감독 혹은 각 지방관리가 관할하던 常關(鈔關, 大關, 工關, 戶關, 老關)으로 원래 관할하던 중국 상인의 民船무역 징세사무를 관리하였고, 다른 하나는 외국 국적의 세무사가 대외무역 관세징수를 관리하는 해관(洋關, 新關)이었다.

열강의 중국에서의 이권을 보다 확대하기 위하여 1856년 영·불은 러시아와 미국의 지지하에 중국에 대해 애로우호 전쟁(제2차 아편전쟁)을 발동하였고 각각 1858년과 1860년 청 정부를 강요하여 천진조약과 북경조약을 체결하였다. 이때 牛莊(지금의 營口), 登州(지금의 煙臺), 臺灣(臺南), 潮州(汕頭), 瓊州, 漢口, 九江, 鎭江, 南京, 淡水(지금의 臺北), 天津을 통상항으로 개방하게 되었다. 아울러 1858년 11월 8일과 24일 영미불과 체결된 「通商章程善後條約: 海關稅則」에서 해관제도와 관련된 중요 결정을 하게 되었다. 동 조약의 10개 조의 내용을 정리하면 첫째, 청조 총리대신이 영·미·불 외국인을 '邀請'하여 세무를 '幇辦'하고 탈세를 엄중히 처리하게 하더라도 영미(佛은

---

32) 陳詩啓, 앞의 책, 24쪽. 세무감독은 휘하에 사무를 보조할 서양인, 중국인 부하직원을 인선할 수 있는데, 중국인 직원의 경우는 세무감독이 추천하면 道臺가 임용하는 형식을 취하였다. 세무감독이 부정을 저지르거나 직무태만일 경우에는 도대와 삼국영사가 그의 해임을 판결하는데 도대는 2표, 영사는 각 1표의 표결권을 가졌다.

불포함) 관원이 간섭할 필요가 없다. 둘째, 해관에서 외국인을 임용하는 방법은 각 항구에서 '劃一'적으로 시행한다.33) 이로써 상해에서 시행하던 외국인 세무감독제도가 전 중국으로 확대되었다. 이후 외국인을 임용하는 규정의 변화에 따라 외국인 세무감독(Inspector)제도는 외국인 세무사(Commissioner of Customs)제도로 변화하였다.

1859년 5월 23일 양강총독이며 중국의 대외교섭을 관장하던 總理外國通商事宜大臣 何桂淸(1816~1862)은 영국인 레이(Lay, Horatio Nelson, 李泰國; 1832~1898)34)를 상해에 파견하여 新關을 총관하는 총세무사(Inspector General)35)에 임명하였다. 이에 이르러 海關外籍稅務司制度가 출현하기 시작하였고 1854년 조직된 세무관리위원회의 미국과 프랑스 양위원은 퇴출되었으며 상해의 세무관리위원회는 자연 해산되었다. 레이는 총세무사에 취임한 후 상해 해관의 업무를 관장하였는데 영국인 데이비스(Davies, H. Tudor, 德都德; ?~1863)를 강해 관세무사로 선임하였다. 이후로 각 항구의 세무사는 총세무사에 의해 선임되는 관례가 형성되었다.

이어서 하계청은 레이와 피츠 로이(Fitz-Roy, George Henry, 費士來; ?~1868), 글로버(Glover, George B., 吉羅福; 1826~1885), 하트(Hart,

---

33) 王鐵崖 編, 『中外舊約章彙編』 第1冊(北京: 三聯書店, 1982), 118, 135, 139~140쪽. 陳詩啓, 앞의 책, 46쪽. 岡本隆司, 『近代中國と海關』(名古屋: 名古屋大學出版會, 1999), 207~210쪽에 의하면 영국외교관이나 상해에서 활동하는 영국상인들은 상해의 외국인세무사제도를 다른 항구에도 확대시키고자 하는 의견을 지니고 있었다고 한다.

34) 레이는 1855년 6월, 사임한 웨이드를 이어 상해 해관 세무관리위원회 영국인 세무사가 되어 해관사무에 진력하였으며, 1858년에는 중영천진조약 협상과정에서 영국 전권공사 엘긴 경의 통역이 되어 조약 체결에서 중요한 역할을 맡았다. 조너선 스펜스 지음, 김우영 옮김, 『근대중국의 서양인 고문들』(서울: 이산, 2009), 131~136쪽.

35) 陳詩啓, 앞의 책, 50쪽에 따르면 稅務司의 영문표기가 Commissioner of Customs이므로 總稅務司의 영문표기는 당연히 Chief Commissioner of Customs가 되어야 하나 레이는 자신의 영문직함으로 Inspector General을 사용하였고 이것이 관례가 되어 이후로 그렇게 표기하였다 한다.

Sir Robert, 赫德; 1835~1911) 등을 파견하여 광주에 가서 新關 粤海關을 창립하도록 하였다. 이에 따라 1859년 10월 24일 월해관이 정식 설립되었다.36) 이어서 1860년 또한 汕頭에 潮海關이 설립되었고 1861년 이래 鎭江關, 浙海關(寧波), 津海關(天津), 閩海關(福州), 江漢關(漢口), 九江關, 廈門關, 淡水關(臺灣), 東海關(煙臺), 山海關(營口), 打狗關(臺灣) 등이 잇달아 건립되었다.

1861년 1월 20일 總理各國事務衙門이 설립되었다. 사실 레이는 지방관인 하계청에 의해 총세무사로 임명된 데 불과하였다. 따라서 대외관계를 총괄하는 중앙정부의 총리아문에 의해 총세무사로 인정될 필요가 있었다. 1월 30일 레이는 총리아문에 의해 총세무사로 새롭게 임명되었다. 그러나 얼마 되지 않아 1861년 5월 레이는 상해에서 부상을 당하였다는 명목으로 휴가를 청하여 귀국하였고, 6월 30일 총리아문(恭親王)은 레이가 추천하였던 강해관세무사 피츠 로이와 월해관 副稅務司 하트가 총세무사 직무를 공동으로 대리하는 것을 비준하였다. 1863년 11월 15일 총리아문은 레이의 총세무사 직무를 해임하고37) 로버트 하트를 정식으로 후임 총세무사로 임명하였다. 1864년 5월 하트는 명령에 따라 海關總稅務司署를 북경으로 옮겼다.38) 이에 이르러 이미 새로운 해관 14개가 개설되었고, 1865년 1월 臺南關이

---

36) 江海新關의 模式에 따라 粤海新關을 설립하였는데 피츠 로이를 세무사로 임명하였다. 피츠 로이가 부임하기전이어서 미국인 글로버가 세무사대리를, 하트가 副稅務司를 맡았다. 孫修福 主編, 『中國近代海關史大事記』(北京: 中國海關出版社, 2005), 15쪽. 岡本隆司에 의하면 署理兩廣總督 勞崇光과 粤海關監督 恒祺가 전부터 면식이 있는 영국영사관 통역관 하트에게 상해와 같은 洋關을 광동에 설립해 줄 것을 제안하자, 하트는 이 사실을 레이에게 알리고, 레이가 광동에 도착한 1859년 10월 廣東洋關이 설립되었다고 한다(『近代中國と海關』, 176쪽).

37) 중국 총리아문의 방침을 무시하고 레이가 독단적으로 진행시킨 레이-오즈본 함대사건으로 레이는 총세무사 직위에서 해임되었다. 이 과정은 조너선 스펜스, 앞의 책, 142~147쪽을 참고하라.

38) 孫修福 主編, 위의 책, 20쪽, 28쪽, 29쪽.

개관된 이래로 그 후 10년간 새로운 해관은 다시 개설되지 않았다. 1876년 烟臺條約 이후 열강은 청 정부를 강제하여 잇달아 불평등 조약을 체결하였고 하나하나의 항구를 개방하였다. 1909년 12월까지 차례로 瓊海關, 甌海關, 宜昌關, 北海關, 蕪湖關, 九龍關, 拱北關, 龍州關, 蒙自關, 重慶關, 亞東關, 蘇州關, 杭州關, 思茅關, 三水關, 梧州關, 膠州關, 金陵關, 三都澳關, 岳州關, 騰越關, 江門關, 長沙關, 南寧關, 奉天關, 安東關, 濱江關, 大連關, 琿春關 등 30관이 개방되었다. 청 말과 민국 시기에 개방된 개항장과 개설된 해관에 대해서는 다음 <표 1>39)로 정리하였다.

<표 1> 조약에 기초한 개항장 및 해관설치 일람표(1840~1936)

조약명칭	개항장	개항시기	해관명칭과 지점	영문표기*	해관설치	통계개시
1842년 中英南京條約	上海	1843.11.17	江海關(上海外灘租界內)	Shanghae → 1864 Shanghai	1854	1859
	廣州	1843.7.27	粵海關(廣東南海縣沙基)	Canton	1859	1859
	寧波	1844.1.1	浙海關(浙江鄞縣江北岸)	Ningpo	1861	1861
	福州	1844.7.3	閩海關(福建莆田縣霞徐鋪)	Foochow	1861	1861
	廈門	1843.11.1	廈門關(福建廈門島)	Amoy	1862	1862
1851年 中俄伊犁塔爾巴 哈台通商章程	伊犁	1852.4.4				
	塔爾巴哈台	1852.4.4				
1858年 中英天津條約	鎭江	1861.5.10	鎭江關(江蘇丹徒縣)	Chinkiang	1861	1864
	汕頭	1860.1.1	潮海關(廣東澄海縣汕頭鎭)	Swatow	1860	1860#

---

39) <표 1>은 濱下武志, 『中國近代經濟史硏究 – 淸末海關財政開港場市場圈 – 』(東京大學東洋文化硏究所, 汲古書院, 1989), 188~190쪽; 張海鵬 編著, 『中國近代史稿地圖集』(上海: 地圖出版社, 1984), 83~84쪽; 梁慶歡, 「『中國舊海關史料(1859 – 1948)』文本解讀」, 廈門大學『碩士學位論文』, 2007; 鄭友揆, 「中國海關貿易統計編製方法及其內容之沿革考」, 『社會科學雜誌』(中央硏究院社會科學硏究所), 제5권 제3기, 1934[鄭友揆, 『中國的對外貿易和工業發展, 1840 – 1948』(上海社會科學院出版社, 1984) 수록, 331~333쪽]; 吳松弟 · 方書生, 「一座未充分利用的近代史資料寶庫 – 中國舊海關系列出版物評述」, 『史學月刊』2005 – 3, 83~92쪽 등을 참고하여 작성하였다. 영문표기와 해관의 통계 개시 연도는 『中國舊海關史料(1859 – 1948)』 全 170책에 근거하였다.

조약명칭	개항장	개항시기	해관명칭과 지점	영문표기*	해관 설치	통계 개시
1858年 中英天津條約	漢口	1862.1.1	江漢關(湖北漢口)	Hanrow→1866 Hankow	1862	1864
	烟臺(芝罘)	1862.1.16	東海關(山東福山縣烟臺)	Chefoo(1864 Cheefoo)	1863	1863
	九江	1862.1	九江關(江西九江縣)	Kiukiang	1861	1863
	營口(牛莊)	1861.4.3	山海關(奉天營口商埠)	Newchwang	1864	1864
	瓊州(海口)	1876.4.1	瓊海關(廣東瓊山縣海口)	Kiungchow	1876	1876
	江寧(南京)	1899.3.22	金陵關(江蘇江寧縣下關)	Nanking	1899	1899
1858년 天津條約	臺灣(臺南)	1863.10.1	打狗關(臺灣高雄)/臺灣府 與打狗關→1891년부터 臺南關	Takou→1865 Takow & Taiwanfoo→189 1Tainan		1864
1858년 中法天津條約	淡水	1862.7.28	淡水關(臺灣臺北縣淡水 鎭)/淡水與基隆關	Tamsui/Tamsui & Keelung		1865
1860년 北京條約	天津	1861.1.30	津海關(直隸天津縣商埠)	Tientsin	1861	1861
1860년 中俄北京條約	喀什噶爾	1861.4.5				
	庫倫	1861.7.11				
	張家口	1916				
1876년 中英烟臺條約	宜昌	1877.4.1	宜昌關(湖北宜昌縣南門)	Ichang	1877	1877
	北海	1877.4.2	北海關(廣東合浦縣北海港)	Pakhoi	1877	1877
	溫州	1877.4.1	甌海關(浙江永嘉縣北門外)	Wenchow	1877	1877
	蕪湖	1877.4.1	蕪湖關 (安徽蕪湖縣西南外江岸	Wuhu	1877	1877
1881년 中俄改訂條約	肅州(嘉峪關)	1881.4				
	吐魯番	1881.4				
	哈密	1881.4				
	烏魯木齊	1881.4				
	古城	1881.4				
	烏里雅蘇台	1881.4				
	科布多					
1886년 中英香港鴉片貿 易協定	九龍		九龍關 (廣東新安縣九龍半島)	Kowloon	1887	1887
1887년中法續議 商務專約	龍州	1889.6.1	龍州關(廣西龍州縣城對河)	Lungchow	1889	1889
	蒙自	1889.8.24	蒙自關(雲南蒙自縣)	Mengtzu	1889	1889

조약명칭	개항장	개항시기	해관명칭과 지점	영문표기*	해관설치	통계개시
1887년 中葡北京條約과 會議考約	拱北	1887.4.2	拱北關 (廣東香山縣三角江口)	Lappa	1887	1887
1890年中英續增 烟臺條約	重慶	1891.3	重慶關(四川巴縣)	Chungking	1891	1892
1893年 中英藏印條約, 藏印續約	亞東	1894.5	亞東關(西藏亞東)	Yatung	1894	1894
1895년 中日馬關條約	杭州	1896.9.26	杭州關(浙江杭縣武林門 外拱宸橋)	Hangchow	1896	1896
	沙市	1896.10.1	沙市關(湖北江陵縣沙市)	Shasi	1896	1896
	蘇州	1896.9.26	蘇州關(江蘇吳縣封門外)	Soochow	1896	1896
1895年 中法續議商務專 約附章	思茅	1897.1	思茅關(雲南思茅縣南門外)	Szemao	1896	1897
	河口	1897.1				
1897年 中英續議緬甸條 約附款, 中緬條約附款	梧州	1897.6.3	梧州關(廣西蒼梧縣)	Wuchow	1897	1897
	三水	1897.6.4	三水關(廣東三水縣城外)	Samshui	1897	1897
	騰越	1902.5.8	騰越關(雲南騰衝縣南門外)	Tengyueh	1900	1900
	江門	1904.4.22	江門關(廣東新會縣江門埠)	Kongmoon	1904	1904
1899年 中德靑島設關征 稅辦法	靑島		膠海關 (山東膠縣靑島)/膠州關	Kiaochow	1899	1899
1902年 中英續議通商行 船條約	長沙	1904.7.1	長沙關(湖南長沙縣西門外)	Changsha	1904	1904
	萬縣		萬縣關(四川萬縣)	Wanhsien		1917
1903年 中美通商行船續 訂條約	安東	1907.3.1	安東關(奉天安東縣本埠)	Antung	1907	1907
1903年 中日通商條約	大東溝	1907.3	大東溝關(奉天大東溝)	Tatungkow	1907	1907
1905年 中日會議東三省 事宜正約 1905年 中日會議東三省 事宜附約			大黑河關(黑龍江大黑河)		1905	
	滿洲里	1907.1.14	滿洲里關(黑龍江滿洲里)	Manchouli	1907	1908
	哈爾濱	1907.1.14	濱江關 (吉林濱江縣松花江南岸	Harbin	1907	1909
	奉天	1908.4.11	奉天關(奉天省城)	Moukden	1907	1909
	琿春	1910.1.1	琿春關(吉林琿春縣城內)	Hunchun	1910	1910
	寧古塔	1910.1.1				

조약명칭	개항장	개항시기	해관명칭과 지점	영문표기*	해관 설치	통계 개시
1905年 中日會議東三省 事宜正約 1905年 中日會議東三省 事宜附約	鐵嶺	1906.9.10				
	新民屯					
	通子江	1906.9.10				
	法庫門	1906.9.10				
	吉林	1907.1.14	吉林關(吉林省城)	Kirin		1910
	長春(寬城子)	1907.1.14				
	齊齊哈爾	1907.5.28				
	愛琿	1907.6.28	愛琿關(黑龍江省黑河市)	Aigun		1909
	鳳凰城	1907.6.28				
	遼陽	1907.6.28				
	三姓	1909.7.1	三姓關(黑龍江省依蘭縣)	Sansing		1909
	海拉爾	1910.1				
1906年 中英續訂藏印條 約附約	江孜	1906.4.27				
	噶大克	1906.4.27				
1907年 中日會訂大連設 官辦法	大連	1907	大連關(奉天金縣海灣)	Dairen	1907	1907
1908年 中俄北滿洲稅關 試辦章程	綏芬河		綏芬河關 (黑龍江省綏芬河)	Suifenho	1908	1908
1909年 中日圖們江中韓 界務條款	龍井村	1909.11.2	龍井村關(吉林)/延吉關	Lungchingtsun	1910	1910
	局子街	1909.11.2				
	頭道溝	1909.11.2				
	百草溝	1909.11.2				
淸朝開港	岳州	1898	岳州關(湖南岳陽縣城陵磯)	Yochow	1898	1899
淸朝開港	秦皇島	1898	秦皇島關(直隷秦皇島)	Chinwangtao*	1902	1902
淸朝開港	三都澳	1898	福海關(福建寧德縣三都澳)	Santuao	1899	1899
淸朝開港	南寧	1907	南寧關(廣西邕寧南門商埠)	Nanning	1907	1907
民國自行開放	龍口	1914	龍口關(山東龍口)	Lungkow	1914	1915
民國自行開放	威海衛	1930	威海衛關(山東威海衛)	Weihaiwei	1930	1930
民國自行開放	雷州		雷州關(廣東雷州)	Luichow	1936	1936

<표 1> 설명: ① '영문표기*'는 『중국구해관사료(1859~1948)』의 영문표기를 취하였다. 예컨대 상해는 1859~1863년간 Shanghae로 표기

되다가 1864년 Shanghai로 표기된 것을 의미한다. ② 통계개시 항목의 汕頭 '1860#'은 『중국구해관사료(1859~1948)』에는 1861년부터 수록되어 있으나 吳松弟·方書生에 의하면 하버드대학도서관에는 산두의 경우 1860년 7~12월 통계가 소장되어 있다 한다. ③ 영문표기 'Chinwangtao*'는 본래 지명은 秦皇島이지만, 영문표기와 1902년도 光緖二十八年通商各關華洋貿易總冊에는 秦王島로 되어 있다. ④ 1894년 청일전쟁 이후 체결된 下關條約으로 臺灣이 일본에 할양되자 1896년 6~7월간 淡水關, 打狗關(臺南關)이 계속해서 폐관되었다. 1931년 9·18사변 후 동삼성이 일본에 점령되자 동북해관인 愛琿關, 濱江關, 延吉關, 奉天關, 安東關, 山海關, 大連關이 각각 1932년 9월 25~26일 폐관되었다.

Ⅱ. 『中國舊海關史料』의 구성과 특징

중국 근대 해관은 수출입무역 관리·관세 징수·밀수 조사·수출입 통계작성 등을 핵심적 임무로 하고, 동시에 연해 및 內河航務·港務·우정·검역·기상·內外債와 대외배상금의 해관담보 그리고 상환지불을 처리하며,[40] 釐金과 常關稅 등 附加稅捐을 대신 징수하고,

---

40) 근대중국시기 해관의 중요성은 해관에서 징수하는 관세가 국가재정에서 차지하는 비중을 통해 알 수 있다. 청 말 국가재정 중 관세가 차지하는 비중은 약 4분의 1에 달한다. 예컨대 1893년의 총 세입은 8,897만 9천 냥인데 洋關稅는 2,198만 9천 냥으로 전체의 24.7%에 달하였고, 1900년에는 총 세입 8,820만 냥 중 海關稅는 2,380만 냥으로 전체의 26.9%에 달하였다[周志初, 『晩淸財政經濟硏究』(濟南: 齊魯書社, 2002, 156~157쪽 참고]. 아울러 관세는 청 말 제국주의 열강이 중국에 제공하는 차관(재정이 부족하였으므로 중국은 배상금을 갚기 위해 차관을 도입해야만 했다)에 대한 담보로서 기능하기도 하였다. 예컨대 1895년에 러시아와 프랑스가 제공한 4억 프랑(약 1억 냥) 차관에서는 중국해관의 관세가 담보로 설정되었다[汪敬虞 主編, 『中國近代經濟史』 1895-1927 上(北京: 人民出版社, 2000), 392~394쪽 참고].

심지어는 국제박람회·교육 및 중국정부가 특파한 외교사무 등을 처리했다.[41] 해관은 대외무역 상황을 파악하기 위하여 1859년부터 서양적 관리와 통계이념에 비추어, 광범위한 내용과 완정한 계통을 갖춘 일련의 자료를 출판하기 시작하였다. 중국 근대 해관이 편집·출판한 무역보고는 당시 정치, 사회, 경제, 군사, 사법, 문화교육, 종교, 지방행정 등의 광범위한 상황에 관련되고 내용이 아주 풍부하며 정사와 지방지에도 없는 대량의 조사자료를 보유하고 있다. 특히 통계자료는 중요한 학술적 연구 가치를 지니고 있다. 해관 무역보고는 근대중국이 보존해온 시간이 가장 긴 경제 통계자료이다.[42] 따라서 이미 1934년에 해관 출판 자료는 "내용이 정확하고 점하는 지역이 광대하기 때문에 중국경제를 연구하기 위한 믿을 만하고 계통적인 자료"라는 평가를 받았고,[43] 현대의 학자도 "해관출판물은 그 긴 작성시간, 광범위한 내용, 과학적이고 엄격한 표현방식으로 말미암아 중국 근대사의 가장 계통적이고 완정한 자료"[44]라고 인정하였다.

1859년 해관이 새로이 설립된 후 출판한 자료는 종류도 다양하고 분량도 엄청나다. 일반적으로 해관 출판물은 6集으로 분류된다. ① Statistical Series(統計集), ② Special Series(特集), ③ Miscellaneous Series(雜集), ④ Service Series(業務集), ⑤ Office Series(公署集), ⑥ Inspectorate Series(稅務司集)이 그것이다. 6집은 크게 두 종류로 나눌 수 있다. 첫째, 통계집은 수출입품, 선박, 세수 등의 통계와 분석인데

---

41) 吳松弟·方書生, 앞의 글, 83쪽.

42) 梁慶歡, 앞의 글, 1쪽.

43) 鄭友揆, 앞의 책, 298쪽.

44) 吳松弟·方書生, 앞의 글, 83쪽.

대외무역의 실적기록이며 그에 대한 연구이다. 둘째, 기타 5집은 해관정책, 행정공문, 조사연구 등 專題報告이다.45) 이 중에서 규모가 가장 크고 방대한 것은 ① Statistics Series(통계집)이다. Statistics Series (통계집)은 Native Customs Trade Returns 제3권의 속표지에 따르면 다음의 7개 계통을 포괄한다. Shanghai Daily Returns(上海每日貿易冊), Customs Gazette(海關公報), Returns of Trade(무역통계), Report of Trade(무역보고), Chinese Version(中文譯本), Decennial Reports[(海關)十年報告], Native Customs Trade Returns(國內貿易冊).46)

2001년 중국제이역사당안관과 海關總署辦公廳의 합작하에 京華出版社는 170책의 『중국구해관사료(1859~1948)』를 영인·출판하여 전국과 각 항구의 무역상황과 경제변화를 연구하는 데에 엄청난 편리를 제공하였다. 이 자료는 주로 海關年刊(무역통계와 무역보고), 해관십년보고, 즉 근대해관 출판물 중의 Statistical Series(통계집)의 핵심내용을 수록하였다. 본고는 『중국구해관사료』의 구성과 특징을 살펴 중국근대 대외무역사 연구에서의 그 자료의 사료적 가치를 분석하는 것이 목적이므로 여기서는 海關年刊(무역통계와 무역보고), 해관십년보고에 대하여 설명하고자 한다.

---

45) 張存武, 「中國海關出版品簡介」, 『中央研究院近代史研究所集刊』, 제9期, 1980, 臺北 506쪽. 吳松弟·方書生는 張存武의 분류를 따르고 있다. 그러나 濱下武志(앞의 책, 199~200쪽)는 7개 항목으로 나누고 있다. 즉 1) Statistical Series(무역통계·무역보고, 십년보고 기타), 2) Special Series(특정의 주제에 대해 專述한 것), 3) Miscellaneous Series(상품해설 기타), 4) Service Series(해관직원록, 집무요항 등), 5) Office Series(해관 집무 전반에 걸치는 것), 6) Inspectorate Series(總稅務司가 발하는 지시 기타), 7) Postal Series(우편업무에 관한 것). 마지막 7번째를 추가하였기 때문이다.

46) 吳松弟·方書生, 앞의 글, 83쪽.

1. 海關年刊(무역통계와 무역보고)

해관에서 간행한 年刊은 여러 계열로 구성되어 있고 시기마다 명
칭도 달라 아주 복잡하다. 그 다양한 명칭을 예로 들면 다음과 같은
유형들이 존재한다.

① *Returns of the Import and Export Trade, at the Port of Canton, For the Half−year ended 31st December 1860.*

② *Returns of the Import and Export Trade carried on under foreign flags at the Port of Canton, For the year 1861.*

③ *Returns of Trade at the Port of Amoy, For the year 1864.*
   Reports on Trade at the Port of Amoy, For the year 1864.

④ *Reports on the Trade at the Ports in China open by treaty to foreign trade, For the year 1865 / Returns of Trade at the Ports in China open by treaty to foreign trade, For the year 1867.*

⑤ *Reports on Trade at the Treaty Ports in China , For the year 1868.*
   Returns of Trade at the Treaty Ports in China , For the year 1868.

⑥ *Returns of Trade at the t3reaty Ports, and Trade Reports, For the year 1882.*

⑦ *Returns of Trade(55th Issue) and Trade Reports(49th Issue), 1913*
   『中華民國二年通商海關華洋貿易全年總冊』.

⑧ *Foreign Trade of China 1920* / 『中華民國九年通商海關華洋貿易全年總冊』.

⑨ *Foreign Trade of China 1925* / 『中國海關民國十四年華洋貿易總冊』.

⑩ *The Trade of China, 1935* / 『中華民國24年海關中外貿易統計年刊』.

⑪『中華民國35年海關中外貿易統計年刊』/ *The Trade of China, 1946.*

年刊은 시기에 따라 편찬방법과 수록내용이 변화하므로 몇 단계로 나누어 편찬방법과 수록내용의 특징을 검토하기로 한다.[47]

(1) 1859~1863년

1842년 남경조약으로 5개 항이 개항된 후 10여 년간 각 항구의 수출입 무역에 관한 통계가 없었다. 1858년 11월 영·미·불과 체결된 「通商章程善後條約: 海關稅則」 제10관에서 외국인을 초청하여 세무를 담당케 하고 이러한 방법을 각 항구(해관)에서 '획일'적으로 시행하도록 한 후 각 해관의 무역통계가 출현하였다. 따라서 이미 외국인 세무사제도가 시행되고 있던 상해 강해관에서는 바로 1859년부터 무역통계가 출현하였다. 즉 1859년 前半年의 무역통계인 *Returns of the Import and Export Trade, carried on under foreign flags at the Port of Shanghae, For the Half-Year ended 30th June, 1859*(『중국구해관사료(1859~1948)』 제1책 수록)이 그것이다. 현존하는 근대해관의 무역통계 중 상해의 1859년 前半年의 통계가 가장 이른 것이다. 그리고 광주 월해관은 1859년 10월 24일 설치되어 업무를 시작하였으므로 이 날부터 시작하는 통계자료가 존재한다. 즉 *Returns of the Import and Export Trade, at the Port of Canton, From the 24th October to the 31st December 1859*(『중국구해관사료(1859~1948)』 제1책 수록)이다.

이 기간은 각 해관의 무역통계만 출간되고 전국의 대외무역 통계는 없다(1866년까지). 따라서 鄭友揆는 이 시기를 各關統計時代(1859~1866)

---

47) 이후 年刊에 대한 설명은 별다른 각주가 없는 한 鄭友揆, 앞의 책, 298~333쪽; 吳松弟·方書生, 앞의 글, 83~92쪽; 梁慶歡, 앞의 글, 8~25쪽; 張存武, 앞의 글, 505~514쪽; 濱下武志, 앞의 책, 185~215쪽을 참조하고, 『중국구해관사료(1859~1948)』 자체에 의거한 것임을 밝혀 둔다.

라 하였다. 1863년 11월 로버트 하트가 총세무사로 부임한 이후 해관업무를 정돈하려고 노력하여 해관조직을 획일화시켰고, 해관무역 통계와 기재에 주목하였다. 이로 인해 1864년 이후의 각 해관의 통계와 기재는 그 이전에 비해 커다란 개선이 이루어졌다. 통계방법과 내용상 커다란 변화가 나타났다. 이전의 혼란한 통계로부터 질서가 있고 과학적인 통계로 바뀌었다. 우선, 국내무역과 대외무역을 분리하여 통계를 하기 시작하였다. 1859~1863년 각 해관의 무역통계는 국내무역과 대외무역을 분리하지 않았다. 무역통계의 목적이 관세징수를 위한 것이었기에 구태여 국내무역과 대외무역을 구분하지 않았던 것 같다. 당시 대외무역과 항구 간 국내무역의 수출세가 같아 각 항구의 수출화물을 국내로 수출하건, 외국으로 수출하건 동일시한 것이다. 둘째, 각 항구 사이의 수출입무역도 나누어 기재하고 무역상품항목도 상세하게 구분하였다. 아울러 각 항구의 수출입화물은 모두 각각 발송지(Provenance) 또는 도착지(Destination)를 명기하였다. 따라서 해당 상품의 원산지와 소비지를 알 수 있게 되었다. 셋째, 1863년까지의 무역통계는 대체로 반년간이지만(예외적으로 全年刊의 사례도 있다.), 1864년 이후에는 각관무역통계는 모두 全年刊으로 바뀌었다. 따라서 진정한 의미에서 중국근대해관 통계는 1864년부터 시작되었다고 볼 수 있다.

통계집의 명칭도 1863년까지는 *Returns of the Import and Export Trade, at the Port of Tientsin(1861.5.1~1861.12.31)*과 같이 *Returns of the Import and Export Trade*라는 표제를 앞에 달고 있다. 그러나 1864년 이후는 *Returns of Trade at the Port of Canton, For the year 1864*와 같이 바뀌고 있다.

1859년에는 상해와 광주의 무역통계만 존재하였고 1860년에도 그러하였다. 1861년에는 상해, 광주 외에도 天津, 寧波, 福州, 汕頭 등 모두 여섯 해관의 무역통계자료가 작성되었다. 1862년에는 영파, 복주, 하문, 산두 네 해관 자료가, 1863년에는 천진, 영파, 하문, 산두, 芝罘, 九江의 여섯 해관 자료가 수록되어 있다.

(2) 1864[48]~1881년

무역통계방법이나 자료 간행에 있어 1864년 이후 앞항에서 지적한 것과 같은 변화가 있었던 이외에, 1867년 이후 다음과 같은 변화들이 나타난다. 즉 1867년 이후 總稅務司署는 부세무사로 하여금 전문적으로 해관의 통계를 통합하여 전국적 무역통계를 작성·출판토록 하였다 (1873년에는 造冊處: the Inspectorate General of Customs, Statistical Department[49]를 설치하여 이를 담당케 하였고 1932년 통계과라고 개칭하여 이를 맡겼다). 이에 따라 매년의 무역통계는 2책으로 나누었다. 제1책은 1867년부터 등장하기 시작한 전국무역과 稅收 輯要(Part Ⅰ.Abstracts of Trade and Customs Revenue)인데 1864년까지 소급한다. 제1책에는 ⅰ) 연도별 수출입무역액과 國別 수출입무역액, ⅱ) 洋貨수입, 土貨수출, 洋貨재수출, ⅲ) 專項통계: 아편, 차엽, 航運, 各港稅收, 양화 직접수입, 양화의 국외재수출, 各港 10년래 무역비교, 상해항 무역총액과 순수액, ⅳ) 附件: 각국의 내외무역 중의 비중, 각 항구의 중계무역과 인구통계 등이 수록되어 있다. 제2책은 各海關 무역통계(Part Ⅱ. Statistics of the Trade at Each Port.)인데 각 해관의 항목에 차이가 있고 대체로 격식은 전과 같다.[50] 1875년까지는 山海關(牛莊), 津海關(天津), 東海關(芝罘),

---

48) 1864년 이후 앞서 제시한 변화가 발생하지만, 1867년 이후에는 두 책으로 간행하는 변화가 있었으므로 1867년 이후를 다시 하나의 획기로 할 수도 있다. 그렇다고 1864~1866년을 하나의 시기로 두는 것이 너무 번잡하므로 편의상 1864년을 획기로 하였다.

49) 孫修福 編, 『近代中國華洋機構譯名手冊』(北京: 團結出版社, 1992), 101쪽.

江漢關(漢口), 九江關, 鎭江關, 江海關(上海), 浙海關(寧波), 閩海關(福州), 打狗與臺灣府, 廈門關, 潮海關(汕頭), 粤海關(廣州), 淡水與基隆關 열네 해관의 무역통계를 수록하였다. 1876년 瓊海關(瓊州)이 추가되었고, 1877년에 宜昌關, 蕪湖關, 甌海關(溫州)과 北海關(廣東北海)이 추가되어 수록된 해관통계는 모두 열아홉 해관이 되었다. 수록된 내용은 각 해관의 ⅰ) 洋貨통계, ⅱ) 土貨수출무역통계, ⅲ) 洋藥(아편)무역통계, ⅳ) 茶葉·絲綢제품, 關稅, 船鈔 등의 통계이다. 제2책 各關貿易統計의 배열 순서는 1876년까지는 상해, 광주, 산두 등 개항 순이었으나, 1877년부터는 우장, 천진 등 북방에서 남방항구 순으로 배열하였다.

전국통계나 各關통계나 뒤로 갈수록 통계항목과 내용이 상세해진다. 1881년에 이르러 무역통계책은 통계형식의 기본적 형태를 완성하였고, 금은 출입의 무역평형에 대한 중요성으로 말미암아 이해부터 금은수출입 가치표가 출현한다.

이 시기 중요한 변화의 하나는 통계 화폐단위의 통일이다. <표 2>에서 보듯이 1874년까지는 兩, 上海兩, 멕시코달러, 스페인달러, 海關兩 등이 복잡하게 사용되었다. 멕시코달러는 복건, 대만, 광동51) 등 화남지방에서 주로 쓰였고, 스페인달러52)는 멕시코가 1823년 독립한

---

50) 各關의 내지 중개무역(Transit Trade)도 1867년부터 시작하였다. 또 1868년 이후 각 해관의 대외 및 항구 간 무역 수출입상품에 발송지와 도착지의 기재가 없어졌다. 다만 동시에 각관의 각국에 대한 그리고 각 항구에 대한 수출입무역총수를 기재하였다.

51) 1875년까지 福州, 1874년까지 대만의 打狗, 1871년까지 廈門, 1869년까지 대만의 淡水, 영파의 1862~ 63년, 1871년까지 광주, 1868년까지 汕頭에서 그 사용이 보인다.

52) 스페인은 멕시코를 식민지배하면서 멕시코에서 생산된 은을 이용하여 많은 은화를 주조하였는데 이를 스페인달러라고 불렀다. 이것이 동아시아 시장에 흘러 들어와 동아시아의 주요한 국제통화로 기능하였다. 특히 영국은 자국화폐로 중국 상품을 사는 것을 금지하였으므로 더욱더 스페인달러가 유통되었다. 중국에서는 이를 보통 銀元이라 하고 本洋, 佛頭라고도 하였다. 1821년 멕시코가 스페인의 통치로부터 독립되면서 1823년 이후 멕시코에서 주조한 은화를 멕시코달러라 하였고 중국에서는 이를 鷹洋이라 불렀다. 은화의 뒷면에 뱀을 물고 있는 독수리가 조각되어 있기 때문이었다. 그런데 스페인 1달러나 멕시코 1달러는 은화의 무게가 모두 29그램이고 은의 순도도 90%라고 하는 기본적으로 같은 화폐라 할 수 있다. 다만 멕

이후에도 하문에서 줄기차게 쓰였다. 上海兩은 상해와 화남지방에서 주로 사용되었다.53) <표 2>에 보이는 寧波·打狗·淡水의 兩, 1872년 광주의 兩, 1868~1874년 汕頭의 兩도 사실은 上海兩으로 보아야 한다.『중국구해관사료』에서 上海兩으로 명기하지 않았을 뿐일 것이다. 그 외 한구·구강·진강 등 장강 항구, 지부·천진·우장 등 화북은 兩이 사용되었는데 이는 本地兩으로 칭해졌다.54)

〈표 2〉『중국구해관사료』에 표기된 각 개항장의 상품수출입무역통계 기본 화폐단위

개항장	1859	1860	1861	1862	1863	1864	1865	1866	1867	1868	1869	1870	1871	1872	1873	1874	1875	1876
上海	ST	ST	ST			ST	ST	ST	ST	ST	ST	ST	ST	ST	ST	ST	HT	HT
廣州	D	D	D			D	D	D	D	D/T	D	D	D	T	ST	ST	HT	HT
汕頭			D	D	D	D	D	D	D	D/T	T	T	T	T	T	T	HT	HT
廈門				SD	D	D		D	D	D/T	D	SD	D	SD	SD	ST	HT	HT
福州			D	D		D	D	D	D	D	D	D	D	T	T	D	D*	HT
打狗						D	D	D	D	D/T	T	D	D	D	D	D	HT	HT
淡水						D	D	D	D	D	T	T	T	T	T	T	HT	HT
寧波			T	D	D	T	T	T	T	HT	T	T	T	T	HT	HT	HT	HT
漢口						T		T	T	T	T	T	T	T	T	T	HT	HT
九江					T	T		T	T	T	T	T	T	T	T	T	HT	HT
鎭江						T	T	T	T	T	T	T	T	T	T	T	HT	HT
芝罘					T	T	T	T	T	T	T	T	T	T	T	T	HT	HT
天津		T			T	T		T	T	T	T	T	T	T	T	T	HT	HT
牛莊						T		T	T	T	T	T	T	T	T	T	HT	HT
瓊州																		HT
전국										T	T	T	T	T	T	T	HT	HT

* 화폐단위 약자: 멕시코달러(D), 스페인달러(SD), 兩(T), 上海兩(ST), 海關兩(HT). 1875년 福州 D*: 기본적으로는 멕시코달러가 단위인데 총액이나 요약에서는 海關兩으로 표시. 1868년 廣州, 汕頭, 廈門, 打狗의 화폐단위는 D/T; 이는 멕시코달러와 兩을 동시 사용하였음을 표기한 것.

시코의 독립에 따라 은화의 명칭이 바뀌었을 뿐이다. Man-houng Lin, *China Upside Down: Currency, Society, and Ideologies, 1808~1856*(Cambridge: Harvard University Press, 2006), Explanatory Notes.

53) "上海兩은 상해나 남쪽항구의 가치로 이야기된다." *Returns of Trade at the treaty Ports in China, For the year 1872*, "Part Ⅰ. Abstracts of Trade and Customs Revenue Statistics, from 1864 to 1872", Shanghai, the Inspector General of Customs, 1873. p.4(『中國舊海關史料』 제5책, 4쪽).

54) "세 북방항구(牛莊, 天津, 芝罘)와 세 장강연안 항구(漢口, 九江, 鎭江)의 가치는 本地兩으로 평가되는데 100海關兩은 104 내지 105 本地兩과 같다." 위의 사료와 같음.

1875년에 이르면 거의 모든 지역에서 海關兩으로 통계자료가 작성된다. 다만 예외가 있다면 복주인데, 기본적으로는 멕시코달러를 단위로 삼지만 총액이나 요약에서는 해관냥으로 표시하고 있다. 1876년에는 복주에서도 海關兩을 사용하여 통계상 화폐단위는 전국적 통일을 이루었다.

그렇다면 해관냥과 이들 화폐와의 환산율이 문제가 된다.『중국구해관사료』에는 海關兩과 上海兩(規元)의 비율을 100 海關兩＝111.4 上海兩, 海關兩과 本地兩의 환산비율은 100海關兩＝104 내지 105 本地兩이라고 제시하고 있다. 멕시코달러와 해관냥의 비율은 林滿紅에 의하면 1860~1887년 사이에는 1해관냥이 1.45멕시코 달러로 환산되었다[55]고 한다.

이 시기의 통계집 명칭은 예컨대 1876년도 자료를 들어 제시하면 *Returns of Trade at the Treaty Ports in China, For the year 1876*이다. 말하자면 1876년 중국 조약항구의 무역통계인 셈이다.

『중국구해관사료』에는 수록되어 있지 않지만 사실 1865년부터 각 해관의 무역보고가 출간되고 있었다. 그 명칭은 *Reports on Trade at the Treaty Ports for the year, 1865~1881*인데, 이를 중국어로 번역하면 *해관**연도무역보고라 하겠다. 각권의 명칭은 전후하여 약간씩 다르다. 무역보고는 문자와 도표로 구성되어 있는데 일반적으로 다음 해 1월 말까지 쓰여 있다. 초기의 보고는 단지 몇 쪽이었으나 후에 점차 증가하여 1881년도의 경우 큰 항구는 10여 쪽에 달한다. 반영된 내용도 전후 변화가 있다. 초기에는 各關의 무역 총통계 상황, 무역

---

55) Man-houng Lin, *op. cit.*, Explanatory Notes.

액, 수출, 수입, 내지중계무역, 항운, 세수 및 소재지 사회·정치·경제 방면의 내용을 서술하였다. 1875년부터는 전국해관무역보고를 출판하기 시작하였다. 1881년의 무역보고를 통해 그 구성을 설명하면, 두 부분으로 되어 있다. ① 도론에서는 1881년 대외무역개황(洋貨수입, 대외수출), 각국의 대외무역 중 점하는 비중, 연해무역, 재수출, 항운, 세수 등 전국적 무역상황을 다루고, ② 우장부터 북에서 남으로 각 항구별 무역보고를 수록하였고, 부록에는 각지 해관직원의 명부(花名冊)를 수록하였다.

(3) 1882~1904년

1882년 이전에는 Returns of Trade(무역통계책)과 Trade Reports(무역보고)를 각각 발표하였으나, 1882년부터 무역통계책과 무역보고가 합병되어 출판되었다. 예컨대 1887년은 *Returns of Trade and Trade Reports, For the year 1887*라 제목이 붙어 있다. 다만 각 부분은 원래의 권수에 접속되므로 각기 권수에 차이가 있다. Returns of Trade(무역통계책)은 1859년부터 기산되고, Trade Reports(무역보고)는 1865년부터 기산되므로 이런 현상이 나타난다. 예컨대 1904년의 海關年刊은 *Returns of Trade(46th issue) and Trade Reports(40th issue)*이다.

1882년 年刊은 두 책으로 되어 있다. 제1책은 전국대외무역보고와 통계집요("Part Ⅰ. Reports on the Trade of China and Abstract of Statistics")이다. 본 책은 두 부분 즉 전국대외무역보고, 통계집요로 구성되어 있다.56) 제2책은 각 해관 무역보고와 무역통계("Part Ⅱ.

---

56) 그중 통계집요는 1870~1882년 歷年 대외무역 총액, 1870~1882년 歷年 해관관세통계, 1870~1882년 역년 對各國 무역의 총액, 1881년·1882년 歷年洋貨순수입액 통계, 1881년·1882년 歷年 土貨수출총액,

Reports and Statistics for each port")인데 山海關, 津海關, 東海關 등 도
합 19관의 무역보고와 무역통계로 되어 있다.57) 이러한 1882년의 海
關年刊의 내용과 체제가 1904년까지 답습되었다. 이전 단계와 비교하
면 다음 <표 3>과 같다. <표 3>에서 보듯이 1882년부터는 제1책에서
는 전국대외무역보고가 추가되었고, 제2책에서는 各關무역보고가 추
가되었다.

<표 3> 시기별 海關年刊 구성내용 비교

	1868~1881年 海關年刊 구성	1882~1904年 海關年刊 구성
제1책	전국 무역 및 稅收 輯要	전국대외무역보고와 통계집요
제2책	각 관 무역통계	각 관 무역보고와 무역통계

이 기간 設關되어 해관 자료를 간행하기 시작한 해관을 설명하면
1887년 九龍, 拱北 2關, 1889년 龍州, 蒙自 2關, 1892년 重慶關, 1894
년 亞東關, 1896년 沙市, 蘇州, 杭州 3關, 1897년 梧州, 三水, 思茅 3關,
1899년 膠州, 金陵, 三都澳, 岳州 4關, 1900년 騰越關, 1902년 秦王島
關, 1904년 長沙, 江門 2關으로 모두 20해관이다(<표 1> 참조). 반면
청일전쟁의 결과 체결된 下關條約으로 대만이 일본에 할양되자 1896
년부터 打狗與臺灣府關, 淡水與基隆關이 폐관되어 1904년 모두 37개
해관이 운영되었다.

Native Customs Trade Returns 제3권 속표지에 따르면 통계집 중

1881년 · 1882년 洋貨재수출통계, 1875~1882년 各關歷年洋藥 순수입액 통계, 1882년 茶葉수출무역통
계, 1877~1882년 歷年船鈔통계, 1874~1882년 各關歷年稅收총액통계, 1882년 各關稅收통계 등을 수록
하고 있다.

57) 廣州를 사례로 하여 설명하면, 年度貿易報告와 연도무역통계가 주요 내용인데, 그중 報告에는 항운, 수출
입, 세수를 수록하고, 통계에는 항운, 수출입, 재수출, 중개, 稅收를 수록했으며, 專項表에는 귀금속수입,
차엽수출, 絲綢 · 糖수출, 주요수출입상품, 항운, 승객 등 9항목의 10년 비교, 아편무역을 수록하였다.

Returns of Trade(무역통계책)과 Reports of Trade(무역보고)의 중문 번역본이 전자는 1875년부터, 후자는 1889년부터 제1권이 출판되기 시작했다. 그 명칭은 『通商各關華洋貿易總冊』이다. 『通商各關華洋貿易總冊』은 처음 1875년 이래의 年度무역통계책의 중문 번역본의 서명이었는데 1889년 年度무역보고의 중문 번역본(즉 「通商各口華洋貿易情形總論」과 「各關華洋貿易情形論略」)이 출현한 이후에는 중문 무역통계책과 「通商各口華洋貿易情形總論」·「各關華洋貿易情形論略」을 합한 서명이 되었다. 즉 서명은 바뀌지 않았다. 하바드대학 燕京도서관에는 1878, 1880~1891년도의 『通商各關華洋貿易總冊』이 소장되어 있다.58) 『중국구해관사료』에는 1882~1912년의 『通商各關華洋貿易總冊』만이 수록되어 있다(중간에 1883년본 누락).

1882년 總冊(중문)의 무역통계에는 문장으로 이루어진 설명이 없다. 항목을 나누어 표를 제시했을 뿐이다. ① 稅鈔貨價總款(전국 및 各關의 稅鈔, 수출입, 무역선박 등을 각각 통계), ② 貨物花色專款(전국 및 各關 수출입의 주요상품 통계), ③ 船貨雜款(전국 및 各關의 洋藥, 차엽무역 및 왕래선박톤수의 통계)라는 제목하에 표가 제시되어 있다. 1889년의 總冊(중문)에는 전국 및 各關의 문장으로 이루어진 설명이 출현하기 시작한다. 「光緒十五年通商各口華洋貿易情形總論」과 「光緒十五年山海關華洋貿易情形論略」 따위가 그것이다. 이상 열거한 1882년 총책의 각 항목 내용이 1889년 총책 중의 전국 부분에 배치된

---

58) 吳松弟·方書生, 앞의 글, 87쪽에 따르면, 1878년 中文 번역본 무역통계책의 겉표지 제목은 『通商各關華洋貿易總冊』이고 大淸光緖五年歲次己卯通商海關造冊處에서 인쇄하였다. 영문은 제20책인 데 비해 漢文은 제4책으로 되어 있다. 이해의 貿易總冊은 영문 Returns of Trade의 제20책(1859년 Returns of Trade를 출판하기 시작하여, 1년 1책이니 1878년 바로 제20책이다. 1875년 중문본이 1년 1책으로 시작되었으니 1878년은 제4책이다)에 의거했음을 설명한다.

다. 그리고 각 항구 부분은 문자 설명뿐이고(貿易情形論略), 아무런 표도 없다.『通商各關華洋貿易總冊』의 통계자료와 문자는 영문의 무역통계책 그리고 무역보고와 서로 비교하면 내용이 거의 유사하다. 다만 약간 미세한 차이가 있다. 주로 서술과 표현상 중국전통적 습관에 기인한 것이다. 그런데 이『通商各關華洋貿易總冊』은 1912년까지만 간행되고 1913년에는 중지되었다.

특기할 만한 점은 이 기간의 자료 중에 조선의 대외무역자료가 포함되어 있다는 사실이다. 1885년부터 1893년까지의 조선 3關(인천, 부산, 원산)의 대외무역 통계자료가 그것이다. 예컨대 1885년의 年刊 *(Returns of Trade at the treaty Ports, and Trade Reports, For the year 1885)*의 부록(Appendix Ⅱ)으로 "Corea: Returns of Trade For the year 1885, Part Ⅱ. Jenchuan, Fusan, Yuensan"이 수록되어 있다. 중문 번역본『光緒十一年通商各關華洋貿易總冊』속에는「光緒十一年朝鮮通商三關貿易冊(朝鮮通商三關土洋貿易總冊)」이 포함되어 있다. 조선근대무역사연구의 귀중한 자료라 하지 않을 수 없다.

이 기간에는 통계범위가 대폭 확대되었다. 우선 민간의 범선무역도 통계에 포함시켰다. 종전에는 민간의 범선무역이 해관통계에 포함되지 않았었다.[59] 1859년 이래 중국에서 서양식선박의 수출입무역은 모두 해관의 관할이었다. 그런데 홍콩과 마카오는 중국에 가까워 범선무역이 빈번하였으나 해관이 과세할 권리가 없었다. 무역통계가 완전하지 않았을 뿐만 아니라 세수상에서도 커다란 손실이 있었다. 그래

---

59) 濱下武志, 앞의 책, 199쪽에 의하면, 중국의 해관무역통계가 결락하고 있는 영역은 1) 민선(정크)무역, 2) 常關(鈔關)을 경유한 무역(주로 民船무역), 3) 釐金局을 경유하는 내지무역, 4) 밀수무역(이는 홍콩이 외국으로 분류되었던 것에 의한 바가 크다)이라 한다.

서 1887년 4월 이후 청 정부는 홍콩과 마카오에 근접한 九龍과 拱北에 해관을 설립하고 중국 非통상항구와 홍콩·마카오 간의 범선무역을 전문적으로 관할하였다. 전자는 九龍島, 珠江유역, 西江유역 및 粤閩東岸 일대를 관할하였고, 후자는 海南島와 광동성 西南연안 등지를 관할하였다. 1888년 九龍·拱北 2關의 홍콩·마카오에 대한 범선수출입무역총액은 43,798,325해관냥으로 그해 중국대외무역수출입총액의 20%强을 점하였다.60) 둘째, 1902년 이래 常關貿易이 해관에 의해 관리되어 해관통계에 포함되었다. 1901년 辛丑條約에서 청조의 배상금은 4억 5천만 냥이었고, 매년 갚아야 할 원금과 이자가 1,800만 냥 이상이었다. 이를 위해 鹽課에서 1,100만 냥, 새로 추가한 5%세로 인한 2, 3백만 냥 나머지 4, 5백만 냥은 해관주위 50리 이내의 常關稅를 담보로 하였다. 이에 해관은 각 해관의 輪船貿易을 관할할 뿐 아니라 각 해관 50리 이내의 常關 범선무역도 관할하게 되었다.61) 이로써 50리 이내의 상관무역통계는 1902년 이후 세상에 알려지게 되었다. 1902년 이래 최초 2년의 통계는 各關에서 각각 출판(天津, 福州等關)하였다. 그것을 집성한 것이 「1902~1906年 常關貿易統計報告」(*Native Customs Trade Returns Quinquennial Reports and Returns 1902~1906)*이다. 1904년부터 상관무역통계는 역년해관무역통계 속에 첨가되었다.

---

60) 鄭友揆, 앞의 책, 302쪽. 중국 1887년 이후 대외무역총액(1888년 및 1889년 2년의 평균)을 이전 대외무역총액(1885년과 1886년 2년의 평균)과 비교하면 33.7%나 증가하였는데 이는 이 때문이다. 박혁순은 2010년 논문(「19세기 후반 중국해관통계자료에 대한 재검토」, 『대구사학』 99) 347쪽에서 九龍關을 통해 외국으로 전량 수출되는 것으로 간주되는 1,468만 냥의 수출액 중 627만 냥을 제외한 840만 냥은 중국 국내의 교역으로 간주되어야 한다고 주장한다.

61) 鄭友揆, 앞의 책, 303쪽에 의하면 50리 이내의 常關을 관할하는 해관은 牛莊, 天津, 烟臺, 膠州, 宜昌, 沙市, 九江, 蕪湖, 上海, 寧波, 溫州, 三都澳, 福州, 廈門, 汕頭, 廣州, 江門, 三水, 梧州, 瓊州, 北海 등 關이고 후에 大連關도 추가되었다 한다.

(4) 1905~1919년

1905년 이후 중국해관의 무역통계가 새로운 단계로 진입했다고 인
식하는 데에는 몇 가지 이유가 있다. 첫째, 앞 시기 범선무역과 常關
貿易 통계가 포함됨으로써 통계범위가 확대되었고 동북 諸關이 대폭
개설되어 근대중국의 무역통계 범위가 보다 완정해졌다. 둘째, 통계
가격상 離岸價格(F.O.B.)과 到岸價格(C.I.F.)을 채용하여 수출입무역액
이 더욱 정확해졌다. 셋째, 통계책의 개편으로 인해 더욱 계통적으로
되었다.

1902년 이래 常關에 대한 해관의 관할로 1904년부터 상관무역통계
가 역년해관무역통계속에 추가된 것은 앞에서 본 바와 같다. 아울러
동북지역에 여러 해관이 설관되었다. 앞의 <표 1>에서 보듯이 1907년
에 安東關, 大東溝關(奉天大東溝), 南寧關(廣西南寧), 大連關, 滿洲里
關(黑龍江滿洲里), 奉天關, 濱江關(哈爾濱)이 개설되었고, 1908년에는
綏芬河關(黑龍江省綏芬河), 1909년에 愛琿關(黑龍江省黑河市), 三姓
關(黑龍江省依蘭縣), 1910년에 琿春關(吉林琿春縣城內), 吉林關, 龍井
村關(吉林龍井村. 후에 延吉關으로 개명), 1914년에 龍口關(山東龍口)
등이 개설되거나 해관의 무역통계가 개시된다. 이 시기 개설된 14개
해관 중 12개가 동북지역의 해관이다. 동북지역 곳곳에 해관이 설치
되었음을 알 수 있다. 이로써 대외무역에 관한 무역통계가 거의 완정
한 수준에 도달하게 되었다고 할 수 있다.

또한 이 시기 이후에는 통계방법상 수출액과 수입액 통계에서 국제
적 표준을 기준으로 하게 되었다. 중국해관 수출입무역액 통계의 기록
법은 1904년 이전에는 시장가격(Market Value)을 근거로 하였다. 수입
품의 가격은 화물의 원가, 상륙 이후의 각종 비용(예컨대 운반비, 창고

비, 수입세액 및 판매 시의 수수료)을 포함하였고, 수출품의 가격은 중국시장가격으로 표현되어 상품이 항구를 떠나기(離岸) 전의 포장비, 보관비, 수출세 및 수매 시의 수수료 등을 포함하지 않았다. 이 때문에 수입품의 가치는 너무 높게 평가되고 수출품의 가치는 너무 낮게 평가되었다. 그 결과 실제상황과 거리가 멀게 되었다. 1904년 海關造冊處 세무사(Satistical Secretary) 모스(Morse, H.B., 馬士; 1855~1934)는 수입품 가격은 到岸價格(C.I.F. 즉 운임보험료포함가격)62)을 채용하고 수출품 가격은 離岸價格(F.O.B. 즉 본선인도가격)63)을 채용해야 한다고 주장하였다. 그 결과 1904년 이후 수입액은 到岸價格(C.I.F.)으로, 수출액은 離岸가격(F.O.B.)으로 계산되었다.64) 鄭友揆는 수입액을 到岸價格(C.I.F.)에 부합하게 하려면 수입세 5%, 이금 2.5%, 운반비 등 잡항 7% 합계 14.5%를 감해야 하고, 수출액을 離岸價格에 부합하게 하려면 수출세 약 2.5%, 포장비 등 잡항 8% 합계 10.5%를 추가해야 한다65)고 하였다. 그러나 1858년 6월 체결된 「천진조약」과 동년 11월 체결된 「通商章程善後條約: 海關稅則」에 따르면 수출입세는 모두 5%(照値百抽五例征稅)66)이므로 수출액을 離岸價格에 부합하게 하려면 합계

---

62) 상륙가격이라고도 한다. 중국어로는 起岸價格이라고도 한다. Cost원가＋Insurance보험＋Freight운임을 합한 매매가격이다.

63) 선적가격이라고도 한다. 영어로 Free on Board이다. 賣主는 화물을 일정 기한 내에 계약상의 수출항에서 買受人이 지정한 선박에 적재하여야 한다. 인도 완료까지의 일체 비용(포장비, 창고비, 선적항까지의 운임)과 위험은 賣渡人이 부담한다.

64) 수입품의 到岸價格(C.I.F.)은 화물가격, 운반비, 보험비를 포함한다. 수입품의 시장가격에서 수입세액과 到岸 후의 일체 잡비를 제거해야 到岸價格이 된다. 수출품의 離岸가격(F.O.B.)에는 화물가격, 뱃삯, 수수료 및 수출세액을 포함해야 한다. 즉 수출품의 시장가격에 船積까지의 일체 비용을 추가해야 한다. 각국 대외무역 통계는 수입액은 모두 到岸價格을 표준으로 하고, 수출액은 離岸價格을 표준으로 한다. 그래야만 중국은 다른 나라와 수출입무역과 상호 비교할 수 있다.

65) 鄭友揆, 앞의 책, 304~306쪽. 鄭友揆는 到岸價格을 起岸價格이라는 용어로 표현하고 있다. 모두 뜻은 동일하다.

66) 王鐵崖 編, 『中外舊約章彙編』第1冊, 99쪽 「天津條約」 제26관; 116쪽의 「通商章程善後條約: 海關稅則」 제1관 참조.

13%를 추가해야 한다.67)

해관무역통계는 1905년 이후 통계범위가 보다 완전해졌고 통계액수도 정확해졌다. 초기 해관무역통계는 각 해관의 기재에 중점을 두어 각 해관이 대표하는 지역의 수출입상황을 조사하기에 편리하였다. 그러나 새로운 항구가 증가함에 따라 한 항구가 한 지역을 대표하는 상황이 점차 사라졌다. 장강연안의 항구인 鎭江(1861년 개항)과 九江(1862년 개항) 사이에 위치한 蕪湖가 1877년 개항된 후 진강과 구강의 구역경계가 모호해졌고, 무호·진강 중간에 위치한 남경이 1899년 開關된후 무호·진강 2관이 대표하는 무역지구는 연결되었다. 광동성 광주부의 주강연안에 위치한 광주(1843년 개항), 三水(1897년 개항), 江門(1904년 개항) 3관이 각기 어느 지역을 대표하는지 분간하기 어렵게 되었다. 게다가 국내교통이 점차 발달함에 따라 국내화물은 유통이 빈번해지고 한 항구에서 수입하는 것은 반드시 그 지역에서 다 팔리지 않고 다른 지역으로 운송되었으며, 한 항구가 수출하는 상품이 반드시 그 지역산품만은 아니게 되었다. 모스는 1905년부터 무역통계책을 개편하여 各 해관의 무역통계를 간략히 하였고 동시에「進出口貨物類編」("Analysis of Foreign Trade: Imports and Exports")을 추가하여 수출입화물을 단위로 5년간의 각 화물의 수출입 수량과 금액을 기재하였다. 이로써 특정상품 무역의 성쇠와 추세를 알 수 있게 되었다.68)「進出口貨物類編」은 1905년 이후 해관무역통계중 가장 중

---

67) 連浩鎏, 「晚淸時期廣東省的對外貿易及其對農村社會經濟的影響」, 葉顯恩 主編, 『淸代區域社會經濟研究』下(北京: 中華書局, 1992), 1168쪽에서도 수출액 계산 시 13%를 추가해야 한다고 하고 있다. 그러나 수입액의 경우 連浩鎏은 수입세 5%＋ 기타비용 7%＝12%를 감해야 한다고 하였으나 여기에는 子口稅 2.5%가 빠져 있다. 鄭友揆의 주장처럼 14.5%가 맞다고 생각한다.

68) 모스는 1905년 1월 11일부로 총세무사에 대하여 歷年統計의 형식을 변경할 것을 제안하였다. 모스가 주장한 내용은 다음과 같다. "통계가나 상인은 개개의 개항장의 기록에 관심을 가지기보다도 개개 상품의

요한 부분이 되었다. 그 편제방법이 상품별 단위로 되어 있어 실용에 적합하고 전후비교에 용이하였다.[69] 이리하여 개편된 1905년 *海關年刊*[*Returns of Trade(47th Issue) and Trade Reports(41th Issue), For the year 1905*]은 3책으로 구성된다. 제1책은 「全國對外貿易報告及統計輯要」("Part Ⅰ. Abstract of Statistics, and Report on the Foreign Trade of China")이고, 제2책은 「各關貿易報告及統計」("Part Ⅱ. Port Trade Statistics and Reports"), 제3책은 「進出口貨物類編」("Part Ⅲ. Analysis of Foreign Trade: Import and Exports")이다. 이러한 편제방법은 1905년에서 1931년까지 27년간 유지되었다.

이 기간에는 1904년에 시작된 郵政事務通報가 1910년까지 계속 수록되었다. 1904년에는 영문본의 Part Ⅱ. 앞부분에 "Report on the Working of the Post Office for the year 1904"가 수록되어 1904년의 청 말 우정사무에 대한 내용이 서술되었다. 이는 중문으로 번역되어 『光緒三十年通商各關華洋貿易總冊』의 下卷 「光緒三十年通商各關華洋貿易論略」 말미에 「光緒三十年大淸郵政事務通報」라는 제목으로 번역 수록되어 있다. 1905년에는 Part Ⅰ 부분으로 위치가 바뀌어 "Report on the working of the Post Office"가 수록되고 있고, 中文 번역본에서는 『光緒三十一年通

전국의 수출입통계에 관심을 가진다. 따라서 제2부의 港別 통계도 이 관점으로부터 가공될 필요가 있을 것이다." "제3부의 전체통계에서는 5만 海關兩를 넘는 연간 수출입량을 갖는 상품에 대해서는 과거 4년 간의 수자를 제시하고 무역의 역사를 보이도록 한다." 濱下武志, 앞의 책, 213쪽.

69) 貨物類編의 수입 부분(Analysis of Imports)은 상품수출국가, 各關 순수입액 두 항목으로 되어 있다. 전자는 어떤 상품을 어떤 나라에서 중국으로 수출한 총액을 기재하고, 후자는 그 상품이 각관에 수입된 순수입액을 기재한다. 그러므로 어떤 상품이 어떤 關에 수입된 금액은 해당 海關地區가 어떤 상품을 소비한 액수가 된다. 貨物類編의 수출 부분(Analysis of Exports)은 1913년 이전에는 수출대상국가와 各關의 原貨수출 두 항목으로 되어 있었다. 1914년 이후에는 各關순수입액 항목이 추가되었다. 수출대상국가의 통계는 各關이 직접 각국에 수출한 통계를 종합하여 만든다. 各關 순수입액의 통계는 各關이 직접 수입했거나 재수입한 총액 중에서 재수출액을 감한다. 그러므로 各土貨가 各關區에서 순수하게 소비된 수량을 대표할 수 있다. 各關의 原貨수출의 통계는 各關 原産貨物이 외국이나 통상항으로 수출된 총액이다. 원칙적으로 원산물의 수출액은 전 2항의 합계와 같다.

商各關華洋貿易總冊』의 상권에 해당하는 「光緒三十一年通商各口華洋貿易情形總論」의 후미에 「光緒三十一年大淸郵政事務通報」가 첨부되어 있다. 청 말의 郵政史에 대한 귀중한 사료라 할 것이다.

1912년까지는 영문 海關年刊의 일부 내용이 중문으로 번역되었다. 영문본의 제1책에 해당하는 부분(「年號XX年通商各口華洋貿易情形總論」)과 제2책에서 각관무역보고(「年號XX年通商各關華洋貿易論略」) 부분이 번역되어 전체 중문본 명칭은 『年號XX年通商各關華洋貿易總冊』이었다. 1913년부터는 별도의 중문 번역이 사라지고 전체가 영문과 중문이 공존하는 양식(소위 華英合璧, 中英合璧)으로 바뀌었다. 무역보고는 앞에 여러 쪽에 달하는 영문이 제시되고 그 뒤에 중문번역이 뒤따르며, 무역통계의 경우 통계표 항목의 문자는 중문이 바로 위에 또는 바로 앞에 있고, 영문이 바로 아래 또는 바로 뒤에 제시되고(동일한 쪽, 동일한 위치에서), 숫자는 아라비아 숫자로 되어 있다. 따라서 영어를 전혀 모르는 사람도 海關年刊 전체 내용을 열람할 수 있게 되었다.

(5) 1920~1931년

1920년 이후 해관연간의 명칭이 바뀌었다. 1920년의 경우 영문명은 *Foreign Trade of China 1920*이고, 중문명은 『中華民國九年通商海關華洋貿易全年總冊』(1931년은 『中華民國20年海關中外貿易統計年刊』)이다. 1919년까지의 3책이 1920년에는 2책으로 바뀌었다. 2책으로 된 주요 원인은 과거 제2책 「各關貿易報告及統計」("Part II. Port Trade Statistics and Reports")가 사라진 때문이다. 1920년부터 각 해관의 무역보고와 통계를 수록하지 않게 되었다. 이 부분은 각 해관이 각기 편집해서 출판하도록 하였다. 따라서 이시기의 제1책은 "Part Ⅰ. Report and Abstract of Statistics" 즉 중문으로 「中華民國九年通商海關華洋貿易全年總冊總論」 상권 華英合璧(1925~1931년은 상권 「貿易報告及統計輯要」)이다. 제1책은 두 부분으로 구성되어 있는데, "Report on the Trade of China 1920" 「中華民國九年通商海關各口全年貿易總論」과 「中華民國九年華洋貿易提要總冊」 "Abstract of Statistics"가 그것이다. 제2책은 "Part Ⅱ. Analysis(with Appendix)" 「中華民國九年通商海關進出貨品分別産銷全年總冊」 하권 華英合璧(1925~1931년은 하권 「進出口貨物類編(附 補錄)」)이다. 1919년 이전의 제3책과 같다.

그리고 하나의 특징은 1921년 이후에는 各冊에 기계제 洋式貨物의 수출통계가 부록으로 수록되어 있다. 그 수출액은 이미 수출통계에 포함되어 있지만 이를 통하여, 중국의 공업제품 수출의 증감상황을 알 수 있고 나아가 중국 공업화 정도를 추정할 수 있는 통계라 하겠다.

(6) 1932~1948년

總稅務司署는 중국무역통계를 달마다 출판하고 각국과 비교할 수 있기 위하여 1931년 6월 이후 통계와 조직을 재편하여 分工總匯 방식을 집중제로 바꾸었다. 기계를 이용하여 정리하고 매월 무역통계를 계산하였다. 출판한 무역통계 또한 크게 증감되거나 내용을 변경하였다. 1932~1934년의 『海關中外貿易統計年刊』(The Foreign Trade of China)은 5권으로 나뉘는데 그 내용은 다음과 같다(1932년 사례).

권1 民國21年海關中外貿易報告 Vol. Ⅰ. Report on the Trade of China 1932

권2 대외무역(進口洋貨統計輯要/出口土貨統計輯要) Vol.Ⅱ. Foreign
Trade: Abstract of Import Statistics/Abstract of Export Statistics
권3 主要進口貨物類編 Vol.Ⅲ. Foreign Trade: Analysis of Principal
Imports
권4 主要出口貨物類編 Vol.Ⅳ. Foreign Trade: Analysis of Principal
Exports
권5 국내무역 Vol.Ⅴ. Domestic Trade

1935년부터 4권으로 구성되었다. 1936년의 사례를 들면 다음과 같다.

The Trade of China, 1936 中華民國25年海關中外貿易統計年刊
Introductory Survey 무역개론
권1 상책 民國25年海關中外貿易報告 Vol.Ⅰ. Part Ⅰ. Report on the
Trade of China 1936
권1 하책 중국대외무역: 進出口貨物類編國別表 Vol.Ⅰ. Part Ⅱ.
Foreign Trade of China: Analysis of Trade by Countries
권2 중국대외무역: 進口貨物類編 Vol.Ⅱ. Foreign Trade of China:
Analysis of Imports
권3 중국대외무역: 出口貨物類編 Vol.Ⅲ. Foreign Trade of China:
Analysis of Exports
권4 국내무역 Vol.Ⅳ. Domestic Trade

1941년 12월 8일 태평양 전쟁이 발발하여 이후 일본군은 중국의
해관총세무사서를 접수하였다. 이어 해관총세무사서 통계과가 소재
한 상해 공공조계도 동시에 점령되었다. 이에 따라 해관무역보고는
출판이 정지되어, 1943~1945년 3년간 해관연간은 정상적으로 출판되
지 않았다.[70] 전후 1946년 해관연간이 다시 출판되었다. 이때 해관연
간 중문 명칭은 『中華民國35年海關中外貿易統計年刊』, 영문명은 *The*

---

70) 1943년에는 일부만 존재하여, 권1 상책 「무역보고」 Vol.Ⅰ. Part Ⅰ. The Trade of China 1943, 권4 「國內
土貨貿易」 Vol.Ⅳ. Interport Movements of Chinese Goods, 1943만 작성되었고 1944~45년에는 해관연간
이 출간되지 않았다.

*Trade of China*로, 제목은 중문이 앞에 영문이 뒤에 배치되었다. 1949년 이후 해관연간은 출판이 정지되었다.

1932년 이후 해관무역통계의 최대의 진보는 수출입품의 발송지(Provenance)와 도착지(Destination)의 개정이다. 해관통계 중의 발송지과 도착지는 종래 해결하기 어려운 문제였다. 1932년부터 중국은 領事簽字單(Consular Invoice) 및 신식수출입 통관신고서를 채용한 후 중국의 수출입품의 발송지와 도착지가 비교적 정확하게 기재되었다. 이외에 總署 통계과는 검사원을 초빙하여 각 수출입상품의 발송지와 도착지를 심사하여 보고의 부정확함을 막으려고 하였다. 이에 따라 1932년 이후 이전에 해결되지 못했던 발송지와 도착지 문제를 개량한 것이 저지 않았다.

이 시기 해관연간을 열람할 때 주의할 점은 첫째, 私運 즉 밀수 문제이다. 중국에서 1931년 수입세칙을 증수하고 常關·釐卡을 취소한 후 私運이 대두되었다. 해관은 세수를 증가시키기 위하여 緝私科(Preventive Secretariat)를 증설하고 법을 정하여 사운을 엄금하였다. 1933년 5월 수입세칙과 화북협정을 중수한 후 밀수는 더욱 심해졌다. 해관에서는 방지하려고 노력했지만 별다른 효과가 없었다. 수입품통계를 이용할 때 특히 일본제품이면 私運의 수치를 주의해야 한다. 둘째, 1932년 이후 수입통계액을 金單位(Gold Unit)로 하였는데 每金單位는 0.4미달러, 19.7265영국펜스, 0.8025日金, 10.20977프랑에 상당한다.[71] 독자가 1931년 이전 해관냥을 금단위로 환산하거나 1932년 이후 금단위를 해관냥으로 환산하려면, 해관연간 첫 페이지에 기재된

---

71) *The Trade of China, 1932* 『中華民國21年海關中外貿易統計年刊』, 『中國舊海關史料』 112책, 3쪽.

미달러와 해관냥의 환산율을 근거로 간접 계산하는 것이 비교적 편리하다. 아울러, 1933년 세수, 대외수출무역통계 및 국내항구 간 무역통계의 가치액 단위는 해관냥으로부터 國幣로 바뀌었다. 1933년 1원 국폐는 0.26347달러, 14와 16분의 13펜스, 1.01077日金, 5.22프랑에 상당한다. 해관냥으로 환산하면 1해관냥은 1.558元國幣이다.[72]

2. 海關十年報告[73]

해관십년보고는 보고 대상 기간의 길이가 가장 긴 해관보고의 일종이다. 해관소재지를 중심으로 그 지역과 주변지역의 정치·사회·문화 발전상황을 서술하였다. 1890년 총세무사 로버트 하트는 「通令」 제524호[74]를 발하여 전국 해관이 동일한 방식으로 십년보고를 통일적으로 작성하여 한정된 시간 내에 제출하도록 요구하였다. 이는 1882년부터 年刊의 내용과 지면이 조정됨에 따라 각 해관 세무사가 各年度報告 중 해당 지역사회 발전상황 등에 대해 상세한 서술을 진행하기 어려웠기 때문에, 이러한 부족을 보충하기 위해 각 해관 세무사에게 해관십년보고를 찬술하도록 요구하였던 것이다. 해관십년보고 제1기는 1882~1891년, 제2기는 1892~1901년, 제3기는 1902~1911년, 제4기는 1912~1921년, 제5기는 1922~1931년의 내용을 다루고 있다.

해관십년보고가 취급하는 내용은 대단히 광범위한데, 이는 이를

---

72) *The Trade of China, 1933* 『中華民國22年海關中外貿易統計年刊』, 『中國舊海關史料』 114책, 3쪽.

73) 이후 해관십년보고에 대한 설명은 별다른 각주가 없는 한 梁慶歡, 앞의 글, 26~30쪽; 鄭友揆, 앞의 책, 323~324쪽; 吳松弟·方書生, 앞의 글, 89~90쪽; 張存武, 앞의 글, 514~515쪽을 참조하고, 『중국구해관사료(1859~1948)』 자체에 의거한 것임을 밝혀 둔다.

74) *Decennial Reports, 1882~1891*, Inspector General's Circular No.524, 『중국구해관사료(1859~1948)』 제152책, 7쪽.

작성할 때 요구한 통일적 격식과 주제에 말미암은 것이다. 1890년 「總稅務司通令」 제524호는 십년보고를 작성할 때 이하 26개 주제 내용에 따라 서술할 것을 요구하고 있다. 26개 주제 내용을 들면 다음과 같다. 1881년 이후 최근 10년간 개항장과 소재 성에서 발생한 중대사건, 수출입 상품의 수량·종목의 변화와 무역액의 증감 상황, 세수의 증감과 세목의 종류, 아편판매량·아편가격 등 아편무역과 중국아편 재배 상황, 화폐의 환율과 화폐공급 등 금융시장 상황, 국내외 수출액과 수입액 상황, 중국인·외국인의 인구수·인구 구성·직업 등의 변화, 부두·도로 등 도시 시설의 건설상황, 항구 수로의 준설, 등대·부표 등 항구 보조시설의 신설 여부, 전염병·태풍·홍수·한발 등 자연재해와 폭동이 발생, 유명인사의 방문과 접대, 會試 급제자의 숫자와 향시급제자(狀元, 榜眼, 探花)의 명단, 공공도서관 건립이나 문화단체 조직 등 특수문화사업, 생원·거인 인원수 및 문맹률과 여성 문자 해독률, 본성 특산물과 주요 산업 그리고 擔夫·가축·선박 등 운송수단, 민선의 수량과 沙船의 다양성 및 운송효율, 토착적 금융기구, 우체국 시설과 우편요금 체계, 각 해관의 규정의 변화 및 직원의 교체와 업무의 증가, 군사적·산업적·재정적·행정적 문제의 발전 상황, 선교 조직과 선교사·개종자의 숫자, 회관의 종류 및 그 규정과 회원의 권리와 의무, 본성의 표창받은 지방관, 본성의 표창받은 저술, 해당 기간의 지방 역사 및 미래 전망.[75] 26개 항목을 일별하면 해관과 주변지역의 지방관·중대사건 등 정치문제, 무역·조세·금융·화폐·특산물·산업 등의 경제문제, 인구·직업·회관·자연재해·

---

75) 위의 책, 7~10쪽.

전염병 등 사회문제, 과거와 교육문제, 교통과 통신문제, 시설과 건설 문제, 종교와 문화 분야 등 거의 모든 부문에 걸치고 있다.

제3기 십년보고(1902~1911년)를 서술할 때, 총세무사는 제1737호 通令76)을 발포하여, 이전 두 기의 십년보고가 이미 각 항구 상황에 대해 종합적 서술을 한 것을 고려하여 이번 기에는 중복을 피하기 위해 각지의 물질과 도덕의 진보 방면에 대해 중점적으로 서술하고 긴요하지 않은 내용과 표는 가급적 줄이도록 지시하였다. 이로 인해 제3기 십년보고의 항목은 21항으로 줄어들었다. 그 21개 항목은 다음과 같다. 무역과 항운, 세수, 아편, 통화와 재정, 인구, 항구시설, 燈塔航標, 郵政電報, 各省 행정과 省議會, 사법과 경찰·감옥, 농업, 광산과 광물, 제조업, 철로와 도로, 교육, 지방자치와 위생 개선 그리고 박물관과 병원, 이주와 이민, 물가와 임금, 饑荒과 홍수 그리고 페스트·콜레라 등 전염병, 육군과 해군의 변화, 토착 언론. 21개 항목으로 줄었다고는 하나 해당지역의 정치, 사회, 경제, 문화, 교육, 군사, 교통 등 대부분의 국면을 포괄하고 있다.

제5기 십년보고(1922~1931년)를 작성할 때, 총세무사는 다시 제4133호 通令을 발포하여 제5기 십년보고는 이하 17개 표제에 따라 서술할 것을 요구하였다. 무역, 航業, 관세, 금융, 농업, 공업, 광업, 교통, 航行設施, 지방행정, 사법과 公安, 군사, 위생, 교육, 문예, 인구, 치안.77) 앞의 4기 십년보고는 모두 영문본이고 제5기는 중문본과 영문본으로 작성되었기 때문에 17개 항목은 중국어원문 그대로 제시하였다.

---

76) *Decennial Reports, 1902~1911*, "Inspector General's Circular No.1737", 『중국구해관사료』 제155책, 5~7쪽.

77) *Decennial Reports, 1922~1931*, "Inspector General's Circular No.4133", 『중국구해관사료』 제157책, 6~7쪽.

다음에는 5기에 걸친 해관십년보고를 간단히 설명한다. 제1기 해관십년보고(1882~1891)[78]의 영문명은 *Decennial Reports on the Trade, Navigation, Industries, etc., of the Ports Open to Foreign Commerce in China and Corea, and on the Condition and Development of the Treaty Port Provinces, 1882~1891*이고 내용 구성은 다음과 같이 다섯 부분이다. ① 중국지도, ② 「總稅務司通令」 제524호("Inspector General's Circular No.524"), ③ 「總稅務司通令」 제561호("Inspector General's Circular No.561"), ④ 各關十年報告, ⑤ 부록(Appendix). 이 중에서 대부분의 지면을 차지하는 것은 ④ 各關十年報告이다. 여기에 수록된 각 해관의 십년보고는 山海關, 東海關, 重慶關, 宜昌關 ,江漢關, 九江關, 蕪湖關 ,鎭江關, 江海關, 浙海關, 甌海關, 閩海關, 淡水關, 臺南關, 廈門關, 潮海關, 粤海關, 拱北關, 瓊海關, 北海關, 龍州關, 蒙自關, 九龍關, 津海關 24관이다. 1891년 이전에 開關한 해관이 망라되어 있다. 부록은 크게 두 가지이다. '부록 1': 船鈔統計表, 무역총액통계표, 수입과 수출통계, 세수통계표, 인구통계. '부록 2': 조선삼관무역통계보고(仁川關, 釜山關, 元山關)

제2기 해관십년보고(1892~1901)[79]의 영문명은 제1기와 동일하나 다만 *and Corea*라는 단어가 없어졌다. 1894년 이후 조선三關의 무역통계가 수록되지 않았기 때문이다. 본기부터는 해관십년보고는 두 권이다. 상권은 북방항구와 장강항구의 십년무역통계보고("Northern and Yangtze Ports")로 各關報告 앞에는 4항목의 내용이 있다. ① 중국지도, ② 「총세무사통령」 524호, ③ 「총세무사통령」 561호, ④ 「총세

무사통령」966호. 상권은 山海關, 東海關, 膠海關, 重慶關, 宜昌關, 沙市關, 岳陽關, 江漢關, 九江關, 蕪湖關, 金陵關, 鎭江關, 江海關, 蘇州關의 십년보고를 수집하였다. 하권은 남방항구 십년무역통계보고와 부록("Southern Ports, with Appendix")으로 各關報告 앞에는 상권과 마찬가지로 4항목 내용이 있다. 하권은 杭州關, 寧波關, 甌海關, 三都澳關 閩海關, 廈門關, 潮海關, 粤海關, 九龍關, 拱北關, 三水關, 梧州關, 瓊海關, 北海關, 龍州關, 蒙自關, 思茅關, 亞東關, 津海關의 십년무역통계보고를 수집하였다. 당시까지 개관한 33관(1900년 開關한 騰越關은 제외)이 수록되어 있다. 제2기 십년보고의 부록 내용은 제1기와 마찬가지로 두 부분이다. '부록 1': 船鈔통계표, 무역총액통계표, 수입과 수출통계, 세수통계표, 인구통계, 금은무역통계표, '부록 2': 郵政事務通報.

제3기 해관십년보고(1902~1911)[80] 영문명은 제2기 십년보고에 비해 *Navigation*이란 단어가 빠졌다. 3기의 십년보고 역시 두 권으로 구성되어 있다. 상권은 북방항구와 장강항구의 십년무역통계보고로 各關 십년보고 앞에 두 가지 내용이 있다. ① 중국지도, ②「총세무사통령」1737호다. 이곳에 수집된 각관 십년보고는 濱江關, 吉林關, 琿春關, 延吉關(龍井村), 安東與大東溝關, 大連關, 秦王島關, 津海關, 東海關, 膠海關, 重慶關, 宜昌關, 沙市關, 長沙關, 岳陽關, 江漢關, 九江關, 蕪湖關, 金陵關, 鎭江關이다. 하권은 남방항구 십년무역통계보고와 부록으로 이 권에 포함된 남방항구는 江海關, 蘇州關, 杭州關, 寧波關, 甌海關, 三都澳關 閩海關, 廈門關, 潮海關, 粤海關, 九龍關, 拱北關, 江

門關, 三水關, 梧州關, 南寧關, 瓊海關, 龍州關, 蒙自關, 思茅關, 騰越關이다. 모두 42개 관이다. 제3기 십년보고의 부록의 내용은 제2기의 '부록 1'과 같다.

제4기 해관십년보고(1912~1921)[81] 영문명은 제3기와 같고 다만 연도만 1912~1921이다. 제4기의 십년보고 역시 두 권으로 구성되어 있다. 상권은 북방항구와 장강항구의 십년무역통계보고로 各關십년보고 앞에 두 가지 내용이 첨부되어 있다. ① 중국지도, ②「총세무사통령」 3082호. 이곳에 수집된 각 관 십년보고는 제3기와 유사한데 다만 奉天關, 龍口關, 萬縣關이 추가되었고, 吉林關은 사라졌다. 安東與大東溝關은 安東關으로 바뀌었다. 하권은 남방항구 십년무역통계보고와 부록으로 이 권에 포함된 남방항구는 3기에 비해 北海關이 추가되었다. 모두 45관이다. 제4기 십년보고의 부록은 제3기와 동일하다. 제1기부터 제4기까지 부록에는 무역과 관련되는 통계 이외에 인구통계가 수록되어 있어 19세기 말부터 1920년대까지의 각 개항장별 인구 증감을 10년 단위(1891, 1901, 1911, 1921)로 확인할 수 있다.[82] 도시 인구사 연구에 귀중한 자료라 할 것이다.

제5기 해관십년보고(1922~1931)는 영문판 이외에도 중문판이 존재한다.[83] 영문명은 기본적으로 제3기와 동일하나 단어 한자에 미세한 차이가 있다. *Condition*이 *Conditions*로 되어 있고 연도는 1922~1931년이다. 중문판의 명칭은 『民國十一年至二十年最近十年各埠海關報告』

---

81) 『中國舊海關史料』 제156책.

82) 예컨대 상해 인구는 40만(1891년)에서 150만(1921년)으로 대폭 증가한 데 비해 광주인구는 160만(1891년)에서 90만(1921년)으로 격감하였다. 『中國舊海關史料』 제152책, 736쪽. 제156책, 866쪽. 개항장별 국가별 회사 수와 외국인 수도 제시되어 있다.

83) 중문판은 『中國舊海關史料』 제157~158책, 영문판은 『中國舊海關史料』 제159~160책에 수록.

이다. 5기 십년보고도 상하 두 권으로 구성되는데, 상권은 「華北及長江各埠海關報告」로 선두에 부가된 내용은 ① 「총세무사통령」 4133호, ② 總稅務司序, ③ 最近百年中國對外貿易史編者序, ④ 最近百年中國對外貿易史이다. 상권에 수록된 각 관 십년보고는 제4기에 비해 奉天關이 沈陽關으로 개명되었고, 愛琿關과 葫蘆關이 추가되었다. 하권은 「華南及陸路邊境各埠十年報告」인데 수록된 십년보고는 제4기와 같다. 상하권 합하여 모두 47관이 수록되었다. 제5기에는 4기까지와는 달리 부록이 없다.

맺음말

지금까지 중국 근대시기 해관이 설립된 과정과 해관에서 찬술한 무역통계자료를 『중국구해관사료』를 중심으로 살펴보았다. 이상에서 논의한 내용을 정리하면 다음과 같다.

청조는 대외무역과 조공무역을 관리하기 위하여 해관을 설립하였다. 강희제는 남명과 정씨 세력을 진압한 후인 1684년 광주 등 네 지역에 해관을 설치하였다. 1853년 9월 上海小刀會가 봉기를 일으키고 상해 현성을 점령하자 상해 해관(강해관)의 기능은 정지되었다. 蘇松太兵備道兼管江海關 오건창은 이의 회복을 위해 영국, 미국, 프랑스 영사와 협의한 끝에 1854년 7월 각국 영사가 추천한 세무사로 하여금 강해관세무관리위원회를 조직하게 하였다. 이것이 중국해관에 서양인을 임용한 첫 사례였다. 이로부터 중국 해관의 행정 관리권은 외국인에게 넘어갔다. 1858년 11월 영·미·불과 체결한 「通商章程善後

條約: 海關稅則」에 따라 해관에서 외국인을 임용하는 방법은 각 항구에서 '획일'적으로 시행하게 되어 상해에서 시행하던 외국인 세무사 제도가 전 중국으로 확대되었다. 1859년 5월 영국인 레이는 상해 해관의 총세무사에 임명되었고 그는 상해 해관의 업무를 처리하기 위해 영국인 데이비스를 강해관세무사로 선임하였다. 이후 각 항구의 세무사는 총세무사에 의해 선임되는 관례가 형성되었다. 1859년 10월 24일에는 월해관이 정식 설립되었고 피츠 로이가 세무사에 취임하여 서양인 세무사가 여타 해관에도 선임되는 체제가 확대되기에 이른다. 아울러 1863년 11월 로버트 하트가 총세무사에 임명되면서 중국 신해관은 정비되기 시작하였다.

중국 근대 해관에서는 6종의 출판물을 간행하였는데 그중 Statistical Series(통계집)이 가장 방대하고 중요한 출판물이었다. 그리고 이 통계집 중에서 무역통계와 무역보고가 핵심적 내용을 이루는 부분이고, 그것이 『중국구해관사료』에 수록되어 영인·출판됨으로써 중국근대 무역사 연구에 획기적인 조건과 기회를 제공하게 되었다. 그런데 이러한 무역통계와 무역보고는 시기에 따라 편찬방식에 차이가 있다. 여기서는 그 편찬방식과 통계자료의 특성을 6개 단계로 나누어 그 발전·변화과정을 추적하였다.

① 1859~1863년: 외국인 세무사가 1859년 상해의 강해관, 광주의 월해관에 배치되기 시작함으로써 해관 자료도 1859년부터 작성·정리되기 시작하였다. 1863년 11월 로버트 하트는 총세무사로 부임한 이후 해관업무를 정돈하려고 노력하였다. 이후 무역통계의 편성방법이나 기록에 획기적인 변화가 나타났다. 예컨대 국

내무역과 대외무역을 분리하여 통계를 작성한다거나, 1년 단위로 통계집을 작성하기 시작하였다.

② 1864~1881년: 1865년부터는 각 해관의 무역보고도 간행하기 시작하였고, 1867년부터는 전국통계가 작성되기 시작하였다. 아울러 1875~1876년경 통계를 작성할 때 海關兩으로 화폐단위를 통일하게 되었다.

③ 1882~1904년: 1882년부터는 무역통계와 무역보고를 합병하여 함께 출간하였고, Returns of Trade(무역통계)와 Reports of Trade(무역보고)를 중문으로 번역하였는데 전자는 1875년부터, 후자는 1889년부터 간행하였다. 1885년부터 1893년까지 해관자료에는 조선3관(인천, 부산, 원산)의 대외무역 통계자료가 수록되었다. 조선근대 무역사의 상세한 자료로서 매우 의미 있는 부분이다. 한편 1887년 4월 이후 청 정부는 홍콩과 마카오에 근접한 九龍과 拱北에 해관을 설치하고 중국 非통상항구와 홍콩·마카오 간의 범선무역도 관할하기 시작하였다. 1902년 이후에는 常關貿易이 해관에 의해 관리됨으로써 상관무역의 자료도 해관통계에 포함되었다.

④ 1905~1919년: 1905년 이후 중국해관의 무역통계가 새로운 단계로 진입하였다. 그것은 세 가지 변화에 기인한다. 첫째, 앞 시기 범선무역과 상관무역 통계가 포함됨으로써 통계범위가 확대되었고, 동북 諸關이 대폭 개설되어 근대중국의 무역통계 범위가 보다 완정해졌다. 둘째, 1904년 이후 통계가격상 離岸價格(F.O.B.)과 到岸價格(C.I.F.)을 채용하여 수출입무역액이 더욱 정확해졌다. 결과적으로 1904년 이전의 무역액의 실상을 알려면,

수입액은 14.5%를 축소시키고, 수출액은 13% 증가시켜야 하므로 중국의 대외무역 수지가 종래의 계산과는 달리 적자가 감소되거나 흑자로 평가될 가능성이 생겼다. 셋째, 통계책의 개편으로 인해 더욱 계통적으로 되었다. 한편 1904년에 시작된 郵政事務通報가 1910년까지 수록되어 청 말 우정사에 대한 기초적 자료를 제공한다. 아울러 1913년부터는 별도의 중문 번역이 사라지고 통계책 전체가 영문과 중문이 공존하는 양식(소위 華英合璧, 中英合璧)으로 바뀌게 되었다. 영어를 전혀 모르는 사람도 해관연간 전체 내용을 열람할 수 있게 되었다.

⑤ 1920~1931년: 1920년부터 해관연간의 명칭이 바뀌고 3권에서 2권으로 분량이 줄었다. 1920년부터 각 해관의 무역보고와 통계를 수록하지 않게 되었기 때문이다. 1921년 이후에는 各冊에 기계제 洋式貨物의 수출통계가 부록으로 수록되었다. 이를 통하여 중국의 공업제품 수출의 증감상황을 알 수 있고 나아가 중국 공업화 정도를 추정할 수 있게 되었다.

⑥ 1932~1948년: 1932년 이후 해관무역통계의 최대의 진보는 수출입품의 발송지와 도착지의 개정이다. 무역통계가 보다 정확하고 엄밀해졌지만, 여전히 문제가 남아 있었다. 예컨대 밀수의 문제가 큰 두통거리였다. 만주국 설립 이후 일본이 고의적으로 밀수품을 증가시켰기 때문이다. 게다가 1940년대에는 중일전쟁에 의하여 일본이 중국의 주요 지역을 점령하였기 때문에, 해관 무역통계가 정상적으로 간행되지 못하였다.

해관십년보고는 보고 대상 기간의 길이가 가장 긴 해관보고의 일종이다. 해관소재지를 중심으로 그 지역과 주변지역의 정치·사회·문화 발전상황을 서술하였다. 모두 5기가 간행되었는데 제1기는 1882~1891년, 제2기는 1892~1901년, 제3기는 1902~1911년, 제4기는 1912~1921년, 제5기는 1922~1931년의 내용을 다루고 있다. 제1, 2기에는 총세무사의 요구에 따라 26개 항목의 주제를 각 해관에서 조사·정리하여 해관십년보고에 수록하였고, 제3, 4기에는 21개 항목을, 제5기에는 17개 항목을 각 해관의 세무사가 조사·정리하여 해관십년보고를 편찬하였다. 따라서 우리는 해관십년보고를 통하여 1882년부터 1931년 사이의 개항장을 중심으로 한 중국의 각 지역의 정치, 사회, 경제, 문화 각 방면을 총괄적으로 이해할 수 있게 되었다고 하겠다.

어휘계통 연구와 중국 역대 상업어휘 연구

姜 勇 仲

Ⅰ. 들어가는 말

　본고에서는 역대 중국 상업어휘를 연구하기 위한 방법적 전제로, 기존에 행해졌던 고대중국어 어휘연구의 제 방면을 소개하고 간략히 평가하면서 합리적이고도 적실한 연구모델을 모색할 것이다.

　어휘연구의 방법과 대상은 하나로 고정된 것이 아니다. 시간적으로는 共時와 通時의 서로 다른 접근이 가능하고, 범위에서도 基本詞·常用詞·同義詞·反義詞·方言詞·專門用語(중국어로는 專業詞 또는 百科詞라고 불림) 등의 영역에서 연구를 수행할 수 있다. 그러나 간과할 수 없는 사실은, 어느 분과학문을 막론하고 연구의 실제적 수행에서 현재 노정된 그 분야의 연구 정도에 따라 일정한 제한과 구속을 받을 수밖에 없다는 것이다. 그러므로 현 상황의 반성적 검토가 요구되며, 제대로 된 진단에 따라 실현가능하고 유효한 연구를 진행할 수 있는 것이다.

기존에 행해진 방대하고 수많은 연구 성과에도 불구하고, 고대 중국어 어휘연구에서 어휘계통에 대한 인식은 여전히 한계적 상황에 처해 있다. 따라서 고대 중국어 어휘연구에서 적용 가능한 어휘 계통론을 제시할 필요가 있다. 이를 위해 본고에서는 기존의 연구 중에서 가장 근접해 있는 모델을 소개하고 변형 또는 확장의 여지가 있는지를 살펴볼 것이다.

특정 텍스트 연구 방법도 고대 상업어휘 연구에 적용할 수 있는바, 明淸 時期의 商業書를 소개하고 각 텍스트의 특성에 기반을 둔 연구 방법을 제시할 것이다.

그리고 기존의 전문용어 연구에서 볼 수 없는 종합적인 방법으로 최근 50여 년간 행해진 口語 중심의 어휘연구 성과를 기초로 상업어휘를 추출하는 방법에 대해서도 소개할 것이다.

이상의 과정에서는 가능한 범위 내에서 기존의 연구 성과나 방법을 소개하고 대비하면서 논의를 진행할 것이다. 이 방법은 현재의 성과를 객관적으로 평가하게 해 줄 수 있을 뿐만 아니라, 그에 근거해 어떤 한계를 극복해야 하는지와 나아가 무엇을 더 할 수 있을지를 파악할 수 있게 해 주기 때문이다.

아울러 고대 중국 상업어휘 연구의 방법론적 모색이라는 본고의 주요 테마를 수행하기 위해 여기서 다루는 예들은 상업어휘를 위주로 했음을 밝혀 둔다.

Ⅱ. 古代 中國語 語彙 硏究의 分野와 方法의 檢討[1]

고대 중국어 어휘 연구의 평면은 다양한 영역에 걸쳐 있다. 지금까지 학계에서 수용되고 행해지고 있는 어휘 연구의 分野는 대체로 다음과 같다. 1) 단어의 풀이, 2) 構詞法[2]의 연구, 3) 常用詞 변화 발전의 연구, 4) 특정 텍스트의 어휘연구(專書詞彙硏究), 5) 각 단계의 어휘계통연구, 6) 어휘 발전사의 연구 등등.[3]

'단어의 풀이'란 기존의 연구나 사전에 등장하지 않는 어려운 낱말의 의미를 여러 가지 언어학적·역사적 전문지식을 활용하여 해석해 내는 것이다. 중국고대의 典籍은 양에 있어서나 전문 분야에서나 상당한 규모를 가지므로, 아직까지 풀리지 않거나 異見이 존재하는 어휘가 많이 남아 있다. 그러므로 이들 어휘를 풀이하는 것은 간단하지도 않을 뿐더러, 각종 어휘의 관련성을 고려하거나 텍스트의 讀解를 위해서도 가장 기초가 되는 작업이라 할 수 있다. 실제 중국의 많은 어휘연구 성과가 단어의 풀이에 집중되어 있다.

'構詞法의 연구'는 지난 세기 90년대 초반까지 많은 연구 성과를

---

1) 여기서는 다른 분과학과에서 다룬 부분적 상업어휘 관련 자료(예를 들면 『중국사회경제사 사전』이라든지 『중국 貨幣史』 또는 『租稅史』 등등)는 논외로 한다. 왜냐하면 이 저작들이 부분적으로 상업관련 어휘를 다루고 있지만 그것들이 어휘학적 방법에 의해 연구되지 않았을 뿐만 아니라 '상업어휘'라는 하나의 기본 축에 의해 구성되지 않았기 때문이다. 다만 '상업어휘'의 체계적 연구에서는 이것들을 적극적으로 참고할 수 있을 것이다.

2) 構詞法이란 단어(주로 二音節 이상)를 구성하는 원리를 究明하는 것으로, 二音節 이상의 단어에서 각 형태소 사이의 의미적 또는 어법적 관계를 유형화(主述, 述目, 述補 등등)하여 분류한다.

3) 蔣紹愚 『近代漢語硏究槪要』(北京大學出版社, 2005), 287쪽 참조.

낸 분야이다. 構詞法의 연구가 어법학의 영역인지 어휘학의 영역인지에 대한 판단은 차치하고서라도, 이 연구가 주로 특정 텍스트를 대상으로 하였다는 점에서 일정한 의의를 지닌다 하겠다. 바꾸어 말하면 비록 構詞法의 연구가 複音節語의 구성 원리에 대한 연구라 하더라도 그것이 특정 텍스트에 반영된 다량의 어휘를 다루고 있다는 점에서 어휘학 연구에 기여한 측면을 인정할 수 있다는 것이다. 그리고 程湘淸4)에서 보듯 語料의 선정과 방법론의 일관된 적용이 가해진다면 構詞法 연구 또한 語彙系統 연구의 좋은 전형이 될 수 있다는 점을 확인할 수 있다. 그러나 지금까지 행해진 대부분의 연구는 單音節語를 다루지 않아 그 자체의 한계는 비교적 명확하다고 하겠다.

중국 고대 어휘 연구영역에서 비교적 광범위하게 연구된 분야는 기본어휘 및 常用詞이다. 기본어휘와 상용사 연구는 한 언어의 계통에서 핵심적인 위치를 차지하므로 이에 대한 연구는 해당 역사시기의 언어를 이해하기 위한 가장 기본적인 연구이다. 그러나 어휘를 계통적인 시각에서 본다면 한 시대의 전체 어휘를 대상으로 하여 분석해야 하므로 기존의 연구는 일정한 한계를 지닌다 할 수 있다. 이 분야의 기존의 연구는 아래의 두 대표저작에 보이듯 주로 상용사의 역사적 傳承 및 代替關係를 연구한 것이 대부분이다.

李宗江, 『漢語常用詞演變硏究』, 漢語大詞典出版社, 1999.
汪維輝, 『東漢－隋常用詞演變硏究』, 南京大學出版社, 2000.

---

4) 程湘淸 『漢語史專書複音詞硏究』, 商務印書館, 2008.

앞의 두 저작이 상용사의 변화과정을 추적한 점에서는 훌륭한 성과로 인정될 수 있으나, 다음의 두 가지 측면에서 기본적인 한계를 노정하고 있다. 우선 연구대상이 모두가 單音節語라는 점이다. 중국어의 역사에서 複音節語가 지속적으로 증가해 온 것은 매우 중요한 변화일 뿐만 아니라 이들 중 일부는 바로 單音節 상용사를 대체했다는 점은 공인된 사실이다. 그러나 이를 반영하지 못한 점은 연구 방법에서 옥에 티가 아니라 기본적인 설정에서 문제가 있다고 할 수밖에 없다. 다음으로 지적할 수 있는 것은 상용사의 선정 범위에서 두 저작에서 다루는 것이 50여 항목에 지나지 않는다는 것이다. 물론 다량의 상용사를 처리하는 것은 쉽지 않다고 상정할 수 있으나, 이들 소수의 성과를 가지고 중국어사에서 상용사의 변화과정을 계통적으로 인식할 수 있다고 보기는 힘들다.

'특정 텍스트의 어휘연구'와 관련한 중국 어휘학계의 변화는 특정 텍스트의 複音節語 연구가 1990년대 중반을 거치면서 특정 텍스트의 전체 어휘를 연구대상으로 삼는 轉化를 이루었다는 것이다. 이는 연구자의 漸增과 연구 강도의 심화라는 학계의 내부적인 변화와도 관련이 있다고 사료된다. 즉 90년대 중반 이후 어휘학 연구의 隊伍나 방법적인 측면에서 이전과 다른 양상을 보이며 각 단계의 어휘계통 연구나 어휘 발전사의 연구의 前段階로 이 분야의 연구를 수행하고 있다. 新詞 新義 연구도 특정 텍스트 어휘연구가 본격화되면서 수행된 분야로 볼 수 있다. 이는 또 『漢語大詞典』의 完刊과 밀접한 연관을 지닌다. 다만 안타까운 사실은 이 분야의 연구가 방법에 있어서나 語料의 선정에서 恣意的 측면이 있어 직접 어휘계통 연구에 적용할 수 없다는 점이다.

'각 단계의 어휘계통 연구'나 '어휘 발전사의 연구'와 관련해 우선 자료를 소개하면 다음과 같다. 전반적 소개에 해당하는 저작으로는 王力 선생의『漢語史稿』와『漢語詞彙史』가 있고 유사한 성격의『簡明漢語史』(向熹, 高等敎育出版社, 1993)가 있다. 이들 세 저작의 공통점은 중국어 어휘사를 이전의 제한된 연구 성과에 기반을 두고 通史的으로 기술했다는 점이다. 다음으로 들 수 있는 것은 사전류의 저작으로 지금까지 漢譯佛經·全唐詩·變文·全宋詞·禪宗語錄 및 宋元明淸代의 文學言語를 다룬 것들이 출판되었다. 어휘계통이나 어휘 발전사의 기술에서 이들 사전은『漢語大詞典』및 특정 텍스트 어휘 연구 성과와 더불어 중요한 자료로 사용될 수 있다. 그 다음으로 들 수 있는 것은 시대별(斷代) 어휘연구로 아래의 저작들이 있다.

徐朝華,『上古漢語詞彙史』, 商務印書館, 2003.
蔣驥騁,『近代漢語詞彙硏究』, 湖南敎育出版社, 1991.
蔣紹愚,『近代漢語硏究槪要』, 北京大學出版社, 2005.
顧之川,『明代漢語詞彙硏究』, 河南大學出版社, 2000.

그중 蔣紹愚 선생의 저작에서는 주로 연구 방법에 대한 검토를 하고 있다는 점에서 斷代 어휘의 구성과 분류 및 변화를 기술하고 있는 나머지 세 저작과는 차이가 있다. 이 세 저작의 공통점은 어휘의 계통성에 대한 묘사나 탐구가 강조되지 않았다는 것이다. 그러므로 이 세 저작에 근거해 '각 단계의 어휘계통'이나 '어휘 발전사'의 基調를 제대로 이해하기란 힘들 수밖에 없다.

前述한 여섯 방면 외에 주의할 만한 분야는 '名物(詞)'의 연구이다.

名物은 그 양으로 볼 때 전체 어휘 중 상당한 분량을 차지하지만 계통을 이루기 힘든 특성이 있다. 따라서 이들 名物詞를 시기적으로나 상관성의 정도에 따라 분류하는 것은 전체 어휘를 대상으로 하는 어휘계통 연구의 토대가 될 수 있다. 그리고 이 분야의 연구가 類義語 연구방법에 가장 접근해 있다는 점에서 그 적극적 의의는 더 크다고 하겠다. 성과로는 아래의 저작들이 있다.

> 劉興均, 『周禮名物詞研究』, 巴蜀書社 2001.
> 揚之水, 『詩經名物新證』, 北京古籍出版社 2000.
> 曾昭聰, 『古漢語祭祀類同義詞研究』, 中國文史出版社, 2005.
> 閏艷, 『唐詩食品詞語語言與文化之研究』, 巴蜀書社, 2004.
> 閏艷, 『全唐詩名物詞研究』, 巴蜀書社, 2004.

다만 이와 관련하여 지적할 만한 사실은, 名物詞가 고대 문화와 관련하여 그 중요성이 점차 부각될 뿐 아니라 구체적 사례연구를 통해 중국어 어휘의 또 다른 내부적 機制(예를 들면 '理據' 등)에 접근할 수 있음에도 불구하고 아직 연구가 미흡하다는 것이다. 때문에 이 부분은 이후 확장할 여지가 크다고 볼 수 있다.

이상의 논의를 종합해 보면 각각의 연구영역에서 비록 적지 않은 성과를 내기도 했지만 이러저러한 한계를 가지고 있다는 것이다.[5]

---

5) 기존 어휘 연구 성과에 대한 부정적 평가는 본고에서 처음 행하는 것이 아니다. 중국 학자들 대부분이 기존 고대중국어어휘연구에 대해 부정적 평가를 하고 있는데, 그중 대표적인 사례를 소개하면 黃金貴의 同義詞 연구에 대한 비평이다. 그는 池昌海의 『「史記」同義詞研究』(2002:1-7) 序文에서 계통적이지 못한 기존의 동의사 연구에 대해 '沉痾痼疾(묵은 병과 고질)'이라는 표현을 네 차례나 썼다.

그 한계는 크게 세 가지로 나누어 볼 수 있다. 우선 연구 과정에서 복음절어와 단음절어를 분명한 근거 없이 나누어 연구하는 경향이 존재했다는 것이다. 둘째, 특정 텍스트 어휘연구에서 드러난 대로 방법적 반성이나 원칙이 없어 많은 연구 성과를 내었음에도 불구하고, 그 성과들을 하나의 체계로 통합하여 '각 단계의 어휘계통 연구'나 '어휘발전사의 연구'에 바로 적용할 수 있는 가능성을 제한시킨 점이 없지 않다. 셋째, 이상의 두 가지 한계를 초래한 근본적인 원인이 바로 고대 중국어 어휘연구의 총괄적 구상에서 다소간의 문제가 있었다는 것이다. 그것의 구체적인 표현이 바로 어휘의 계통성에 대한 인식이다. 만약 어휘의 계통적 속성에 대한 이론적인 혹은 실천적인 인식이 있었다면 부분적으로나마 시행착오를 줄일 수도 있었을 것이다.

그러나 여기서 간과하지 말아야 할 것은 바로 이상의 연구가 바로 향후 연구의 출발점이자 든든한 기초가 된다는 점이다. 일례로 수십 종에 달하는 사전류와 특정 텍스트 어휘연구 저작들은 바로 어휘계통 연구의 토대가 되고, 그간의 성과나 시행착오는 새롭고 진일보한 연구 모델의 試金石이 되기 때문이다. 즉 새로운 수정이나 更正은 바로 기존의 토대를 긍정적으로 확장할 때만이 의미가 있을 뿐 아니라 예기한 목표를 달성할 수 있는 것이다. 다른 한편으로 지금까지의 연구 성과가 노정한 일부 문제는 고대 중국어 어휘 연구의 어려움을 반증하기도 한다고 볼 수 있다. 즉 방대한 문헌과 어휘의 양 때문에 소수의 연구자가 짧은 시간 내에 그 전체적인 윤곽을 그려 낼 수 없다는 근본적인 난제가 가로놓여 있는 것이다.

Ⅲ. 語彙系統論에 基盤한 語彙 硏究

    2장에서 살펴본 대로 기존의 고대 중국어 어휘 연구는 방법론적인 개진이 필요하다. 필자는 일관되게 매 항의 연구 분야를 어휘의 계통성과 연관시켜 설명했다. 어휘에는 계통성이 있는가? 중국어 어법학과 음운학의 계통처럼 어휘연구에도 계통적인 방법을 사용할 수 있는가? 이러한 문제들은 그간 적지 않은 주목을 받아 왔으나 지금까지 공인된 학설은 출현하지 않았고, 그것을 해결할 시도조차도 전면적으로 제기되지 못했다. 만약 이 문제에 대한 적절한 해결책이 없다면 고대 중국어 어휘연구는 또 장기간에 걸쳐 답보하거나 새로운 시행착오를 거칠 수밖에 없다.

    이에 본 장에서는 기존의 연구를 활용하여 이 문제에 대한 초보적인 해결책을 모색하고 대안을 제시하고자 한다. 이 장에서는 몇몇 특정 텍스트 어휘연구 성과와 類義語 사전 및 개념사전을 활용할 것이다.6) 그리고 그 예들은 상업어휘 중 기본적인 개념인 '팔다(賣)'는 의미를 표시하는 어휘를 분석할 것이다. 부언하자면 지금까지의 논의에서 어휘계통에 대해서만 다루었으나, 그것과 밀접한 관련을 가지는 그리고 어휘학의 또 다른 핵심축인 의미계통('詞義系統')에 대한 試論的 소개도 병행할 것이다.

---

6) 일반적으로 중국고대의 類義語 사전으로 『爾雅』를 드는데, 필자가 조사한 바로는 『爾雅』의 상업어휘는 매우 제한적으로 반영(예를 들면 『爾雅』卷二「釋言」: "貿 賈, 市也", "貿, 買也")되어 있는바, 본 연구 과제가 다량의 상업어휘를 처리해야 하는 특성으로 볼 때 참고가치가 적다고 본다.

1. 어휘계통

    상업과 관련한 가장 기본적인 動作類 어휘는 '사다'와 '팔다'로 정의할 수 있다. 그렇다면 고대 중국어에서 그중의 '팔다'라는 의미를 나타내는 어휘에는 어떤 것들이 있을까? 이 문제에 접근하기 위해 아래의 자료를 참고할 수 있다.

趙學淸, 『「韓非子」同義詞硏究』, 中國社會科學出版社, 2004.

池昌海, 『「史記」同義詞硏究』, 上海古籍出版社, 2002.

徐正考, 『「論衡」同義詞硏究』, 中國社會科學出版社, 2004.

王鳳陽, 『古辭辨』, 吉林文史出版社, 1993.

王洪涌, 『先秦兩漢商業詞彙、語義系統硏究』, 華中師範大學 博士論文, 2006.

梅家駒 等 編, 『同義詞詞林』, 上海辭書出版社, 1983.

    순서대로 앞의 세 저작은 '특정 텍스트 어휘연구'이고, 『古辭辨』7)은 先秦 문헌을 대상으로 편집한 類義語 사전으로 단음절어를 위주로 1,403組 3,800여 어휘를 유사(또는 동일한) 의미별로 열거하고 내부의 차이 및 어휘를 풀이한 저작이다. 王洪涌8)은 先秦 兩漢의 상업 어휘를 계통적으로 분석한 학위논문이다. 『同義詞詞林』9)은 중국에서

---

7) 이와 유사한 저작으로는 黃金貴, 『古代文化詞義集類考辨』(上海敎育出版社, 1995)이 있다.

8) 王洪涌, 『先秦兩漢商業詞彙·語義系統硏究』, 華中師範大學 博士論文, 2006.

9) 현대 중국어의 개념사전으로 그 밖에도 董大年 等編, 『現代漢語分類詞典』(漢語大詞典出版社, 1999)이 있지만 분류체계의 불완전함으로 활용도가 떨어진다. 다만 이 책의 장점은 분류한 어휘에 풀이가 있어 외국인이 이용하기에 편리하다는 것이다.

출간한 비교적 중요한 개념사전으로, 서구의 개념사전의 분류체계를 응용하여 현대 중국어의 7만여 어휘를 하나의 개념분류모형에 귀납한 저작이다. 여기서 흥미로운 가설을 할 수가 있는데, 만약 이들 저작들에서 '팔다'라는 의미를 나타내는 모든 어휘를 찾아내 하나의 평면에서 대비하면 어떤 효과가 나타날까? 그리고 대비의 효과를 극대화하기 위해서는 어떤 순서로 나열해야 할까? 본고의 나열 방식은 아래와 같다.

『「韓非子」同義詞研究』(p.157): 單音節動詞: '出售; 販賣; 賣酒'[10]

賣、鬻、販、酤

『「史記」同義詞研究』(p.221): 動詞類: '賣'

賣、售、雠、酤、鬻、廢

『「論衡」同義詞研究』(p.145): 動詞類: '售賣'

賣、鬻(粥)[11]、鬻賣

『先秦兩漢商業詞彙、語義系統研究』(p.48, p.64): 商業活動類: '出售、賣'

[先秦]: 賣、價1[12]、賈5、沽、酤4、市3、鬻賣[13]、資2

[兩漢]: 賣、市3、斥賣、賈2、酤4、鬻、鬻賣

『古辭辨』(p.562): 運動詞: 及物: '賣物品換來貨幣'

---

10) '出售; 販賣; 賣酒'는 저자가 이 세 의미를 하나의 분류로 포괄했다는 것이며, '賣'와 '鬻'는 '出售'를 나타내고, '販'은 '販賣'를 뜻하며 '酤'는 '賣酒'를 가리킨다. 그러므로 엄밀한 의미에서 『韓非子』에 사용된 '팔다'라는 뜻의 어휘는 '賣'와 '鬻'이다.

11) '粥'는 '鬻'의 異體字로 동일 문헌에 출현하고 있다.

12) 매 어휘 뒤의 숫자는 多義詞로 王洪涌(2006)에서 분류한 것이다. 이하의 것도 이에 따른다.

13) 王洪涌(2006:48)에서 표제에는 '鬻賣'만 열거했지만 그 아래의 내용에서는 '鬻‧粥‧鬻賣‧粥賣' 등의 용례를 들고 있으므로 당연히 이들도 先秦時期 '팔다'라는 의미를 나타내는 어휘에 포함시켜야 한다. 이는 작자의 실수로 보인다.

賣、鬻、售、賈、沽、酤

『同義詞詞林』(p.259): 經濟活動: 買賣: '賣'

賣、售、貨、沽、買、鬻、出賣、販賣、出售、發售、售賣、貨賣、斥賣

우선 위의 형식을 해설하기로 하자. 처음에 출현하는 순서대로 冊名, 출현 쪽수, 그 책에서 분류한 방식이고, 마지막 따옴표 안의 내용은 그 다음 행에 열거한 어휘들의 의미 등이다. 앞의 세 특정 텍스트 연구와 『古辭辨』에서는 '動詞' 또는 '運動詞: 及物'로 나누어 품사별로 분류했음을 알 수 있다. 나머지 두 저작은 각각 '商業活動類'와 '經濟活動: 買賣'라 하여 내용 또는 개념별로 분류했다.

나열방식은 우선 세 특정 텍스트 연구를 시대별로 배열했다. 이들은 각각 『韓非子』－先秦, 『史記』－西漢, 『論衡』－東漢 시기의 문헌이므로 '팔다'라는 의미의 어휘가 어떻게 수록되었는지를 一目瞭然하게 관찰할 수 있게 하였다. 그 뒤를 이어 바로 『先秦兩漢商業詞彙、語義系統硏究』의 분류결과를 배치하여 앞의 세 저작과 비교할 수 있게 했다. 마침 이 저작이 先秦과 兩漢을 구분하여 연구했으므로 대비의 효과가 더욱 두드러진다고 할 수 있다. 마지막으로 先秦時期를 대상으로 한 類義語 사전 『古辭辨』과 현대 중국어 개념사전 『同義詞詞林』의 내용을 열거했다.

그렇다면 이상의 대비에서 어떤 사실들을 알 수 있는가? 여기에서 발견할 수 있는 내용들과 어휘계통은 무슨 관련이 있는가? 그리고 2장에서 언급한 기존 연구의 문제들은 이 자료들에서 어떻게 나타나 있는가? 이제 이 문제들에 대해 천착하여 논의를 진행하기로 하자.

첫째, 이상의 각 자료들에 보이는 어휘는 모두 '팔다'라는 의미를 나타내며, 시간(通時)적으로 先秦·兩漢·現代 중국어가 망라되어 있다. 그중『同義詞詞林』에 보이는 것들은 현대 중국어의 거의 모든 어휘라고 볼 수 있다. 왜냐하면 현대 중국어의 경우 共時 평면에 존재하는 것이므로 누락되는 예는 매우 드물기 때문이다. 만약 魏晋, 唐宋 그리고 元明淸의 것들도 밝혀진다면 그야말로 중국어 전체 역사의 '팔다'라는 의미의 語彙系統이 드러나는 결과가 될 것이다. 본고에서 지속적으로 지적하고 있는 어휘계통의 문제는 바로 이렇듯 하나의 의미나 개념에 해당하는 어휘를 계통적으로 보아야만 어휘학에서 말하는 계통성이 보장되는 사실과 관련되어 있다.

둘째, '팔다'라는 의미의 어휘들을 계통적으로 구성할 수 있다면, 다른 의미나 개념을 나타내는 어휘 또한 동일하게 구성할 수 있다. 그렇게 된다면 2장에서 언급한 '각 단계의 어휘계통'이나 '어휘 발전사'도 본격적으로 연구할 수 있다.

셋째, 앞의 대비를 통해서 각 시대의 어휘가 다르게 나타남을 알 수 있다. 이는 언어(구체적으로는 어휘 단계)의 역동적인 변화 양상을 직접 目睹하게 해 준다. 현대 중국어의 단음절어는 이미 兩漢 時期까지 출현했던 것들이며, 그 사이(魏晋에서 淸代까지)에 다른 단음절어는 출현하지 않았다. 복음절어는 先秦 時期에 이미 출현했으며(鬻賣), 현대 중국어의 대다수의 복음절어는 '出'이나 '發'과 같은 접두어가 개입된 것을 제외하고는 이전에 출현했던 단음절어에 근거해 만들어졌다.

넷째, 『「韓非子」同義詞研究』, 『「史記」同義詞研究』와 『古辭辨』에서는 단음절어를 분석 대상으로 삼았는데 이는 방법적으로 잘못되었다고 할 수 있다. 의미 또는 개념은 음절의 수와는 아무런 절대적 관련이 없다. 그리고 어휘의 계통적 측면에서 본다면 단음절어만 다루는 것은 방법적으로 성립할 수 없다.

다섯째, 의미나 개념의 분류방식도 하나의 체계로 다룰 필요가 있다. 어떤 연구는 품사별로 나누었고 어떤 경우는 개념으로 구분했다. 언어는 인간의 사고와 의사전달의 기본적인 도구이나, 그 자체는 개념에 의해 구성된 것이므로 개념에 따른 분류가 더 적합하다.

앞의 논의를 종합하면, 기존의 연구가 비록 여러 가지 한계를 노정하고 있지만, 어휘계통의 방법적 기초가 있다면 이들을 잘 활용할 수 있을 뿐만 아니라, 우리가 조사하고 싶은 어떠한 의미나 개념도 계통적으로 구성할 수 있다는 것이다. 그리고 이러한 방법에 의해서 그간 밝혀지지 않았던 중국어 어휘사의 새로운 내용도 찾아낼 수 있다.

2. 의미계통

앞 절에서 어휘 단위의 계통적 연구는 하나의 의미나 개념하에 연구될 수 있다는 사실을 확인했다. 그렇다면 의미 내부의 구성과 관련한 계통적 연구는 가능한 것인가? 가능하다면 어떤 방식으로 진행해야 하는가? 이들 문제는 바로 의미 계통 연구의 기본 내용으로 여기서는 이를 다루어 보기로 한다.

王洪涌[14])에 따르면 先秦·兩漢 시기의 '팔다'와 관련한 어휘 단위들이 더 존재한다. 앞 절에서 다루었던 의미를 '賣(팔다)'로 규정할 때, 兩漢 時期 이것에 인접하거나 하위에 있는 의미로는 販(저가에

---

14) 王洪涌, 『先秦兩漢商業詞彙·語義系統研究』, 華中師範大學 博士論文, 2006.

매입해 고가로 매도하여 이익을 얻다), 賤市(염가로 팔다), 售(팔아치우다), 負販(물건을 가지고 다니며 팔다), 衒鬻(길거리에서 외치며 팔다), 廢居(재고 상품을 팔다), 鬻奇(희귀한 물건을 팔다), 穀糶(곡물을 팔다), 酤(술을 팔다) 등등이 있다. 앞의 각 대표어휘에는 몇 개의 同義詞가 있어, 비록 하나씩만 예를 들었지만 이들을 단어 뭉치(詞集이라고도 함)로 볼 때, 이들 사이의 의미관계를 의미소분석법(義素分析法)으로 비교하면 아래와 같다.15)

	행위자	대상물	가격 · 방식	관계사항	목적	결과
賣	[人]	[以商品]		[換取]	[貨幣]	
販	[商人]		[低價買進 高價賣出]		[商品]	[獲利]
賤市	[人]	[以商品]	[低價]	[換取]	[貨幣]	
售	[人]	[以商品]		[換取]	[貨幣]	[出手]
負販	[商人]	[以商品]		[換取]	[貨幣]	
衒鬻	[商人]	[以商品]		[換取]	[貨幣]	
廢居	[商人]			[換取]	[貨幣]	[獲利]
鬻奇	[商人]			[換取]	[貨幣]	
穀糶	[人]	[以穀物]		[換取]	[貨幣]	
酤	[人]	[以酒]		[換取]	[貨幣]	

이 분석표에서 좌측 세로 항의 어휘들은 각 의미의 대표 어휘이다. 위쪽 가로 항의 각 細目은 어휘 내부의 의미소이다. 다시 말해 좌측 세로 항의 첫째 대표 어휘 '賣'는 하나의 어휘가 아니라 앞 절에 소개한 모든 어휘를 대표하는 것이다. 가로 항의 각 세목은 이들 어휘 단위들의 내부적 의미관계를 분석한 결과이다. 이 결과를 놓고 본다면

---

15) 王洪涌, 『先秦兩漢商業詞彙 · 語義系統硏究』, 華中師範大學 博士論文, 2006, 66쪽 참조.

同義詞나 類義語16)의 경우 몇 가지 내부적 의미의 구성에서 차이가 난다고 볼 수 있는 것이다.

우선 위 표를 통해 알 수 있는 사실은 어휘의 의미도 일정한 방식으로 조합된 것들이며, 이를 의미소로 분해하여 묘사한 것이 바로 한 어휘의 의미가 되는 것이다. 그리고 위와 같은 同義詞나 類義語를 하나의 평면에서 몇 개의 의미소로 분석했을 때 이들 사이의 相似性과 相異性은 의미소들의 부분적인 교차에 의해 구성됨을 볼 수 있다. 본고는 이러한 방식에 의해 구성된 것을 '의미(詞義)계통'이라 부른다. 물론 현재 중국 어휘학계에서 규범화되고 해석력이 강한 의미소분석법은 정립되지 않았다. 그러므로 이 문제는 후속적인 연구를 통해 전면적으로 구축할 필요는 있으나, 본고에서 주장하려는 내용은 이러한 방법으로 '의미(詞義)계통'을 구성할 수 있다는 방법적 제안을 하는 것이다.

여기서 주의할 것은 이상의 분석을 통해 세로의 몇십 개 어휘가 가로의 의미소 층과 통합되어 하나의 구성을 하고 있다는 것이다. 이런 점에서 어휘계통과 의미계통의 상호 연관성을 규정할 수 있으며 향후 어휘 연구에서 많은 시사점을 제시하고 있다고 볼 수 있다. 상업어휘와 같은 文化詞 또는 專門術語의 연구에서 이러한 어휘계통과 의미계통을 결합한 연구를 진행한다면 해당 상업어휘의 연구뿐만 아니라 어휘계통의 연구 자체와도 交互할 수 있다고 생각한다.

---

16) 본고에서 사용하는 同義詞와 類義語의 의미는 다음과 같다. 同義詞란 동일한 의미 또는 개념을 나타내는 두 개 이상의 어휘이다. 類義語는 비슷한 의미나 개념을 나타내는 두 개 이상의 어휘로 정의할 수 있다. 즉 위의 표로 설명하면, 좌측 세로항의 첫 단어인 賣는 '팔다'라는 의미 또는 개념을 나타내며 先秦시기 賣의 동의사로는 賣·價·賈·沽·酤·市·鬻賣·資 등이 있다. 한편 '팔다'라는 의미 또는 개념과 관련된 유사한 어휘들을 類義語라 하고, 위의 표에서 좌측 세로항의 모든 어휘들(賣·販·賤市·售·負販·衒鬻·廢居·鬻奇·穀糶·酤)이 類義關係를 가진다.

Ⅳ. 古代 中國 商業語彙 硏究의 諸 類型

본 절의 논의에 앞서 무엇이 상업어휘인지 간단하게 정리할 필요가 있다고 생각한다. 고대 중국의 상업어휘 연구에서 이 문제가 선결될 때만이 그 연구 범위가 결정되기 때문이다. 게다가 문학에 비해 어휘학에서 고대 중국의 상업을 다룬 연구는 많지 않아 이 문제에 대한 논의는 반드시 선행되어야 할 것이다.[17]

그러나 상업어휘의 범위를 하나의 틀로 고정하기에는 현실적인 어려움이 따른다. 왜냐하면 고대 상업의 발전 상황은 시기별로 차이가 있기 때문이다. 현대 자본주의 사회에서 상업의 범위는 매우 광범위하다. 반면 2000년 이전으로 거슬러 올라가 先秦 時期 상업의 면모를 살펴보면 자본주의의 그것과는 비교가 안 될 정도로 큰 차이가 있다. 明淸 時期를 예로 들면 그 시기의 상업에 대한 전반적인 이해가 있어야만 그것과 관련한 상업어휘의 범위를 확정할 수 있다. 그리고 이

---

17) 중국 고전 문학 연구에서는 상업과 관련한 다양한 연구가 진행되었다. 예를 들면 '唐詩에 나타난 상인'이나 '唐代 소설에 나타난 상인 형상' 등이 있으며, 특히 상업이 발달했던 明淸 時期의 소설에 반영된 상인과 그 형상에 관한 연구는 많이 진척되어 있다. 대표적인 연구를 소개하면 아래와 같다.
王曉驪, 『唐宋詞與商業文化關系硏究』, 社會科學, 2004.
姜革文, 『商人 · 商業 · 唐詩』, 復旦大學出版社, 2007.
申學莉, 「文學史上的商人形象及其精神」, 『社會科學論壇』, 1999. 第3期.
蘭壽春, 「古代文學作品中商人形象的嬗變」, 『龍巖師專學報』, 1996. 第2期
張乃鑒, 「『史記』商人形象散論」, 『天津職業技術師範學院學報』, 1997. 第2期
張朝麗, 張黎明, 「從『三言』『二拍』中的商人形象看明代民俗的新發展」, 『唐山學院學報』, 2004. 第1期
王女曼, 「試論"三言"對商人的描寫」, 『泰安敎育學院學報岱宗學刊』, 2003. 第4期.
王培紅, 「『三言』『二拍』商人形象之比較」, 『許昌師專學報』, 2002. 第3期.
王桂淸, 「從『三言』『二拍』中商人入仕途徑看商人的官本位意識情結」, 『北方論叢』, 2004. 第2期.
李艶軍, 「簡論『三言』『二拍』中的商人形象與經商之道」, 『鄭州鐵路職業技術學院學報』, 2004. 第3期
康淸蓮, 「從『三言』『二拍』看明代商人的心理」, 『廣西敎育學院學報』, 2000. 第2期.
霍現俊, 「從元雜劇與 『三言』『二拍』的情變故事中看商人形象的變化」, 『河北師院學報(社會科學版)』, 1997. 第1期.
국내에서도 상인형상과 관련한 논문이 있는데 그 예로 金卿東 「古題樂府 '估客樂' 小考－商賈形象과 主題의 變遷을 中心으로」(『中國文學硏究』, 제16집, 1998)를 들 수 있다.

문제에 관해서 모든 학자가 하나의 분류방법에 동의할 수 없는 것도 고려할 수 있다.

세금을 예로 들면 상업행위에 부과한 경우 상업어휘로 분류할 수 있으나, 농민이 사용하는 농지나 수로에 대해 부과한 세금은 상업용어로 보기 힘들다. 그러므로 모든 세금은 경제용어로 분류할 수는 있어도 상업용어로 귀결할 수는 없다. 이 예를 통해서 보듯 상업용어는 경제용어의 하부에 속해 있으며, 상행위에 국한된다고 하겠다. 그리고 고대 중국의 상업발전사의 단계에 따라 그 범위도 변화할 수 있다는 점을 알 수 있다.

王洪涌[18)]에서는 先秦 兩漢의 상업어휘를 아래의 다섯 가지 종류로 나누었다.

(1) 상업 관련 업종 및 명칭
(2) 상업 활동
(3) 화폐
(4) 시장
(5) 상업관리 운영

물론 이 분류방식은 先行 연구의 예로 활용하면 많은 편의성이 있으나, 맹목적으로 원용한다면 각 시기별 상업발전의 단계에 따른 변화 양상을 제대로 반영할 수 없는 경우도 발생할 수 있다. 그러므로 상업어휘의 범위에 대한 신축적이고 객관적인 대응이 필요하다고 본

---

18) 王洪涌, 『先秦兩漢商業詞彙 · 語義系統硏究』, 華中師範大學 博士論文, 2006.

다. 이 점에서 이후의 연구과정을 통해 새로운 상업어휘의 분류체계를 구축할 필요성도 있다.

본고에서 설정한 고대 중국어 상업어휘의 연구방법은 다음의 방면에서 수행할 수 있다.

우선 2장에서 소개한 일반적 어휘연구 방법을 응용할 수 있다.

'단어의 풀이'는 상업어휘의 영역에 출현한 새로운 성분이나 난해한 어휘를 풀이('考釋')하는 것이다. 실제 明淸 時期 상업의 발달로 말미암아 새로운 상업어휘가 많이 출현하는바, 이에 대한 풀이는 기본적인 작업이라 할 수 있다. 構詞法의 연구는 그 자체로는 크게 의미가 없으나 단어의 풀이나 복음절 상업어휘의 특징적인 형식에 대해서는 다루어질 수 있다.

각 단계의 어휘 계통 연구나 어휘 발전사의 연구와 관련해서는 3장에서 분리하여 다루었으므로 여기에서는 더 논의하지 않는다.

지금의 상황으로 볼 때 비교적 時急을 요하는 작업은 바로 특정 텍스트의 상업어휘 연구이다. 그중에서도 3장에서 언급한 대로 기존의 연구가 없는 魏晋·唐宋 및 元明淸代의 연구는 반드시 수행되어야 한다. 그러나 현실적인 상황을 고려한다면 중점은 당연히 元明淸代에 집중되어야 한다고 본다. 왜냐하면 이 시기의 상업은 전대에 비해 발전되었을 뿐만 아니라 商業書라고 분류할 수 있는 저작이 출현했기 때문이다.

明淸 時期 특정 텍스트 상업어휘연구의 대상으로 고려할 수 있는 것은 『客商一覽醒迷』나 『士商類要』19)와 같은 商業書이다. 이들 商業

---

19) 이 두 책의 교주본은 아래와 같다.
　　楊正泰 校注, 『天下水陸路程·天下路程圖引·客商一覽醒迷』, 山西人民出版社, 1992.

書는 明代 후기에 출현하였으며, 주로 상업지식이나 상업윤리를 기본 내용으로 다루고 있다.20) 그러나 특정 텍스트 언어연구의 기본 요구로 볼 때 이 두 권으로만 연구하는 것은 무리가 있다. 왜냐하면 텍스트의 분량이 적어 이 같은 유형의 연구가 목표로 하는 언어현상의 전형성을 이끌어 낼 수 없기 때문이다. 그러므로 차선책으로 다른 유사 자료21)와 배합하여 연구하는 것이 더 현실적인 대안일 수 있다. 즉 이 시기 상업사의 또 다른 자료를 같이 묶어 상업어휘를 연구하는 것이다. 이 방법을 활용하면 더 많은 용례를 확보할 수 있을 뿐만 아니라 당시의 상업 현황을 보다 심도 있게 이해할 수 있을 것이다.

그리고 조선시대 譯學書도 활용할 수 있다. 이를테면 元明淸代에 걸쳐 4종의 서로 다른 판본이 존재하는 『老乞大』22)를 이용해 그 속의 상업어휘를 조사하고 판본 간의 변화 양상을 연구할 수 있다. 『譯語類解』는 당시 역관들이 사용하던 類義語 사전으로 그중 '買賣' 부분은 共時 평면의 상업어휘를 수록하고 있어, 이를 대상으로 共時 상업어휘를 고찰할 수 있다.

楊正泰 校注, 『明代驛站考-一統路程圖記·士商類要』, 上海古籍出版社, 1994.

20) 명청 시기 상업서 전반에 대한 연구는 陳學文, 『明淸時期商業書及商人書之硏究』(臺灣 洪葉文化事業有限公司, 1997)를 참조할 수 있다. 明淸 時期의 대표적인 상업서로는 앞의 『客商一覽醒迷』, 『士商類要』 이외에도 『客商規鑑論』, 『士商要覽』, 『商賈便覽』, 『生意世事初階』, 『貿易須知輯要』, 『雜貨便覽』 등이 있다.

21) 여기서 말하는 유사자료로는 아래의 명청 시기 상업관련 碑刻 자료집이다.
李華 編, 『明淸以來北京工商會館碑刻選編』, 文物出版社, 1980.
蘇州歷史博物館 外編, 『明淸蘇州工商業碑刻輯』, 江蘇人民出版社, 1980.
上海博物館圖書資料室, 『上海碑刻資料選輯』, 上海人民出版社, 1979.
그중 『明淸蘇州工商業碑刻輯』의 목록을 소개하면 다음과 같다. 絲綢刺綉業; 棉布洋布業; 造紙印書業; 土木建築業; 木器制造業; 油漆業; 銅錫鐵器業; 金銀珠寶業; 金融典當業; 雜貨百貨業; 粮食業; 南北貨業; 醬酒菜廚麵餅業; 柴炭煤燭業; 漁業; 烟草業; 生活服務業; 交通運輸; 會館建置; 其他. 이 책에 수록된 碑刻의 분류만 보더라도 상업영역의 발전이 얼마나 광범위 했는지 알 수 있고, 이들 자료에서 상업어휘를 선별한다면 적절한 성과를 얻을 수 있다고 본다.

22) 『老乞大』는 일반적으로 북방 중국어를 반영한 會話教材라고만 알려져 왔으나 내용적으로 본다면 당시 조선과 중국의 상인이 등장해 상행위를 주제로 대화가 구성되어 있으므로 商業書로도 볼 수 있다.

周知하듯 『老乞大』는 元代 이래로 再版을 거듭해 전해져 내려오는 북방 중국어 회화교재로 당시의 口語가 제대로 반영되어 있다. 그리고 元刊本이 발견됨으로써 원대 북방 중국어의 실상을 보여 주었다는 점에서 그 자료적 가치는 한층 격상하였다. 李泰洙23)에서는 이 원간본을 필두로 이후 조선시대에 간행된 다른 3종의 『老乞大』를 비교 연구하였다. 본고는 이 방법에 근거해 元明淸代에 걸쳐 변화해 온 상업 관련어휘도 연구할 수 있다고 본다. 이하의 A, B, C, D는 동일하거나 내용적으로 거의 유사한 일부 내용을 판본별로 대비한 것이다.

A. 『古本老乞大』(元末－1346년경 편찬)

(甲) 俺午時根著漢兒伴當到高唐, 收買些綿絹將到王京賣了, 也覓了些
利錢.

(乙) 恁那綾絹綿子, 就地頭多少價錢買來, 到王京多少價錢賣?

(甲) 俺買的價錢, 薄絹一疋十七兩, 打染做小紅裏絹. ……. 到王京, 絹
子一疋賣五綜麻布三疋, 折鈔三十兩. ……. 通滾箅著, 除了牙稅
繳計外, 也覓了加五利錢.

[갑]: 나는 당시 한족 동료를 따라 高唐(山東省 高唐縣)에 가서 고치
솜(가을에 출하된 明紬(綿紬라고도 했음) 솜－역자)과 비단을
가져와 왕경에서 팔았는데, 역시 조금의 이문을 얻었습니다.

[을]: 당신은 그 능자(綾羅), 비단, 고치솜을 거기서는 얼마에 사고
왕경에서는 얼마에 팔았습니까?

[갑]: 내가 산 가격은 얇은 비단 한 필이 17냥인데, 염색하여 비단

---

23) 李泰洙 『「老乞大」四種板本語言硏究』, 語文出版社, 2003.

안감이 됩니다. …… 왕경에 가면 비단 한 필은 五綜麻布 세 필로 팔리고, 鈔(원대의 지폐-역자) 30냥으로 환산됩니다. ……. 다 합해서 계산하면 중계료와 운임을 제외하고도 5할의 이문을 남겼습니다.24)

B. 『老乞大諺解』(顯宗 시기-1670년 간행)

(甲) 我年時跟着漢兒火伴到高唐, 收買些綿絹將到王京賣了, 也尋了些利錢.

(乙) 你那綾絹綿子, 就地頭多少價錢買來, 到王京多少價錢賣?

(甲) 我買的價錢, 小絹一匹三錢, 染做小紅裏絹. ……. 到王京, 絹子一匹賣細麻布兩匹, 折銀一兩二錢. ……. 通滾筭着, 除了牙稅繳計外, 也尋了加五利錢.

C. 『老乞大新釋』(英祖 시기 1761년 간행)

(甲) 我當年跟着中國人到高唐, 收買些綿絹廻到王京賣了, 也得些利錢.

(乙) 你那綾絹凉花, 在本地多少價錢買來的, 到王京多少價錢賣出去的?

(甲) 我買的價錢, 小絹一疋三錢, 染做小紅顔色做裏絹. ……. 到王京去, 絹一疋換細麻布兩疋, 折銀一兩二錢. ……. 通共筭來, 除了牙稅脚價之外, 也可得加五的利錢.

D. 『重刊老乞大諺解』(1795~1798년 간행)

(甲) 我當年跟着中國人到高唐, 收買些綾絹回到王京賣了, 也得些利錢.

---

24) 여기에서는 네 판본의 내용이 거의 일치하므로 편의상 원간본의 그것만 번역했다. B, C, D의 내용은 이 번역에 근거해 차이가 있는 부분만 유추하여 해석할 수 있다.

(乙) 你那綾絹凉花, 在本地多少價錢買來, 到王京多少價錢賣?

(甲) 我買的價錢, 小絹一疋三錢, 染做小紅顔色做裏絹. ……. 到王京,
絹子一疋換細麻布兩疋, 折銀一兩二錢. ……. 通共計來, 除了牙
稅脚錢之外, 也可得加五的利錢.

이상의 대비를 통해 알 수 있는 사실은 우선 대화가 구체적인 상업 활동을 묘사하고 있다는 것이며, 다음으로 시대가 다른 네 판본의 언어(상업관련 어휘를 포함하여) 양상도 다르다는 것이다. 이러한 대비를 전체 내용에 확장하여 상업어휘를 선별하고 비교하는 것이 기본적인 방법이며, 이를 통해 상업관련 어휘의 변화 및 교체 관계를 연구할 수 있다.

다음으로 『譯語類解』의 '買賣'에 실린 어휘를 소개하면 아래와 같다.

買主	賣主	夥計	牙子	大市	街上	角頭
東館裡	西館裡	集	赶集	鋪子	雜貨鋪	店房
飯店	酒店	油房	糖房	開鋪	肉案	靑帘(一云'酒望子')
幌子	貨車	利家(一云'鋪家')		老杭家	老江湖(商賈尊稱)	
搖貨郎	倡價	講價	照市價	照行市	發賣	收買
成交	對換	將就	一刀兩斷	拖欠	轉錢	
折本	虧了	不肯	打倒(一云'悔交')		退換(一云'倒裝')	
不濟事	地頭的	眞的	假的	絶高	常行的	稀罕
不稀罕	廣(或云'廣多')		稅契	稅錢	牙錢	

이상은 당시 司譯院의 관리들이 중국인에게 자문을 구하여 선별한 상업 관련 어휘들로, 각 단어에 한글 풀이가 있고 중국어 對音도 轉寫되어 있다. 『譯語類解』가 17세기 말에 간행된 점을 감안한다면 이

어휘들은 당시 북방중국어의 기본 상업어휘를 단적으로 보여 주고 있다고 본다. 그리고 『譯語類解補』에도 '買賣補'가 있어 이 두 부분을 비교하거나 하나의 층면에서 분류 귀납하는 방법도 사용할 수 있다.

마지막으로 들 수 있는 방법은 中古 및 近代 중국어 어휘연구 저작에서 대량의 상업어휘를 조사하는 것이다. 앞에서도 보았듯 魏晋 이래로는 상업어휘 연구가 거의 이루어지지 않았으므로, 이 시기의 일반 어휘연구 성과에서 상업어휘만을 선별하여 연구한다면 제한된 조건에서 일정 부분 기초가 되는 작업을 할 수 있다. 그리고 상업어휘를 다량으로 확보한다면 분류의 기준을 수정할 수 있는 기회도 가질 수 있다고 본다.

袁賓, 『禪宗詞典』, 湖南人民出版社, 1994.

蔣禮鴻, 『敦煌變文字義通釋』(增補定本), 上海古籍出版社, 1997.

蔣禮鴻, 『敦煌文獻語言詞典』, 杭州大學出版社, 1994.

方一新, 『東漢魏晋南北朝史書詞語箋釋』, 黃山書社, 1997.

李維琦, 『佛經釋詞』, 嶽麓書社, 1993.

李維琦, 『佛經續釋詞』, 嶽麓書社, 1999.

顏洽茂, 『佛教語言闡釋－中古佛經詞彙研究』, 杭州大學出版社, 1997.

王雲路, 『漢魏六朝詩歌語言論稿』, 陝西人民敎育出版社, 1997.

蔣冀騁, 『近代漢語綱要』, 湖南敎育出版社, 1997.

王雲路, 『六朝詩歌語詞研究』, 黑龍江敎育出版社, 1999.

董志翹, 『「入唐求法巡禮行記」詞匯研究』, 四川大學博士論文, 1997.

張相, 『詩詞曲語辭匯釋』, 中華書局, 1979.

王鍈,『詩詞曲語辭例釋』, 中華書局, 1986.

龍潛庵,『宋元語言詞典』, 上海辭書出版社, 1985.

袁賓 等,『宋語言詞典』, 上海敎育出版社, 1997.

王鍈,『唐宋筆記語辭匯釋』, 中華書局, 1990.

溫廣義,『唐宋詞常用詞詞典』, 內蒙古人民出版社, 1988.

顧國瑞、陸尊梧,『唐代詩詞語詞典故詞典』, 社會科學文獻出版社, 1992.

江藍生、曹廣順,『唐五代語言詞典』, 上海敎育出版社, 1997.

蔡鏡浩,『魏晉南北朝詞語例釋』, 江蘇古籍出版社, 1990.

江藍生,『魏晉南北朝小說詞語匯釋』, 語文出版社, 1988.

段觀宋,『文言小說詞語通釋』, 廣西人民出版社, 1994.

周日健、王小莘,『「顏氏家訓」詞彙語法硏究』, 廣東人民出版社, 1998.

朱慶之,『佛典与中古漢語詞彙硏究』, 臺灣文津出版社, 1992.

王雲路、方一新,『中古漢語語詞例釋』, 吉林敎育出版社, 1992.

이상의 자료들은 東漢부터 元代까지의 어휘연구 성과들이다. 이들 자료는 서로 다른 시대의 장르 문체를 망라하고 있으므로 이로부터 상업어휘를 조사한다면 수량적으로나 포괄성으로나 의미 있는 작업이 될 것이라 생각한다.

V. 맺는말

상업어휘는 어휘학적 관점에서 전문술어 또는 文化詞로 분류할 수 있다. 중국의 역사에서 상업은 지속적으로 확장해온 활동 영역이다. 중국의 경제적 위상이나 중국적 상업관행이 날로 주목받고 있는 현시점에서 고대 중국어의 상업어휘를 연구하는 것은 일정한 의의가 있다.

중국어 어휘학에서 기존의 연구는 양적 우세에도 불구하고 어휘의 계통적 속성을 전면적으로 사고하거나 다루지 못해 부분적인 문제가 존재한다. 그러므로 고대 중국어의 상업어휘를 연구할 때 이 점을 충분히 고려하여 적절한 연구방법을 마련할 필요성이 대두되는 것이다.

이에 본고는 기존의 연구방법을 반성적으로 검토하고 어휘의 계통적 속성에 기반을 둔 방법을 기존 연구의 검토 과정에서 도출했으며, 다시 이것을 의미(詞義)계통과 결합하여 두 영역이 하나의 평면에서 규정되고 비교될 수 있는 방법을 제시했다. 물론 이 방법은 향후의 연구에서 더 보충할 필요가 있지만 기존 연구와의 소통을 위해 잠정적으로 기본적 패러다임으로 활용할 수 있다.

그 밖에도 어휘학 연구의 일반적 방법을 어떻게 상업어휘 연구에 접목할지에 대해서 기술했으며, 明淸 시기의 商業書나 조선시대 譯學書를 활용하는 방안과 기존의 中古 및 近代 중국어의 口語 어휘 연구 자료를 활용하는 방법에 대해서도 언급했다.

박기수

성균관대학교 사학과 교수
성균관대학교 현대중국연구소 부소장
전공: 중국근세사, 중국근세사회경제사
「청말 광주항에서 생사 비단 수출무역의 위상과 특징」 (2009) 외 다수
『전근대 동아시아 대외무역과 국제관계』 (2008) 외 다수

이화승

서울디지털대학교 중국학부 교수
전공: 중국근세사(명청)
「관공신앙과 산섬상인의 발전」 (2010) 외 다수
『중국 경제사 연구를 위한 새로운 모색』(2006) 외 다수

정혜중

이화여자대학교 사학과 교수
전공: 중국근대사
「청말민초 중국 여성의 일본 미국 유학」 (2009) 외 다수
『중국의 청사공정연구』 (2009) 외 다수

朱英 中國

華中師範大學歷史文化學院院長 및 동대학 교수
(臺灣) 政治大學 史學科 客員教授
전공: 中國近代社會經濟史
『近代中國商會行會及商團新論』 (2008) 외 다수

邱彭生 臺灣

臺灣中央研究院 歷史言語研究所 研究員
전공: 明淸時代 社會經濟史 및 法制史
『當法律遇上經濟：明淸中國的商業法律』(2008) 외 다수

김지훈

성균관대학교 동아시아역사연구소 연구교수
전공: 중국현대사
「1949년 중국 정무원 재정경재위원회의 인적 구성」(2009) 외 다수
『근현대 전환기 중화의식의 지속과 변용』(2008) 외 다수

강용중

성균관대학교 현대중국연구소 연구교수
전공: 어휘학(중국어사)
「조선시대 유해류 역학서 상업어휘 수록 양상과 대비」(2008) 외 다수

홍성화

성균관대학교 현대중국연구소 연구교수
전공: 중국근세사
「분쟁과 조정: 청대 후기 중경사회의 상사재판」(2010) 외 다수

현대중국
연구총서
03

중국 상업관행의
근현대적 전개

초 판 인 쇄 | 2011년 8월 11일
초 판 발 행 | 2011년 8월 11일

지 은 이 | 박기수 외
펴 낸 이 | 채종준
펴 낸 곳 | 한국학술정보㈜
주　　소 | 경기도 파주시 문발동 파주출판문화정보산업단지 513-5
전　　화 | 031) 908-3181(대표)
팩　　스 | 031) 908-3189
홈 페 이 지 | http://ebook.kstudy.com
E-mail | 출판사업부 publish@kstudy.com
등　　록 | 제일산-115호(2000. 6. 19)

ISBN　　978-89-268-2551-8 94320 (Paper Book)
　　　　978-89-268-2552-5 98320 (e-Book)
　　　　978-89-268-2549-5 94320 (Paper Book Set)
　　　　978-89-268-2550-1 98320 (e-Book Set)